JN418240

민법
상법

상법총론

총칙 · 상행위

김 성 탁

法 文 社

Commercial Law as Business Law

Seong-Tak Kim

Professor of Law
Inha University School of Law

2021
BOBMUNSA
Paju Bookcity, Korea

머리말

이 책은 상법 중에서 총칙(제1편)과 상행위(제2편)를 강의하고 있습니다. 교실에서 강의 노트로 오랫동안 사용해 오던 것을 대폭 줄인 것입니다. 상법의 기초를 이루는 민법을 곁들임으로써 상법의 풍미를 더욱 즐길 수 있는 소재가 되기를 바라는 마음으로 이 책을 세상에 내놓습니다. 이 책의 특징은 다음과 같습니다.

(1) 간단명료하고 쉽게, 그러나 부족하지 않도록 했습니다.

(2) 근간을 이루는 중요한 부분에 집중했습니다. 나머지는 이를 통해 충분히 확장하고 응용할 수 있기 때문입니다.

(3) '영업법으로서의 상법'이라는 관점에서 상법 총칙과 상행위의 체계와 순서를 기존 상법 교과서와는 달리 새롭게 구성했습니다.

(4) 민법을 포함한 사법의 전체 체계 속에서 종합적이면서 기능적인 관점에서 상법을 설명했습니다. 또한 상법 중 회사 편과 통합적으로 구성했습니다.

(5) 상사문제, 특히 상거래법 문제는 사적자치의 원리에 의하고, 이를 보완하는 것이 상법의 총칙 편과 상행위 편의 중심기능이라는 관점에서 기술했습니다.

(6) 법령과 판례를 충실히 소개했습니다. 판례는 상법이 적용되는 실제의 모습을 가장 잘 보여주기 때문입니다. 학설은 학자들의 다양한 시각을 보는 즐거움이 있으나 강의안에 있던 것을 살을 도려내는 듯한 아픔으로 줄여 최소화했습니다. 상법 조문은 필자가 법무부 과제로 수행한 순화된 조문을 사용했습니다.

(7) 그림과 표, 필자가 간간이 찍어둔 사진을 활용함으로써 내용을 구조화하고 가시적인 기억효과를 높이고자 했습니다.

이 자리를 빌려 필자를 상법 공부의 길로 이끌어주신 박원선 교수님, 손주찬 교수님, 박길준 교수님, 여러 동료 교수님, 그리고 저의 부족함을 늘 감싸고 품어주는 가족 모두에 깊이 감사드립니다. 이 작은 책자를 사랑과 헌신의 삶을 마감하신 저의 어머님께 바칩니다. 연구활동을 지원해 준 인하대학교에 감사드립니다.

화창한 봄날을 기다리며 로스쿨관 연구실에서

저자 드림

차 례

제 2 편 상인과 상행위

제3편 영업도구

제 4 편 상업등기

제 5 편 영업양도

제 6 편 대외보조

제 7 편 관계보호

제 8 편 거래안전

제 9 편 영 리 성

제 10 편 상사채권

제 11 편 매 매 (쌍방상인)

제 12 편 상호계산

제 13 편 유가증권

제 14 편 유 통 업

제 15 편 운 송 업

제 17 편 공중접객업

제 18 편 금 융 업

생각해보기

Q1 공익이 아닌 사익의 조정은 당사자끼리의 '합의(계약)'에 의하는 '사적자치의 원칙'의 지배를 받는다. 그런데도 상법, 민법과 같은 국법(國法)이 존재하는 이유는?

Q2 계약, 민법, 경제법과의 관계에서 이와는 별도로 상법이 존재하는 이유는?

Q3 상법과 민법은 어떤 관계에 있는가?

Q4 민법과 상법의 조문 중에는 강행규정과 임의규정이 있다. 어떤 경우가 강행규정이고, 어떤 경우가 임의규정인가? 강행규정과 임의규정과 계약의 관계는?

Q5 상법 안에는 모두 6개 편이 있다. 제1편(총칙), 제2편(상행위)과 나머지 편(제3편－회사, 제4편－보험, 제5편－해상, 제6편－항공운송)과의 관계는?

Q6 필자는 '상법', 특히 제1편의 총칙과 제2편의 상행위의 별칭을 '영업법'이라 부른다. 왜 이런 작명을 한 것일까?

Q7 상법의 총칙 편(제1편)과 상행위 편(제2편)은 회사 편(제3편)과 어떻게 연계되어 있는가?

전체 조감

[사적자치의 원칙]

사적 이익에 관한 법률관계는 당사자 사이의 자유로운 합의인 계약(실제는 대부분 약관에 의함)에 의하는 것이 원칙이다. 이를 사적자치의 원칙이라 한다. 이에 대해 민법, 상법 등의 국법(國法)은 계약의 보충기능(임의규정) 또는 변경기능(강행규정)을 담당한다.

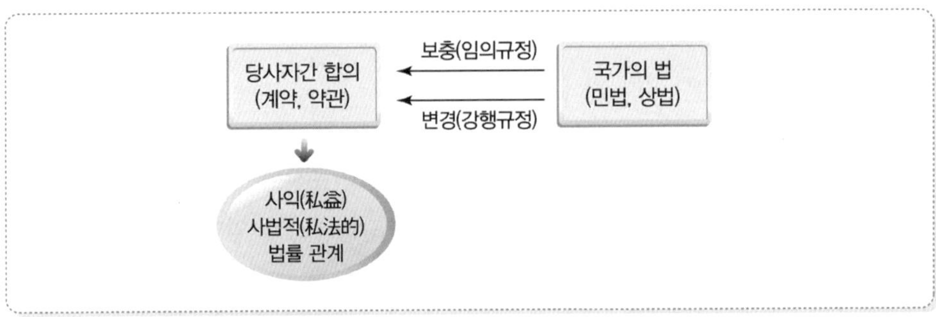

[민법과 상법]

사법적 법률관계는 영업성 여부에 따라 민사와 상사로 구분된다. '민사'에 관한 기본법이 「민법」이고, '상사'에 관한 기본법이 「상법」이다. 이들 두 법은 사익에 관한 법이라는 점에서는 같다. 이 때문에 상법은 민법의 플랫폼을 상당 부분 그대로 빌려 쓰면서 상법 고유의 제도를 두고 있다. 특별법인 상법이 일반법인 민법에 우선한다. 상법은 제1편(총칙), 제2편(상행위), 제3편(회사), 제4편(보험), 제5편(해상), 제6편(항공운송) 등 모두 6개 편으로 구성되어 있다.

[민사와 상사 (영업)**]**

상법은 '상사'를 적용대상으로 한다. 상사가 민사와 다른 핵심적 징표는 '영업성'이다. 영업하는 자가 '상인'이고 그 행위가 '상행위'이다. 결국, 상사의 양대 축은 상인과 상행위가 된다. 상법의 총칙 편과 상행위 편을 아우르는 Key words는 '상사, 상인,

상행위, 영업'이다. 이는 민법의 '민사, 사람, 법률행위, 비영리'와 대조된다.

	민 사	상 사
적용되는 법	민법	상법, 민법
특 징	비영업적 경제활동	영리(영업성)
주 체	사람(자연인, 법인)	상인(자연인 상인, 회사)
행위(의사표시)	법률행위	상행위
그 밖의 행위	사실행위, 불법행위	

쌍방적 상행위인 경우에만 적용된다고 특별히 규정되어 있는 경우(상사매매, 일반상사유치권)가 아니면 일방적 상행위일 때 상행위를 하지 않는 자에 대해서도 상법이 적용된다. 공법인의 경우도 그 행위가 상행위이면 상법이 적용된다.

[상 인]

'상인'은 영업으로 인한 권리·의무의 주체(귀속점)가 되는 자이다. 상인에는 당연상인과 의제상인이 있고, 의제상인에는 설비상인과 회사가 있다. 이들의 적용법조에는 아무런 차이가 없다. 회사는 상인성이 가장 뚜렷한 태생적 상인이다. 회사의 조직은 총칙 편 및 회사 편에서, 그 대외적 거래행위는 상행위 편에서 규정하고 있다.

[상행위]

'상행위'는 영업적 법률행위이다. 상행위에는 기본적 상행위, 준상행위, 보조적 상행위가 있다. 이들의 적용법조에는 아무런 차이가 없다. 기본적 상행위와 준상행위는 '영업으로' 하는 본위적 상행위이고, 보조적 상행위는 상인이 '그 영업을 위하여' 하는 부수적 상행위이다. 당사자 쌍방에 모두 상행위가 되는 쌍방적 상행위와 그 일방에만 상행위가 되는 일방적 상행위가 있다.

[제1편 총칙]

상법 제1편 총칙에서는 상인에 관해서 상호(성명에 상응), 영업소(주소에 상응), 상업사용인(대리의 정형화), 상사대리(민사대리의 상화), 상업등기, 상업장부에 관한 규정을 두고 있다. 총칙 편은 기업조직의 기본적 사항을 규정하고 있으며, 대체로 강행법 성격이 강하다.

[제2편 상행위]

상행위의 실제의 양상은 매우 다양하다. 그 모두를 상법에서 규정할 수 없고 그렇게 하는 것이 바람직하지 않으므로 상법은 전형적 상행위만을 규정하고 있다. 그 밖의 비전형적 상행위는 일반 계약법에 따른다.

상법 제2편에서는 독립된 상인의 특수 유형으로, 대리상, 중개업, 위탁매매업, 가맹업(이상 유통업), 육상운송업, 운송주선업, 창고업(이상 물류업), 금융리스업, 채권매입업(이상 금융업), 공중접객업을 규정하고 있다. 단독기업과 대비되는 공동기업에 관해서는 민법의 조합을 변형한 익명조합, 합자조합을 규정하고 공동기업성이 가장 농후한 회사에 대해서는 회사 편(제3편)에서 규정하고 있다. 보험(제4편), 해상(제5편), 항공운송(제6편)은 상행위를 분야별로 구체화한 것이다.

실무에서 상거래 대부분은 계약 또는 약관에 의해 행해진다. 상행위 편은 대외적 상거래에 관한 규정으로 임의법 성격이 강하다.

[지도원리]

상법의 지도원리는 자치주의, 영리주의, 신속주의, 안전주의, 외관주의, 공시주의, 합리주의이다. 민법에도 이런 점이 없지 않지만, 상법에서는 더욱 뚜렷하다.

(1) 영리주의 – 영리주의를 제도적으로 보장하는 것은 상법의 가장 중요한 기능이다. 경제활동을 하는 때에도 비영리를 전제로 하는 민법과 달리 상법은 영리를 전제한다.

ⓐ 안전성 – 상사세계는 불확실성을 매우 싫어한다. 그래서 상법은 이를 제거하거나 완화하기 위한 제도를 두고 있다. 당사자 사이에는 선량한 관리자로서의 주의의무를 확대 적용하고, 상사채권을 강화하기 위해 다수 당사자에게 연대책임을 지우고 담보물권을 강화하고, 상호계산서 승인 시의 불가쟁력, 계약해지를 위한 사전 예고의무, 물건운송인의 정액배상, 청약수령자의 낙부통지의무, 청약 거절할 때의 물건 보관의무 등을 두고 있다.

ⓑ 신속성 – 상사세계에서 시간은 곧 돈이기 때문에 신속성을 중요한 가치로 여긴다. 이를 위해 상법에서는 상사채권의 단기시효, 매도인의 공탁·경매권, 매수인의 하자 검사·통지의무, 계약해제 매수인의 보관·공탁의무 등을 두고 있다.

ⓒ 정형성·집단성 – 비용이나 시간적 측면에서 각양각색보다는 정형화·집단화하는 것이 유리하다. 상업사용인의 일종인 지배인의 권한을 정형화한 것은 이러한 요청을 반영한 상법상의 제도이다.

ⓓ 외관존중 – 외관에 대한 신뢰 보호를 존중한다. 외관에 대한 신뢰(선의)가 정당하면 그

외관이 실제와 다른 헛된 것일 때에도 보호를 받는다. 이를 외관법리 또는 금반언(Estoppel)법리라고 한다. 이는 선의자 보호주의라고도 할 수 있다. 표현대리(민법에 두고 있다), 표현지배인, 표현대표이사, 명의대여자의 책임, 등기의 대항력, 부실등기에 대한 선의자 보호 등은 이를 제도화한 것이다. 이는 신속주의·안전주의와 중첩되는 점이 있다.

(2) 자치주의 – 상인은 자기의 이익을 위해 합리적 타산을 하고 국가의 후견적 보호가 필요하지 않은 자기 방어능력이 있는 자로 상정한다. 상인과 거래하는 비상인에 이러한 능력이 없을 수 있지만, 상사세계에 스스로 들어온 이상 자기 방어능력의 유무를 상법은 원칙적으로 고려하지 않는다. 사회적 약자 보호의 문제는 상법과는 별도로 불공정한 법률행위를 무효로 하거나 약관규제법 등 각종 경제법에 그 임무가 맡겨져 있다.

상법 중 임의규정은 당사자의 의사를 보충하고, 강행규정은 공익이나 다수의 이익을 보호하기 위해 당사자의 의사를 변경한다. 대체로 조직이나 다수인의 이익에 관한 규정은 강행규정이고, 거래에 관한 규정은 임의규정이다.

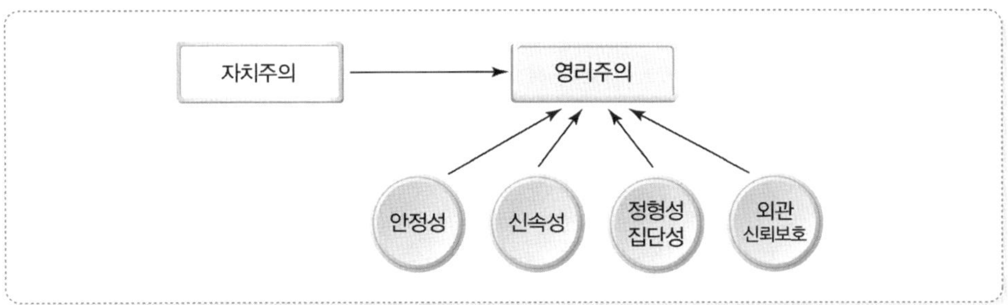

[그림] 상법의 기본정신

[연결 지도]

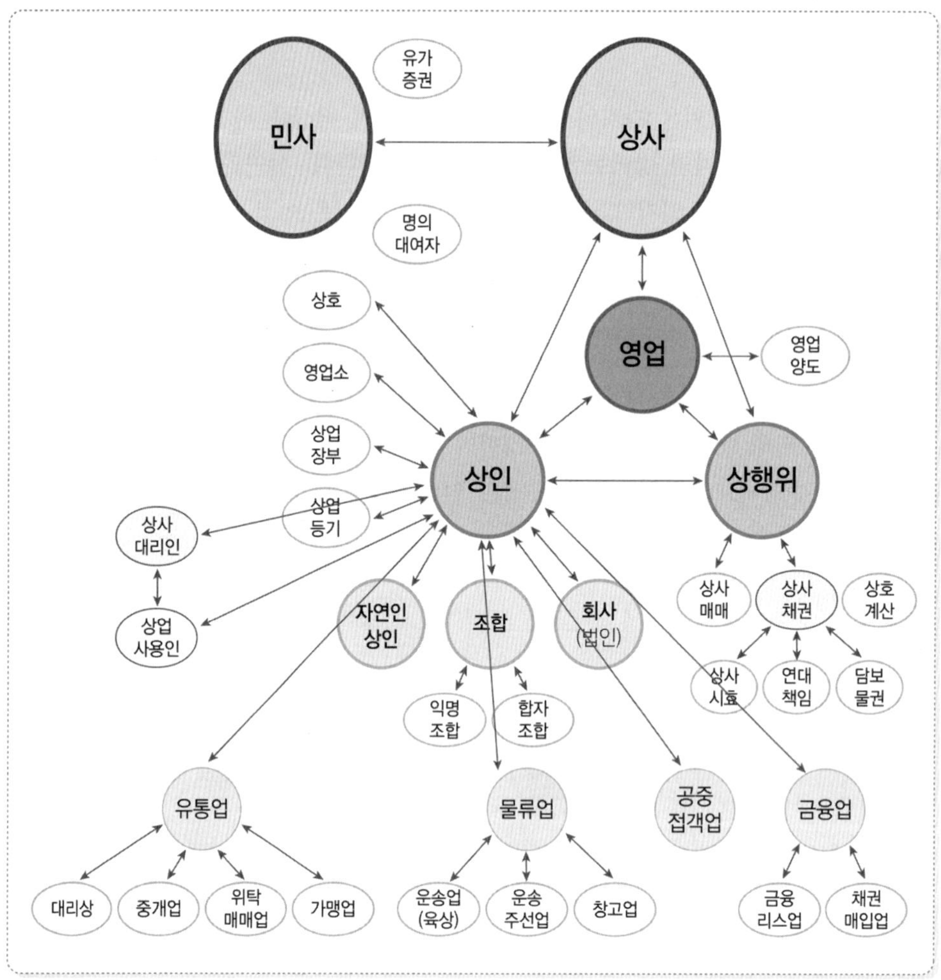
유가
증권
민사
상사
명의
대여자
상호
영업소
상업
장부
상업
등기
영업
영업
양도
상인
상행위
상사
대리인
상업
사용인
자연인
상인
조합
회사
(법인)
상사
매매
상사
채권
상호
계산
상사
시효
연대
책임
담보
물권
익명
조합
합자
조합
유통업
물류업
공중
접객업
금융업
대리상
중개업
위탁
매매업
가맹업
운송업
(육상)
운송
주선업
창고업
금융
리스업
채권
매입업

| 제1편 |

총　　론

상법의 적용대상은 '상사'이다. 이는 민법의 적용대상인 '민사'와 차이가 있다. 상사의 징표는 '영업성'이다. 상법에서는 이를 '영업', '상업', '상사', '영리' 등으로 표현하기도 한다. 상사는 점차 확장되는 추세에 있다. 일방적 상행위도 원칙적으로 상법의 적용대상이 된다. 상사의 거래법관계는 계약(약관) 등의 사적자치에 의하는 것이 원칙이다. 상법 규정은 이에 관한 사적자치를 보충하는 임의규정일 때가 많다. 한편 조직법관계는 강행규정으로 하는 경우가 많으나 사적자치에 맡기는 때도 있다.

Keyword:
영업, 상사, 상인, 상행위, 상법 적용대상 확장, 사적자치, 영리주의, 신속 · 안정주의, 계약, 약관, 민법과 상법, 상법의 이익조정기능, 거래통념, 조리

제 1 장

핵심개념: 영업

사 례

아래 사안에 적용되는 법은 민법인가, 상법인가? 아니면 계약인가?

(1) 농부가 텃밭에서 생산된 채소와 다섯여 마리의 닭이 낳은 달걀을 시골 5일장이 열릴 때마다 가져다 직접 파는 경우
(2) 농부가 부업으로 양계장을 두고 여기에서 생산된 달걀을 동네 슈퍼마켓에 계속 납품하여 판매하는 경우
(3) 양계업을 경영하는 회사를 차려서 대량 사육된 닭을 치킨 체인점에 공급하여 판매하는 경우

상법의 핵심개념은 '영업'이다. 이를 '상업' 또는 단순히 '상'이라 하기도 한다.[1] 영업성이 인정되기 위해서는 영리를 목적으로 동종의 행위를 계속 반복적으로 해야 한다(판례 · 통설).[2] 이것이 영업의 징표이다.

(1) 영리목적

영리를 주된 목적으로 해야 한다. 비영리적 목적을 주로 하면서 영리행위를 부수적으로 행하는 데 불과하다면 영리의 목적이 인정되지 않는다(판례).[3]

---

1) 상법 총칙 편과 상행위 편에 아주 많이 등장하는 상인, 상행위, 상사, 상호, 영업소, 상업사용인, 상업장부, 상업등기, 영업양도, 영업, 영업부류, 영업을 위하여, 영업에 관하여, 영업범위 내에서 등은 모두 '영업'을 공통요소로 한다.
2) 대법원 1998. 7. 10. 선고 98다10793 판결. (따름 판례: 대법원 2020. 5. 28. 선고 2017다265389 판결).
3) 대법원 2020. 5. 28. 선고 2017다265389 판결: 한국토지공사가 택지개발사업을 시행하기 위하여 공익사업을 위한 토지 등의 취득 및 보상에 관한 법률에 따라 토지소유자로부터 사업 시행을 위한 토지를 매수하는 행위를 하더라도 한국토지공사를 상인이라 할 수 없고, 한국토지공사가 택지개발사업 지구 내에 있는 토지에 관하여 토지소유자와 매매계약을 체결한 행위를 상행위로 볼 수 없다.

(2) 계속 · 반복

영업을 계속적 · 반복적으로 행할 의사가 있어야 한다.

(3) 객관적 · 실질적 판단

영업의사를 객관적 · 전체적으로 인식할 수 있으면 된다. 이러한 의도가 있다면 실제로 계속 · 반복되었는지, 이익 발생이나 분배 여부, 이익을 어떻게 처분했는가는 불문한다. 다만 회사는 이익을 사원에게 분배할 것을 목적으로 해야 한다(이익분배설).

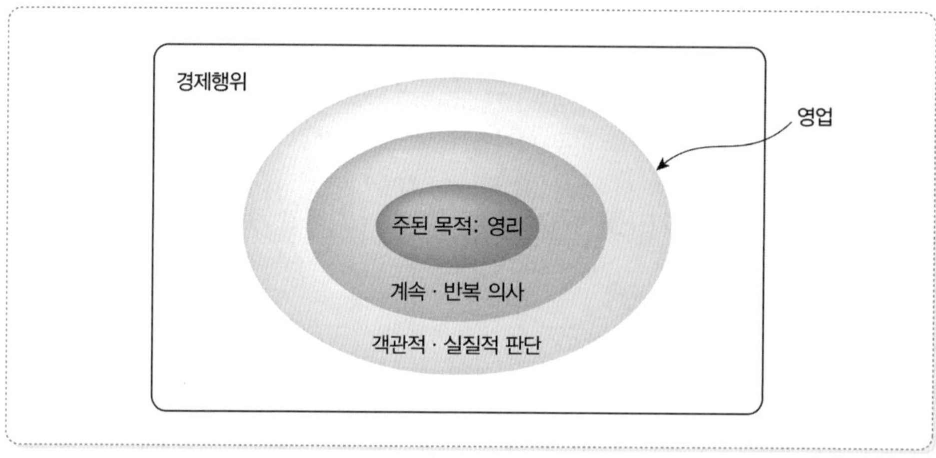

:: [그림 1-1-1] 영업의 징표

제2장

적용대상

사 례

대학에 입학한 A는 부족한 학자금을 B은행으로부터 대출받아 충당했다. 대출채권의 소멸시효기간은? (민법에 따르면 10년, 상법에 따르면 5년이다)

Ⅰ. 상　　사

제1조(상사적용법규) 상사(商事)에 관하여 이 법에 규정이 없으면 상관습법에 따르고 상관습법이 없으면 민법의 규정에 따른다.

* 민법 제1조(법원) 민사에 관하여 법률에 규정이 없으면 관습법에 따르고 관습법이 없으면 조리에 의한다.

* 상령 제1조(목적) 이 영은 「상법」에서 위임된 사항과 그 시행에 필요한 사항을 정함을 목적으로 한다.

§1는 상법의 적용대상을 '상사'(商事)라고 분명히 밝히고 있다. 상사는 민법의 적용대상이 되는 '민사'(민§1)와 대비된다. 경제활동 중에서 민사는 민법이, 상사는 상법이 적용된다. 상사는 '영업성'을 핵심적 요소로 한다. 그 주체가 '상인'이고, 그 행위가 '상행위'이다.

Ⅱ. 확　　장

경제활동의 상화(商化) 현상으로 인해 상법의 적용대상이 확장되는 추세에 있다.

1. 상인 · 상행위의 확장

상법은 상인과 상행위의 범위를 확대함으로써 상법의 적용대상이 되는 상사의 내연적 범위를 확장해 왔다. 상인에 관하여 당연상인(§4)에 머물지 않고 의제상인(§5)도 상인에 포함한다. 상행위에 관해서는 기본적 상행위(§46)에 머물지 않고, 준상행위(§66), 나아가 보조적 상행위(§47)를 상행위에 포함한다.

2. 일방적 상행위

> **제3조(일방적 상행위)** 당사자 중 어느 1인의 행위가 상행위일 때에는 그 모두에게 이 법을 적용한다.

(1) 원 칙

① 당사자 쌍방 모두에 상행위가 될 때는 쌍방 모두에 상법이 적용됨은 당연하다.

② 당사자 일방에만 상행위가 되는 경우(일방적 상행위) 상사와 민사가 중첩된다. 이러한 경우 상행위를 하지 않은 자를 포함하여 당사자 쌍방 모두에 상법을 적용한다(§3). 그 결과 상법 적용대상이 확장된다. 그로 인해 비상인에 불리해질 수 있으나, §3는 이를 고려하지 않는다(판례).[4] 그에 따른 사회적 약자 보호는 사법의 강행조항과 경제법에 의해 구제될 수 있다.

③ 당사자 일방이 여럿(A, B, C)이고 그중 1인(A)만이 상행위일 때, 상행위가 되지 않는 나머지 모두(B, C)에도 상법이 적용된다(판례).[5]

(2) 예 외

예외적으로 쌍방 모두에 상행위가 되는 때에만 상법이 적용됨을 특별히 명시한 것이 있다(예: §58의 일반상사유치권, §67~§71의 상사매매).

3. 공법인의 상행위

> **제2조(공법인의 상행위)** 공법인의 상행위에 관해서는 법령에 다른 규정이 없는 때에만 이 법을 적용한다.

① 공법인은 공공목적을 위하여 특별한 법적 근거에 따라서 설립된 법인으로 사법인에 대응한다. 국가, 지방자치단체, 그 밖의 공공단체가 이에 해당한다.

② §2는 주체가 누구이건 불문하고 – 공법인이 주체인 때에도 – 상행위를 하면 상법의 적용대상이 됨을 명시한 것이다. 다만 법령에 다른 규정이 있으면 그에 의한다.

---

4) 대법원 2017. 7. 18. 선고 2017다214886 판결.
5) 대법원 2014. 4. 10. 선고 2013다68207 판결.

오늘날에는 공법인에 관한 법률관계라고 하여 당연히 공법관계라고 말할 수 없고, 개개의 구체적인 관계에 따라 사업의 실질적 내용을 판단하여 적용법규를 결정해야 한다.

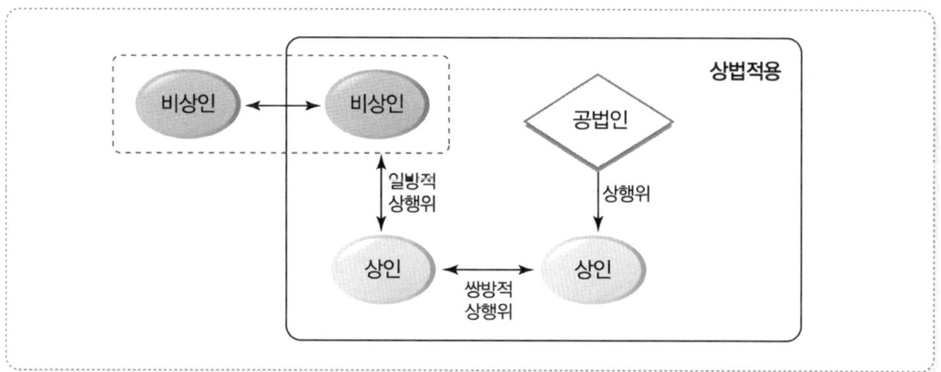

:: [그림 1-2-1] 상법의 적용대상

제3장

규율수단

사 례

(1) 상사에 관하여 법과 다른 계약이 있을 때 그 계약은 유효한가?
(2) 상법과 민법의 관계는?
(3) 계약이나 법으로 규율하기에 모자라는 흠결이 있을 때 무엇으로 보충하는가?

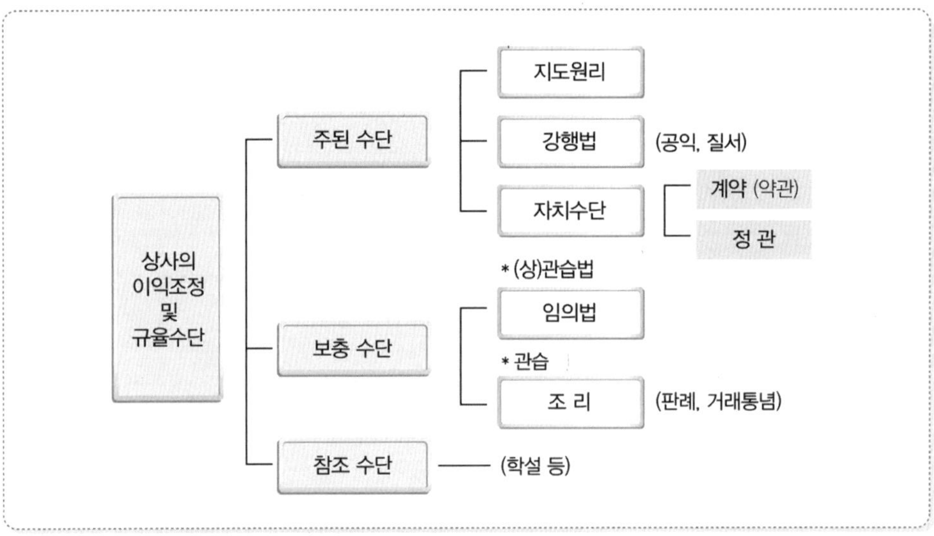

:: [그림 1-3-1] 상사 규율수단

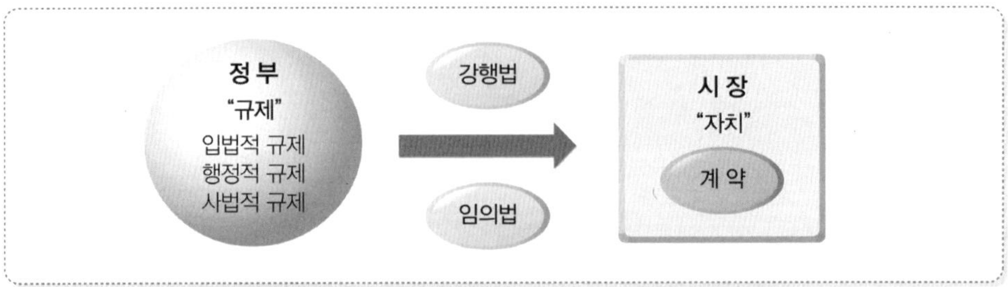

:: [그림 1-3-2] 상사에 대한 사적자치(계약) 및 법적 규율

제1절 총 설

상사세계는 이익을 추구하는 자들이 모인 곳이다. 그러다 보니 당사자들의 이익이 날카롭게 대립하는 양상을 보인다. 사익의 충돌은 당사자의 자율적 합의를 기반으로 해결함을 원칙으로 한다(사적자치 원칙). 이에 관한 주된 수단이 계약이다. 약관이나 정관도 자치적 속성을 가진다. 상법이나 민법은 이러한 사적자치를 보충하거나(임의규정) 강행적으로 이익조정을 하는 기능을 담당한다(강행규정). 상법의 지도원리, 판례, 거래통념 등의 조리도 상사를 규율하는 수단이 된다.

제2절 지도원리

상법의 지도원리는 상법의 해석과 입법에 있어서 척도와 같은 역할을 한다. 이러한 지도원리는 상호 연관되어 있다. 전체적으로는 영리성 보장으로 모아진다.

Ⅰ. 영리주의

상인은 영리성을 추구하는 존재이다. 그렇게 하는 것이 모두에게 도움이 된다는 사회적 합의에 의해 뒷받침되고 있다. 상법의 역할은 상인의 영리성을 제도적으로 보장하는 규범적 환경을 제공하는 데 있다. 이것이 민법과 별도로 상법이 존재하는 이유이다. 영리 추구는 헌법상 보장된다(헌§15, §23, §119).

Ⅱ. 구현하는 원리

(1) 신 속

상법에는 민법에 비해 신속한 처리와 종결을 위한 장치들이 많다(예: 상사매매의 속결, 상사소멸시효).

(2) 정 형

상사에는 이해관계자가 다수인 경우가 많다. 이러한 경우 개별적 이익조정은 시간과 비용의 증가요인이 되므로 신속하게 처리하려면 정형화할 필요가 있다. 이를 위해 상법은 거래 주체의 정형화(예: 상인 개념 법정), 거래 방식의 정형화(예: 상행위 개념 법정, 대리권 범위), 거래 객체의 정형화(예: 권리의 유가증권화), 배상액의 정형화(예: 물건운송인의 배상책임) 등의 제도를 둔다.

(3) 안 전

민법은 정적 안전(진정한 권리)을 중시함에 반하여, 상법은 거래의 동적 안전(거래안전)을 중시하는 역동적인 법이다.

(4) 외관존중

진실과 외관이 일치하지 않는 경우 진실을 중시하면 거래의 신속과 안정을 해치고, 외관을 중시하면 그 반대의 결과가 생기는 딜레마에 빠진다. 이럴 때 무엇을 더 중시할 것인가 선택의 문제가 생긴다. 민사에서는 대체로 전자를 중시하는 경향이 있다. 이에 비해 상사에서는 전자를 완전히 무시하지는 않지만 후자를 중시하는 경향이 있다(외관주의). 다만 외관법리의 폐단을 막는 장치를 두고 있다.

(5) 공 시

상사는 민사에 비해 이해관계자가 다수인 경우가 많다. 그래서 대외적 공시를 강화한다(예: 상업등기).

(6) 자 치

상업은 자유와 더불어 커왔고, 자유는 상업 융성의 토양이 되었다. 헌법은 개인과 기업의 경제상의 자유와 창의의 존중을 경제질서의 기본으로 삼는다(헌§119(1)). '자유로운 상인상'(商人像)을 상정하는 상법에서는 사회적 형평이나 약자 보호의 문제는 원칙적으로 고려하지 않는다.[6] 사적자치의 수단으로 거래법 분야에서는 계약 또는 약관이, 조직법 분야에서는 정관이 이용된다.

6) 이는 경제법에서 취급한다.

제3절 자치수단

Ⅰ. 계 약 (거래분야)

사익에 관한 사법적 법률관계는 당사자 사이의 자율적 합의, 즉 계약에 의한다. 이는 민사건 상사건 같다. 계약자유의 원칙에 따라 계약체결 여부, 상대방 선택, 내용과 방식에 원칙적으로 제한이 없다. 이러한 합의는 자기결정·자기구속의 원리에 따라 당사자 사이에 '법적 구속력'을 갖는다. 상사거래에서는 개별적 협상으로 계약 내용을 정하는 때도 있지만 대체로 약관이 많이 이용된다.

약 관

(1) 의의 및 구속력 근거

'약관'(約款)은[7] 명칭이나 형태 또는 범위에 상관없이 계약의 한쪽 당사자가 다수의 상대방과 계약을 체결하기 위하여 일정한 형식으로 미리 마련한 계약의 내용이다(약관의 규제에 관한 법률 §2). 약관이 당사자에 구속력을 갖는 근거는 약관을 계약 내용에 포함하기로 당사자가 합의했기 때문이다(의사설)(판례).[8]

(2) 강행법적 규제

약관은 제안자에 의해 일방적으로 만들어진 것이다. 이러한 일방성 때문에 상대방 보호가 필요하다. 그래서 약관에 의한 계약의 공정을 위해 「약관의 규제에 관한 법률」(이하 '약관규제법')에 의해 강행법적으로 규율한다.

(3) 작성 및 편입 통제

(가) 작성 통제 – 사업자는 고객이 약관 내용을 쉽게 알 수 있도록 한글로 작성하고, 표준화·체계화된 용어를 사용해야 한다. 약관의 중요 내용을 부호, 색채, 굵고 큰 문자 등으로 명확하게 표시하여 알아보기 쉽게 약관을 작성해야 한다(약관규제법 §3(1)).

(나) 명시 및 약관 교부의무 – 사업자는 계약을 체결할 때 고객에게 약관 내용을 계약의 종류에 따라 일반적으로 예상되는 방법으로 분명하게 밝혀야 한다. 고객이 요구하면 약관의 사본을 고객에게 내주어 고객이 약관 내용을 알 수 있도록 해야 함이 원칙이다(약관규제법 §3(2)본).

---

7) 약관과 정관에서, '관'(款)은 항목, 조목이라는 뜻이다. 약관과 정관은 조목을 약속하여 마치 조문 형식으로 만든 것이라는 뜻에서 이름이 지어진 것으로 보인다.

8) 대법원 1985. 11. 26. 선고 84다카2543 판결.

(다) 설명의무 – 사업자는 약관에 정하여져 있는 중요 내용을 고객이 이해할 수 있도록 설명해야 한다. 다만, 계약의 성질상 설명하는 것이 현저하게 곤란한 때에는 설명의무가 면제된다(약관규제법 §3(3)).

(라) 위반시 – 이상을 위반하면 사업자는 해당 약관을 계약의 내용으로 주장할 수 없다(약관규제법 §3(4)). 이때 사업자는 약관내용을 주장할 수 없는 불이익을 안을 뿐, 무효가 되는 것은 아니다.

(마) 개별약정 우선원칙 – 약관에서 정하고 있는 사항에 관하여 사업자와 고객이 약관 내용과 다르게 합의한 개별약정이 있다면 개별약정이 약관에 우선한다(약관규제법 §4).

(4) 해석 통제

(가) 공정성 원칙 – 약관은 신의성실의 원칙에 따라 공정하게 해석되어야 한다(약관규제법 §5(1)).

(나) 통일성 원칙 – 동일한 약관은 고객에 따라 다르게 해석되어서는 안 된다(약관규제법 §5(1)).

(다) 작성자 불리 원칙 – 약관의 뜻이 명백하지 않으면 고객에게 유리하게, 즉 사업자에게 불리하게 해석되어야 한다(약관규제법 §5(2)).

(5) 효력 통제

(가) 공정성 – 신의성실의 원칙에 반하여 공정성을 잃은 약관 조항은 무효이다(약관규제법 §6(1)). 약관 중 다음 어느 하나에 해당하면 공정성을 잃은 것으로 추정된다. ⒜ 고객에게 부당하게 불리한 조항, ⒝ 고객이 계약의 거래형태 등 관련된 모든 사정에 비추어 예상하기 어려운 조항(surprising clause), ⒞ 계약의 목적을 달성할 수 없을 정도로 계약에 따르는 본질적 권리를 제한하는 조항(약관규제법 §6(2)). 위의 일반적 무효사유에 기해 개별적 무효사유를 규정하고 있다(약관규제법 §7~§14).

(나) 일부 무효 원칙 – 일부 무효일 때 민법은 전부 무효를 원칙으로 하는데(민§137전), 약관규제법은 일부 무효를 원칙으로 한다(약관규제법 §16).

(6) 적용 배제

약관이 상법 제3편(회사), 근로기준법 또는 그 밖에 대통령령으로 정하는 비영리사업에 속하는 계약에 관한 것이면 약관규제법이 적용되지 않는다(약관규제법 §30).

Ⅱ. 정 관 (조직분야)

정관(定款)은 단체 내부의 조직과 활동에 관하여 구성원들이 자치적으로 정한 기본 규칙이다. 정관의 성격에 관해서는 자치법규의 일종이라는 견해(자치법규설)가 판례와 통설의 입장이다.[9] 정관 작성 이후의 구성원도 구속을 받는다는 점에서 단순한 계약과 다르다.

제4절 법적 규율

Ⅰ. 성문법

1. 상 법

(가) 실질적 의의의 상법 – 상법을 실질적으로 파악하면, 영업(상)에 관한 일반사법이다(영업법설).[10] 즉, 영리를 목적으로 하는 영업이나 상(商)에 관한 일반사법이다. 그 주체를 '상인', 그 행위를 '상행위'라 한다.

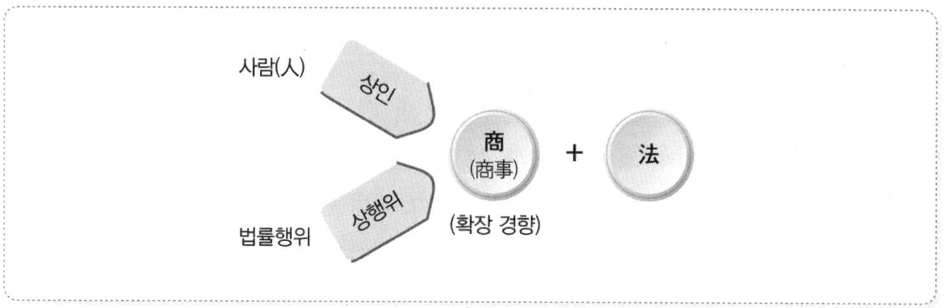

:: [그림 1-3-3] 상법 = 상 + 법

(나) 형식적 의의의 상법 – 상법을 형식적으로 파악하면, '상법'이라는 명칭을 가진 성문법전이다.[11]

9) 대법원 2000. 11. 24. 선고 99다12437 판결.
10) '기업'을 중심으로 설명하는 기업법설이 통설이다.
11) 상법에는 그 시행령이 있다.

〈표 1-3-1〉 상법의 구성

제1편 총칙 통칙, 상인, 상업사용인, 상호, 상업장부, 상업등기, 영업양도 제2편 상행위 통칙, 매매, 상호계산, 익명조합, 합자조합, 대리상, 중개업, 위탁매매업, 운송주선업, 운송업(육상운송), 공중접객업, 창고업, 금융리스업, 가맹업, 채권매입업 제3편 회사 통칙, 합명회사, 합자회사, 유한책임회사, 주식회사, 유한회사, 외국회사, 벌칙 제4편 보험 통칙, 손해보험, 인보험 제5편 해상 해상기업, 운송과 용선, 해상위험 제6편 항공운송 통칙, 운송, 지상 제3자의 손해에 대한 책임 부칙

2. 상법과 민법: 한 몸인 두 법

민법과 상법은 별개의 법으로 분리되어 있지만 실은 한 몸이다. 이처럼 분리된 두 법전을 연결하는 조항이 상법 §1와 민법 §1이다. 상법 §1는 상사에 관해서 상법에 규정이 없는 경우 법 적용을 단념하는 것이 아니라 민법을 적용한다고 규정한다. 따라서 상사에 관해서는 두 법의 통합적 접근이 필요하다. 상법 제1편(총칙)과 제2편(상행위)은 더욱 그렇다. 상법과 민법의 관계는 아래의 유형으로 구분할 수 있다.

(가) 차용형 – 상법에 규정이 없고 민법의 규정을 빌려서 그대로 사용하는 것(예: 능력, 법인, 계약, 불법행위, 사용자책임, 부당이득, 사무관리 등)

(나) 특칙형 – 민법을 기본으로 하면서 이를 상사에 맞게 변경하는 것(예: 상인, 상행위, 영업소, 상호, 상업장부 등)

(다) 독자형 – 민법에는 없고 상법에만 있는 것(예: 주선, 공중접객업, 회사 등)

위의 (나)와 같이 민법과 상법이 경합할 때에는 특별법인 상법이 일반법인 민법에 우선하는 것이 '원칙'이다(특별법 우선원칙).

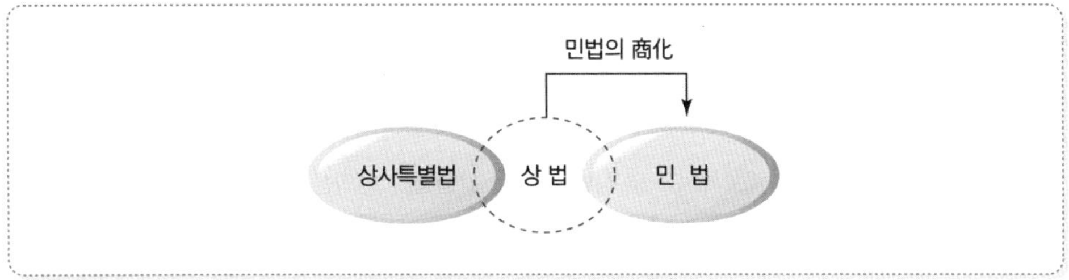

:: [그림 1-3-4] 민법과 상법

3. 상사특별법

상법의 특별법에 해당하는 법이 매우 많다.[12] 상사에 관한 조약과 국제법규는 상법의 특별법이 된다. 헌법에 따라 체결·공포된 조약과 일반적으로 승인된 국제법규는 국내법과 동일한 효력을 갖기 때문이다(헌§6(1)).

4. 자치수단과의 관계

(1) 임의규정 – 사적자치 보충

법의 임의규정은 당사자가 계약 등의 약정으로 달리 정할 수 있는 규정이다. 상법 조문 중에는 "다른 약정이 없으면"으로 규정하거나(§41(1), §58, §76(2), §82(3), §91, §92(1), §106(2), §116, §119(2), §168(2)), "다른 약정이나 관습이 있으면 그러하지 않다"라고 규정하는 때도 있는데(§94, §105), 이런 경우는 임의규정이다. 법문에 이러한 표현이 없는 때에도 그 내용과 취지상 임의규정인 경우가 많이 있다.

(2) 강행규정 – 사적자치 수정

공익과 질서에 관한 것은 사적자치의 내재적 한계가 된다. 이를 조문화한 법의 강행규정은 당사자의 계약에 우선한다. 강행규정은 다시 효력규정과 단속규정으로 나뉜다. 강행규정과 임의규정의 구별은 법문의 표현 및 기타 법의 취지와 가치 등의 강약을 고려해서 구체적으로 판단하는 수밖에 없다.

---

12) 예컨대, 약관의 규제에 관한 법률, 소비자기본법, 독점규제 및 공정거래에 관한 법률, 제조물책임법, 이자제한법, 상업등기법, 부정경쟁방지 및 영업비밀보호에 관한 법률, 동산·채권 등의 담보에 관한 법률, 부동산중개업법, 자본시장과 금융투자업에 관한 법률, 화물자동차 운수사업법, 여객자동차 운수사업법, 물류정책기본법, 가맹사업 공정화에 관한 법률, 가맹사업 진흥에 관한 법률, 여신전문금융업법, 보험업법 등.

개략적으로 말하면, 상법 중 거래에 관한 규정(예: 상법 제2편의 상행위)은 임의규정인 경우가 많고, 조직에 관한 규정(예: 상법 제1편 총칙과 제3편 회사)은 강행규정인 경우가 많다.

〈표 1-3-2〉 상법 분야별 강행성과 임의성

분 야	중시하는 가치	공익적 요구의 강약	규율하는 법의 성격
거래법 관계	당사자: 자치(개인법리)	약	대부분 임의법규성
	제3자: 거래안전	중, 강	선의인 경우에만 보호 (악의면 보호가치가 없고, 중과실의 선의는 악의와 동일하게 취급하는 것이 원칙)
조직법 관계	자치에 대한 단체법적 규율(단체법리)	강	대부분 강행법규성

Ⅱ. 관 습 법

1. 관습과 관습법

관습과 관습법을 구분하는 이분설이 통설이다. 이에 의하면, 관습법은 '관습'이 이에 더하여 사회로부터 '법적 확신'을 얻어 법적 규범으로까지 승인되기에 이른 정도의 것이다(판례 · 통설).[13] 상관습법(§1)은 관습법(민§1)의 일종이다.

〈표 1-3-3〉 관습과 관습법[14]

	(상)관습	(상)관습법
요 건	상관행	상관행 + 법적 확신
법적 성질	사실 (의사표시 해석의 자료)	법규범
구속력	당사자가 이에 따를 의사가 있는 경우	당사자의 의사를 불문하고 적용
주장증명	당사자	법원 직권
상고이유	되지 않음	됨

13) 대법원 1983. 6. 14. 선고 80다3231 판결. (따름 판례: 대법원 2005. 7. 21. 선고 2002다13850 전원합의체 판결).

14) 대법원 1983. 6. 14. 선고 80다3231 판결.

2. 성문법과 관계

상관습법과 성문법의 우선관계에 대해서는,

(ⅰ) 상관습법이 강행법규에 우선하는 효력이 있다고 보는 견해(변경적 효력설),[15] (ⅱ) 성문법의 흠결을 보완하는 데 그친다고 보아 상법의 임의규정에 반하여도 성립할 수 없다는 견해(보충적 효력설)가[16] 있다.

(ⅲ) 사견 – 상관습법은 상법의 강행규정을 변경할 수는 없지만 임의규정은 변경할 수 있다고 보는 것이 옳다(준간설). 그런데 상관습법이 실제 그다지 많지 않으므로 이러한 논의는 실익이 크지 않다.

제5절 조 리

조리(條理)는 합리성과 정의에 기반을 둔 경험칙, 거래통념, 법의 일반원칙 등을 총칭한다. 상사에 적용할 규정이 상법과 민법에 없으면 형사법과는 달리 이를 이유로 법적용을 멈추어서는 안 된다. 조리로 그 흠결을 보충해야 한다(민§1).

Ⅰ. 판 례

우리 법체계는 영미법의 판례법 국가에 속하지 않는다. 그러나 판례의 법리는 실제 중요한 규범이 된다. 법원의 판례는 법 해석에 관한 법관의 양심을 반영한 것으로 조리의 성격을 내포한다(헌법 §103).

Ⅱ. 거래통념

거래통념 등 상거래계에서 일반적으로 합리적이라고 인식하고 있는 공통의 사고방식은 알게 모르게 상법에 반영된다. 이를 상법 조문으로 규정한 것도 있지만(예: §63 등), 명시적 규정이 있는 경우에 국한되지 않는다.

---

15) 최정식 60.
16) 정준우 12~13, 정찬형 43.

> **제63조(거래시간과 이행 또는 그 청구)** 법령 또는 관습에 의하여 영업시간이 정하여져 있는 때에는 채무의 이행 또는 이행의 청구는 그 시간 내에 하여야 한다.

제6절 적용순서

원칙적으로 다음의 적용순서에 의한다.

① 당사자간의 자율적 합의(계약, 약관 등)는 사적자치의 원칙에 따라 법의 임의규정에 우선하나 강행규정에는 우선하지 못한다.

② 특별법(조항)은 일반법(조항)에 우선한다(특별법 우선의 원칙).

③ 신법은 구법에 우선한다(신법 우선의 원칙). 그러나 특별법인 구법은 일반법인 신법에 우선한다.

④ 강행규정은 임의규정에 우선한다(강행규정 우선의 원칙).

| 제2편 |

상인과 상행위

상사에서 법률적으로 주체가 되는 자가 상인이고, 그 행위가 상행위이다. 상인은 민법상 사람(人)을, 상행위는 법률행위를 토대로 한다. 상인에는 당연상인, 의제상인(설비상인, 회사)이 있다. 상행위에는 영업으로 하는 본위적 상행위(기본적 상행위, 준상행위), 영업을 위해서 하는 보조적 상행위가 있다.

Keyword:

상인, 당연상인, 의제상인, 설비상인, 회사, 상인자격 취득 및 상실, 개업준비행위, 상행위, 기본적 상행위, 준상행위, 보조적 상행위, 상행위능력

제 1 장

상 인

제1절 총 설

사 례

상법에서 '상인'이란 개념을 쓰고 있는 이유는? 아래에서 상법의 상인에 해당하는 자는?

(1) 현대건설을 맨손으로 창업한 고(故) 정주영
(2) 이동식 트럭에서 순대를 팔고 있는 노점상
(3) YouTube 1인 크리에이터로 거액을 벌고 있는 전업주부
(4) 대학 축제기간 주점을 운영하는 학생
(5) 사건을 수임하고 수임료를 받는 변호사
(6) 유휴시설에 주상복합건물을 지어 상가임대업을 하는 대학
(7) 하천부지를 유료 주차장으로 운영하는 서울시
(8) 특용작물로 재배한 오미자를 지역특산품 판매점을 설치하여 판매함으로써 연간 1억원 상당의 이익을 얻고 있는 농부
(9) 치킨점을 운영하기 위해 은행으로부터 사업자금을 빌린 예비 자영업자
(10) 자신이 특허로 회사를 차린 만 12세의 IT 천재소년

기초 권리능력과 사람(인)

권리능력은 권리와 의무의 주체가 될 수 있는 자격이다. 사람(人), 즉 자연인과 법인만이 권리능력을 가질 수 있다. 자연인은 생존하는 동안, 즉 출생할 때부터 사망할 때까지 권리능력을 갖는다. 법인은 설립등기를 함으로써 성립하며 이로써 권리능력을 취득하고, 해산과 청산절차를 종료함으로써 권리능력을 상실한다.

* 권리능력을 갖는 자 = 자연인, 법인
* 상인능력을 갖는 자 = 영리행위를 하는 자연인, 회사

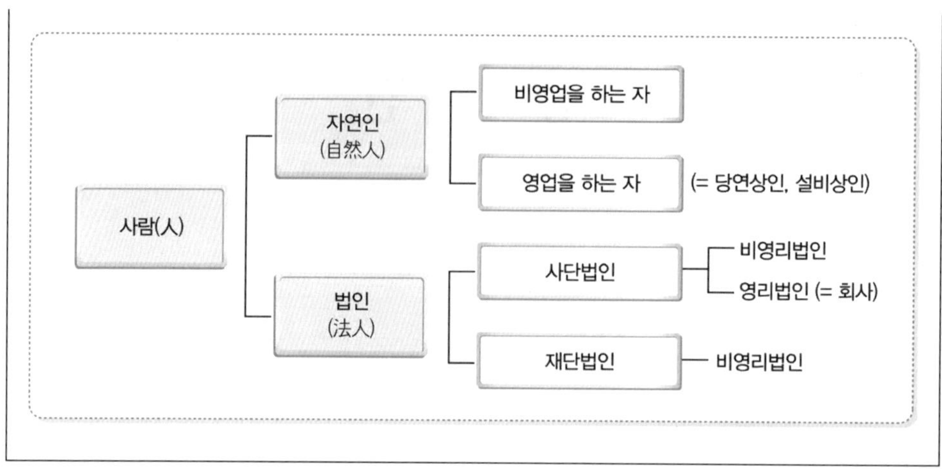

Ⅰ. 의 의

상인은[1] 영업주체로서 영업활동으로 생기는 권리·의무의 법률상 귀속점(주체)이 되는 사람(人)이다.

(1) 사람(人)

상인이 되기 위해서는 권리의무의 주체가 될 수 있는 사람(人), 즉 자연인 또는 법인(회사)이어야 한다.

(2) 영업성

상인이 되기 위해서는 영업성을 가져야 한다.

(3) 주체성(자기 명의)

① 상인이 되려면 영업을 자기 명의로 해야 한다(§4). 이는 영업행위에 따른 권리의무의 법률상 귀속점(주체)이 된다는 뜻이다(판례).[2]

② 이는 실질에 의해 판단한다(판례).[3] 실질적으로 영업의 주체이면, 영업활동을 하

---

1) 상인(商人)은 나라를 잃고 장사로 생활을 했던 중국 상나라(殷나라) 사람이라는 뜻에서 유래되었다.

2) 대법원 2018. 4. 24. 선고 2017다205127 판결: 회사가 상인으로 의제된다고 하여 그 기관인 대표이사 개인의 상인성이 인정되는 것은 아니다. 대표이사 개인이 회사의 운영 자금으로 사용하려고 돈을 빌리거나 투자를 받은 경우, 그것만으로 상행위에 해당하지 않는다.

3) 대법원 2008. 12. 11. 선고 2007다66590 판결: 상인은 자기 명의로 상행위를 하는 자를 의미한다. 여기

는지, 경제적 이익이나 계산의 주체인지, 행정청 신고의 명의자인지를 불문한다. 예컨대, A가 B의 이름으로 사업자등록을 하고 C의 계산으로 영업을 하는 경우, 영업활동으로 인한 권리·의무의 주체가 A이면 상법상의 상인은 A이다.

Ⅱ. 상인과 상행위 관계

상인과 상행위는 상사의 양대 축이다. 이들 둘은 마치 닭과 달걀의 관계처럼 상호 연계되어 있다. 기본적 상행위(§46)를 기반으로 당연상인이 도출되고(상행위법주의, 객관주의, 실질주의), 의제상인을 기반으로 준상행위가 도출된다(상인법주의, 주관주의, 형식주의). 영업과 무관한 절대적 상행위는 인정하지 않는다.

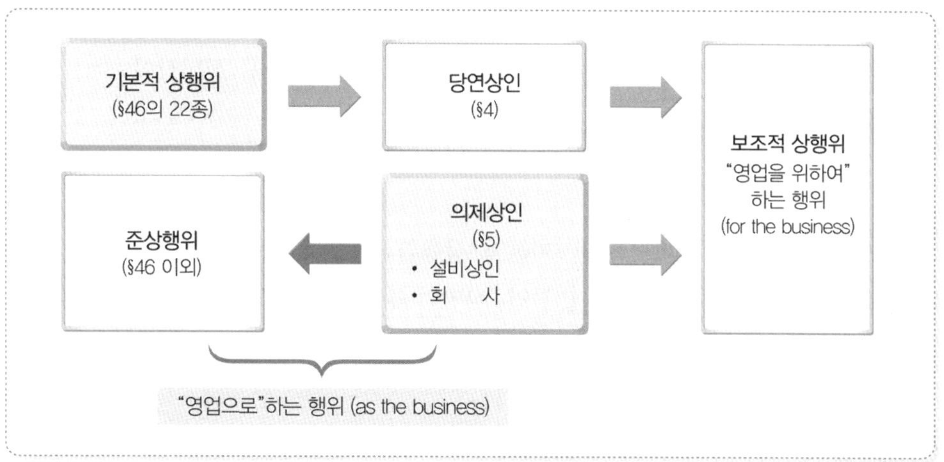

㈜ 화살표 방향에 유의할 것.

:: [그림 2-1-1] 상인과 상행위 관계

제2절 당연상인

제4조(당연상인) 자기 명의로 제46조의 상행위를 영업으로 하는 자를 상인이라 한다.

서 '자기 명의'란 상행위로부터 생기는 권리의무의 귀속 주체로 된다는 뜻으로서 실질에 따라 판단하여야 한다. 따라서 행정관청에 대한 인허가 명의나 국세청에 신고한 사업자등록상의 명의와 실제 영업상의 주체가 다른 경우 후자가 상인이 된다.

당연상인은 자기 명의로 §46에서 규정하고 있는 기본적 상행위를 영업으로 하는 자이다(§4). 당연상인은 상인의 기본이다. 당연상인은 '기본적 상행위(§46) + 자기 명의 + 영업으로'라는 3개 요소로 구성된다. 오랜 세월에 걸쳐 상인성이 뚜렷한 자이므로 당연상인이라 이름을 붙였을 뿐이다.

제3절 의제상인

> **제5조(의제상인)** ① 제46조의 상행위를 하지 않더라도 점포 또는 그와 유사한 설비로 상인의 방법으로 영업을 하는 자는 상인으로 본다.
> ② 제169조에 따른 회사는 제46조의 상행위를 하지 않더라도 상인으로 본다.
> * 제169조(회사의 의의) 이 법에서 "회사"란 상행위나 그 밖의 영리를 목적으로 설립한 법인을 말한다.

의제상인은 당연상인은 아니나 상인으로 의제되는 상인이다. 설비상인(§5(1))과 민사회사(§5(2))가 있다.

(1) 설비상인

당연상인은 행위대상(무엇을)인 '기본적 상행위'(ⓐ)를 상인성의 징표로 삼는다. 이에 비해 설비상인은 행위방법(어떻게)인 '상인의 방법'(ⓑ)을 상인성의 징표로 삼는다. '점포 기타 유사한 설비'는 '상인의 방법'의 예시이다. ⓐ와 ⓑ는 등가적이다.

(2) 회 사

회사는 상행위나 그 밖의 영리를 목적으로 설립한 법인이다(§169). 회사가 기본적 상행위(§46)를 하면 당연상인이 되고(§4; 상사회사), 기본적 상행위를 하지 않고 점포 기타 유사 설비로 상인적 방법으로 하지 않아도 상인으로 의제된다(§5(2); 민사회사). 상사회사건 민사회사건 상인이라는 점에는 아무런 차이가 없다.

(3) 구분실익

당연상인이건 의제상인이건 적용 법에 아무런 차이가 없다. 이들은 상인에 해당하는지를 판단하기 위한 기술적 인식방법일 뿐이다.

〈표 2-1-1〉 상법상 상인

갖추어야 할 사항		당연상인	설비상인 (의제상인)	회사	
				상사회사 (당연상인)	민사회사 (의제상인)
공통 요건	자기 명의 (영업주체)	○			
	영업성	○			
기본적 상행위		○	×	○	×
설비 등 상인적 방법		×	○	×	×
적용 법		모두 상인이다. 적용 법에 차이가 없다.			

㈜ ○: 요 ×: 불요.

제4절 소상인

제9조(소상인) 소상인에 대해서는 지배인, 상호, 상업장부와 상업등기에 관한 규정을 적용하지 않는다.

* 상령 제2조(소상인의 범위) 「상법」(이하 "법"이라 한다) 제9조에 따른 소상인은 자본금액이 1천만원에 미치지 못하는 상인으로서 회사가 아닌 자로 한다.

(1) 의 의

① 소상인은 자본금액(영업자금)이 1천만원에 미치지 못하는 회사가 아닌 상인으로, 상법의 일부 규정이 적용되지 않는 자이다(영§2). 완전상인에 대비된다.

② 오로지 임금을 받을 목적으로 물건을 제조하거나 노무에 종사하는 자는 상인이 아니다(§46단). 따라서 소상인조차도 아니다.

(2) 배제조항

소상인에 대해서는 상법 중 (a) 지배인, (b) 상호, (c) 상업장부, (d) 상업등기에 관한 규정(§9)을 적용하지 않는다. 이들 규정은 소상인에 적용하기에 과다하기 때문이다. 나머지 상법 조항은 소상인에게도 적용된다.

〈표 2-1-2〉 상인 분류

구분 기준	분 류	특 징
상행위와의 관계	당연상인, 의제상인(설비상인, 회사)	적용법조에 아무런 차이가 없다.
규 모	소상인, 완전상인	소상인에 대해서는 상법의 일부 규정이 적용되지 않는다.
공동성	단독기업, 공동기업	공동기업인 익명조합, 합자조합, 회사에 대해서는 별도의 규정을 두고 있다.
법인성	법인격을 갖는 경우와 갖지 않는 경우	회사만이 구성원과는 독립된 법인격을 갖는다.

제5절 상인 아닌 자

경제활동을 한다고 해서 모두 상인은 아니다. 영업성이 없거나 희박하면 상인이 아니다.

(1) 영업성 없는 자

영업성이 없으면 상인이 될 수 없다. 판례는 경제활동을 하되 영업으로 하지 않는 자,[4] 계주,[5] 협동조합,[6] 새마을금고,[7] 신용보증기금[8] 등은 상인이 아니라고 한다.

4) 대법원 1993. 6. 11. 선고 93다7174, 7181 판결: 자기가 재배한 농산물을 매도하는 행위도 이를 영업으로 하면 상행위에 해당한다고 볼 수 있다. 그러나 약 5,000평의 사과나무 과수원을 경영하면서 그 중 약 2,000평 부분의 사과나무에서 사과를 수확하여 이를 대부분 대도시의 사과 판매상에 위탁판매하는 자는 영업으로 사과를 판매하는 것으로는 볼 수 없으니 상인이 아니다.

5) 대법원 1993. 9. 10. 선고 93다21705 판결: 계주가 상인적 방법에 따른 영업으로 계를 운영한 것이 아니라면 계주를 §5(1) 소정의 의제상인이나 같은 법 §46(8호) 소정의 대금, 환금 기타 금융거래를 영업으로 운영한 것에 해당한다고 볼 수 없다. (따름 판례: 대법원 2017. 4. 7. 선고 2016다55462 판결).

6) 대법원 2000. 2. 11. 선고 99다53292 판결: 농업협동조합법에 따라 설립된 조합이 영위하는 사업의 목적은 조합원을 위하여 차별 없는 최대의 봉사를 함에 있을 뿐 영리를 목적으로 하는 것이 아니다. 그러므로 동 조합이 그 사업의 하나로 조합원이 생산하는 물자의 판매사업을 한다고 하여도 동 조합을 상인이라 할 수 없다.

7) 대법원 1998. 7. 10. 선고 98다10793 판결: 새마을금고법의 제반 규정에 의하면 새마을금고는 우리나라 고유의 상부상조 정신에 따라 자금의 조성 및 이용과 회원의 경제적·사회적·문화적 지위의 향상 및 지역사회개발을 통한 건전한 국민정신의 함양과 국가경제발전에 이바지함을 목적으로 하는 비영리법인이다. 그러므로 새마을금고가 금고의 회원에게 자금을 대출하는 행위는 일반적으로는 영리를 목적으로 하는 행위라고 보기 어렵다.

8) 대법원 1989. 6. 27. 선고 88다카16812 판결: 신용보증기금법과 같은 법 시행령 및 상법 중 상행위에 관한 규정들을 종합하여 볼 때 신용보증기금은 상인으로 볼 수 없다.

(2) 영업성 희박한 자

'오로지 임금을 받을 목적으로 물건을 제조하거나 노무에 종사하는 자'는 아예 소상인조차 되지 못한다(§46(단)).

(3) 전문자유직업인

사 례

로스쿨을 졸업하고 변호사자격을 취득한 K는 '법 토피아'라는 간판을 걸고 변호사 사무실을 운영하고 있다. K는 '법 토피아'라는 이름을 상호로 등기하려고 한다. 가능한가?

변호사, 법무사, 공인회계사, 세무사, 의사, 문필가, 예술가 등을 흔히 전문자유직업인이라 한다. 이들은 상인이 될 수 있는가?

(ⅰ) 판례(부정설) – 판례는 변호사, 법무사 등의 상인성을 부정한다. 그 논거로 ⓐ 제공하는 서비스의 공공적 성격, ⓑ 전통적인 직업관, ⓒ 상법의 적용대상은 간이·신속하고 외관을 중시하는 정형적인 영업활동으로 국한한다는 점, ⓓ 상법을 적용하지 않으면 안 될 특별한 사회경제적 필요가 없다는 점을 들고 있다.[9]

법무법인의 상인성에 대해서는 부정적으로 보는 대법원판결이 있는가 하면,[10] 상인은 아니지만, 법무법인의 명칭은 상호에 준하는 것으로 보아 등기 상호에 관한 §22·§23, 상업등기법 §30가 준용된다는 하급심 판결이 있다.[11]

---

9) 대법원 2007. 7. 26. 자 2006마334 결정: 변호사의 영리 추구 활동을 엄격히 제한하고 그 직무에 관하여 고도의 공공성과 윤리성을 강조하는 변호사법의 여러 규정에 비추어 보면, 변호사의 활동은, 간이·신속하고 외관을 중시하는 정형적인 영업활동을 벌이고, 자유로운 광고·선전 활동을 통하여 영업의 활성화를 도모하며, 영업소의 설치 및 지배인 등 상업사용인의 선임, 익명조합, 대리상 등을 통하여 인적·물적 영업기반을 자유로이 확충하여 효율적인 방법으로 최대한의 영리를 추구하는 것이 허용되는 상인의 영업활동과는 본질적으로 차이가 있다. 변호사의 직무 관련 활동과 그로 인하여 형성된 법률관계에 대하여 상인의 영업활동 및 그로 인해 형성된 법률관계와 동일하게 상법을 적용하지 않으면 아니 될 특별한 사회경제적 필요나 요청이 있다고 볼 수도 없다. 변호사법의 여러 규정과 제반 사정을 참작하여 볼 때, 변호사를 §5(1)이 규정하는 '상인적 방법에 따라 영업을 하는 자'라고 볼 수는 없다 할 것이므로, 변호사는 의제상인에 해당하지 아니한다. 변호사가 상인이 아닌 이상 상호등기에 의하여 그 명칭을 보호할 필요가 있다고 볼 수 없으므로 등기관이 변호사의 상호등기신청을 각하한 처분이 적법하다. (따름 판례: 대법원 2011. 4. 22. 자 2011마110 결정).

10) 대법원 2007. 7. 26. 자 2006마334 결정: 법무법인은 변호사법 §42(1호)에 의하여 그 정관에 '상호'가 아닌 '명칭'을 기재하고, 같은 법 §43(2)(1호)에 의하여 그 설립등기시 '상호'가 아닌 '명칭'을 등기하게 되어 있다. 그러므로 이러한 법무법인의 설립등기를 '상호' 등을 등기사항으로 하는 상법상 회사의 설립등기나 개인 상인의 상호등기와 동일시할 수 없다.

11) 서울고등법원 2008. 7. 2. 선고 2007나118684 판결: 변호사법이 법무법인을 '상행위 기타 영리를 목적으로' 한 회사의 형태가 아닌, '변호사가 그 직무를 조직적·전문적으로 행하기 위하여' 설립한 사단의 형

(ⅱ) 학설 – 부정설,[12] 긍정설,[13] 제한된 범위에서 상인성을 인정해야 한다는 제한적 긍정설이[14] 있다.

(ⅲ) 사견 – 전문자유직업인이 상인이 될 수 있는가는 §5(1)의 '상인적 방법으로' 하느냐의 기준에 따라 상인성을 긍정할 가능성이 열려 있다. 판례가 제시하고 있는 논거는 자의적이며 오늘날의 통념과 동떨어진다. 공법인의 상행위에 대해서도 상법을 적용하는 §2와도 괴리가 있다. 업종의 경계가 허물어지거나 모호해지고 상화현상이 뚜렷한 직업영역은 가급적 상법의 적용대상에 포함하여 동일하게 규율하는 것이 옳다.

(4) 표현상인

상인 또는 완전상인이 아니지만 외관법리에 의해 외관을 신뢰한 제3자에 대해 상인 또는 완전상인으로 취급하는 표현상인(表見商人)의 개념을 인정하는 견해가 있다(긍정설).[15] 신의칙 조항(민§2)을 근거로 든다. 그러나 상법에 근거 규정이 없는데 해석으로 이를 인정하려는 것은 상인의 종류를 법정하고 있는 상법 취지에 맞지 않는다(부정설).

제6절 상인자격 취득 · 상실

사례 1

A는 치킨 생맥줏집을 개업하기로 하고, 이를 위해 종업원을 고용하고, 점포를 임대받아 인테리어를 새로이 하고, 점포에 간판을 부착하고 개업 광고지를 배포했다. 이 과정에서 공무원인 친구 B와 은행 C로부터 부족한 자금을 차입했다. 그로부터 1주일 후 개업하여 영업을 하고 있다.

태로 규정하고 있으므로(§40) 법무법인 역시 상인에 해당하지 않는다(법무법인(유한)과 법무조합도 같다). 그러나 애당초 상호나 명칭의 등기가 불가능한 개인 변호사와는 달리 법무법인은 상업등기법 §30의 상업등기에 관한 규정에 따라 그 명칭을 등기할 수 있다. 법무법인의 '명칭'은 법무법인이 사업상 자기를 표시하기 위하여 사용하는 칭호로서 상인의 상호와 거의 동일한 기능을 수행하고 있으며, 법무법인의 등기에 준용되는 구 비송사건절차법의 상업등기에 관한 규정 중 §164의 적용이 배제되어야 할 이유가 없을 뿐 아니라 만약 법무법인 설립등기에 위 규정이 적용되지 않으면 선등기한 법무법인과 동일한 명칭으로 법무법인 설립등기를 신청할 때 이를 각하할 근거가 없게 되어 부당하다. 그러므로 법무법인의 '명칭'에 상호의 등기와 보호에 관한 §22, §23 등과 상업등기법 §30 등의 규정이 준용된다.

12) 김두진 28 · 37, 이철송 86, 정동윤 51 · 52.

13) 서헌제 54, 송옥렬 21, 임중호 61 · 76, 최정식 73.

14) 김병연/박세화/권재열 37, 김성태 152.

15) 김정호 53~58, 손주찬 85~86.

(1) A가 상인자격을 취득하는 시점은?
(2) 만일 A가 회사라면 어떠한가?

사례 2

A는 치킨 생맥줏집을 폐업하기로 하고, 이를 위해 재료 구매와 판매를 중지하고, 매장의 물건을 덤핑처리하고, 셔터를 내렸다. 이어 세무서에 폐업신고를 했다.
(1) A가 상인자격을 상실하는 시점은?
(2) 만일 A가 회사라면 어떠한가?

상인능력은 상인이 될 수 있는 능력(자격)이다. 민법의 권리능력에 상응한다. 모든 권리능력자가 상인능력을 갖는 것은 아니다. 회사는 태생적으로 상인이고, 그 밖의 자는 영업을 함으로써 상인이 된다.

Ⅰ. 자연인 상인

(1) 취득 시점

자연인은 영업을 함으로써 비로소 상인이 된다. 영업을 하려면 (a) 영업에 관한 의사결정 → (b) 개업준비행위 → (c) 개업 및 영업의 단계를 거치게 된다. 이럴 때 어느 시점에 상인자격을 취득하는가?

(ⅰ) 통설과 판례에 의하면, 영업을 위한 준비행위를 하는 자는 준비행위를 한 때에 상인자격을 취득하고, 개업준비행위는 영업을 위한 행위로서 그의 최초의 보조적 상행위가 된다고 한다. 개업준비행위는 영업의사를 일반적·대외적으로 표시할 필요는 없으나 준비행위의 성질로 보아 영업의사를 상대방이 객관적으로 인식할 수 있으면 보조적 상행위가 되고 상행위에 관한 상법 규정이 적용된다고 한다(객관적 인식가능성설).[16][17] (ⅱ) 이 밖

16) 대법원 1999. 1. 29. 선고 98다1584 판결. (따름 판례: 대법원 2012. 7. 26. 선고 2011다43594 판결; 대법원 2012. 11. 15. 선고 2012다47388 판결).
대법원 2012. 4. 13. 선고 2011다104246 판결: A가 학원 설립과정에서 영업준비 자금으로 B에게서 돈을 차용한 후 학원을 설립하여 운영한 사안이다. 제반 사정에 비추어 A가 운영한 학원업은 점포 기타 유사한 설비에 의하여 상인적 방법으로 영업을 하는 경우에 해당하여 A는 §5(1)에서 정한 '의제상인'에 해당한다. A의 차용행위는 학원 영업을 위한 준비행위에 해당하고 상대방인 B도 이러한 사정을 알고 있었으므로 차용행위를 한 때 A는 상인자격을 취득함과 아울러 차용행위는 영업을 위한 행위로서 보조적 상행위가 되어 §64에서 정한 상사소멸시효가 적용된다.
17) 김두진 40~42, 손주찬 84, 서돈각/정완용 73(입법론으로 자연인 상인도 회사처럼 등기제도를 도입할 필

에도 다양한 학설이 있다.[18]

(iii) 사견 – 통설과 판례와 같은 객관적 인식가능설을 취한다. 자연인 상인은 등기에 의해 공시되지 않으므로 결국 영업의사를 기준으로 삼을 수밖에 없기 때문이다.

(2) 상실 시점

자연인 상인의 상인능력은 권리능력 및 영업의 존재를 전제로 하므로 이 중 어느 하나라도 상실하면 상인능력도 상실한다. 따라서 사망 등에 의해 권리능력을 잃거나 영업 전부 양도 또는 영업 폐지 등을 하고 그 잔무를 종결하여 영업을 종국적으로 하지 않게 되면 상인능력을 상실한다.

Ⅱ. 회 사

(1) 취득 시점

① 회사는 설립등기를 함으로써 권리능력과 동시에 상인자격을 취득한다. 회사가 설립에 착수하여 설립등기를 하기 전 설립 중인 회사가 상인능력을 갖는가?

(i) 긍정설,[19] (ii) 부정설이[20] 있다.

(iii) 사견 – 제한적 긍정설(절충설)이 타당하다. 회사는 설립등기의 창설적 효력에 따라 비로소 법인격(권리능력)을 갖게 되고 그에 의해 상인능력을 취득하게 된다(태생적 상인). 그러나 설립 중 회사는 제한된 범위에서 권리능력을 갖고 주식회사의 발기인이 설립 중 회사의 기관으로 한 행위는 개업준비행위를 포함하여 보조적 상행위로 설립등기를 하면 성립된 회사에 자동으로 귀속하므로(동일성설), 개업준비행위 등은 상법 적용대상이 된다.

요가 있다고 함), 송옥렬 23~24, 이기수/최병규 117, 이철송 92, 최기원 69, 채이식 42, 최정식 81, 한창희 81 등 다수.

18) 기업조직구비시설(소수설 1): 기업의 존재를 객관적으로 인식할 수 있을 정도로 영업의사가 나타났을 때 상인자격을 취득한다고 보는 견해(정찬형 78),
단계적 결정설(소수설 2): 상인자격의 취득시를 영업을 위해 준비행위를 한 때로 보되 단계적으로 결정하려는 견해(김홍기 24~25).

19) 김성태 163, 박원선 78, 이기수/최병규 119, 이종훈 29, 이철송 94, 정준우 35, 최정식 83.

20) 고재종 60~61, 김두진 43, 김홍기 26~27(회사는 설립할 때에 상인자격을 취득하나 설립 중 회사의 행위는 성립 후 회사의 영업준비행위, 즉 보조적 상행위로 상법 적용의 대상이 된다는 견해), 손주찬 87, 손진화 41, 임중호 87, 전우현 48, 정동윤 56, 정찬형 79(설립 중 회사의 행위를 보조적 상행위로 인정하여 이에 상법을 적용할지라도 회사의 상인성은 설립 중 회사에까지 확장할 수 없다는 견해), 최기원/김동민 61, 한창희 82.

② 판례에 의하면, 회사(X) 설립을 위해 개인(A)이 한 행위는 장래 설립될 회사(X)가 상인이라는 이유만으로 당연히 개인(A)의 상행위가 상법 적용대상이 되는 것은 아니라고 한다.[21] 회사설립 중에 사업자금을 차용하는 사안이 주로 문제가 되는데, 그 주체가 회사인지 대표이사 개인인지에 따라 달라진다. 그것이 설립 중 회사의 행위로 인정되어 장래 설립될 회사에 효력이 미쳐 회사의 보조적 상행위가 되는 것은 별론으로 한다.

(2) 상실 시점

회사는 해산과 청산에 의해 권리능력과 동시에 상인능력을 상실한다.[22] 회사는 해산하더라도 청산목적의 범위에서 존속하므로 청산을 종결할 때에 비로소 법인격과 상인능력을 상실한다(§245).

---

21) 대법원 2012. 7. 26. 선고 2011다43594 판결: 영업을 준비하는 행위가 보조적 상행위로서 상법의 적용을 받기 위해서는 행위를 하는 자 스스로 상인자격을 취득하는 것을 당연한 전제로 한다. 그러므로 어떠한 자가 자기 명의로 상행위를 함으로써 상인자격을 취득하고자 준비행위를 하는 것이 아니라 다른 상인의 영업을 위한 준비행위를 하는 것에 불과하다면, 그 행위는 행위를 한 자의 보조적 상행위가 될 수 없다. 여기에 회사가 상법에 의해 상인으로 의제된다고 하더라도 회사의 기관인 대표이사 개인은 상인이 아니어서 비록 대표이사 개인이 회사 자금으로 사용하기 위해서 차용한다고 하더라도 상행위에 해당하지 아니하여 차용금채무를 상사채무로 볼 수 없다. 이러한 법리를 더하여 보면, 회사설립을 위하여 개인이 한 행위는 그것이 설립 중 회사의 행위로 인정되어 장래 설립될 회사에 효력이 미쳐 회사의 보조적 상행위가 될 수 있는지는 별론으로 하고, 장래 설립될 회사가 상인이라는 이유만으로 당연히 개인의 상행위가 되어 상법 규정이 적용된다고 볼 수 없다. (따름 판례: 대법원 2015. 3. 26. 선고 2014다70184 판결; 대법원 2018. 4. 24. 선고 2017다205127 판결).

22) 자연인은 사망의 순간 권리능력을 잃지만, 법인은 해산으로 상속에 해당하는 포괄적 승계가 이루어지지 못하므로 청산이 필요하다.

제2장

상 행 위

제1절 총 설

사 례

치킨 가게를 하는 A가 다음 행위를 하는 경우 이는 상행위인가?

(1) 개업을 위한 점포 임차와 직원을 채용하는 행위
(2) 손님에게 치킨을 판매하는 행위
(3) 배달업체와의 배달계약을 체결하고 시설보수를 위해 은행으로부터 자금을 차입하는 행위
(4) 무의탁 노인들에게 치킨을 무료로 제공하는 행위
(5) 영업양도

해설: 위에서 (2)는 영업으로 하는 것이므로 기본적 상행위이고, (1)은 개업준비행위로 최초의 보조적 상행위이며, (3)은 영업을 위해서 하는 것이므로 보조적 상행위이고, (4)는 상행위가 전혀 아니며, (5)는 보조적 상행위이다. (4)를 제외하고는 모두 상행위이므로 상법 적용대상이 된다.

기초 법률행위와 기타

상행위는 법률행위의 일종으로 '의사표시'를 요소로 하고 이를 근거로 하여 법률효과가 생긴다. 이는 당사자의 의사와 관계없이 법에 따라 일정한 법률효과가 생기는 아래의 것과 다르다.

(가) 의식과는 무관한 법률사실(사건) – 예컨대, 시간 경과에 의한 시효 완성
(나) 의사 통지 – 예컨대, 최고(독촉), 면책의 통지, 청약에 대한 거절의 통지, 총회 소집 통지
(다) 사실 통지 – 예컨대, 하자의 통지, 경매 사실의 통지, 중개 사실의 통지
(라) 사실행위 – 예컨대, 운송 실행, 보관 실행

(마) 위법행위 – 채무불이행(민§390), 불법행위(민§750)
(바) 소송행위 – 소송행위는 절차의 안정이 특히 강하게 요구되어 민사소송법에 의해 규율된다.

기초 상행위 규정의 임의규정성

상행위는 민법의 법률행위에 해당하는 것이며, 계약이 주를 이룬다. 개별적인 계약에 의하는 때도 있지만 약관에 의하는 경우가 많다. 이에 관한 상법 규정은 대부분 임의규정임을 기억하자.

상행위는 상(영업)에 관련된 법률행위이다. 상법상의 상행위에는 ⒜ 기본적 상행위, ⒝ 준상행위, ⒞ 보조적 상행위 3종이 있다. '기본적 상행위'를 영업으로 함으로써 당연상인이 되고, '설비상인'이 영업으로 함으로써 준상행위가 된다. ⒜와 ⒝ 모두 '영업으로' 하는 것이므로 본위적 상행위라 한다. ⒞는 상인(당연상인 또는 의제상인)이 '본위적인 영업을 위하여' 하는 것이므로 보조적 상행위라 한다. 위의 ⒜, ⒝, ⒞는 영업으로 하건 영업을 위해서 하건 모두 '영업성'을 공통의 속성으로 하는 영업적 상행위이다. 이들은 상법 적용에 아무런 차이가 없다. 영업성이 없는 때에도 상행위가 되는 것(절대적 상행위)은 상법상 없다.

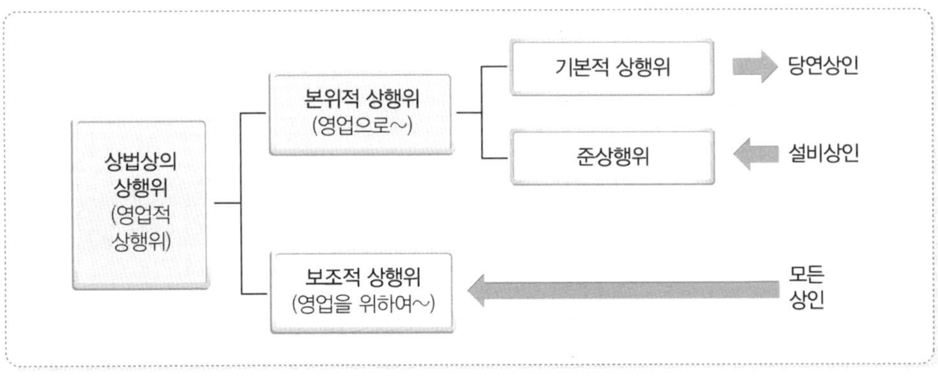

:: [그림 2-2-1] 상행위 분류

제2절 기본적 상행위

제46조(기본적 상행위) 영업으로 하는 다음의 행위를 기본적 상행위(基本的 商行爲)라 한다. 그러나 오로지 임금(품삯)을 받을 목적으로 물건을 제조하거나 노무에 종사하는 자의 행위는 그러지 않는다.
1. 동산, 부동산, 유가증권, 그 밖의 재산 매매
2. 동산, 부동산, 유가증권, 그 밖의 재산 임대차
3. 제조, 가공, 또는 수리에 관한 행위
4. 전기, 전파, 가스 또는 물의 공급에 관한 행위
5. 작업 또는 노무 도급의 인수
6. 출판, 인쇄, 또는 촬영에 관한 행위
7. 광고, 통신, 또는 정보에 관한 행위
8. 수신, 여신, 환, 그 밖의 금융거래
9. 공중이 이용하는 시설에 의한 거래
10. 상행위 대리의 인수
11. 중개에 관한 행위
12. 위탁매매, 그 밖의 주선에 관한 행위
13. 운송의 인수
14. 보관의 인수
15. 신탁의 인수
16. 상호부금, 그 밖의 이와 유사한 행위
17. 보험
18. 광물 또는 흙과 돌의 채취에 관한 행위
19. 기계, 시설, 그 밖의 재산의 금융리스에 관한 행위
20. 상호, 상표 등의 사용 허락에 의한 영업에 관련된 행위
21. 영업상 채권의 매입·회수 등에 관한 행위
22. 신용카드, 전자화폐 등을 이용한 지급 결제 업무의 인수

1. 대 상

(1) 목 록

§46는 기본적 상행위를 22종으로 제한하여 열거하고 있다(통설). 이는 오랜 세월 동안 상행위의 전형으로 인식된 것들을 뽑아낸 목록이다. 결합된 형태도 가능하다(예: 민§674의2 여행계약).

〈표 2-2-1〉 상행위와 영업분야

	기본적 상행위 (§46)	독립 상인 또는 별도 규정
매 매	동산, 부동산, 유가증권 기타 재산 매매	매매 (§67~) (상인끼리의 매매)
유 통	10. 상행위 대리의 인수	대리상 (§87~)
	11. 중개에 관한 행위	중개업 (상사중개인) (§93~) * 민사중개인 (규정 없음): §93~ 유추적용
	12. 위탁매매 기타 주선에 관한 행위	위탁매매인 (§101~) 준위탁매매인 (§113) 운송주선업 (§114~)
	20. 상호・상표 등의 사용 허락에 의한 영업에 관한 행위	가맹업 (§168의6~)
물 류	13. 운송의 인수	운송업 (§125~) 운송주선업 (§114~)
		* 해상운송 (§740~) * 항공운송 (§896~)
	14. 임치의 인수	창고업 (§155~)
공중접객	9. 공중이 이용하는 시설에 의한 거래	공중접객업 (§151~)
금 융	19. 기계, 시설, 그 밖의 재산의 금융리스에 관한 행위	금융리스업 (§168의2~)
	21. 영업상 채권의 매입・회수 등에 관한 행위	채권매입업 (§168의11~)
	17. 보험	* 보험 (§638~)
	8. 수신・여신・환 기타의 금융거래 15. 신탁의 인수 16. 상호부금 기타 이와 유사한 행위	
결 제	22. 신용카드, 전자화폐 등을 이용한 지급결제 업무의 인수	
		상호계산 (§72~)

(2) 매 매

① 매매(賣買)는 '사고파는' 행위이다. §46(1호)의 '매매'에 관해서는 매수만 하는 경우, 매도만 하는 경우, 매수와 매도 모두를 하는 경우로 나누어 어떤 경우가 상행위가 되는가에 논란이 있다.[23] 매수만을 할 때는 상행위로 볼 수 없다. 매도만을 하거나 매

23) 학설상으로는 (ⅰ) 매수와 매도 모두를 하는 경우를 상행위로 보는 견해(김정호 36~37, 박상조 95(다만

수와 매도를 하는 경우는 상행위가 될 수 있다.[24]

② 원시취득업자의 매도(예: 농부가 자신의 밭에서 재배한 농작물을 판매하는 것)가 위 매매에 해당하는가?

(ⅰ) 긍정설, (ⅱ) 부정설이 있다.

(ⅲ) 사견 – 긍정설이 타당하다. 매수 없이 새로운 부가가치를 창출하여 매도하는 경우는 상행위성이 농후하다고 볼 수 있기 때문이다. 설령 이것이 기본적 상행위에 해당하지 않는다 하더라도 설비상인의 요건을 갖추면 준상행위가 될 것이므로 결과적으로는 논의의 실익이 크지 않다.

2. 영 업 성

위의 행위를 영업으로 자기 명의로 해야 당연상인이 된다(§4).

3. 배 제

오로지 임금(품삯)을 받을 목적으로 물건을 제조하거나 노무에 종사하는 것은 기본적 상행위가 아니다(소극적 요건)(§46). 이 경우 상행위성 자체가 부정된다.

제3절 준상행위 (확장 ①)

제66조(준상행위) 제5조에 따른 상인(의제상인)의 행위에 대해서는 이 장(章)의 규정을 준용한다.

준상행위(§66)는 의제상인(§5)을 기반으로 한다. 이에 의해 기본적 상행위를 제한적 열거규정으로 하는 §46의 제약을 극복하여 상법의 적용대상인 상행위가 확장되고(확장성), 상거래 현실에 신축적으로 대응할 수 있게 된다(유연성).

무상취득과 원시취득은 제외한다는 견해), 서돈각/정완용 63, 손진화 170, 이기수/최병규 295, 임홍근 212, 정동윤 145, 최기원/김동민 47, 최준선 111), (ⅱ) 매수 또는 매도를 하는 경우를 상행위로 보는 견해(김병연/박세화/권재열 204. 김성태 383~384, 손주찬 69, 안강현 54, 전우현 184~185, 정찬형 63, 최정식 241, 한창희 89), (ⅲ) 매수와 매도를 하는 경우는 물론이고 매도만을 하는 경우도 상행위가 될 수 있다는 견해(김홍기 128, 이종훈 146, 이철송 32, 정준우 201) 등이 있다.

24) 판례 중에 자기가 재배한 농산물을 매도하는 행위도 영업으로 하면 상행위가 될 수 있다고 한 것이 있다(대법원 1993. 6. 11. 선고 93다7174, 7181 판결).

제4절 보조적 상행위(확장 ②)

사 례

꽃가게 주인은 용도를 밝히지 않은 채 친구로부터 자금을 빌렸다. 그런데 그 차용금을 자식의 대학 등록금으로 사용했다. 이럴 때 차용금에 적용되는 소멸시효는 상사시효인가, 민사시효인가?

제47조(보조적 상행위) ① 상인이 영업을 위해 하는 행위는 상행위로 본다.
② 상인의 행위는 영업을 위해 하는 것으로 추정한다.

1. 뜻: 영업을 위한 행위

① 보조적 상행위는 상인(당연상인 또는 의제상인)이 본위적 영업을 위해서 하는 행위이다. 상법은 보조적 상행위를 상행위로 취급한다(§47(1)). 본위적 상행위와 보조적 상행위는 상인의 주된 영업을 중심으로 주종관계로 연관되어 있고, 외부에서는 그 구분이 쉽지 않은 경우가 많기 때문이다.

② 상인이 영업을 위해서 하는 것인지의 판단은 상인의 주관적 의사가 아니라 본위적 영업과 기능적·객관적으로 관련되어 있는가를 기준으로 한다.

③ 개업준비행위와 같이 영업을 위해 하는 것이 명백하면 보조적 상행위가 될 수 있다(판례·통설).[25]

④ 보조적 상행위는 흔히 생각하는 상거래에 한하지 않는다. 근로계약, 단체협약,[26] 영업양도도 상인이 영업을 위해 하는 것이면 보조적 상행위가 될 수 있다.

2. 상인의 행위: 보조적 상행위 추정

행위의 주체가 상인이면 상법은 그 행위를 보조적 상행위로 추정하고(§47(2)),[27] 다

25) 대법원 2012. 4. 13. 선고 2011다104246 판결.
26) 대법원 2006. 4. 27. 선고 2006다1381 판결.
27) [추정조항] 추정(推定)은 일단 그렇게 보아 법률효과를 발생시키나 반대의 증거에 의해 번복할 수 있다. 상법 총칙·상행위편에 규정된 추정조항으로는, 상인이 하는 행위의 보조적 상행위 추정(§47(2)), 타인의 등기 상호 사용시 부정목적 추정(§23(4)), 운송인과 송하인 간 채권내용은 화물상환증 문언 추정

시 보조적 상행위는 상행위로 취급함으로써(§47(1)) 기본적 상행위나 준상행위와 마찬가지로 상행위가 된다. 즉, 상인의 행위 → 영업을 위해 하는 행위(보조적 상행위) 추정 → 상행위 의제의 단계를 밟는다.

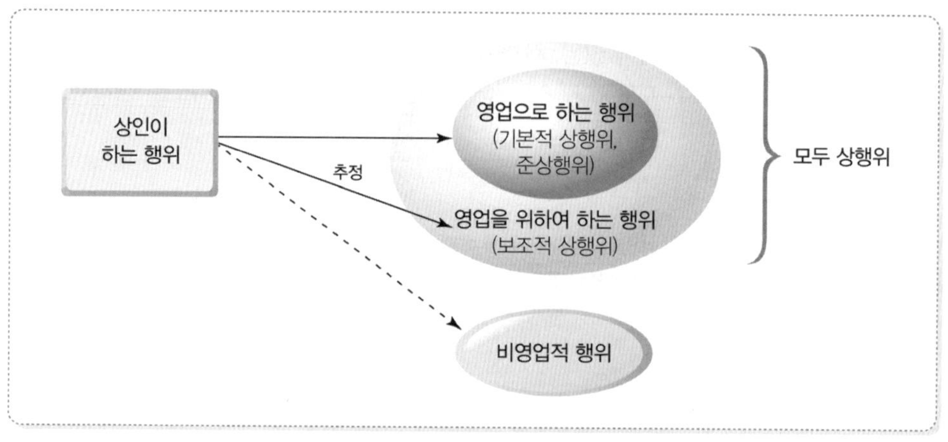

:: [그림 2-2-2] 상인이 주체인 행위

제5절 구분실익

상행위를 기본적 상행위, 준상행위, 보조적 상행위로 3분 하는 것(3분법)은 어느 행위가 상행위에 해당하는지와 그에 의한 상법 적용 여부를 판단하는 입법기술의 산물이다. 이러한 구분은 노력에 비해 실익이 크지 않다. 입법론으로 현행법과 같은 3원적 구분을 폐지하고 '영업성'이라는 기준으로 단일화할 필요가 있다(일원론).

(§131(1)), 금융리스물건 수령증 발급시 적합물건 수령 추정(§168(3)) 등이 있다.

[의제조항] 의제(擬制) 또는 간주(看做)는 진실에 반하는 사실이라 하여도 법률상으로 특정되어 반대증거가 있어도 그 정한 사실을 변경시킬 수 없는 것으로 법문에서 "~로 본다"로 표기하는 경우가 많다. 상법 총칙 · 상행위편에 규정된 의제조항으로는, 미성년자가 법정대리인의 허락을 얻어 무한책임사원이 된 때 사원자격으로 한 행위의 능력자 의제(§7), 물건판매 점포 사용인의 대리권 의제(§16), 상호 가등기를 §22 적용상 본등기 의제(§22의2(4)), 등기 상호를 2년간 사용하지 않으면 폐지 의제(§26), 낙부통지의무가 있는 경우 승낙 의제(§53), 확정기매매의 해제 의제(§68), 운송인과 선의의 화물상환증 소지인 간 채권내용은 화물상환증 문언 의제(§131(2)), 익명조합원 출자의 영업자 귀속 의제(§79), 위탁자 · 위탁매매인 · 위탁매매인 채권자 간 위탁자 소유 의제(§103), 운송주선인이 화물상환증 작성시 직접 운송 의제(§116(2)) 등이 있다.

제6절 상행위 아닌 것

(1) 영업성 없는 법률행위

영업과 무관한 행위(예: 신분상 행위, 결혼자금 차입), 공법상 행위(예: 행정관청 신고) 등은 영업성이 없으므로 상행위가 아니다.

(2) 불법행위 · 사실행위

불법행위나 사실행위도 보조적 상행위가 될 수 있는가?

(i) 긍정설,[28] (ii) 부정설(판례),[29][30] (iii) 영업과의 관련성에 따라 긍정 또는 부정하는 견해(구분설)가[31] 있다.

(iv) 사견 – 부정설이 타당하다. 상행위는 법률행위이어야 하기 때문이다.

제7절 상행위능력

사 례

A는 12세의 천재소년이다. A는 자신이 개발한 인공지능 바둑게임 소프트웨어를 판매하는 영업을 하고자 한다. 법적으로 어떤 점에 유의해야 하는가?

기초 행위능력

행위능력은 권리능력자가 단독으로 유효한 법률행위를 할 수 있는 능력이다. 이러한 능력을 갖추지 못한 자를 제한능력자라 한다. 제한능력은 자연인에만 문제된다. 제한능력자에

28) 김홍기 137(경미한 불법행위는 보조적 상행위가 될 수 있다는 견해), 손주찬 217~218, 임홍근 221, 장덕조 90, 정찬형 210.

29) 대법원 1985. 5. 28. 선고 84다카966 판결. (따름 판례: 대법원 2004. 3. 26. 선고 2003다34045 판결; 대법원 2018. 2. 28. 선고 2013다26425 판결).

30) 김성태 394, 김정호 203, 서헌제 193, 송옥렬 100, 이종훈 158, 이철송 329~330, 정준우 207.

31) 김병연/박세화/권재열 210, 박상조 311, 임중호 279(불법행위가 내부적으로 영업과 관련성이 있는 경우에는 보조적 상행위가 될 수 있다는 견해), 정동윤 142, 채이식 151(영업적 불법행위는 보조적 상행위가 될 수 있다는 견해). 최준선 120, 최기원/김동민 202.

는 미성년자, 피한정후견인, 피성년후견인이 있다. 이에 대해서는 거래 안전보다는 제한능력자 보호를 우선시하고 후견인 또는 법정대리인에 의해 제한된 능력을 보충함으로써 능력자와 마찬가지로 법률행위를 할 수 있도록 한다.

(가) 미성년자, 피한정후견인, 피성년후견인

		미성년자	피한정후견인	피성년후견인
요건	나이	만 19세 미만	불문	
	사무처리 능력	불문	부족(경미): 질병, 장애, 노령, 그 밖의 사유로 인한 경미한 정신적 제약으로 사무처리능력이 '부족'한 사람	결여(중), 지속: 질병, 장애, 노령, 그 밖의 사유로 인한 중한 정신적 제약으로 사무처리능력이 '지속적으로 결여'된 사람
	가정법원	심판 불요	심판	
원 칙		미성년자가 법률행위를 하려면 법정대리인의 동의를 얻어야 함이 원칙이다(민§5(1). 법정대리인의 동의 없이 미성년자가 단독으로 한 법률행위는 취소할 수 있다(민§5(2)).	완전한 행위능력 (취소 불가)	행위능력 없음 (취소 가능) 다만, 일상생활에 필요하고 대가가 과도하지 아니한 법률행위는 취소 불가
예 외		단독으로 할 수 있는 것: 권리만을 얻거나 의무만을 면하는 행위, 처분이 허락된 재산 처분, 영업의 허락을 받았을 때 영업에 관한 행위	가정법원이 한정후견인의 동의를 받도록 정한 경우 동의가 없으면 취소 가능	가정법원이 취소 불가 행위를 정할 수 있음

(나) 피특정후견인

정신적 제약으로 후원이 필요한 사람에 대해 가정법원은 일정한 자의 청구로 특정후견의 심판을 한다(민§14의2). 피특정후견인의 행위능력은 제한되지 않는다.

상행위능력은 상인이 단독으로 유효하게 상행위를 할 수 있는 능력이다. 민법의 행위능력에 상응한다. 자연인 상인에서만 문제된다.

Ⅰ. 자연인 상인

제6조(미성년자의 영업과 등기) 미성년자가 법정대리인의 허락을 받아 영업을 할 때는 등기해야 한다.

제7조(미성년자가 무한책임사원이 된 경우) 법정대리인의 허락을 받아 회사의 무한책임사원이 된 미성년자가 그 사원자격으로 한 행위에 관해서는 능력자로 본다.

제8조(법정대리인에 의한 영업의 대리) ① 법정대리인이 미성년자, 피한정후견인, 또는 피성년후견인을 위해 영업을 할 때는 등기를 해야 한다.
② 법정대리인의 대리권 제한은 이를 모른 선의의 제3자에게 대항할 수 없다.

미성년자. 피한정후견인, 피성년후견인 등의 제한능력자도 상인이 될 수 있다. 다만 이들의 행위능력은 불완전하므로 법정대리인 또는 후견인의 동의 또는 대리에 의해 보완할 수 있다. 상법은 거래안전을 위해 특별히 (a) 등기로 이를 공시하도록 하고, (b) 대리권의 내부적 제한을 대외적으로 주장할 수 없도록 한다.

1. 법정대리인

(가) 등기 – 법정대리인은 미성년자 · 피한정후견인 · 피성년후견인 등 제한능력자인 상인을 대리하여 영업을 할 수 있다. 이를 등기로 공시해야 한다(§8(1)).

(나) 대리권 제한 대항 불가 – 법정대리인의 대리권을 내부적으로 제한할 수 있다. 그러나 그 제한은 어디까지나 내부적이므로 거래안전을 위해 이를 모른 선의의 제3자에 대항하지 못한다(정형성)(§8(2)).

2. 미성년자

미성년자가 법정대리인의 허락을 받아 영업을 하거나 이에 준하는 지위(무한책임사원)에 있는 경우에는 등기로 공시해야 한다((§6(1)). 다음이 이에 해당한다.

① 미성년자는 법정대리인의 허락을 받은 특정 영업에 관하여 행위능력을 갖는다. 따라서 이런 경우에는 법정대리인의 조력 없이 단독으로 영업을 할 수 있다(민§8(1)).

② 미성년자가 합명회사 또는 합자회사의 무한책임사원이 되려면 법정대리인의 허락을 얻어야 한다. 그에 의해 사원 자격으로 한 행위에 관해서는 능력자로 본다(§7). 회사의 무한책임사원은 성년 여부를 불문하고 등기사항이다(§180). 무한책임사원은 대외적으로 회사 경영을 담당하기 때문이다.

③ 미성년자가 합자조합의 무한책임조합원이나 업무집행조합원이 되는 경우에 관해서는 규정이 없는데, §7를 유추적용한다.

3. 피한정후견인

(가) 원칙 – 피한정후견인은 원칙적으로 법정대리인의 동의 없이도 모든 법률행위(상행위 포함)를 단독으로 할 수 있음이 원칙이다(민§13(1)).

(나) 예외 – 가정법원이 한정후견인의 동의를 요하는 행위(영업 포함)의 범위를 따로 정할 수 있다(민§13(1)). 이 경우 등기해야 하는가?

(ⅰ) 등기필요설,[32] (ⅱ) 등기불요설이[33] 있다.

(ⅲ) 사견 – §6를 유추적용하여 등기해야 한다. 동의 없는 피한정후견인의 행위는 취소할 수 있으므로 거래안전을 보호하기 위해 등기에 의한 공시가 필요하기 때문이다.

4. 피성년후견인

(가) 원칙 – 피성년후견인은 원칙적으로 직접 영업을 할 수 없다. 피성년후견인은 법률행위를 단독으로 할 수 없기 때문이다. 그 위반행위는 취소할 수 있음이 원칙이다(민§10(1)).

(나) 예외 – 가정법원은 피성년후견인이 단독으로 할 수 있는 법률행위의 범위를 정할 수 있다(민§10(2)). 이에 해당하면 피성년후견인의 법률행위는 취소할 수 없는 것이 되어 유효한 것으로 된다. 만일 가정법원이 취소불가로 정한 것이 영업에 관한 것이면 §6를 유추적용하여 등기해야 한다.

Ⅱ. 회 사

법인(회사)의 경우는 '대표기관 행위 = 법인 행위'로 된다. 따라서 상행위능력의 제한이 원칙적으로 문제되지 않는다. 다만 청산 중인 회사의 권리능력은 청산목적 범위로 제한되고, 회사는 다른 회사의 무한책임사원이 되지 못한다는 법적 제한이 있다(§173, §245).

---

32) 김홍기 30, 이종훈 31.
33) 이철송 100 · 101.

❙ 제3편 ❙

영업도구

상인은 영업의 도구로 상호, 영업소, 상업장부(회계장부, 대차대조표) 등을 두어야 한다. 대외적 영업거래의 인적 보조수단(대리)인 상업사용인은 따로 설명한다.

Keyword:

상호, 상호 등기, 상호 가등기, 상호 단일의 원칙, 상호권, 상호 양도의 대항요건, 영업소, 본점, 지점, 상업장부, 회계장부, 대차대조표, 일반적으로 공정 · 타당한 회계관행

제1장

상 호

제1절 총 설

사 례

상호는 왜 필요한가? 다음은 상호인가?

(1) 주식회사 유한양행

(2) 株式會社 柳韓洋行

(3) 유한양행

(4) 삐콤씨 파워정

제18조(상호 선정의 자유) 상인은 그 성명이나 그 밖의 명칭으로 상호를 정할 수 있다.

1. 의 의

① 상호(商號)는 '상'인의 '호'칭이다(상+호)(§18).

② 상호는 '상인'의 호칭이다. 영업의 호칭이 아니다. 다만 소상인은 상호를 사용하더라도 상법의 규율을 받지 않는다(§9).

③ 상호는 '호칭'이다. 따라서 문자로 기재하고[1] 입으로 발음할 수 있어야 한다. 눈으로 볼 수 있으나 입으로 발음할 수 없는 기호·도화 등은 상호가 아니다.

2. 기 능

① 상인 식별수단 및 상호권자 보호 – 상호는 상인이 영업상 자신을 식별하는 수

---

1) 상호를 등기하려면 한글과 아라비아 숫자로 표시해야 한다(대법원 등기예규 제1187호). 외국어 상호는 한글로 바꾸어 등기하거나 미등기 상호로 그에 상응하는 보호를 받는다.

단이 되는 인격적 측면과 경제적 가치를 가지는 재산적 측면을 갖는다. 전자는 인격권으로, 후자는 재산권으로 보호를 받는다.

② 일반인 보호 – 상호는 소비자 등 일반인에 대해 영업주체에 관한 대외적 표상이 되어 그에 대한 신뢰를 보호하는 기능을 한다.[2]

3. 구별개념

(가) 상 표 – 예컨대, “현대자동차주식회사”가 만든 “쏘나타” 자동차에서, 전자는 상호이고 후자는 상표이다. 상표에 관해서는 상표법이 있다. 상호와 상표를 같은 것으로 쓸 수 있다.

(나) 옥 호 – 상점이나 간판의 명칭을 옥호(屋號)라 부르기도 한다. 이는 상호가 아니다. 그러나 실제 상호와 유사한 기능을 하기도 한다.

(다) 성 명 – 자연인의 경우 성명을 상호로 정할 수 있고(§18), 성명 또는 상호를 선택적으로 기재할 수 있다(§126(2), §128(2), §156(2), §853 등). 회사는 상호가 유일하다.

제2절 등 기

Ⅰ. 임의성 · 강제성

(가) 자연인 상인 – 자연인 상인의 상호는 등기가 임의적이다(상대적 등기사항). 자연인 상인은 수가 많고 영세한 점, 등기관리상 부담 등을 고려했기 때문이다. 그러나 자연인 상인도 상호를 등기할 수 있고, 일단 등기한 상호를 변경 · 폐지하는 때에는 이를 반드시 등기해야 하는 절대적 등기사항이 된다. 자연인의 상호는 상호등기부에 등기한다.

2) 상호의 이러한 공공적 성격 때문에 §20(회사상호 부당사용)와 §23(1)(주체를 오인할 상호의 사용금지)을 위반한 자에 대해서는 200만원 이하의 과태료를 부과한다(§28).

(나) 회사 – 회사는 설립할 때 상호가 정관의 필수적 기재사항이고(§179, §270, §287의3, §289(1), §543(2)) 등기해야 한다(절대적 등기사항, §180, §271, §287의5(1), 317(2), 549(2)). 회사의 동일성을 인식하는 유일한 방법이 상호이므로 등기를 강제한 것이다. 회사의 상호는 회사등기부에 함께 등기한다.

(다) 합자조합 – 합자조합은 상인이 아니므로 그 명칭은 상호가 아닌데, 설립할 때에 명칭을 등기해야 한다(§86의4(1), 상등§2). 익명조합에는 이런 규정이 없다.

Ⅱ. 상호의 가등기

> **제22조의2(상호의 가등기)** ① 주식회사 또는 유한회사를 설립할 때에는 본점 소재지를 관할하는 등기소에 상호의 가등기(假登記)를 신청할 수 있다.
> ② 회사가 상호나 목적 또는 상호와 목적을 변경할 때에는 본점 소재지를 관할하는 등기소에 상호의 가등기를 신청할 수 있다.
> ③ 회사가 본점을 이전할 때에는 이전할 곳을 관할하는 등기소에 상호의 가등기를 신청할 수 있다.
> ④ 상호의 가등기는 제22조의 적용에 관련해서는 상호의 등기로 본다.
> ⑤ (삭제)

(1) 기 능

상호를 본등기를 하기 전에 누군가가 그 상호를 미리 등기하여 가로채는 것을 막기 위한 장치로 상호의 가등기 제도를 두고 있다. 가등기라는 임시적 조처를 인정할 필요성이 강한 때에만 제한적으로 인정한다.

(2) 사 항

상호의 가등기는 다음의 경우에만 할 수 있다(§22의2(1)(2)(3)). 모두 회사의 상호에 한한다. 자연인 상인은 상호의 가등기를 할 수 없다.

(a) 주식회사 · 유한회사를 설립하고자 할 때

(b) 회사(종류 불문)의 상호 또는 목적, 상호와 목적을 변경하고자 할 때

(c) 회사(종류 불문)의 본점을 이전하고자 할 때

(3) 관 할

회사의 본점 또는 본점으로 될 곳의 관할 등기소에서 가등기를 할 수 있다(§22의2(1)(2)(3)).

(4) 효 력

(가) §22의 경우 – 가등기만으로 이중등기 배척의 효력이 있다(§22, §22의2(4)).

(나) §23의 경우 – §22 외의 경우 상호의 가등기는 어떤 효력을 갖는가?

(i) 순위보전적 효력에 그친다고 보는 견해(다수설), (ii) 나아가 본등기 효력까지 갖는다는 견해(소수설)가[3] 있다.

(iii) 사견 – 순위보전적 효력에 그친다고 보는 것이 타당하다. 본등기효력설은 가등기 제도의 적용 효과를 지나치게 확장하는 것으로 해석론으로 무리가 있다. 이렇게 본다면 상호전용권(§23)에 있어서 가등기 상호는 미등기 상호로 취급된다.

Ⅲ. 이중등기 배척

> **제22조(상호 등기의 효력)** 타인이 등기한 상호가 있으면 이를 동일한 특별시 · 광역시 · 시 · 군에서 동종 영업의 상호로 등기해서는 안 된다.

1. 기능과 특징

§22는 등기절차상 이중등기를 배척한다. 동일 상호가 이중등기되는 것을 사전에 걸러내고(예방기능) 등기업무를 기계적으로 신속하게 처리하는 효과를 얻고 있다(등기업무의 기계적 처리 기능). 이를 위해 그 요건을 명확하게 획일적 · 한정적으로 규정함으로써 등기관의 재량을 원천 봉쇄하고 있다.

2. 요 건

(1) 선 등기상호 존재

등기(가등기 포함)한 상호가 이미 존재해야 함은 당연하다(§22의2(4)).

(2) 동일지역

동일한 특별시 · 광역시 · 시 · 군이라는 지역적 제한이 있다. 인접 지역에는 이러한 제한이 적용되지 않는다. 등기할 때를 기준으로 하므로 이후의 행정구역 변경 또는 지

---

3) 이종훈 72, 이철송 176.

점 설치로 인한 경우는 상관없다.[4]

(3) 동종영업

동종 영업의 상호이어야 한다. 영업의 동종 여부는 영업의 주요 부분이 일치하면 되므로 완전히 같을 필요는 없다.

(4) 동일상호

선등기 상호와 동일상호에 한정되는가? §22에는 규정이 없으나, 상업등기법 §29는 동일상호에 한정한다고 규정하고 있다. 따라서 동일상호가 아닌 유사상호는 §22의 적용대상이 아니고,[5] §23의 상호권 침해가 문제될 따름이다.

(5) 기 타

요건은 위의 것에 한한다. 선등기자의 동의가 있더라도 §22는 그에 상관없이 적용된다. 동조는 상호의 등기질서유지라는 공적 측면도 있기 때문이다.

3. 효 과

(1) 등기신청 단계 – 예방 효력

§22의 요건에 해당하는 상호는 등기하지 못한다. 즉 등기소 문턱을 넘을 수 없다. 등기관은 §22를 근거로 이에 해당하는 등기신청을 각하할 수 있다(상업등기법 §26).

(2) 등기 이후 단계 – 시정 효력

§22에 해당하는 상호는 등기할 수 없지만 잘못하여 동일 상호가 이중으로 등기된 경우, 선 등기자(가등기 포함)는 후 등기자를 상대로 등기의 말소를 청구할 수 있다. 이때 §22와 §23 중 어떤 조문을 근거로 해야 하는가?

(가) 동일상호 – 동일상호의 경우 §22의 효력을 어떻게 볼 것인가?

(ⅰ) 실체법적 효력설(판례 · 다수설) – §22는 이중등기를 금지하는 절차법적 효력과 함께 선 등기자가 동조에 근거하여 – §23의 요건을 입증할 필요 없이 – 후등기자에게 등기 말소를

---

4) 이철송 190, 채이식 80.

5) 대법원 2011. 12. 27. 선고 2010다20754 판결: 먼저 등기한 상호인 '동부주택건설 주식회사'와 나중에 등기한 상호인 '동부건설 주식회사', '주식회사 동부', '동부디엔씨 주식회사', '동부부산개발 유한회사'가 동일하지 않음이 외관 · 호칭에서 명백하므로, 동부주택건설 주식회사에 §22에 의한 등기말소청구권이 없다.

청구할 수 있는 실체법적 권리를 갖는다는 견해이다.[6)7)]

(ⅱ) 절차법적 효력설(소수설) – §22에는 단지 등기가 이중적으로 행해지는 것을 막는 상업등기법상의 절차적 효력만이 있다는 견해이다(등기법설). 일단 등기된 이후에는 실체법적 문제로 전환되므로 더는 §22로 다툴 수 없고 §23의 상호권 귀속 문제로 처리해야 한다고 한다.[8)]

(ⅲ) 사견 – §22는 등기 신청단계에서의 절차법적 효력뿐만 아니라 등기된 이후에는 선등기자에게 후 등기의 말소를 청구할 수 있는 실체법적 효력까지 갖는다고 보는 것이 타당하다.

(나) 유사상호 – 유사상호의 경우는 §22의 적용대상이 아니다. 이럴 때는 오로지 §23에 의해서만 등기 말소를 청구할 수 있다(판례).

Ⅳ. 상호 등기

① 상호를 등기하면 상호에 대한 보호가 강화된다. 즉, (a) 이중 등기 배척(§22), (b) 상호권에 있어서 부정목적에 대한 증명책임의 전환(§23(4)), 손해받을 염려에 대한 입증 불요(§23(2)) 등.

② 등기 상호에 대해서는 등기관리에 필요한 규정이 적용된다. 즉, (a) 2년간 사용하지 않을 때 상호폐지 의제(§26), (b) 폐지・변경하였음에도 등기하지 않을 때 이해관계인의 등기 말소청구 가능(§27) 등.

제3절 선 정

Ⅰ. 자 유

상호는 자유롭게 선정할 수 있음이 원칙이다(§18). 상호선정에 있어서 상호와 내용이 일치할 것을 요하지 않는다.

---

6) 대법원 2004. 3. 26. 선고 2001다72081 판결.

7) 김정호 108, 손주찬 140, 이기수/최병규 196, 임중호 167, 장덕조 184, 정동윤 82, 최정식 137・150, 최준선 184~185.

8) 이철송 189, 정준우 90, 정찬형 126~127.

Ⅱ. 제 한

상법은 상호의 질서유지를 위한 제한을 두고 있다. 이는 강행규정이다.[9]

1. 단일 상호의 원칙

> **제21조(상호의 단일성)** ① 동일한 영업에는 단일 상호를 사용해야 한다.
> ② 지점의 상호에는 본점과의 종속관계를 표시해야 한다.

(1) 자연인 상인 – 영업기준

① 같은 자연인 상인(甲)이 여럿의 영업(A, B, C)을 하는 경우 각 영업(A, B, C) 별로 상호를 둘 수 있다. 그 영업 모두에 동일한 상호를 사용하는 것도 가능하다. 그 기준은 상인이 아니라 영업이다(§21(1)).

② 동일한 영업에 여럿의 영업소가 있는 경우, 영업은 1개이므로 모든 영업소에 단일 상호만을 사용해야 한다. 이때 지점 상호에는 본점과의 종속관계를 표시해야 한다(§21(2)). 이는 다른 상호가 아니므로 상호 단일성의 예외가 아니다.[10]

(2) 회사 – 상인기준

회사는 여럿의 영업을 하는 때에도 반드시 1개의 상호를 사용해야 한다. 회사의 상호는 회사의 전인격을 나타내는 유일한 수단이고, 인격은 오로지 1개만 가능하기 때문이다.[11]

(3) 강행규정

상호 단일의 원칙은 강행규정이다. 영업에 대한 대외 식별에 혼란을 주는 것을 막고, 다른 상인의 상호 선정에 부당한 제한을 줄 수 있기 때문이다. 하나의 영업에 둘 이상의 상호를 사용하는 경우, 등기 여부나 선후를 불문하고 그 모두가 상호로 보호받

---

9) 대전지방법원 홍성지원 2011. 8. 18. 선고 2010가합1712 판결 참조.
10) 임중호 152.
11) 예컨대, 삼성전자주식회사는 전자업, 주택분양업, 수출입업 등 매우 다양한 영업을 수행하고 있지만, 회사이므로 각 영업 별로 따로 상호를 사용하지 못하고 단일의 상호인 '삼성전자주식회사' 1개만을 사용해야 한다.

지 못한다.[12)]

2. 회사 상호

> **제19조(회사의 상호)** 회사의 상호에는 그 종류에 따라 합명회사, 합자회사, 유한책임회사, 주식회사 또는 유한회사의 문자를 포함하여야 한다.
>
> **제20조(회사 상호의 부당사용 금지)** 회사가 아니면 상호에 회사임을 표시하는 문자를 사용해서는 안 된다. 회사의 영업을 양수할 때도 같다.

(1) 회사종류 명기

회사의 상호에는 종류(합명회사, 합자회사, 유한책임회사, 주식회사 또는 유한회사)를 표시해야 한다(§19, §170). 회사의 종류에 따라 회사의 대내적·대외적 법률관계가 달라지므로 상호를 통해 이를 공시하기 위함이다. 외국회사는 회사의 종류가 아니므로 상호에 외국회사임을 밝힐 것을 요하지 않는다.

(2) 회사명칭 제한

① 회사 아닌 자는 '회사임을 표시하는 문자'를 상호에 포함할 수 없다. 회사제도에 대한 사회적 신뢰를 보호하고 위장회사를 막기 위함이다. 위반하면 과태료를 부과한다(§28).

② '회사임을 표시하는 문자'는 '회사'라는 문자뿐만 아니라 사회통념상 회사로 오인할 가능성이 있는 명칭을 포함한다(통설).

③ 회사 아닌 자가 회사의 영업을 양수하는 때에도 이 제한은 적용된다.

3. 오인가능 상호 금지

누구든지 부정한 목적으로 타인의 영업으로 오인할 수 있는 상호를 사용하지 못한다(§23(1)). (후술)

12) 제주지법 1998. 4. 23. 선고 97가합3244 판결.

제4절 변 경

상호를 변경하려면 그에 필요한 의사결정 절차를 거쳐야 하고, 등기 상호는 변경등기를 해야 한다. 상호를 변경하더라도 상인의 동일성은 그대로 유지된다.

제5절 양 도

사 례

A는 T라는 상호로 호텔업을 하고 있다.

(1) A는 호텔업과 상호(T)를 분리하여 호텔업은 B에게, 상호(T)는 C에게 따로 양도할 수 있는가?

(2) A는 호텔업을 폐지한 후 상호(T)를 B에게 양도하고 그 상호를 다시 C에게 이중으로 양도했다. B와 C 중에서 상호권을 갖는 자는? (이는 상호의 등기 여부에 따라 달라지는가?)

> **제25조(상호의 양도)** ① 상호를 그 영업과 분리하여 양도할 수 없다. 다만, 영업을 폐업할 때는 그 상호만을 양도할 수 있다.
> ② 상호를 양도하는 경우 이를 등기하지 않으면 제3자에게 대항할 수 없다.

Ⅰ. 양도요건

상호는 경제적 가치를 가지는 것이므로 양도할 수 있다. 그러나 상호는 인격적 속성도 가지므로 상호에 의해 표시되는 영업(주)의 동일성에 대한 일반인의 신뢰를 보호하기 위한 제약이 따른다.

(1) 영업 · 상호 묶음 양도 – 불가분 원칙

'상호'를 양도하려면 그 실체가 되는 '영업'도 함께 양도해야 한다(§25(1)). 즉, 양자의 결합을 해체하여 뿔뿔이 따로 양도할 수 없다. 상호와 영업을 연결하여 인식하는 일반인의 신뢰를 보호하기 위함이다. 그러나 실체인 영업양도에 상호가 반드시 수반되는 것은 아니다(§42(1)).

(2) 영업 폐지 – 분리 허용

영업을 폐지하는 때에는 상호만을 양도할 수 있다(§25(1)). 영업을 폐지하는 때에는 영업과 상호의 연결성이 소멸하고 상호의 재산권으로서의 독자적 경제가치를 살릴 수 있도록 하기 위함이다. 여기서 영업의 폐지란 사실상의 폐업을 뜻한다. 행정절차를 취하였는지는 불문한다(판례 · 통설).[13]

(3) 영업 일부 양도

영업 일부를 양도하는 때도 그에 따라 상호를 양도할 수 있는가?

(ⅰ) 부정설,[14] (ⅱ) 나머지 영업을 폐지하거나 양도되는 상호를 사용하지 않는다는 조건 또는 상호와 양도 영업 간에 전체적 표상이 동일하게 유지될 수 있는 조건으로 상호의 양도가 가능하다는 견해(조건부 긍정설)가[15] 있다.

(ⅲ) 사견 – 일반인의 기존 영업에 대한 신뢰 보호의 관점에서, 그리고 잔존 또는 양도 영업과 상호와의 관계를 보아 판단해야 한다. 원칙적으로 부정설이 타당하나, 후설이 제시하는 조건을 충족하는 때에는 영업 일부 양도의 경우에도 상호의 양도가 가능하다고 본다(조건부 긍정설). 그러나 지점만을 양도하는 경우에는 잔존하는 다른 영업과의 관계를 볼 때 부정설에 따라 상호의 양도는 원칙적으로 허용되지 않는다.

Ⅱ. 대항요건

(1) 등기 – 선의 · 악의 불문

상호의 양도는 당사자의 합의만으로 효력이 생긴다. 이를 제3자에 대항하려면 등기해야 한다(§25(2)).[16] 제3자의 선의 · 악의를 불문하는 점을 유의해야 한다.[17] 그 결과 상호를 이중으로 양도한 경우 제2 양수인이 먼저 등기하면 설령 그자가 악의이더라도

13) 대법원 1988. 1. 19. 선고 87다카1295 판결.

14) 임중호 171, 임홍근 116, 장덕조 53, 정찬형 122, 최준선 187.

15) 김정호 112, 이종훈 74, 이철송 197, 최기원/김동민 116(영업 전체가 아니더라도 중요한 부분의 이전을 조건으로 한다는 견해).

16) 부동산 물권변동의 경우는 이와 달리 등기가 성립요건이다.

17) 제3자의 선의와 악의를 구분하는 일반적인 경우에 비추어 이례적이다.

등기를 하지 않은 제1 양수인보다 우선한다.

(2) 미등기 상호

미등기 상호를 양도하는 경우 §25(2)의 적용대상이 되는가?

(ⅰ) 부정설(제1설),[18] (ⅱ) 긍정설(제2설)이[19] 있다.

(ⅲ) 사견 – 긍정설이 타당하다. 이는 자연인 상인이 미등기 상호를 양도하는 경우가 주로 문제된다. 자연인 상인의 경우 상호를 단순히 '사용'함에 있어서는 등기 여부를 불문하고 그 사용이라는 사실관계만 있으면 된다. 그러나 이를 '양도'함으로써 사용관계 또는 권리관계에 변경이 생기고 타인의 사용관계 또는 권리관계와 충돌 가능성이 있는 경우 §25(2)은 그 변경에 관하여 등기로 우선순위를 정하려는 규정이기 때문이다.

〈표 3-1-1〉 §37(1)과 §25(2)

	§37(1) 등기의 대항력 일반 규정	§25(2) 상호양도 등기의 대항력 특칙 규정
중 점	선의의 제3자 보호	상호 양도의 공시 강제
효력요건	실체적 관계	
대항요건	등기하지 않으면 선의의 제3자에게 대항하지 못한다.	등기하지 않으면 선의·악의를 불문하고 제3자에 대항하지 못한다. (사실상 성립요건과 유사)
양자의 관계	일반규정	§37(1)의 특칙으로 동조 적용배제

Ⅲ. 상호 임대차

상호의 임대차에 관해서는 상법에 규정이 없다. 상호의 양도와 마찬가지로 상호의 임대차는 영업과 함께 하는 경우에만 가능하다고 보아야 한다. 그러나 상호의 임대차에 관해서는 규정이 없으므로 대항요건으로 등기를 요하지 않는다.[20]

18) 김두진 89, 김정호 113, 송옥렬 60~61, 임중호 172, 정경영 76, 정동윤 83, 정찬형 130, 채이식 82, 최기원/김동민 117, 최정식 153, 최준선 187.

19) 김병연/박세화/권재열 101~102, 류시창 83, 안강현 124~125, 이기수/최병규 207, 이종훈 75, 이철송 199, 정준우 92~93.

20) 이종훈 76.

Ⅳ. 상호 상속

상호와 영업을 분리하여 상속하는 것은 허용되지 않는다.[21] 상호를 포괄승계하는 경우에는 특정승계인 양도와 달리 상호의 등기가 대항요건이 아니다(통설).

제6절 폐 지

> **제26조(등기 상호 불사용과 폐지 의제)** 상호를 등기한 자가 정당한 사유 없이 2년 동안 상호를 사용하지 않으면 이를 폐지한 것으로 본다.
>
> **제27조(상호등기의 말소청구)** 상호를 등기한 자가 상호를 변경 또는 폐지하였음에도 2주일 이내에 그 변경 또는 폐지의 등기를 하지 않으면 이해관계인은 그 상호등기의 말소를 청구할 수 있다.

(1) 폐지 의제

① 권리포기의 법리에 따라 명시 또는 묵시의 의사표시로 상호권을 포기할 수 있다.[22] 등기 상호를 정당한 이유 없이 장기간(2년간) 사용하지 않으면 일률적으로 상호 폐지의 의사를 의제한다(§26). 정당한 사유란 전쟁 또는 천재지변 등과 같이 불가항력 사유에 한정한다(통설).

② 미등기 상태에서도 상호권은 인정되기 되기 때문에 §26가 미등기 상호에 대해서도 유추적용되어야 한다. 미등기 상호는 객관적으로 상호폐지의 사실이 인정되면 폐지등기 없이도 그 상호는 개방된다.

(2) 등기 말소청구권

등기 상호를 변경 또는 폐지했음에도 일정 기간(2주간) 내에 등기하지 않고 방치하고 있는 경우, 이해관계인은 등기 말소를 청구할 수 있다(§27).

---

21) 이종훈 76.

22) 타인의 권리의무에 영향을 미치지 않는 단독행위는 사적자치의 원칙상 권리자의 일방적인 의사표시로 자유롭게 할 수 있음이 일반원칙이다.

제7절 상 호 권

사 례

A는 광주광역시에서 '개성전통한방삼계탕'(미등기)이라는 간판으로 삼계탕집을 운영해 오다가 B에게 상호를 포함하여 영업을 양도했다. 영업양도 계약서에는 A의 경업을 30년간 금지한다고 되어 있었다. 그로부터 10년 후에 A는 전주로 이사하여 '원조 개성전통한방삼계탕'이라는 상호를 등기해서 삼계탕 영업을 재개했다. B는 A에 대해 어떤 조처를 할 수 있는가?

제23조(주체를 오인시킬 상호의 사용금지) ① 누구든지 부정한 목적으로 타인의 영업으로 오인(誤認)될 수 있는 상호를 사용해서는 안 된다.
② 제1항을 위반하여 상호를 사용하는 자에게 그로 인해 손해를 입을 우려가 있는 자 또는 상호를 등기한 자는 그 상호의 폐지를 청구할 수 있다.
③ 제2항은 손해배상청구에 영향을 주지 않는다.
④ 타인이 등기한 상호를 동일한 특별시 · 광역시 · 시 · 군에서 동종 영업의 상호로 사용하는 자는 부정한 목적으로 사용하는 것으로 추정한다.

Ⅰ. 사용권 · 전용권

상호권은 (a) 타인의 방해를 받지 않고 상호를 자유롭게 '사용'할 수 있는 권리(상호사용권) 및 (b) 타인이 자신의 상호를 부정하게 사용하는 경우 '배척'할 수 있는 권리(상호전용권)를 포함한다. 양자는 마치 동전의 양면과 같이 관련되어 있다.

(가) 법적 성질

상호권은 재산권적 성질과 인격권적 성질을 모두 갖는다.

(나) 등기 불문

상호권은 등기 여부를 불문하고 인정된다. 다만 상호를 등기하면 상호전용권 행사가 보다 쉬워지는 이점이 있다.

(다) 침해구제

① 상호권을 침해당한 자는 권리침해(불법행위)를 이유로 손해배상을 청구할 수 있다(민§750).

② §23에 의해 상호권자는 상호폐지(§23(2)) 및 손해배상(§23(3))의 청구권을 갖는다. 이는 상호에 관한 일반인의 혼동을 방지하고 신뢰를 보호함과 아울러 상호권자의 이익을 보호하기 위함이다(판례).[23]

Ⅱ. 상호폐지청구권

1. 요 건

상호폐지청구권을 행사하려면 청구자가 (a) 보호대상이 되는 상호권을 갖는 자이어야 하고, 피청구자가 (b) 타인의 영업으로 오인할 수 있는 상호를 (c) 부정한 목적으로 사용함으로써 (d) 청구자가 손해를 입을 우려가 있어야 한다(§23(1)(2)). 위 (a)와 (b)는 등기 여부를 불문하고 공통으로 요구된다. 다만 등기 상호에 대해서는 보호를 강화하여, 위 (c)는 동일 행정구역에서 동종 영업의 상호일 때에는 증명책임이 상대방에게 전가되고, 위 (d)는 요하지 않는다.

(1) 상호권 존재

① 상호폐지 청구권을 행사하려면 청구권자가 상호권을 가져야 함은 당연하다. 상호의 주지성, 등기 여부를 불문하다.

② 예를 들어 대학의 일부 공간을 빌려 운영되는 서점의 경우처럼, §23의 적용대상에 타인이 상인이 아닐지라도 제3자가 그 타인의 영업으로 오인할 수 있는 경우가 포함되는가?

(ⅰ) 상호는 아니지만 보호의 필요성은 같으므로 §23(2)(3)의 유추적용에 의해 상호폐지와 손해배상을 청구할 수 있다는 견해가 있다.[24]

(ⅱ) 사견 – 보호의 필요성에는 공감하나 §23의 유추적용에는 의문이 있다. 동조에 의한 보호대상은 상호이고, 상호는 '상인'의 명칭이기 때문이다. 이러한 경우에는 다른 일반적인 구제수단에 의해야 한다.

---

23) 대법원 2016. 1. 28. 선고 2013다76635 판결.

24) 김두진 85, 송옥렬 55.

(2) 오인가능 상호

(가) 타인 영업으로 – 피청구자의 영업인데도 타인(청구자)의 영업으로 오인(혼동)을 불러일으키는 상호이어야 한다.

(나) 오인 가능성 – 오인 가능성은 상호에 접하는 일반인의 관점에서 전체적·직관적·객관적으로 보아 영업주에 관한 식별력을 흐리게 해서 혼동을 줄 가능성이다(판례·통설).[25] 핵심에 해당하는 요부(要部)의 일치 여부에 의해 판단하는 경우가 많으나,[26] 상호의 외형·발음·시각·관념, 영업의 종류·규모·지역성 등을 종합적으로 고려해야 한다.[27]

(3) 부정목적 사용

(가) 부정목적 – '부정한 목적'이란 타인이 축적한 신용 또는 경제적 가치를 슬그머니 자신의 영업에 이용하고자 하는 편승 의도이다(판례·통설).[28] 적극적인 상호권 침해 또는 경쟁 우위를 점하려는 의사는 불요한다.

---

25) 대법원 2016. 1. 28. 선고 2013다76635 판결: '대성홀딩스 주식회사(DAESUNG HOLDINGS CO. LTD)'와 '주식회사 대성지주(DAESUNG GROUP HOLDINGS CO. LTD.)'는 전체적으로 관찰하여 유사하고, 양자의 주된 영업 목적이 지주사업으로 동일하다. 그러므로 이는 영업주체에 관하여 오인할 수 있는 상호에 해당한다.

26) 서울고등법원 2002. 5. 1. 선고 2001나14377 판결: '동부에스티'의 요부인 '동부'와 '동부제강'의 요부인 '동부'가 동일하게 발음되므로 이를 확연히 구별할 수 없어 일반인이 오인·혼동할 가능성이 있다.

27) 대법원 1976. 2. 24. 선고 73다1238 판결: 서울의 '보령제약주식회사'와 수원의 '보령약국'은 영업의 종류, 범위, 시설 및 규모 등 그 영업의 양상은 물론 고객도 서로 달리하고 있어서 혼동 오인하게 될 염려는 없다. 그러므로 '보령'이라는 상호가 공통된다 해도 위 약국의 영업상 이익을 침해하는 것은 아니다. 대법원 2002. 2. 26. 선고 2001다73879 판결: 상호를 먼저 사용한 자(이하 '선사용자')의 상호와 동일·유사한 상호를 나중에 사용하는 자(이하 '후사용자')의 영업규모가 선사용자보다 크고 그 상호가 주지성을 획득한 경우, 후사용자의 상호 사용으로 인하여 마치 선사용자가 후사용자의 명성이나 소비자 신용에 편승하여 선사용자의 상품의 출처가 후사용자인 것처럼 소비자를 기망한다는 오해를 받아 선사용자의 신용이 훼손된 때 등에 있어서는 이를 이른바 역혼동(逆混同)에 의한 피해로 보아 후사용자의 선사용자에 대한 손해배상책임을 인정할 여지가 전혀 없지는 않다. 그러나 선사용자의 영업이 후사용자의 영업과 그 종류가 다른 것이거나 영업의 성질이나 내용, 영업방법, 수요자층 등에서 밀접한 관련이 없는 경우 등에 있어서는 위와 같은 역혼동으로 인한 피해를 인정할 수 없다.

28) 대법원 1993. 7. 13. 선고 92다49492 판결: 회사의 상표인 '고려당'을 상품에 관한 광고, 간판 등에 사용할 수 있는 권리도 취득하고, 피신청인은 위 회사 마산대리점을 개점, 운영하면서 위 회사의 연혁과 그 관계를 표시하기 위하여 'SINCE 1945 신용의 양과 서울 고려당 마산분점'이라는 간판을 사용했다. 신청인과 피신청인은 모두 같은 마산시에서 제과점을 경영하고 있으나 신청인은 마산합포구 창동에, 피신청인은 회원구 양덕동에 제과점이 위치하여 비교적 원거리에 있다. 이런 사실에 비추어 보면 피신청인은 위 회사의 명성과 신용을 믿고 위 회사 등과 마산판매대리점 계약을 체결한 자로서 위 회사의 '고려당'이란 상호를 간판에 내세운 것으로 인정될 뿐 신청인의 상호인 마산의 '고려당'이 가지는 신용 또는 경제적 가치를 자신의 영업에 이용하고자 하는 의도는 없었다. (따름 판례: 대법원 1995. 9. 29. 선고 94다31365 판결).

(나) 사용 – '사용'은 상인이 영업상 자신을 나타내는 수단으로 사용하는 모든 것을 포함한다(예: 계약서, 광고, 간판, 안내장 등). 사용의 원인은 불문하므로 타인으로부터 상호를 양도받아 사용하는 경우를 포함한다.

(4) 손해 우려

(가) 미등기 상호 – 손해를 받을 우려가 요건이다. 손해는 재산적 손해에 한정하지 않고 평판 저하로 인한 손해 등을 널리 포함한다. 상호폐지청구권은 사전적 구제수단의 성격도 가지므로 실제 손해가 발생할 것을 요하지 않고 그 우려가 있으면 된다(§23(2)). 실제 손해가 발생하면 상호 폐지청구와는 별도로 손해배상을 청구할 수 있다(§23(3)). 손해를 받을 우려가 있음은 청구자가 입증해야 한다(다수설).

(나) 등기 상호 – 손해 받을 우려가 상호폐지청구의 요건이 아니다(§23(2)).

(5) 기 타

동일지역 · 동종영업일 것을 요하지 않는다. 이는 다른 것과 종합하여 상호의 오인 가능성 판단에 참작할 수 있다(판례 · 통설).[29]

(6) 등기 상호 – 요건 및 입증 완화

(가) 부정목적 증명책임 전환 – 부정목적의 증명책임은 청구자에게 있음이 원칙이다. 그러나 타인이 등기한 상호를 동일 행정구역(동일 특별시 · 광역시 · 시 · 군)에서 동종영업의 상호로 사용하면 피청구자에게 부정한 목적의 존재를 추정하여 증명책임이 피청구자에게로 전환된다(§23(4)). 부정목적 추정조항의 적용대상은 오인 가능성 있는 유사상호를 포함하는가, 동일상호에 한하는가?

(ⅰ) 유사상호 포함설(다수설), (ⅱ) 동일상호 한정설이[30] 있다.

(ⅲ) 사견 – 입법론은 별론으로 하고, 해석론으로는 동일상호뿐만 아니라 오인 가능한 유사상호를 포함한다고 본다. 조문 위치상 §23(4)이 §23(1)의 특례규정인 점을 고려할 때 그러하다.

---

29) 대법원 1996. 10. 15. 선고 96다24637 판결: 타인의 영업으로 오인할 수 있는 상호는 그 타인의 영업과 동종 영업에 사용되는 상호만을 한정하는 것은 아니다. 각 영업의 성질이나 내용, 영업 방법, 수요자층 등에서 서로 밀접한 관련이 있는 경우로서 일반 수요자들이 양 업무의 주체가 서로 관련이 있는 것으로 생각하거나 그 타인의 상호가 현저하게 널리 알려져 일반 수요자들로부터 기업의 명성으로 인하여 절대적인 신뢰를 획득한 경우에는, 영업의 종류와 관계없이 일반 수요자가 영업주체에 대하여 오인 · 혼동시킬 염려가 있는 것에 해당한다.

30) 이철송 191.

(나) 손해 우려 불요 – 등기 상호의 경우는 손해를 받을 우려가 상호폐지청구의 요건이 아니다(§23(2)).

2. 효 과

위 요건을 충족하면 상호권자는 상호의 폐지를 청구할 수 있다(§23(2)). 이에는 사용 중단, 등기 말소 등을 널리 포함한다. 상호폐지청구의 소를 본안으로 해서 사용금지의 가처분을 신청할 수 있다.

Ⅲ. 손해배상청구권

(1) 법적 성격

상호폐지청구와 별도로 손해배상을 청구할 수 있다(§23(3)). §23(3)과 민법의 불법행위에 기한 손해배상청구권(민§750)은 어떤 관계인가?

(ⅰ) 특별규정설(다수설),[31] (ⅱ) 일반규정설(소수설)이[32] 있다.

(ⅲ) 사견 – 이는 민법상 불법행위책임(민§750)을 주의적으로 규정한 것이다(일반규정설). 따라서 불법행위책임(민§750)의 요건을 갖추어야 손해배상청구가 가능하다.

(2) 상호폐지청구권과 관계

상호폐지청구권과 손해배상청구권은 별개의 것이므로 병존할 수 있다.

〈표 3-1-2〉 §22와 §23

	§22	§23
관 점	등기절차상 이중등기 배척	상호권자 보호
충돌 당사자	선등기자와 후등기자(이중 '등기' 배척)	상호권자와 부정 '사용'자
대상인 상호	동일상호, 등기 상호(가등기 포함)	동일상호, 오인 가능한 유사상호, 등기 불문
대상인 영업	동종 영업	(불문)
행정구역	동일 특별시 · 광역시 · 시 · 군	

31) 김두진 85~86, 정찬형 125, 채이식 78.
32) 송옥렬 55.

부정목적	(불요)	요(등기상호의 경우 증명책임 전환)
손해 우려		요(등기상호의 경우 불요)
효 력	절차법적 효력설(소수설) 실체법적 효력설(판례 · 다수설)	실체법적 효력

제2장

영 업 소

사 례

상법상 영업소라는 개념은 왜 필요한가? 의약품 제조 및 판매업을 하는 '주식회사 유한양행'에 관한 아래의 것 중에서 영업소에 해당하는 것은?

(1) 본사: 서울특별시 동작구 노량진로 74

(2) 홈페이지: http://www.yuhan.co.kr

(3) 오창공장: 충북 청주시 청원구 오창읍 연구단지로 219

(4) 군포물류센터: 경기도 군포시 경수대로 441

(5) 중앙연구소: 경기도 용인시 기흥구 탑실로 35번길 25

(6) 강원지점: 강원도 원주시 시청로21-1 중부타워 502~504호

Ⅰ. 총 설

① 영업소는 상인이 독립적으로 영업에 관한 의사를 결정하고 영업활동의 법적 결과가 최종적으로 귀속되는 중심이 되는 장소이다(통설). 상인 아닌 자의 주소(민§18, §36)에 상응한다.

② 사실행위만이 행해지는 장소(예: 공장), 영업의 중심이 아닌 장소(예: 단순한 매장), 독립성이 없이 영업소의 지시에 따라 기계적으로 사무를 처리하는 장소(예: 주문접수처), 영업소 위에 세워진 물리적인 점포나 설비 등은 영업소가 아니다.

③ 영업소인지의 여부는 명칭이나 등기와 같은 형식이 아니라 실질에 의해 판단한다(통설).

④ 상인은 모두 1개 이상의 영업소를 반드시 두어야 한다. 영업소가 두 개 이상일 때는 본점과 지점으로 구분된다.

Ⅱ. 본 점

본점은 주된 영업소로, 오로지 1개만을 둘 수 있다(단일주의).[33]

Ⅲ. 지 점

지점은 본점에 종(從)된 것이지만 그 자체가 영업소이다. 따라서 지점은 최소한 독립된 영업소의 실체를 갖춰야 한다.[34] 그렇다고 지점이 독립된 법인격을 갖는 것은 아니다.

(가) 본점 등기사항 – 본점 소재지에서 등기할 사항은 다른 규정이 없으면 지점 소재지에서도 등기해야 한다(§35).

(나) 지점이 채권자일 때 채무이행 장소 – 지점이 '채권자'인데 채무이행의 장소가 행위의 성질 또는 당사자의 의사표시로 특정되지 아니한 경우에는, 특정물 인도 외의 채무이면, '그 지점'(영업소 일반이나 본점이 아님)이 채무이행 장소가 된다(§56, 민 §467(2) 참조).

> **第56條(지점거래의 채무이행장소)** 채권자의 지점에서의 거래로 인한 채무이행의 장소가 그 행위의 성질 또는 당사자의 의사표시로 특정되지 아니한 경우 특정물 인도 외의 채무이행은 그 지점을 이행장소로 본다.

(다) 지배인 선임 – 지점에는 그 지점의 지배인을 둔다(§13).

(라) 영업양도 – 어느 지점의 영업을 떼어서 독립적으로 양도할 수 있다(§374).

(마) 지점의 상호 – 지점의 상호에는 본점과의 종속관계를 표시해야 한다(§21(2)).

---

33) 주소는 생활의 근거가 되는 곳으로 두 곳 이상 둘 수 있는 복수주의를 취하고 있다(민§18).
34) 대법원 1998. 8. 21. 선고 97다6704 판결. (따름 판례: 대법원 1998. 10. 13. 선고 97다43819 판결).

제3장

영업회계

제1절 총 설

기초 회계

회계는 상인의 재산상태와 손익을 숫자로 표시하는 작업이다. 회계의 건전성은 개별기업에 그치지 않고 공공의 이익과도 관련이 있다.

회계방식은 이해당사자 중 누구의 관점에서 볼 것인가에 따라, ⓐ채권자 위주로 해산기업의 담보가치(stock)를 중시하는 방법과 ⓑ투자자 위주로 계속기업의 수익력과 현금흐름(cash flow)을 중시하는 방법으로 구분된다.

회계에 대한 법적 규율에 있어 강약의 차이를 두고 있다.

(가) 소상인 – 상업장부 작성의무를 면제한다(§9).

(나) 완전상인 – 상업장부(회계장부와 대차대조표)를 작성해야 한다(§29).

(다) 주식회사 · 유한회사 · 유한책임회사 – 상업장부뿐만 아니라 재무제표(대차대조표, 손익계산서 등)를 작성해야 한다(§447, §579, §287의33).

(라) 주식회사 등의 외부감사에 관한 법률(외감법)의 회사 – 연결재무제표를 작성하고(§447(2)), 외부감사를 받아야 한다.

제2절 상업장부

Ⅰ. 의 의

제29조(상업장부의 종류와 작성원칙) ① 상인은 영업상의 재산과 손익의 상황을 명백히 밝히기 위해 회계장부와 대차대조표(재무상태표)를 작성해야 한다.

> ② 상업장부를 작성할 때에 이 법에 규정된 것을 제외하고는 일반적으로 공정하고 타당한 회계관행을 따른다.

상업장부에는 회계장부와 대차대조표(재무상태표)가 있다. 그 밖의 것(예: 영업보고서, 감사보고서 등)은 상업장부가 아니다.

Ⅱ. 적용규범

상업장부의 작성에 관하여 상법에 규정한 것을 제외하고는 '일반적으로 공정 · 타당한 회계관행'(Generally Accepted Accounting Principles; GAAP)에 의한다(§29(2)). 이와 같은 내용이 회사 편에도 규정되어 있다(§446의2).

Ⅲ. 종　　류

> **제30조(상업장부의 작성방법)** ① 회계장부에는 거래와 그 밖의 영업상의 재산에 영향이 있는 사항을 기재해야 한다.
> ② 상인은 영업을 개시(開始)하였을 때와 매년 1회 이상 일정 시기에, 회사는 성립하였을 때와 결산기마다 회계장부를 토대로 대차대조표를 작성하고 작성자가 이에 기명날인 또는 서명을 하여야 한다.

1. 회계장부

(가) 집합개념 – 회계장부는 '일정 기간' 거래와 영업재산에 영향이 있는 동태적 사항(예: 거래, 채무불이행, 불법행위, 화재, 도난손실 등)을 기재하는 장부를 총칭한다.

(나) 열람청구권 – 회계장부는 공시하지 않는 것을 원칙으로 한다. 다만 감시권의 하나로 익명조합의 익명조합원, 합자조합의 유한책임조합원, 합자회사의 유한책임사원, 주식회사의 소수주주, 유한회사의 소수사원, 유한책임회사의 업무집행자 아닌 사원은 회계장부 열람청구권을 갖는다(§86, §277, §466, §581, §287의14).

2. 대차대조표

(가) 구조 – 대차대조표는[35] '일정 시점'의 정태적 사항을 대변(貸邊)과 차변(借邊)

---

35) 기업회계기준에서는 재무상태표라는 용어를 사용한다.

으로 구분하여, 대변에는 자본(capital)과 부채(liability)를, 차변에는 자산(asset)으로 계정을 구분하여 기재한다. '자산 = 자본 + 부채 + 이익(또는 − 손실)'의 관계가 성립한다. '이익 또는 손실'은 회계연도 말 대변과 차변의 금액이 같아지도록 하는 과정에서 산출된다.

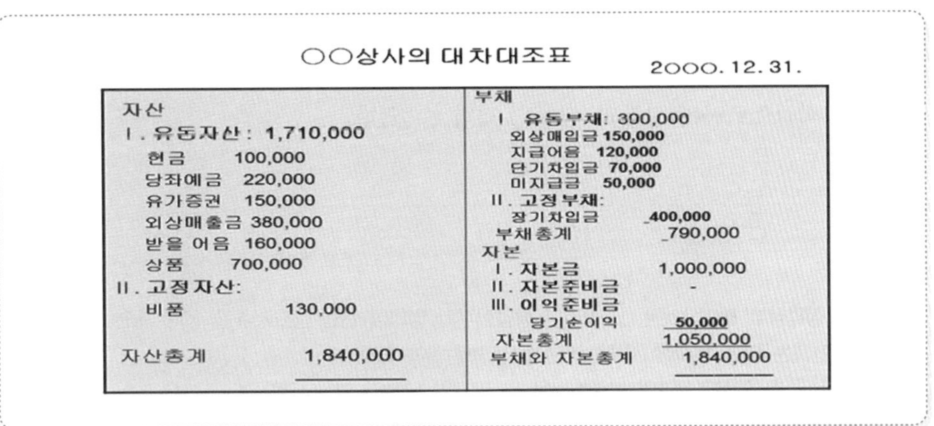

○○상사의 대차대조표 2000. 12. 31.

자산		부채	
Ⅰ. 유동자산:	1,710,000	Ⅰ 유동부채:	300,000
현금	100,000	외상매입금	150,000
당좌예금	220,000	지급어음	120,000
유가증권	150,000	단기차입금	70,000
외상매출금	380,000	미지급금	50,000
받을 어음	160,000	Ⅱ. 고정부채:	
상품	700,000	장기차입금	400,000
Ⅱ. 고정자산:		부채총계	790,000
비품	130,000	자본	
		Ⅰ. 자본금	1,000,000
		Ⅱ. 자본준비금	-
		Ⅲ. 이익준비금	
		당기순이익	50,000
		자본총계	1,050,000
자산총계	1,840,000	부채와 자본총계	1,840,000

:: [그림 3-3-1] 대차대조표

(나) 작성 – 회계장부를 기초로 해서 대차대조표를 작성한다(유도법). 대차대조표에는 작성자가 기명날인 또는 서명을 해야 한다(§30(2)).

(다) 종류 – 대차대조표는 개업과 결산의 때에 작성하고(통상대차대조표), 합병 · 청산 등의 때에도 작성해야 한다(비상대차대조표).

(라) 비치 · 열람 – 주식회사의 경우 정기총회 회일의 1주간 전부터 대차대조표, 손익계산서 등의 서류와 감사보고서를 본점에 5년간, 그 등본을 지점에 3년간 비치하여야 한다(§448(1)). 주주와 회사채권자는 영업시간 내에 언제든지 위 서류를 열람할 수 있으며 회사가 정한 비용을 지급하고 그 서류의 등본이나 초본의 교부를 청구할 수 있다(§448(2)).

(마) 공고 – 주식회사는 재무제표에 대한 결산총회의 승인을 얻으면 지체없이 대차대조표를 공고해야 한다(§449(3)).

Ⅳ. 제 출

제32조(법원의 상업장부 제출명령) 법원은 당사자의 신청에 따라 또는 법원의 직권으로 소송당사자에게 상업장부의 전부 또는 일부의 제출을 명할 수 있다.

이는 민사소송법상 서증 제출의무(동법 §344)의 특칙이다. 법원은 당사자의 신청이 없더라도 직권으로 상업장부의 제출을 명할 수 있다.

Ⅴ. 보 존

제33조(상업장부 등의 보존) ① 상인은 상업장부와 영업에 관한 중요서류를 10년 동안 보존해야 한다. 전표 또는 이와 유사한 서류는 5년 동안 보존해야 한다.
② 제1항에 따른 상업장부의 보존기간은 그 폐쇄한 날부터 기산(起算)한다.
③ 마이크로필름이나 그 밖의 전산 정보처리조직으로 제1항의 장부와 서류를 보존할 수 있다.
④ 제3항에 따라 장부와 서류를 보존하는 경우 그 보존방법과 그 밖의 필요한 사항은 대통령령으로 정한다.

* 상령 제3조(전산 정보처리조직에 의한 보존) 법 제33조 제1항에 따른 상업장부와 영업에 관한 중요서류(이하 이 조에서 "장부와 서류"라 한다)를 같은 조 제3항에 따라 마이크로필름이나 그 밖의 전산 정보처리조직(이하 이 조에서 "전산 정보처리조직"이라 한다)에 의하여 보존하는 경우에는 다음 각 호의 어느 하나에 해당하는 방법으로 보존하여야 한다. 다만, 법에 따라 작성자가 기명날인 또는 서명하여야 하는 장부와 서류는 그 기명날인 또는 서명이 있는 원본을 보존하여야 한다.

1. 「전자문서 및 전자거래 기본법」 제5조 제2항에 따라 전자화 문서로 보존하는 방법
2. 제1호 외의 경우에는 다음 각 목의 기준에 따라 보존하는 방법
   가. 전산 정보처리조직에 장부와 서류를 보존하기 위한 프로그램의 개발·변경 및 운영에 관한 기록을 보관하여야 하며, 보존의 경위 및 절차를 알 수 있도록 할 것
   나. 법 및 일반적으로 공정·타당한 회계관행에 따라 그 내용을 파악할 수 있도록 보존할 것
   다. 필요한 경우 그 보존내용을 영상 또는 출력된 문서로 열람할 수 있도록 할 것
   라. 전산 정보처리조직에 보존된 자료의 멸실·훼손 등에 대비하는 조치를 마련할 것

(가) 주체 – 상업장부와 영업에 관한 서류의 보존의무를 지는 자는 작성의무를 지는 상인이다. 상인자격을 상실한 이후에도 보존의무를 진다.

(나) 방법 – 원본 보존이 원칙이다. 다만 마이크로필름 기타 전산 정보처리조직으로 보존할 수 있다(§33(4), 상령§3).

(다) 기간 – 중요도에 따라 보존기간을 달리한다(§33(1)(2)). (a) 상업장부와 영업에

관한 중요서류는 10년, ⓑ 전표 또는 이와 유사한 서류는 5년이다. 기산점은 장부 폐쇄일이다.

Ⅵ. 제 재

(가) 자연인 상인의 경우 – 불이행에 관한 제재조항이 없다(불완전법규).

(나) 회사의 경우 – 주식회사와 유한회사의 경우 상업장부 미작성 또는 부실기재로 인하여 회사 또는 제3자에게 손해가 발생하면 이사는 손해배상책임을 진다(§399, §401, §567). 대차대조표 등을 누락 또는 부실 작성하면 과태료 부과 대상이 된다(§635(1)).

제3절 재무제표

주식회사·유한회사·유한책임회사는 상업장부를 작성하는 외에 재무제표도 작성해야 한다. 재무제표에는 ⓐ 대차대조표, ⓑ 손익계산서, ⓒ 그 밖의 서류(자본변동표, 이익잉여금처분계산서 또는 결손금처리계산서)가 있다(§287의33, §447, §579). 대차대조표는 상업장부이면서 동시에 재무제표이다.

〈표 3-3-1〉 상업장부와 재무제표

	종 류	작성의무자	
상업장부	회계장부	상인 (소상인 제외)	주식회사 유한회사 유한책임회사
	대차대조표		
재무제표	손익계산서		
	기 타		

| 제4편 |

상업등기

상업등기는 등기의 일종으로 법원이 관장하는 공적 공시제도이다. 등기를 하면 이를 모른 선의의 제3자에게도 대항할 수 있는 효력이 생긴다. 등기하지 않으면 이러한 대항력이 없다. 귀책사유에 의해 사실과 다른 등기를 한 경우는 등기가 사실과 다르다는 것을 가지고 대항할 수 없다. 한편, 상업등기에 창설력 등을 특별히 부여하는 때도 있다.

Keyword:
상업등기, 등기소 심사권, 대항력, 부실 등기의 대항력, 창설력

제1장

총　설

 등기

등기란 널리 공시하기 위해 일정한 사항을 등기부에 기재하는 것이다. 등기부는 법원이 관장한다. 등기에는 근거법과 대상에 따라 부동산등기(민법, 부동산등기법), 선박등기(선박등기법), 상호보험회사의 등기(보험업법), 상업등기(상법) 등이 있다.

Ⅰ. 의의와 기능

① 상업등기는 상법에 따라 상인 또는 합자조합에 관한 일정한 사항을 법원의 등기부에[1] 기록하는 것을 말한다(상업등기법 §2).

② 상법은 상업등기의 실체적 법률관계를 규정하고, 상업등기법과 상업등기규칙(대법원규칙)은 등기절차를 규정한다.

③ 법원이 관리하는 공적 장부인 등기부에 기록함으로써 공시기능, 공시를 기준으로 한 당사자간 이익조정기능, 기타 창설적 효력 발생 등의 특수 기능을 한다.

Ⅱ. 등기사항

제34조(통칙) 이 법에 따라 등기할 사항은 당사자의 신청에 따라 영업소의 소재지를 관할하는 법원의 상업등기부에 등기한다.

제35조(지점 소재지에서의 등기) 본점 소재지에서 등기할 사항은 다른 규정이 없으면 지점 소재지에서도 등기해야 한다.

---

1) 자연인 상인의 상업등기부에는 ① 상호등기부, ② 미성년자등기부, ③ 법정대리인등기부, ④ 지배인등기부 등이 있다. 합자조합에 관해서는 합자조합등기부가 있다. 회사의 상업등기는 회사의 종류별로 ① 합명회사등기부, ② 합자회사등기부, ③ 유한책임회사등기부, ④ 주식회사등기부, ⑤ 유한회사등기부가 있고, 또한 ⑥ 외국회사등기부가 있다(상업등기법 §11(1)).

> **제40조(등기사항의 변경 · 소멸의 등기)** 등기한 사항이 변경되거나 소멸하면 당사자는 지체없이 변경 또는 소멸의 등기를 하여야 한다.

(가) 의무 등기사항 – 등기사항 대부분은 등기할 의무가 있다. 본점 등기사항은 다른 규정이 없으면 지점에서도 등기해야 한다(§35).

(나) 임의 등기사항 – 등기가 임의적인 경우가 있다(예: 자연인 상인의 상호). 그러나 임의적 등기사항도 일단 등기하면 그 변경 또는 소멸의 경우는 지체없이 변경등기 또는 소멸등기를 해야 하는 의무적 등기사항으로 된다(§40).

Ⅲ. 등기절차

(가) 신청과 관할 – 등기는 당사자의 신청에 의하는 것이 원칙이다. 영업소 소재지의 관할법원에 등기해야 한다(§34).

(나) 심사권 – 등기소의 심사권 범위는 어디까지 미치는가?

(ⅰ) 형식심사설(판례),[2)3)] (ⅱ) 내용심사설, (ⅲ) 형식심사에 그치는 것이 원칙이나, 진실성에 의심이 있을 때는 예외적으로 진실성에 대한 심사권이 있다는 절충설(다수설)이[4)] 있다.

(ⅳ) 사견 – 형식심사설이 타당하다. 등기관은 법관과는 달리 판단권한이 없는 기록관일 뿐이고, 등기에 공신력이 없으며, 실질심사권을 인정하면 등기처리 지연 등의 부작용이 있을 수 있고, 상업등기법은 신청의 각하사유로 형식적 사항만을 제한적으로 규정하고 있기 때문이다(상업등기법 §26 등).

(다) 공 시 – 등기의 공시에 관해서는 종전의 공고 제도(일반적 · 능동적 공시)를 폐지하고 열람청구에 응하는 방법(개별적 · 수동적 공시)을 취하고 있다. 누구든지 등기부 열람과 이를 증명하는 서면의 교부를 청구할 수 있고, 이해관계 있는 부분에 대해서는 그 부속서류도 열람을 청구할 수 있다(상업등기법 §15(1)).

---

2) 대법원 2008. 12. 15. 자 2007마1154 결정: 심사방법에 있어서는 등기부 및 신청서와 법령에서 그 등기의 신청에 관하여 요구하는 각종 첨부서류 만에 의하여 그 가운데 나타난 사실관계를 기초로 판단하여야 한다. 그 밖에 다른 서면의 제출을 받거나 그 외의 방법에 의해 사실관계의 진부를 조사할 수 없다. (참조 판례: 대법원 1995. 1. 20. 자 94마535 결정).

3) 김성태 304, 류시창 97, 손진화 134, 이철송 245, 임중호 212~213, 임홍근 151.

4) 김두진 125, 김병연/박세화/권재열 134, 김정호 132~133, 김홍기 88, 박상조 253, 손주찬 172, 이기수/최병규 234, 이종훈 103, 전우현 138, 정경영 98, 정동윤 99, 정찬형 158, 채이식 103, 최기원/김동민 148, 최정식 186.

제2장

대 항 력

제1절 총 설

사 례

우유제조회사인 X회사는 A와 B를 공동대표이사로 선임하였으나 이를 등기하지 않았다. 공동대표이사 중의 한 명인 A가 X회사를 대표하여 단독으로 Y회사와 원료 공급계약을 체결했다. X회사는 이를 이유로 Y회사에 위 공급계약의 무효를 주장한다. Y가 취할 수 있는 조치는?

기초 등기의 효력

등기의 효력을 어느 정도로 인정할 것인가에 관한 입법방식은, ⒜ 가장 강력한 효력요건으로 하는 방식, ⒝ 그보다 약한 제3자에게 주장할 수 있는 대항요건으로 하는 방식으로 구분할 수 있다. 후자가 일반적이다. 전자는 법에 규정이 있는 경우에 한한다(예: 부동산 물권변동, 회사 설립등기, 회사 합병등기, 합명회사 사원의 입사등기 등).

제37조(등기의 효력) ① 등기할 사항을 등기하지 않으면 이를 모른 선의의 제3자에게 대항할 수 없다.
② 등기를 했더라도 제3자가 정당한 사유로 이를 알지 못한 경우에는 제1항과 같다.

* 제38조(지점 소재지에서의 등기의 효력) 지점 소재지에서 등기할 사항을 등기하지 않으면 제37조는 그 지점의 거래에만 적용된다.

제2절 사실 일치 등기 – 대항 가능

(1) 원칙 – 선의의 제3자에 대한 대항력

§37에 의하면, 사실에 터 잡아 그와 일치하는 등기를 하면, 사실을 알지 못한 선의의 제3자에 대해서도 사실을 주장할 수 있는 대항력을 갖는다.

(2) 예외 – 정당한 사유가 있는 경우

그러나 선의에 정당한 사유가 있다면 등기를 가지고 대항하지 못한다(§37(2)). 정당한 사유에 관해서는 예컨대, 등기기록이 담긴 전산시설 장애 등과 같이 등기부를 열람할 수 없는 객관적 사정이 있는 때만으로 엄격하게 제한하는 견해가 통설이다. 타당하다. 등기라는 일률적인 공시제도의 취지를 고려하고, 더욱이 인터넷에 의해 상업등기부를 쉽게 열람할 수 있는 오늘날의 상황에서는 더욱 그러하다. 이에 의하면 실제 정당한 사유가 있다고 인정될 가능성은 통상적인 경우라면 거의 없다고 해도 좋을 정도이다.[5)]

제3절 미등기 – 사실 대항 불가

등기를 하지 않으면 악의인 자에 대해 대항할 수 있으나 선의인 자에 대해서는 대항하지 못한다(§37(1)).

(1) 미등기

(가) 등기 해태 – 등기할 사항인데도 등기를 하지 않았어야 한다.

(나) 원인 · 귀책 불문 – 미등기의 원인이나 귀책 여부를 불문한다. 등기신청자에게는 귀책사유가 없는데 등기소의 업무착오나 잘못으로 미등기된 경우를 포함한다(통설). §37는 외관법리에 의한 것이 아니기 때문이다.

(다) 지점등기 해태 – 지점 소재지에서 등기할 사항을 등기하지 아니한 경우 §37는 그 지점의 거래에 한하여 적용한다(§38).

---

5) 그래서 이 부분을 폐지하자는 입법론도 있다(정동윤 103).

(2) 선의의 제3자

(가) 선의 – 선의란 등기의 기초가 되는 사실(예: 지배인을 해임했으나 등기를 하지 않았을 때 해임의 사실)을 알지 못하는 것을 말한다. 선의 또는 악의는 거래할 때를 기준으로 한다. 경과실의 선의는 보호 받는다(통설). 중과실의 선의는 어떻게 취급할 것인가?

(ⅰ) 악의와 동일하게 취급하는 견해(다수설),[6)](ⅱ) 중과실·경과실을 구분하지 않고 중과실도 선의로 취급한다는 견해(소수설)가[7)] 있다.

(ⅲ) 사견 – 전설이 타당하다.

(나) 제3자 – 제3자는 거래 상대방뿐만 아니라 등기에 대해 이해관계를 갖는 자를 널리 포함한다(통설). 등기는 집단적 공시제도이기 때문이다.

(3) 대항 불가

(가) 미등기자 – 등기하지 않아도 당사자간에 효력은 발생한다. 그러나 미등기자는 이를 가지고 선의의 제3자에게 대항할 수 없다(§37(1)).

(나) 선의자 – 선의의 제3자는 자신에게 유리한 쪽을 선택할 수 있다(통설). §37(1)은 미등기의 경우 선의의 제3자 보호에 중점이 있기 때문이다. 예컨대, 지배인을 해임했으나 해임등기를 하지 않은 상태에서 이를 알지 못하고 거래한 선의의 상대방은 해임되지 않았음을 주장하여 계약의 유효를 주장하거나 또는 해임의 사실을 주장하여 지배권 없음, 즉 계약의 무효를 주장할 수 있다.

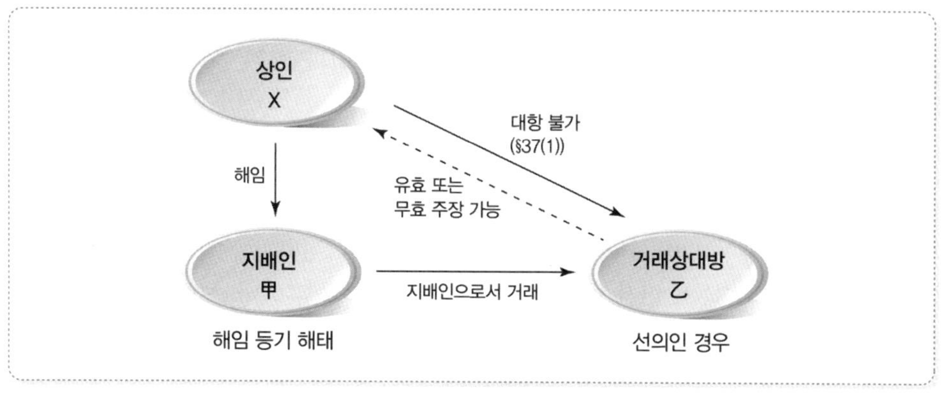

:: [그림 4-2-1] 등기 해태의 불이익

6) 김두진 130, 김병연/박세화/권재열 135, 김성태 308, 김정호 139, 김홍기 91, 박상조 255, 손진화 137, 안강현 151, 이종훈 105, 이철송 250, 정경영 100, 정찬형 160.

7) 손주찬 179, 이기수/최병규 240, 임중호 220, 정동윤 101, 최기원/김동민 153~154.

제4절 적용배제

다음의 경우에는 §37가 적용되지 않는다.

(1) 창설적 등기사항

등기에 창설적 효력이 있음을 규정한 경우(예: 회사 설립등기(§172) 등)에는 일반규정인 §37가 적용되지 않는다.

(2) 상호양도의 대항력

상호양도는 등기하지 않으면 제3자의 선의·악의를 불문하고 대항할 수 없다(§25(2)).

(3) 외관법리 제도

사 례

X회사의 지배주주인 A는 대표이사가 아닌데도 대외적으로 X회사의 대표이사 행세를 하고 있으며 X회사는 이를 묵인하고 있다. A는 X회사의 대표이사라고 하면서 X회사의 공장용지를 B에게 시가로 매각하는 계약을 체결했다. X회사는 그 매각이 대표이사 아닌 자에 의한 것이므로 무효라고 주장하고, B는 위 계약이 유효하다고 주장하고 있다.

① 위 사례처럼 대표이사로 등기된 자는 아니지만 표현대표이사(§395)의 요건을 갖추었다면 외관법리의 규정(§395 등)이 적용된다. 그 결과 §37는 적용되지 않는다(판례·통설).[8]

② §37는 외관법리 규정과 어떤 관계에 있는가?

(ⅰ) 양자는 차원을 달리하는 별개의 제도라는 견해(이차원설; 판례),[9] (ⅱ) 외관법리의 제도는 §37의 예외규정이라는 견해(예외규정설; 다수설)[10] 등이 있다.

(ⅲ) 사견 – 위 학설들은 단지 설명방법을 달리하는 것일 뿐 그 적용 결과에는 차이가 없다. 외관법리의 규정이 적용될 사안에 §37를 적용하면 내용상 양립이 어렵고 외관법리의 제도를 둔 이유가 유명무실해진다. 외관법리의 제도를 두는 한 부득이 §37가 적용되지 않는 것으로 볼 수밖에 없다는 정도로 이해하면 된다.

---

8) 외관법리에 관해서는 후술(제8편 제2장) 참조.

9) 대법원 1979. 2. 13. 선고 77다2436 판결.

10) 김두진 135, 손주찬 183~184, 정찬형 164, 최정식 192, 최준선 211.

(4) 불법행위

불법행위책임(민§750)에 §37조가 적용될 수 있는가? 과거에는 부정설이 다수설이었으나, 지금은 이원설이 늘어나는 추세이다.

(i) 부정설(제1설) – 상업등기는 상인의 거래에 관한 사항을 공시하기 위한 것이므로 불법행위와 같은 비거래에는 적용되지 않는다.[11)]

(ii) 긍정설(소수설) – §37의 적용대상을 거래행위에만 한정하는 것은 법적 생활의 안정을 해치게 되므로 동조는 기업활동 일반에 적용되어야 한다.[12)]

(iii) 이원설(제2설) – 불법행위를 순수 불법행위와 거래적 불법행위로 구분하여, 거래적 불법행위의 경우(예: 해임된 지배인이 지배인이라고 속여 제3자와 사기로 거래한 경우)에는 상대방의 신뢰가 존재하므로 §37조가 적용될 수 있다는 견해이다.[13)] 사무관리와 부당이득의 경우에는 상대방의 신뢰가 전제되지 않기 때문에 §37가 적용되지 않는다는 견해가 있다.[14)]

(iv) 사견 – 부정설이 타당하다. 불법행위는 등기에 의한 공시와 무관하고 상대방의 선의를 보호하는 문제가 없기 때문이다. 이원설에서 §37가 적용된다고 하는 거래적 불법행위에 해당하는 사안의 경우, 불법행위책임으로 물으면 §37의 적용대상이 되지 못하고 거래책임으로 물어야 §37의 적용대상이 될 수 있는데, 불법행위책임의 경우에는 적용부정설을 취하는 셈이 된다.

(5) 소송행위

소송행위에 §37가 적용되는가?

(i) 부정설(판례),[15)] (ii) 긍정설이[16)] 있다.

(iii) 사견 – 부정설이 타당하다. 소송행위는 신뢰 보호보다는 소송절차의 형식적 확실성이 더욱 중시되기 때문이다.

---

11) 김성태 311, 김정호 143, 김홍기 90, 서돈각/정완용 122, 손주찬 181~182, 이종훈 107~108, 임중호 231, 전우현 142, 정준우 138, 정찬형 162, 채이식 108.

12) 정희철 122.

13) 김두진 132, 김병연/박세화/권재열 136, 박상조 258, 손진화 140, 송옥렬 72, 이기수/최병규 240~241, 이철송 254, 임홍근 155, 정경영 101~102, 정동윤 102, 최기원/김동민 156, 최정식 190, 정동윤 102, 최준선 209.

14) 정동윤 102.

15) 대법원 2001. 2. 23. 선고 2000다45303 · 45310 판결.

16) 정찬형 163, 최기원/김동민 156~157, 최준선 210.

(6) 공법관계

공법관계(예: 과세)에는 §37가 적용되지 않는다(판례 · 통설).[17] 등기는 대등한 지위에 있는 자 사이의 사법적 거래관계를 대상으로 하기 때문이다.

17) 대법원 1978. 12. 26. 선고 78누167 판결. (따름 판례: 대법원 1990. 9. 28. 선고 90누4235 판결).

제3장

표현등기

사 례

X주식회사는 A를 이사로 선임하는 주주총회 결의를 하고 A를 대표이사로 등기했다. 이후 주주총회 결의 부존재 확인판결이 확정되어 A는 소급하여 이사와 대표이사의 자격을 상실했다. 그런데 A가 그 판결 이전에 X회사의 대표이사로서 X회사의 건물을 매각하는 계약을 B와 체결했다. X회사는 A가 대표이사직을 상실했으므로 B와 체결한 위 매매계약은 무효라고 주장한다. 이에 대해 B가 다투는 방법은?

제39조(부실의 등기) 고의 또는 과실로 사실과 다르게 등기한 자는 그 등기가 사실과 다르다는 것을 알지 못한 선의의 제3자에게 대항할 수 없다.

제1절 근거법리

§39의 근거법리는 무엇인가?

(ⅰ) 등기를 권리의 외관으로 보고 이러한 외관을 작출한 등기의무자의 귀책사유를 요하는 점에서 공신력이 아니라 외관법리에 의한 것이라는 견해(외관법리설; 다수설),[18] (ⅱ) 등기에 공신력을 제한적으로 인정한 것이라는 견해(공신력설; 소수설)가[19] 있다.

(ⅲ) 사견 – 외관법리설을 취한다(표현등기). 등기에 공신력이 인정되지 않기 때문이다.

---

18) 김병연/박세화/권재열 138, 김정호 151~152(등기에 제한적 공신력을 인정하면서 이 역시 외관법리에 바탕을 둔 것이라는 견해), 류시창 104, 손주찬 188, 손진화 142, 송옥렬 75, 이철송 258, 임중호 235~236, 임홍근 157, 정경영 105, 정동윤 105, 채이식 111, 최정식 195, 최준선 215.

19) 전우현 147, 정찬형 165~166, 최기원/김동민 162 등.

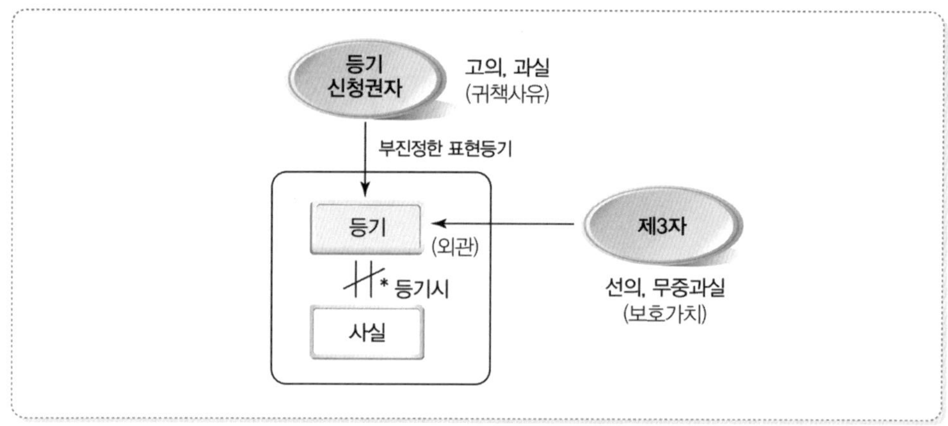

:: [그림 4-3-1] 사실과 다른 적극적 등기의 불이익

제2절 요 건

1. 외관요건(부실등기)

사실과 다른 등기(거짓의 표현등기)가 존재해야 한다.

(1) 작위적 표현등기

[사례 1] A를 지배인으로 선임했음에도 B를 지배인으로 등기한 경우

[사례 2] 주주총회에서 A를 이사로 선임하고 등기를 한 후 이사를 선임한 주주총회 결의가 '소급하여' 무효로 되었는데, 무효판결이 나기 전에 A가 대표이사로서 제3자와 거래한 경우

사실과 다른 등기가 적극적으로 행해진 것이라면 불일치가 처음부터이건(사례 1) 사후적이건(사례 2) 모두 §39의 적용대상이 된다(판례 · 통설).[20]

(2) 부작위적 표현등기

[사례 3] 지배인 A를 해임하고 새로 B를 지배인으로 선임했음에도 A에 대한 해임등기 및 B에 대한 선임등기를 게을리하여 등기부상 여전히 지배인이 A로 되어 있는 경우

20) 대법원 2004. 2. 27. 선고 2002다19797 판결: 이사 선임의 주주총회 결의에 대한 취소판결이 확정되어 그 결의가 소급하여 무효가 된다고 하더라도 그 선임 결의가 취소되는 대표이사와 거래한 상대방은 §39의 적용 또는 유추적용에 의하여 보호될 수 있다. (참조 판례: 대법원 1974. 2. 12. 선고 73다1070 판결).

소극적인 등기 해태로 인해 사실과 등기의 불일치가 초래된 경우(사례 3), 이에 대한 적용법조는 §37와 §39 중 어떤 것인가?

(ⅰ) §37 적용설(다수설) – 이 경우 §37만 적용되고 §39는 적용되지 않는다는 견해이다. §39는 등기할 때에 적극적으로 사실과 다르게 등기한 경우에 적용되고, 등기할 때에는 사실과 부합했으나 등기 후의 사실 변경으로 등기사항의 변경 또는 말소가 문제가 될 때는 등기 해태로 취급하는 견해이다.[21]

(ⅱ) §39 적용설(소수설 1) – 이러한 경우도 부실등기로 보아 §39만이 적용된다는 견해이다.[22]

(ⅲ) §37 및 §39 적용설(소수설 2) – 결과적으로 부실등기가 된 것이므로 §39의 문제지만, §37도 적용할 수 있다는 견해이다.[23]

(ⅳ) 사견 – §37 적용설을 취한다. §37(1)과 §39는 모두 등기와 사실의 불일치에 관한 것이라는 점에서는 같다. 다만 §39는 그것이 '적극적인 등기'로 생긴 경우를, §37(1)은 그와 반대로 등기하지 않아 '소극적인 미등기'로 생긴 경우를 대상으로 한다는 점에서 차이가 있다. 위 [사례 3]은 등기와 사실의 불일치가 적극적인 등기로 인해 만들어진 것이 아니라 등기 후의 변경된 사실을 등기하지 않은 소극적인 미등기에 의한 것이므로 §37의 적용대상이 된다.

2. 귀책요건

(1) 등기신청권자의 고의 · 과실

표현등기가 등기신청권자의 고의 · 과실에 의한 것이어야 한다(§39). 회사의 경우 등기신청권자는 대표이사 등의 대표기관이므로 이를 기준으로 귀책 여부를 판단한다.[24]

(2) 제3자의 거짓 등기

① 거짓 등기가 등기신청권자가 아닌 제3자에 의한 경우에는 등기신청권자의 귀책이 없으므로 §39가 적용되지 않는다. (예: 일부 이사나 감사가 서류를 위조하여 등기한 경우, 등기관의 고의 또는 과실로 인한 경우)[25]

---

21) 김정호 152, 손진화 143, 송옥렬 76, 이철송 259, 임중호 237, 장덕조 68, 정경영 106, 정동윤 105.

22) 채이식 112.

23) 김두진 131 · 141, 손주찬 189, 정찬형 167, 최기원/김동민 164.

24) 대법원 1992. 9. 22. 선고 91다5365 판결; 대법원 2014. 11. 13. 선고 2009다71312, 71329, 71336, 71343 판결.

25) [부실등기에 회사의 귀책사유가 없다고 본 사례]
대법원 1975. 5. 27. 선고 74다1366 판결: 제3자의 문서위조에 의한 부실등기 사례.
대법원 2008. 7. 24. 선고 2006다24100 판결: 허위의 주주총회 결의 등의 외관을 만들어 부실 등기를 마

② 등기신청권자가 스스로 등기를 하지 아니하였음에도 제3자의 거짓 등기에 대해 관여하거나 '알면서도 방치'한 경우처럼 등기신청권자에게도 귀책사유가 있는 경우에는 §39를 유추적용할 수 있다(판례 · 다수설).[26]

3. 신뢰요건

① 제3자가 부실등기라는 점에 관하여 선의이어야 한다(§39).

② 제3자는 직접 상대방뿐만 아니라 등기에 이해관계를 갖는 모든 자를 포함한다(통설). (예: 지배인으로 부실 등기된 자가 발행한 어음을 배서로 양도받은 소지인)

③ 선의이지만 중과실이 있는 경우는 어떠한가?

(ⅰ) 악의와 동일하게 취급하는 견해(다수설), (ⅱ) 법문상 선의에 과실이 있는가를 불문하므로 중과실의 선의자도 보호를 받는다는 견해(소수설)가 있다.

(ⅲ) 사견 – 전설이 타당하다(악의취급설).

4. 증명책임

등기신청권자는 자신에게 고의 · 과실의 귀책사유가 없다는 점과 제3자의 악의에 대해 증명책임을 진다. 등기에는 추정력이 있으므로(판례),[27] 이를 부정하는 자가 증명책임을 져야 하기 때문이다.

제3절 효 과

(가) 부실등기를 한 자 – 부실등기를 한 자는 등기와 다른 사실을 가지고 선의의

친 사람이 회사의 상당한 지분을 가진 주주인 사례.

대법원 2014. 11. 13. 선고 2009다71312, 71329, 71336, 71343 판결: 대표이사가 아닌 자가 주주총회 결의 및 이사회 결의 등의 외관을 만들고 이에 터 잡아 새로운 대표이사 선임등기를 마쳤으나 주주총회의 소집절차 또는 결의방법에 총회결의가 존재한다고 볼 수 없을 정도의 중대한 하자가 있어 그 결의가 '부존재'한다고 인정된 경우에는 주주총회의 개최와 결의가 존재하나 무효 또는 취소사유가 있는 경우와는 달리, 그 새로운 대표이사 선임에 관한 주식회사 내부의 의사결정이 존재하지 아니하여 등기신청권자인 회사가 그 등기가 이루어지는 데 관여할 수 없었던 것으로 본 사례.

26) [부실등기에 회사의 귀책사유가 있다고 본 사례]
대법원 2008. 7. 24. 선고 2006다24100 판결; 대법원 2011. 7. 28. 선고 2010다70018 판결; 대법원 2013. 9. 26. 선고 2011다870 판결.

27) 대법원 1991. 12. 27. 선고 91다4409, 91다4416 판결.

제3자에 대항하지 못한다(§39).

(나) 선의의 제3자 – 선의의 제3자는 등기와 사실 중에서 자신에게 유리한 쪽을 선택할 수 있다(최선 선택).

〈표 4-3-1〉 §37와 §39

	§37	§39
상 태	사실은 존재하나 등기 해태 (소극적 미등기)	사실과 다른 등기 존재 (적극적 부실 등기)
근 거	등기 해태 그 자체	외관법리(다수설) – 사실과 다른 적극적 표현등기의 존재
등기신청권자의 귀책	불문	요함
효 과 (대항력)	사실을 가지고 선의의 제3자에게 대항하지 못함 (악의의 제3자에 대해서는 대항할 수 있음)	
	(이유: 등기로 공시하지 않았기 때문)	(이유: 귀책사유 있는 부실 등기를 작출한 때문)
해소방법 (선의의 제3자에 대한 대항방법)	등기	말소등기, 변경등기

제4장

특수효력

등기의 효력에 관하여 대항력이 아닌 특수한 내용으로 법이 규정한 것들이 있다.

(1) 창설력

등기하면 그에 의해 새로운 법률관계가 창설되는 효력요건으로 법이 규정한 것이 있다. 다수를 상대로 효력발생 여부를 획일적으로 확정지을 필요가 있는 경우에 그러하다(예: 회사 설립등기(§172), 회사 합병등기(§233과 §234), 합명회사 사원 입사등기 등).

(2) 치유력

하자가 있더라도 등기를 하면 더는 하자를 주장할 수 없도록 하여 결과적으로는 종전의 하자가 사실상 치유되는 것으로 법이 규정한 것이 있다.[28]

(3) 면책력

등기하면 책임이 면책되는 것으로 법이 규정한 것이 있다.[29]

---

28) 예컨대, 주식발행에 하자가 있더라도 주식회사 설립등기 또는 신주발행의 변경등기 후 1년이 경과하면 더는 하자를 주장할 수 없고(§320), 회사설립등기 후에는 회사설립의 무효 또는 취소판결이 있더라도 종전의 법률관계에 영향을 미치지 않는다(§190(후)).

29) 예컨대, 회사의 무한책임사원은 퇴사 등기 후 2년이 경과하면 면책된다(§225).

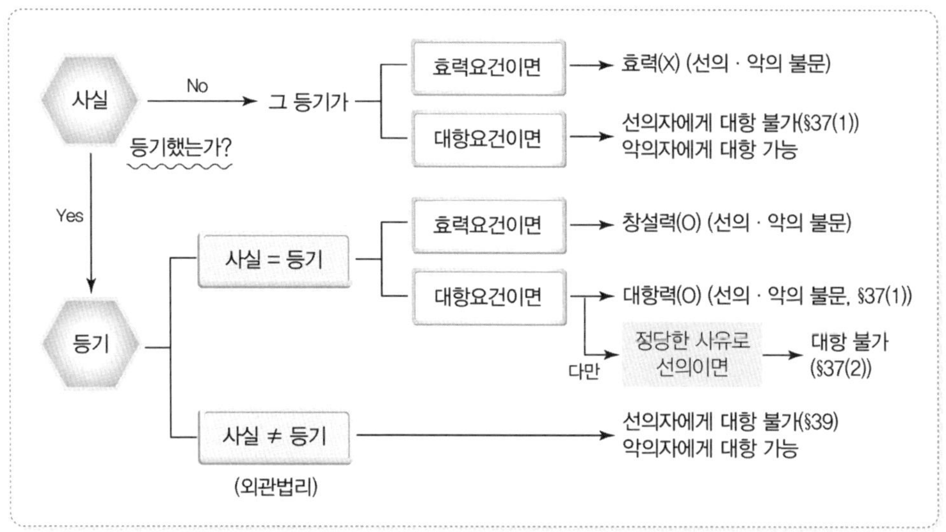

:: [그림 4-4-1] 등기해태 · 진정등기 · 부실등기 종합

┃ 제5편 ┃

영업양도

제1장 총　　설
제2장 경업금지 (양수인 보호)
제3장 변제책임 (채권자 보호)
제4장 표현변제 (채무자 보호)
제5장 주주 보호
제6장 적용문제

영업양도는 영업을 양도함으로써 영업의 소유주가 변경되는 채권계약이다. 이는 특정승계의 거래 법적 방식을 취하기 때문에 상법 총칙 편에서 규정하고 있다. 경제적으로 비슷하지만 법적으로 포괄승계를 취하는 합병은 회사 편에서 규정한다. 영업양도의 이해관계인을 보호하고 조정하기 위한 규정을 두고 있다. 영업양도인 보호를 위해 양도인에 경업금지를, 영업양도인의 영업상 채권자 보호를 위해 영업양수인에게도 변제책임을 부과하고, 영업양도인의 영업상 채무자 보호를 위해 표현변제에 관하여 규정하고, 주주 보호를 위해 회사 편에서 주주총회 특별결의와 반대주주의 주식매수청구권을 두고 있다.

Keyword:

영업, 영업양도, 영업주 변경, 특정승계, 경업금지, 채무인수, 상호속용, 변제책임, 채무인수 광고, 영업 출자, 영업 임대차, 중요한 영업재산 양도

제1장

총　　설

제1절 개　　념

사 례

A는 '행복 설렁탕'이라는 간판을 걸고 음식점을 경영하다가 이를 B에게 양도하여 B가 새로운 주인이 되었다. B가 A로부터 위 음식점 영업을 양수하는 방법은?

영업양도는 영업을 양도하는 계약이다. 영업양도의 대상이 되는 '영업'이 무엇인가에 관해서는 법에 아무런 규정이 없다. 판례와 통설로 확립된 개념에 의하면, 영업양도는 유기적 일체로서의 기능적 재산인 영업을 동일성과 계속성을 유지하면서 특정승계의 방식으로 양도하여 영업주체에 변경이 일어나는 채권계약이다(판례 · 통설).[1] 이러한 개념은 상법 총칙 편과 회사 편의 영업양도가 같다(동일설)(판례).[2]

1. 영업: 대상

(1) 객관적 영업

영업양도는 '영업' 자체를 양도하는 것이다. 이때의 영업은 영리 목적에 의하여 조

---

1) 대법원 2017. 4. 7. 선고 2016다47737 판결: §42(1)의 영업이란 일정한 영업 목적에 의하여 조직화한 유기적 일체로서의 기능적 재산을 말한다. 여기서 말하는 유기적 일체로서의 기능적 재산이란 영업을 구성하는 유형 · 무형의 재산과 경제적 가치를 갖는 사실관계가 서로 유기적으로 결합하여 수익의 원천으로 기능한다는 것과 이처럼 유기적으로 결합한 수익의 원천으로서의 기능적 재산이 마치 하나의 재화와 같이 거래의 객체가 된다는 것을 뜻한다. 따라서 영업양도가 있다고 볼 수 있는지는 양수인이 유기적으로 조직화한 수익의 원천으로서의 기능적 재산을 이전받아 양도인이 하던 것과 같은 영업적 활동을 계속하고 있다고 볼 수 있는지에 따라 판단되어야 한다. (참조 판례: 대법원 1989. 12. 26. 선고 88다카10128 판결; 대법원 1997. 11. 25. 선고 97다35085 판결(슈퍼마켓의 매장 시설과 비품 및 재고상품 일체를 매수한 것이 영업양도에 해당한다고 한 사례); 대법원 1998. 4. 14. 선고 96다8826 판결; 대법원 2005. 7. 22. 선고 2005다602 판결; 대법원 2010. 9. 30. 선고 2010다35138 판결).

2) 대법원 1988. 4. 12. 선고 87다카1662 판결; 대법원 1998. 3. 24. 선고 95다6885 판결.

직화한 유기적 일체로서 영업활동을 계속할 수 있는 기능적 재산을 뜻한다(객관적 의미의 영업)(판례·통설).[3] 이는 적극재산(예: 물건, 권리, 고객관계·구입처·영업비결·영업조직·평판 등 재산적 가치가 있는 사실관계)과 소극재산(예: 영업채무) 등을 포함하는 것이 원칙이다.

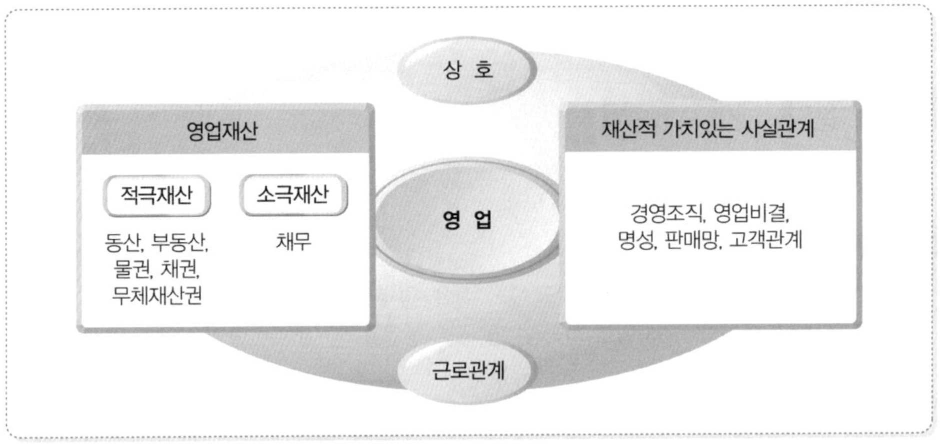

:: [그림 5-1-1] 영업의 구성요소

(2) 동일성

① 영업이 이전되더라도 '계속기업'으로서 영업의 동일성이 유지되어야 한다.

② 영업의 동일성 여부는 사회통념에 의해 실질적으로 판단한다. 양적 기준이 아닌 질적 기준(기능)을 중시한다. 따라서 양적으로 영업 일부를 유보하더라도 영업의 동일성이 인정되면 영업양도이다. 반면에 영업재산 전부를 양도하더라도 해체하여 양도함으로써 종전 영업의 기능을 발휘할 수 없다면 영업양도가 아니다(판례).[4] 영업의 기능적 동일성이 유지되는 한, 상호·채권·채무 등이 반드시 이전되어야 하는 것은 아니다.

2. 양도: 영업주 변경

① 영업양도에 의해 영업의 소유(영업주)에 변경이 생긴다. 영업 임대차나 경영위임의 경우 영업의 소유는 그대로 있고 경영주체만 변경된다.

---

3) 이에 대비되는 주관적 영업은 영업활동을 뜻한다(예컨대, §5, §11(1), §46 등).

4) 대법원 2013. 2. 15. 선고 2012다102247 판결. (참조 판례: 대법원 2003. 5. 30. 선고 2002다23826 판결; 대법원 2007. 6. 1. 선고 2005다5812, 5829, 5836 판결).

② 영업양도는 영업을 양도하는 것이므로 그에 의해 양도인의 법인격이 당연히 소멸하지 않는다.[5] 일방 회사가 소멸하는 합병과 다르다.

3. 특정승계

영업양도는 특정승계이다. 따라서 영업을 구성하는 재산을 각각의 이전방식에 따라 개별적으로 이전해야 한다(개별성 원칙). 포괄승계에 의하는 합병과 다르다.

4. 채권계약

① 영업양도에 관한 계약이 있어야 한다. 그 법적 성질은 채권계약이다(판례). 영업양도 계약으로 양도인과 양수인은 영업의 동일성을 유지하는 범위에서 양도대상, 계약조건 등을 정할 수 있다.

② 방식에 제한이 없다. 명시적・묵시적(판례・통설),[6] 서면・구두를 불문한다. 서면에 의하는 합병과 다르다.

제2절 영업양도와 합병 비교

영업양도와 합병은 경제적인 면에서 상당히 유사하다. 그러나 법적으로 합병은 포괄승계로서 단체법리가 적용되는 데 반하여, 영업양도는 특정승계로서 개인법리가 적용된다.

〈표 5-1-1〉 영업양도와 합병

	영업양도	합병
법적 성질	계약	
적용법리	개인법리 (채권계약)	단체법리
권리의무 이전방식	특정승계 (개별적 이전, 동일성이 유지되는 한 일부 제외 가능)	포괄승계
계약당사자	상인	회사

5) 회사의 영업양도는 회사의 해산사유가 아니다(§227, §269, §285, §287의38, §517, §609).

6) 대법원 1997. 6. 24. 선고 96다2644 판결. (따름 판례: 대법원 2005. 7. 22. 선고 2005다602 판결; 대법원 2013. 2. 25. 선고 2012다102247 판결).

(양도측 존속 여부)	(존속, 필요하다면 청산)	(소멸, 청산 불요)
계약방식	불요식	요식 (합병계약서)
주주 보호 절차	주주총회 특별결의, 반대주주의 주식매수청구권	
채권자 보호 절차	임의 (채무인수 여부 자유)	강제 (채권자 이의절차)
계약의 효력요건	등기 불요	합병등기 (창설적 효력)
무효의 주장	민법에 따른 일반적 주장	상법상 합병 무효의 소

제3절 이익조정

영업양도를 둘러싸고 (a) 양도인, (b) 양수인, (c) 양도인의 영업상 채권자, (d) 양도인의 영업상 채무자, (e) 주주, (f) 근로자 등 당사자의 이해가 엇갈린다. 상법은 영업양도에 특이한 이익조정 장치를 두고 있다.

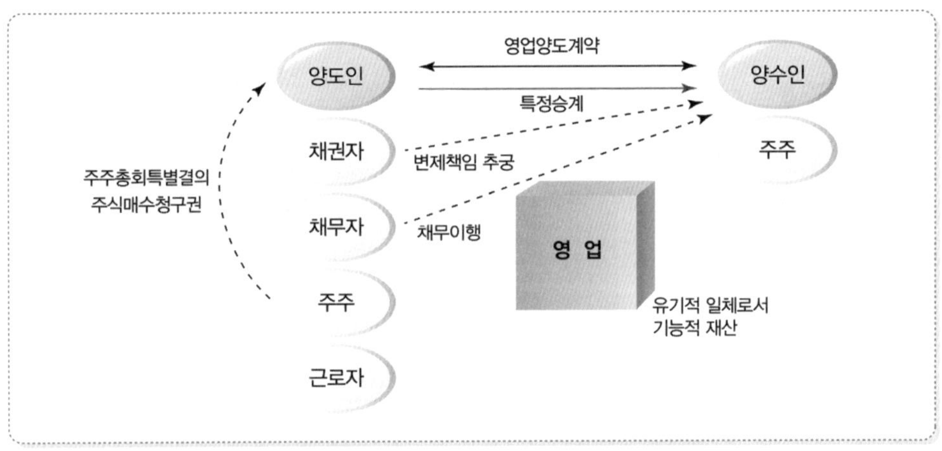

:: [그림 5-1-2] 영업양도를 둘러싼 이해당사자

(가) 영업양수인

영업양도인(이하, 양도인)과 영업양수인(이하, 양수인)은 영업양도의 계약으로 이익을 자치적으로 조정하는 것이 원칙이다. 상법은 양수인의 영업양수 이익을 보호하기 위해 양도인에게 경업금지의무를 지우는 조항을 두고 있다(§41).

(나) 채권자

양도인의 채무관계는 양도인과 양수인의 약정(채무인수)에 의하는 것이 원칙이다. 그런데 이러한 채무인수가 없는 때에도 양수인이 양도인과 함께 양도인의 영업상 채권자에 대해 변제책임을 지도록 하여 채권자를 보호하고 있다(§42, §44, §45).

(다) 채무자

양도인의 채권관계는 양도인과 양수인의 약정(채권양도)에 의하는 것이 원칙이다. 그런데 이러한 채권양도가 없는 때에도 이를 알지 못한 양도인의 영업상 채무자가 양수인에게 변제하면 유효한 변제로 하여 채무자를 보호하고 있다(§43).

(라) 주 주

주식회사가 영업양도 · 영업양수 · 영업임대차 등을 하려면 주주의 이익을 보호하기 위해 주주총회의 특별결의를 요하고 반대주주에게 주식매수청구권을 부여한다(§374, §374의2, §576).

(마) 근로자

① 영업양도를 할 때 근로자도 함께 승계되는가? 이는 노동법 문제와 겹친다. 판례는 영업양도에 있어 인적 조직의 승계를 중시한다. 그래서 영업양도를 핑계로 근로자를 부당 해고하는 일이 없도록 영업양도를 할 때 근로자 승계원칙과 근로기준법에서 규정하고 있는 정당한 해고사유를 요한다.[7]

② 근로자가 영업양도인으로부터 받지 못한 체불임금에 관해서는 그에 관한 채무인수가 없는 때에도 §42(양수인의 변제책임)의 요건을 충족하면 근로자는 양수인에게도 변제책임을 물을 수 있다.

---

7) 대법원 1995. 9. 29. 선고 94다54245 판결: 영업양도 당사자 사이에 근로관계 일부를 승계의 대상에서 제외하기로 한 특약이 있는 경우에는 그에 따라 근로관계의 승계가 이루어지지 않을 수 있다. 그러나 그러한 특약은 실질적으로 해고와 다름이 없으므로 근로기준법 §27(1)의 정당한 이유가 있어야 유효하다. (따름 판례: 대법원 1997. 4. 25. 선고 96누19314 판결).

제2장

경업금지 (양수인 보호)

사 례

서울 노원구에서 '꼬끼오치킨'이라는 상호로 '바비큐 치킨' 가게를 운영하던 A는 그 영업을 B에게 양도했다. 이후 A는 그로부터 100m 떨어진 곳에서 '황금 닭'이라는 상호로 프라이드 치킨 가게를 운영하고 있다.

(1) B는 A에게 어떤 조처를 할 수 있는가?

(2) 상호가 전혀 다르거나, 새로운 영업지역이 경기도 분당이라면 어떠한가?

(3) 30년간 경업을 할 수 없다는 약정을 하였다면, 이 약정의 효력은?

> **제41조(영업양도인의 경업금지)** ① 영업양도인은 다른 약정이 없으면 10년 동안 동일한 특별시·광역시·시·군과 인접 특별시·광역시·시·군에서 동종 영업을 해서는 안 된다.
> ② 영업양도를 하면서 양도인이 동종 영업을 하지 않을 것을 약정한 경우 그 약정은 동일한 특별시·광역시·시·군과 인접 특별시·광역시·시·군에 한하여 20년을 초과하지 않은 범위에서 그 효력이 있다.

제1절 특징과 기능

§41는 영업을 양도한 자(양도인)가 이를 양수한 자(양수인)에 대해 지는 경업금지 조항이다. 그 특징과 기능은 다음과 같다.

① 의사보충규정 – §41는 경업금지의 내용에 관하여 당사자의 의사를 보충하는 이익조정 규정이다.[8)]

② 임의규정과 강행규정 혼재 – 영업양도의 당사자는 약정으로 §41의 적용을 배제하거나 완화할 수 있다(임의규정성). 그러나 약정으로 경업금지의 지역 및 기간에 관한

8) 헌법재판소 1996. 10. 4. 선고 94헌가5 결정.

법적 상한선을 넘지 못한다(강행규정성).

③ 입법기술상 한계 – §41는 경업금지 약정의 '일반적' 기준을 제시한 것이다. 실제 양도인의 경업은 다양하게 나타날 수 있어서 경업금지의 구역 및 기간을 세분하는 것이 입법기술상 쉽지 않다. 이 때문에 §41는 구체적 사안에서 합리적 해석으로 보완해야 한다.

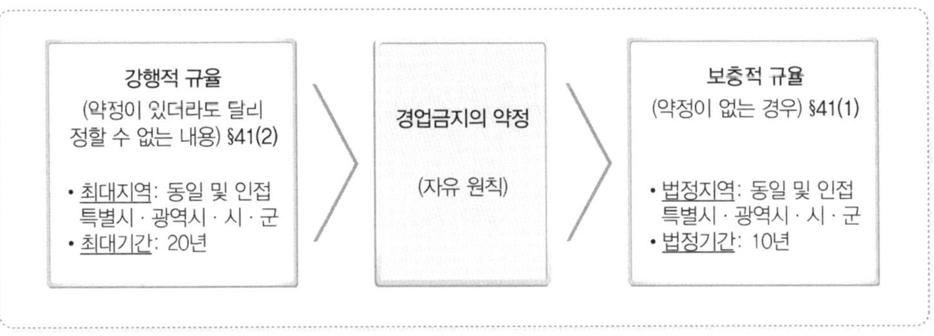

:: [그림 5-2-1] 경업금지의 약정과 법

제2절 원칙: 계약에 의한 경업금지

경업금지의 내용은 양도인과 양수인이 약정으로 자유롭게 정할 수 있음이 원칙이다. §41(1)은 경업금지의 약정이 없는 경우에 경업금지의 내용을 보충하고(보충규정), §41(2)은 경업금지에 관한 당사자 자치의 한계를 법으로 정한다(강행규정).

제3절 상법에 의한 보충 및 제한

1. 영업 범위

① 제한되는 영업범위에 관해 법은 '동종영업'이라 규정한다(§41(1)(2)). 그러나 취지상 경쟁관계가 생길 수 있는 한 동종영업뿐만 아니라 유사영업을 포함한다(판례 · 통설).[9] 경쟁의 가능성은 전면적이건 부분적이건 상관없다.[10]

9) 대법원 2015. 9. 10. 선고 2014다80440 판결.

② 상호의 유사성 여부(§23 참조)를 불문한다. 상호의 오인 가능성과 경업이 필연적으로 관계되는 것은 아니기 때문이다.

2. 지역 범위

(1) 동일 및 인접 행정구역

① 동일 특별시·광역시·시·군뿐만 아니라 인접 특별시·광역시·시·군을 포함한다.

② 이는 양도된 물적 설비의 소재지가 아니라 통상적인 영업 활동지를 기준으로 한다(판례·통설).[11)]

(2) 인접 행정구역 범위

인접 행정구역의 범위에 관해서는 경업금지 지역이 과다하게 넓어지는 것을 막기 위한 해석론이 있다.

(ⅰ) 경계설 – 인접 행정구역은 경계주변 지역에 한정한다는 견해이다.[12)13)]

(ⅱ) 경쟁가능설 – 경쟁가능성이 없다면 인접 행정구역이어도 금지되지 않는다는 견해이다.[14)]

(ⅲ) 권리남용금지설 – 양수인의 영업에 아무런 지장을 주지 않음에도 단지 인접 행정구역이라 해서 금지를 주장하는 것은 권리남용금지의 법리상 용인되지 않는다는 견해이다.[15)]

---

10) 서울동부지방법원 2010. 9. 15. 선고 2010가합5401 판결: A는 '커피나무'라는 상호로 커피, 녹차 등을 판매하여 오다가, B와 권리양도계약을 체결했다. A는 위 커피나무 점포 맞은편 대각선 방향에 있는 곳에서 '파리바게뜨'라는 상호로 제과점 영업을 개시하여, 빵류 이외에 커피류·과일주스류·병 주스류 등을 조리·판매해 오고 있었다. 위 권리양도계약은 상법상 영업양도에 해당하고, 위 제과점이 제과, 제빵을 주된 영업대상으로 하고 있으나 그 점포 내에서 음료를 제조·판매하는 것은 위 권리양도계약상 양도대상인 영업과 동종영업이라고 보는 것이 타당하다.

11) 대법원 2015. 9. 10. 선고 2014다80440 판결.

12) 제주지방법원 1998. 6. 3. 선고 98가합129 판결: 행정구역 경계에 소재하지 않는 영업이 양도된 경우에도 위 조항을 제한 없이 적용하여 경업금지의무의 지역적 범위를 인접 행정구역에까지 넓혀 인정하는 것은 부적절하다.
[사실관계] 원고는 피고와 사이에 피고가 경영하던 제주 북제주군 한림읍 한림리 1073의 2 소재 '미화 이용원'의 집기 등 영업 시설 일체와 영업권을 양수하였다. 피고는 같은 해 제주 북제주군 애월읍 애월리 1756에서 '영주 이용원'이라는 상호로 이용원을 열고 영업하다가, 같은 해 위 '미화 이용원'으로부터 약 100m 떨어진 곳으로 위 '영주 이용원'을 옮겨 그때부터 현재까지 이용업을 하고 있다.
[법원 판단] 이용원이 있는 북제주군 한림읍 한림리가 북제주군의 경계 부근이 아닌 것이 분명한 이상 비록 남제주군이 북제주군의 인접 행정구역이기는 하나, 피고의 경업금지 의무의 지역적 범위는 북제주군에 한정되어야 할 것이다.

13) 김두진 159, 정찬형 187, 최정식 217.

14) 이철송 291.

(iv) 사견 – 단순히 인접 행정구역 내라는 이유만으로 경업을 금지하는 것은 양수인에게 보호의 실익도 없으면서 양도인에게 필요 이상의 과도한 제약이 될 수 있다. 법에서 인접지역을 규정한 취지는 경업금지의 경제적 실효성을 고려하려는 취지이다. 위의 (i), (ii), (iii) 등을 종합적으로 고려하여 양수인의 보호이익과 양도인의 영업이익의 균형이라는 관점에서 그 범위를 개별적으로 판단해야 한다.

3. 시간 범위

경업금지 기간은 약정이 있는 때에도 20년을 최대한도로 한다(§41(2)). 약정으로 20년이 넘는 경업금지의 기간을 정한 경우 그 기간 전부가 무효로 되는 것이 아니라 초과 부분만 무효가 되어 금지기간이 20년으로 된다(일부 무효). 그 약정이 없으면 10년으로 한다(§41(1)).

4. 인적 범위

(가) 영업양도인 – §41에 의한 경업금지의 인적 범위는 양도인과 양수인에 한정된다(대인적 의무). 양도인이 경업을 하다가 제3자에게 양도 또는 임대한 경우, 양수인은 이를 넘겨받은 제3자에게 직접 영업의 폐지를 청구할 수 없다(판례 · 통설).[16]

(나) 관계인 – §41의 법문에는 경업금지의무를 지는 자를 '양도인'으로 규정하고 있다. 이에 회사의 대표이사나 지배주주 또는 이들이 설립한 회사를 포함하는가?

(i) 이들 모두를 포함한다는 견해가 있다. 법적 형식에 상관없이 경제적 실질에 따라 판단하는 것이 합리적이라는 이유를 든다.[17]

(ii) 사견 – 타당하다. 다만 이러한 필요성이 있는 때에도 회사의 독립된 법인격을 쉽게 부정하는 것은 법적 불안정을 가져올 수 있으므로 조심해야 한다.

5. 경업 방식

경업 여부는 경제적 실질을 기준으로 판단해야 한다. 양도인이 직접 경업을 하건, 제3자를 통해서 간접적으로 하건 상관없다.

---

15) 송옥렬 84.
16) 대법원 1996. 12. 23. 선고 96다37985 판결.
17) 송옥렬 84~85.

제4절 구 제

(가) 일반적 구제 – 양수인의 구제수단에 관해서는 상법에 규정이 없다. 따라서 일반적인 구제방법에 의한다. 즉, 양수인은 양도인을 상대로 경업폐지를 청구할 수 있고, 채무불이행을 이유로 한 손해배상청구(민§390, §393), 영업양도계약 해제, 양도인의 비용으로 위반상태 해소 및 장래의 적당한 처분(민§389(3)) 등을 청구할 수 있다(판례).[18]

(나) 개입권 – 개입권은 규정이 없으므로 인정되지 않는다(통설).

18) 대법원 1996. 12. 23. 선고 96다37985 판결.

제3장

변제책임 (채권자 보호)

사 례

음식점을 운영하는 A는 B로부터 식자재를 외상으로 구입하고 매월 말 정산해 왔다. 그러던 중 코로나 사태로 영업이 부진해지자 A는 B에 대한 채무관계를 알려주지 않은 채 음식점 영업을 C에게 매각했다. B는 누구를 상대로 채무이행을 청구할 수 있는가?

기초 채무인수

채무인수에는 면책적 채무인수와 중첩적 채무인수가 있다. 면책적 채무인수는 (a) 채무자와 인수인의 계약(민§454~§457), (b) 채권자와 인수인의 계약(민§453), (c) 채권자 · 채무자 · 인수인의 3면 계약으로 할 수 있다. 채무자와 인수인만의 계약으로 채무를 인수하는 때에는 이해당사자인 채권자의 승낙이 있어야 그 효력이 생긴다(민§454(1)).

기초 채권자취소권

채권자취소권은 채무자가 채권자를 해치는 법률행위(사해행위)를 함으로써 무자력이 되어 채권을 만족시켜줄 수 없는 상태에 이른 경우, 채권자가 사해행위 취소와 원상회복을 법원에 재판상 청구함으로써 채무자의 책임재산 보전을 구할 수 있는 권리이다(민§406). 채무자가 영업양도에 의해 채무초과 상태에 빠지거나 이를 심화시킨 경우, 그 영업양도는 사해행위로 채권자취소권의 대상이 된다(판례).[19]

§42, §44, §45는 양도인과 양수인 사이에 양도인의 영업상 채무에 대한 채무인수가 없음에도 불구하고 원래의 채무자인 양도인과 함께 양수인에게도 변제책임을 지우는 특칙이다. 상호속용의 경우와 채무인수 광고의 경우 두 가지가 있다.

19) 대법원 2015. 12. 10. 선고 2013다84179 판결.

제1절 상호 속용

제42조(상호 속용 영업양수인의 책임) ① 영업양도인의 상호를 계속 사용하는 영업양수인은 영업양도인의 영업으로 인해 제3자가 갖는 채권에 대하여 영업양도인과 함께 변제할 책임을 진다.
② 영업양수인이 영업양수 후 지체없이 양도인의 채무에 관하여 책임이 없음을 등기한 경우에는 제1항을 적용하지 않는다. 영업양도인과 영업양수인이 지체없이 제3자에게 그 뜻을 통지한 경우 그 통지를 받은 제3자에 대해서도 같다.

Ⅰ. 특징과 기능

① 강행적 이익조정 – 영업양도를 하는 경우 영업과 함께 양도인의 영업상 채무와 상호가 자동으로 양도인으로부터 양수인에게 이전되는 것은 아니다. 채무인수가 없으면 양도인이 원래의 채무자로서 계속하여 책임을 지고 양수인은 이에 대해 변제책임 없음이 원칙이다. 그런데 §42는 영업양도가 채무인수 없이 행해졌을 때 영업재산을 넘겨받은 양수인에게도 변제책임을 지움으로써 강제적인 이익조정기능을 한다. 이는 자기 책임과 사적자치의 원칙에 비추어 이례적이다. 따라서 §42는 가급적 엄격하게 해석하고 확대적용은 신중해야 한다(판례).[20]

② 책임자 추가에 의한 채권자 보호 – §42는 양도인의 영업상 채무에 대해 변제책임을 지는 자로 양도인 외에 양수인을 추가하여 양도인의 영업상 채권자를 보호하는 기능을 한다.

③ 양도인과 양수인의 책임 완화 – 그와 동시에 양수인과 양도인의 이익도 고려한다. 양수인은 면책의 등기 또는 통지에 의해 변제책임에서 벗어날 수 있고(§42(2)), 양도인의 책임 존속기간을 소멸시효기간이 남아 있는 때에도 영업양도 후 최대 2년으로 제한하고 있다(§45).

---

20) 대법원 2016. 8. 24. 선고 2014다9212 판결: 우리의 사법질서는 개인이 자신의 법률관계를 그의 자유로운 의사에 의하여 형성할 수 있다는 사적 자치의 원칙과 개인은 자기에게 귀책사유가 있는 행위에 대하여만 책임을 지고 그렇지 아니한 타인의 행위에 대하여는 책임을 지지 아니한다는 자기 책임의 원칙 등을 근간으로 한다. 따라서 타인의 채무에 대한 변제책임이 인정되는 것은 채무인수와 같이 당사자가 스스로의 결정에 따라 책임을 부담할 의사를 표시한 경우에 한정되는 것이 원칙이고, 예외적으로 법률의 규정에 의하여 당사자의 의사와 관계없이 타인의 채무에 대한 변제책임이 인정될 수 있다. 그러나 그러한 법률규정을 해석·적용할 때에는 가급적 위와 같은 원칙들이 훼손되지 않도록 배려하여야 한다. 특히 유추적용 등의 방법으로 그 법률 규정을 확대 적용하는 것은 신중히 하여야 한다.

Ⅱ. 근거법리

§42는 비교법적으로 다른 나라에서는 찾아보기 어려운 독특한 제도이다. 그 근거법리가 무엇인가?

(ⅰ) 외관법리설(판례 · 다수설) – 영업재산이 영업상 채무의 책임재산으로서 실질적으로는 그에 의해 담보되는 것이 보통인데, 채무인수 없는 영업양도가 이루어졌음에도 양수인이 양도인의 상호를 계속 사용하면 영업양도의 사실 또는 영업양도에 채무승계가 이루어지지 않은 사실을 대외적으로 판명하기 어렵게 되어 채권자가 권리행사의 기회를 상실할 수 있으므로 양수인도 양도인과 함께 변제책임을 지는 것이 공평하다는 것이다.[21][22]

(ⅱ) 기타 – 다양한 학설이 있다. 몇 가지만 보자.

ⓐ 의사표시설 – 양수인이 상호를 속용하면 양도인의 채무에 중첩적으로 참가하려는 의사표시가 있는 것으로 의제해서 그 의사를 기초로 책임을 물을 수 있다는 견해이다.

ⓑ 책임재산설 – 영업재산은 양도인의 영업상 채무를 사실상 담보하는 의미가 있으므로 이를 이전받은 양수인은 변제책임을 진다는 견해이다.[23]

ⓒ 기업책임계속설 – 기업의 계속성에 따라 기업을 인수한 자는 기업에 근거한 모든 채무에 대해 책임을 진다는 견해이다.[24]

(ⅲ) 사견(강행적 이익조정규범) – §42에 의한 양수인의 법정책임은 상호속용이라는 외관 요소를 어느 정도 고려하고 있기는 하나 외관법리만으로 설명하기에는 곤란한 매우 특이한 제도이다. §42의 기능은 영업양도에 있어서 양도인의 영업상 채권자를 보호하고 양도인 · 양수인 · 채권자 사이에 강행법적 이익조정 규범을 제시하는 데 있다. 이러한 기능에 충실하도록 §42는 양수인의 책임요건을 상호속용이라는 것에 의해 객관적으로 정형화하고(§42(1)), 그와 동시에 면책방법에 의해 양수인이 변제책임을 면할 수 있는 길을 열어둠으로써(§42(2)), 당사자 사이에 공평을 기하고 있다. 따라서 상법에 규정되어 있는

---

21) 대법원 2010. 9. 30. 선고 2010다35138 판결: 상호를 속용하는 영업양수인의 책임을 정하고 있는 §42(1)은 일반적으로 영업상의 채권자의 채무자에 대한 신용은 채무자의 영업재산에 의하여 실질적으로 담보된 것이 대부분이다. 그런데도 실제 영업의 양도가 이루어지면서 채무의 승계가 제외된 경우에는 영업상 채권자의 채권이 영업재산과 분리되게 되어 채권자를 해치게 되는 일이 일어나게 된다. §42는 영업상의 채권자에게 채권 추구의 기회를 상실시키는 것과 같은 영업양도의 방법, 즉 채무를 승계하지 않았음에도 불구하고 상호를 속용함으로써 영업양도의 사실이 대외적으로 판명되기 어려운 방법 또는 영업양도에도 불구하고 채무의 승계가 이루어지지 않은 사실이 대외적으로 판명되기 어려운 방법 등이 채용된 경우에 양수인에게도 변제의 책임을 지우기 위하여 마련된 규정이라고 해석된다. (따름 판례: 대법원 2017. 4. 7. 선고 2016다47737 판결).

22) 김성태 348, 이기수/최병규 276, 이철송 297, 전우현 168, 정동윤 124, 최정식 220, 최준선 232.

23) 판례는 기본적으로 외관법리설을 취하고 있으나 책임재산설도 부분적으로 고려하고 있다(대법원 2010. 9. 30. 선고 2010다35138 판결).

24) 김정호 173(외관책임설과 계속책임설의 절충으로 파악하는 견해), 임중호 255.

법정요건만을 가지고 판단할 것이고 그 외에 외관법리에 의해 무리하게 보충하려 할 것은 아니다.[25]

Ⅲ. 요 건

외관법리설(판례 · 다수설)에 의하면 §42가 적용되기 위해서는 영업양수인이 채무를 인수하지 않았음에도 (a) 상호속용으로 채무인수의 외관이 존재하고(외관요건), (b) 그러한 외관의 존재에 양수인의 귀책사유가 있으며(귀책요건), (c) 채권자는 선의이어야 한다(신뢰요건). 외관법리설을 취하지 않으면 그 요건은 달라지게 된다.

(1) 영업양수

① 양수인이 양도인으로부터 영업을 양수하였어야 한다. 영업양도가 무효 · 취소 또는 해제된 경우에도 본조가 적용되는가?

(ⅰ) 긍정설(다수설),[26] (ⅱ) 부정설(소수설)이[27] 있다.

(ⅲ) 사견 – 부정설이 타당하다. 본조는 외관책임이 아니고, 본조에 의한 양수인의 변제책임은 영업양수의 유효를 전제로 하며, 영업양수가 유효하지 않다면 변제책임의 실질적 담보가 되는 영업재산의 이전도 없기 때문이다.

② 영업을 현물출자하는 경우에는 §42, §44, §45가 유추적용된다(판례). (후술)

③ 영업 임대차의 경우에는 §42(1)이 유추적용되지 않는다(판례). (후술)

(2) 채무인수 없음

§42와 §44는 영업을 양수하면서 양도인의 영업상 채무에 대해 채무인수가 없는 경우에 비로소 적용된다. 채무인수가 면책적이건 중첩적이건 있다면 그에 의해 당연히 양수인이 변제책임을 지게 되어 §42와 §44가 적용될 여지가 없다.

---

25) 김성탁, "상호 속용 영업양수인의 변제책임에 관한 상법 제42조의 해석원리–판례의 외관법리적 해석방법의 한계 및 기능적 관점에서의 재구성", 비교사법 제21권 제3호, 2014. 8. 비교사법학회.

26) 손주찬 202, 이철송 298, 임홍근 177, 전우현 168, 정동윤 124, 정준우 155, 최기원/김동민 180, 최준선 235.

27) 이기수/최병규 277, 이종훈 130~131.

(3) 상호 속용

§42가 적용되려면 양수인이 양도인의 상호를 속용(계속 사용)해야 한다. 상호속용이라는 객관적 사실이 존재하면 된다. 그 원인관계의 유효, 허락, 상호 속용기간의 장단은 불문한다.[28)]

(가) 취지 – 상호가 속용되면 영업주가 교체된 것 또는 채무가 인수되지 않은 것을 대외적으로 인식하기 어려워 채권자가 책임추궁의 기회를 놓칠 수 있기 때문이다.

(나) 유사상호 – 상호는 동일상호일 필요는 없고 유사상호를 포함한다. 상호의 유사성은 무엇을 기준으로 판단할 것인가?

(ⅰ) 동일기준설(판례 · 다수설) – §23(1)의 오인가능한 상호와 동일한 기준에 의해 상호의 주요 부분이 같으면 충분하다고 한다.[29)30)]

(ⅱ) 엄격기준설(소수설) – §23(1)에 비해 더 엄격한 기준이 필요하다는 견해이다.[31)] §23(1)은 일반인 시각에서 판단하나, §42는 지속적 거래관계에 있는 채권자의 시각에서 판단하므로, 후자의 경우는 전자의 경우보다 더 쉽게 영업주체를 분간할 수 있으리라는 것을 이유로 한다.

(ⅲ) 사견 – 논리적으로는 엄격기준설에도 일리가 있다. 그러나 §23와 다른 기준을 적용하는 것이 현실적으로는 그다지 의미가 없다. 동일기준설을 취한다.

(다) 옥호 · 영업표 – 옥호(屋號)나 영업표는 상호는 아니지만, 그것이 영업 주체를 나타냄으로써 사실상 상호와 유사한 기능을 할 때는 §42를 유추적용할 수 있다(판례 · 다수설).[32)]

(4) 채권자 선의 요부

§42의 적용요건으로 채권자에게 선의를 요하는가? 요한다면 무엇에 대한 선의이어야 하는가? 법문에는 언급이 없다.

(ⅰ) 필요설 – 외관법리설에 따라 채권자의 선의를 요한다고 하고, 비록 영업양도를 알았더

---

28) 서울고법 2014. 6. 27. 선고 2013나59373 판결: 비록 상호 속용기간이 단기간이라 하더라도 영업양수인의 상호속용책임이 성립하는 데에는 지장이 없다.

29) 대법원 1989. 12. 26. 선고 88다카10128 판결('삼정장여관'이나 '삼정호텔'이라는 상호는 사회통념상 동일성이 있다고 인정된다는 사례); 대법원 1998. 4. 14. 선고 96다8826 판결('주식회사 파주 레미콘'과 '파주 콘크리트 주식회사'는 상호속용에 해당한다는 사례).

30) 김성태 348, 김홍기 113, 손주찬 201~202, 임중호 257, 정찬형 191, 최준선 233.

31) 송옥렬 87, 이철송 299~300, 정준우 156~157, 최정식 221.

32) 대법원 2010. 9. 30. 선고 2010다35138 판결(교육시설인 '서울종합예술원'의 영업을 양도받아 그 명칭을 사용하여 같은 영업을 계속한 사례).

라도 채무인수가 없다는 것에 대해 선의이면 본조에 의해 보호받을 수 있다는 견해이다(판례 · 다수설).[33][34]

(ⅱ) 불요설 – §42의 적용요건으로 선의를 요하지 않는다는 견해이다. 법문에서 선의를 요하지 않고, 실질적으로 담보역할을 하는 영업재산이 양도인으로부터 양수인에게 이전되었다는 점, 양수인은 면책등기 또는 면책통지로 면책받을 수 있는 길이 있음에도 그러한 조처를 하지 않았다는 점을 이유로 들고 있다.[35]

(ⅲ) 사견 – 선의 불요설이 타당하다. §42는 외관법리에 근거한 것이 아니며, 법문에도 이를 요하는 규정이 없고, 실제 양도인의 채권자가 영업양도의 사실을 알고 있는 상황에서 문제가 되는 경우가 많다는 점을 고려할 때 그러하다. 양수인이 면책등기 또는 면책통지에 의한 면책조치를 취하지 않은 데 따른 변제책임 부담은 채권자의 선의 · 악의와 같은 주관적 요건에 상관없이 강행적 이익조정을 위해 법에서 규정하고 있는 객관적 요건을 충족하면 발생하는 법정효과이다.

Ⅳ. 면 책

§42(1)에 의하여 양수인에게 변제책임을 지우는 한편, §42(2)는 면책등기 또는 면책통지로 그 책임에서 벗어날 수 있는 길을 마련해 두고 있다.

(가) 면책 등기 – 면책의 등기를 하면 모든 사람에 대해 면책의 효력이 미친다(대세적 면책력). 이를 하면 굳이 면책의 통지를 할 필요가 없다.

(나) 면책 통지 – 면책의 통지를 하면 통지를 받은 사람에 대해서만 면책의 효력이 생긴다(대인적 면책력). 면책의 통지는 양도인과 양수인이 함께 해야 한다. 양수인이 단독으로 하면 이러한 효력이 없다. 통지는 일방적이며, 방식에 제한이 없고, 채권자의 승낙을 불요한다.

---

33) 대법원 1989. 12. 26. 선고 88다카10128 판결: 상호를 속용하는 영업양수인의 책임은 어디까지나 채무승계가 없는 영업양도에 의하여 자기의 채권 추구의 기회를 빼앗긴 채권자를 보호하기 위한 것이다. 그러므로 영업양도에도 불구하고 채무인수의 사실 등이 없다는 것을 알고 있는 악의의 채권자가 아닌 한 당해 채권자가 비록 영업의 양도가 이루어진 것을 알고 있었다 해도 보호의 적격자가 아니라고 할 수 없다.

34) 강위두 205, 김성태 352, 김정호 176, 류시창 121, 손주찬 202, 손진화 132, 서헌제 167, 송옥렬 88, 이기수/최병규 283, 이종훈 134, 이철송 302, 장덕조 82, 정준우 157, 최기원/김동민 183.

35) 안강현 174, 임중호 259, 정동윤 124~125, 최정식 222, 최준선 235.

〈표 5-3-1〉 양수인의 면책방법

	면책등기	면책통지
대 상	상호속용으로 인한 양수인의 변제책임	
시 기	지체없이	
주 체	양수인	양도인과 양수인
효 력	대세적 면책	대인적 면책

제2절 광 고

제44조(채무인수를 광고한 영업양수인의 책임) 영업양도인의 상호를 계속 사용하지 않는 영업양수인이 영업양도인의 영업으로 인한 채무를 인수할 것을 광고한 경우에는 영업양수인도 변제할 책임을 진다.

Ⅰ. 특징과 기능

§44는 양수인이 양도인의 채무를 인수한 바가 없고 상호속용이 없음에도 채무인수의 표시(광고)를 함으로써 양수인이 지는 변제책임이다.

① §44의 채무인수의 광고는 §42의 상호속용의 대체요건이다.

② §44의 근거법리에 관하여 외관법리설이 통설이다. 사견 – 이 경우에도 §42(1)과 마찬가지로 강행적 이익조정 규범으로 파악한다.

③ 채무인수의 경우 채권자의 동의를 요하는 것이 원칙인데(민§454(1)), §44는 영업양수인의 일방적인 채무인수의 광고만으로 변제책임이 발생하는 법적 효과를 부여한다.

④ §44에는 면책등기 또는 면책통지에 관한 §42(2)이 적용되지 않는다. 이는 §44와 내용상 양립할 수 없기 때문이다. 그 나머지는 §42(1)과 동일하다.

Ⅱ. 요 건

(1) 채무인수 광고

법문은 채무인수의 '광고'로 되어 있으나 이에 한하지 않는다. 사회통념상 채무가 인수되었다고 믿을 만한 대외적 표시를 널리 포함한다.

(2) 채무인수 통지

양수인이 개별적으로 채무인수의 통지를 하는 경우도 통지를 받은 채권자에 대해 변제책임을 진다고 해석한다(판례 · 통설).[36] 법문에는 없지만, 통지는 상대방에게 직접 알리는 것이어서 채무인수의 의사가 명확하므로 이를 제외할 이유가 없다.

(3) 채권자 선의

채권자가 선의일 것을 요하는가? 이 문제는 상호속용과 같다.

(i) 판례와 다수설은 외관법리설에 따라 §44에 명시적 언급이 없지만 채권자가 선의이어야 한다고 해석하고, 영업양도로 인해 채권실행의 기회를 빼앗긴 채권자를 보호하기 위한 것이므로 여기의 선의는 영업양도의 사실을 알지 못한 경우는 물론이고 이를 알았더라도 채무가 인수되지 않았음을 알지 못한 경우를 포함한다고 한다.

(ii) 사견 — §44를 강행적 이익조정규범으로 보는 입장에서 상호속용의 경우와 마찬가지로 선의를 요하지 않는다고 본다.

제3절 변제책임

> **제45조(영업양도인의 책임의 존속기간)** 영업양수인이 제42조 제1항(상호속용) 또는 제44조(채무인수 광고)에 따라 변제할 책임을 지는 경우 영업양도인의 영업으로 인한 제3자에 대한 채무는 영업양도 또는 채무인수의 광고 후 2년이 경과되면 소멸한다.

§42(1)(상호속용) 또는 §44(채무인수 광고)의 요건을 충족하면 단계별로 2년 경과 전에는 양도인 · 양수인의 공동부담 관계에서 2년 경과 후에는 양수인의 단독부담 관계로 전환된다.

I. 기 능

① 인적 담보 강화 — §42와 §44는 공통으로 영업양도 이후에도 종전 영업채무에

36) 대법원 2008. 4. 11. 선고 2007다89722 판결. (따름 판례: 대법원 2010. 11. 11. 선고 2010다26769 판결).

대한 원래의 채무자는 여전히 양도인이고, 여기에 양수인이 변제책임을 지는 자로 추가된다.

② 양도인의 조속한 면책 – 양도인의 영업채무는 양도인의 개인채무라기보다는 영업채무의 성격이 있고 영업재산에 의해 사실상 담보되고 있으므로 §45에 의해 영업을 양도한 양도인이 영업채무로부터 조속히 해방될 수 있도록 한다.

Ⅱ. 내 용

(1) 대 상

① 양수인이 지는 변제책임의 대상은 영업양도 전 양도인의 영업과 관련하여 발생한 채무와 책임이다(판례). 어음·수표 채무, 채무불이행, 부당이득 및 불법행위책임 등 영업에 관하여 발생한 모든 채무를 포함한다(판례·통설).[37] 이 점은 거래법에 기반을 둔 외관법리설에 의하기보다는 필자의 견해처럼 강행적 이익조정 규범으로 파악하는 것이 설명이 더 쉬워진다.

② 대상이 되는 영업상 채권은 영업양도 당시 변제기가 도래할 필요는 없으나 그 당시까지 발생한 것이어야 한다.[38] 영업양도 당시 가까운 장래에 발생할 것이 확실한 채권이라 해서 양수인이 변제책임을 지는 것은 아니다(판례).[39]

(2) 한도 – 무한책임

① 위의 채무 또는 책임에 대해 양수인은 무한책임을 진다(판례·통설).[40] 책임범위가 양수 재산으로 한정되지 않는다. 이런 점에서는 물적 책임이 아니라 인적 책임으로서의 성격도 갖는다.

② 양수인은 양도인이 채권자에 행사할 수 있는 모든 항변사유를 가지고 채권자에게 대항할 수 있다.

---

37) 대법원 1989. 3. 28. 선고 88다카12100 판결. (따름 판례: 대법원 2002. 6. 28. 선고 2000다5862 판결).

38) 대법원 2010. 9. 30. 선고 2010다35138 판결: §42(1)에 의하여 상호를 속용하는 영업양수인이 변제책임을 지는 양도인의 제3자에 대한 채무는 양도인의 영업으로 인한 채무로서 영업양도 전에 발생한 것이면 족하다. 반드시 영업양도 당시의 상호를 사용하는 동안 발생한 채무에 한하는 것은 아니다. (따름 판례: 대법원 2013. 4. 11. 선고 2012다64116 판결).

39) 대법원 2020. 2. 6. 선고 2019다270217 판결.

40) 서울고법 2014. 6. 27. 선고 2013나59373 판결; 대법원 2017. 4. 7. 선고 2016다47737 판결.

Ⅲ. 단계적 부담관계

1. 2년 경과 전: 공동부담

(1) 양 책임의 관계

영업양도 또는 채무인수 광고 후 2년 경과 전에는 §42 또는 §44에 의해 양수인이 변제책임을 지더라도 면책적 채무인수가 아니므로 양수인과 양도인의 변제책임이 독립적으로 병존한다(판례).[41] 양자의 관계가 무엇인가?

(ⅰ) 부진정연대채무설(판례 · 통설) – 양자를 부진정연대책무의 관계에 있다고 보는 견해이다.[42][43] 이를 지극히 당연한 것으로 받아들인 탓인지 그 이유에 대한 설명을 찾기 어렵다.

(ⅱ) 사견(연대채무설) – 연대채무로 보는 것이 더 적절하다. 연대채무로 보면 관련 당사자간 이익 균형에서나, 채권자 보호에서나, 채무자 상호간 구상권 행사에 이점이 많고(민§416, 민§426 등), 부진정연대채무로 보는 것보다 내부적 이익조정에 효율적이기 때문이다. 부진정연대채무는 연대채무의 변종이므로 연대채무에 의할 수 있으면 그에 의할 것이지 만연히 부진정연대채무로 넘기는 것은 바람직하지 않다.[44][45]

---

41) 대법원 2013. 3. 28. 선고 2012다114783 판결: §44의 경우에 채권자의 영업양도인에 대한 채권과 영업양수인에 대한 채권은 법률적으로 발생원인을 달리하는 별개의 채권으로서 그 성질상 영업양수인에 대한 채권이 영업양도인에 대한 채권의 처분에 당연히 종속된다고 볼 수 없다. 그러므로 채권자가 영업양도인에 대한 채권을 타인에게 양도하였다는 사정만으로 영업양수인에 대한 채권까지 당연히 함께 양도된 것이라고 단정할 수 없다. 함께 양도된 경우라도 채권양도의 대항요건은 채무자별로 갖추어야 한다. (참조 판례: 대법원 2009. 7. 9. 선고 2009다23696 판결).

42) 대법원 2009. 7. 9. 선고 2009다23696 판결.

43) 강위두 205, 김병연/박세화/권재열 180, 김성태 352, 김정호 177, 류시창 122, 박상조 284, 서헌제 168, 손주찬 201, 손진화 133, 송옥렬 90, 안강현 181, 이철송 299, 임중호 260, 전우현 169, 정경영 122, 정동윤 125, 정찬형 190, 채이식 132, 최기원/김동민 187, 최정식 224, 최준선 238.

44) 김성탁, "영업양도인의 영업상 채권자에 대한 영업양수인과 영업양수인의 변제책임 부담의 법률관계", 상사법연구 제33권 제3호, 2014. 11, 127~135.

45) [연대채무와 부진정연대채무]
① 연대채무–연대채무는 채권의 목적이 가분적인 경우에도 수인의 채무자가 각자 독립적으로 채무 전부를 이행할 의무를 지고 채무자 중 1인의 이행으로 다른 채무자가 채무를 면하는 것이다(민§413).
② 부진정연대채무–부진정연대채무는 수인의 채무자가 각자 채무 전부를 이행할 의무를 진다는 점에서는 연대채무와 같지만, 여럿의 채무자 사이에 채무를 공동으로 부담한다는 주관적 공동관계가 없다는 점에 차이가 있다. 이 때문에 1인의 채무자에게 생긴 사항은 변제 등과 같이 급부의 실현을 가져오는 것 외에는 상대적 효력만이 있을 뿐이다. 채무자 사이에 채무를 내부적으로 분담한다고 하는 부담부분이 없어 어느 채무자가 채무 전부를 이행하더라도 부담부분을 근거로 다른 채무자에게 구상권을 행사할 수 없음이 원칙이다. 다만 구상권과 유사한 법률관계가 성립할 수 있다고 보고 있다.

(2) 제척기간

조속하게 매듭지으려는 취지이므로 여기의 2년은 제척기간이다(판례 · 통설).[46] 그 기산점은 양수인의 변제책임이 개시되는 영업양수 또는 채무인수 광고 시점이다.

(3) 시효완성

위 제척기간 경과 이전에 양도인의 변제책임이 시효로 소멸하면 양도인과 양수인 모두의 변제책임이 소멸한다.

2. 2년 경과 후: 단독부담

위 2년의 기간 경과 후에는 '양도인'의 영업양도 전의 영업채무는 확정적으로 소멸한다. 그 결과 영업을 양수한 '양수인'이 단독으로 소멸시효가 완성할 때까지 변제책임을 지는 자로 남는다.

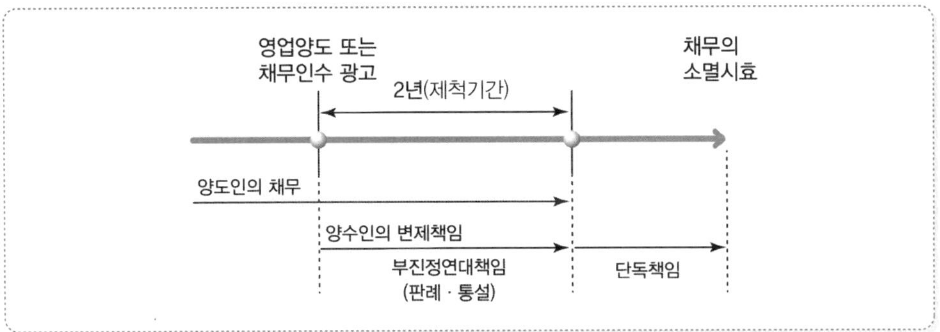

:: [그림 5-3-1] 영업양도인과 영업양수인의 변제책임 부담관계

46) 대법원 2013. 4. 11. 선고 2012다64116 판결.

제4장

표현변제 (채무자 보호)

사 례

A는 아파트 건설현장 인근에서 세칭 함바 식당업을 운영하다가 B에게 양도했다. 기존의 영업상 채권과 채무를 이전하지 않고 A에게 그대로 남겨두기로 했다. 건설현장 사무소장인 C는 그동안 인부들의 밥값을 매월 말 일괄결제하는 방식으로 A의 식당을 이용해 왔다. 이후 C는 B에게 밀린 밥값 100만원을 한꺼번에 결제했는데, A는 C에게 그것을 자신에게 지급해야 한다고 주장한다. C는 어떻게 대처해야 할까?

기초 변제와 변제수령자

변제 수령권한이 있는 자는 원칙적으로 채권자이다. 변제 수령권한이 없는 자에 대한 변제는 무효가 원칙이다. 그러나 변제 수령권한은 없지만 표현수령권자에 대한 변제는 유효하다. 표현수령자에는 채권의 준점유자(민§470), 영수증 소지자(민§471), 증권채권의 증서 소지인(민§514, §518, §524, §525) 등이 있다. 채권의 준점유자는 채권을 사실상 행사하는 자이다(민§210). 채권의 준점유자에 대한 변제는 변제자가 선의이며 과실이 없으면 유효하다(민§470).

제1절 상호 속용

제43조(상호 속용 영업양수인에 대한 변제) 영업양도인이 영업으로 인해 갖는 채권의 채무자가 영업양도인의 상호를 계속 사용하는 영업양수인에게 이를 알지 못한 채 중대한 과실 없이 변제한 경우에는 그 효력이 있다.

영업을 양도한다고 해서 양도인의 영업상 채권이 양수인에게 자동으로 이전되는 것은 아니다. 양도인의 채권을 양수인에게 양도하려면 채권양도가 있어야 한다. 이러한 채권양도가 없음에도 양도인의 채무자가 양수인에게 변제했다면 변제의 효력이 없음이 원칙이다. §43는 이에 대한 특칙이다. §43는 채무자의 선의 · 무중과실을 요하므로 외관법리에 기반을 둔 것이다. 민법의 표현수령권자의 일종이다(통설).

1. 요 건

(1) 상호속용 영업양도 (외관요건)

§43가 적용되려면 영업양도와 함께 상호속용이 있어야 한다. 이는 §42(1)과 같다.

(2) 채권양도 없을 것 (무권한요건)

① 채권양도가 있었다면 양수인이 당연히 채권자로서 변제수령권을 갖기 때문에 §43의 적용은 애당초 문제되지 않는다.

② 어음 · 수표와 같은 증권상 채무에는 적용되지 않는다. 증권채무는 증권 소지인에게 변제해야 하기 때문이다.

(3) 채무자의 선의 · 무중과실 (신뢰요건)

① 채무자가 선의이며 중과실 없이 양수인에게 변제했어야 한다. 경과실이 있는 경우도 §43에 의해 보호받는 점에서 민법상 표현수령자에 대한 변제(민§470)보다 변제자 측에 유리하다.

② 여기의 선의는 무엇에 대한 것이어야 하는가?

(ⅰ) 선의의 대상이 영업양도에 국한된다고 하여 채권양도 없음에 대한 선의 여부를 불문한다는 견해(다수설),[47] (ⅱ) 선의의 대상은 영업양도에 대한 것이 아니라 채권양도 없음에 대한 것이어야 한다는 견해(소수설)가[48] 있다.

(ⅲ) 사견 – 영업양도를 알았더라도 채권양도가 없었음을 몰랐다면 §43의 선의요건을 충족한다고 본다. 다만, 외관법리상 영업양도를 알았다면 상호속용의 경우에도 변제자 측은 채권양도 여부를 확인해야 할 주의의무가 있고 이를 쉽게 확인할 수 있는데도 게을리했다면 중과실 여부를 살펴야 한다.

---

47) 김두진 166, 임중호 265, 정동윤 126, 정찬형 196, 최정식 226.

48) 송옥렬 93.

2. 효 과

(1) 변제 유효

① 이상의 요건을 충족하면 양도인의 영업상 채무자가 변제수령 권한이 없는 양수인에게 변제한 때에도 유효한 변제가 되어 채무는 종국적으로 소멸한다. 따라서 원래의 채권자인 양도인은 채무자에게 변제를 청구할 수 없다.

② 이러한 경우에도 진정한 채권자는 여전히 양도인이지 양수인이 아니다. 따라서 채무자가 양도인에게 변제했다면 유효한 변제가 됨은 물론이다.

(2) 구 상

양수인이 양도인의 영업상 채무자로부터 받은 급부는 부당이득이 된다. 따라서 이를 양도인에게 반환해야 한다.

제2절 상호 불속용

상호 불속용의 경우 영업양도인의 영업상 채무자의 채무변제에 관하여는 §44(채무인수 광고)에 해당하는 규정이 없어 해석에 맡겨져 있다.

(1) 채권양도 광고

상호 불속용 영업양도의 경우, 채권양도가 없었음에도 양도인이 채권양도의 광고를 하거나 채무자에게 채권양도를 통지한 경우 §44를 유추적용할 수 있다.

(2) 기 타

채권양도의 광고 또는 통지가 없는 경우에도 §44가 유추적용될 수 있는가?

(ⅰ) 긍정설,[49] (ⅱ) 부정설이[50] 있다.

(ⅲ) 사견 – 부정설이 타당하다. 이런 경우에는 민법(§470)의 표현수령권자에 대한 변제에 해당하는지를 살펴야 한다.

---

49) 이철송 302, 정찬형 196.
50) 송옥렬 94, 정동윤 127.

제5장

주주 보호

제374조(영업양도 등의 결의) ① 회사가 다음 각호의 어느 하나에 해당하는 행위를 하려면 제434조(주주총회 특별결의)에 따른 결의가 있어야 한다.

1. 영업의 전부 또는 중요한 일부의 양도
2. 영업 전부의 임대 또는 경영위임, 타인과 영업의 손익 전부를 같이 하는 계약, 그 밖에 이에 준하는 계약의 체결 · 변경 또는 해약
3. 회사의 영업에 중대한 영향을 주는 다른 회사의 영업 전부 또는 일부의 양수

② (생략)

제374조의2(반대 주주의 주식매수청구권) (조문 생략)

주식회사가 영업을 양도 또는 양수하면 출자자인 주주의 이해관계에 중대한 영향을 미친다. 그래서 상법은 이럴 때 주주의 이익을 보호하기 위해 주주총회의 특별결의 사항으로 하고(§374) 반대 주주에게는 주식매수청구권을 부여하여 퇴출할 수 있는 길을 열어두고 있다(§374의2). 자세한 내용은 회사법에서 다룬다.

제6장

적용문제

제1절 영업 일부 양도

① 영업의 일부 양도는 영업 전부가 아닌 일부만을 양도하는 것이다. 이것 역시 영업양도이므로 그 부분만으로도 영업양도의 개념을 충족해야 한다.

② 상법 회사 편에서는 영업의 전부 양도뿐만 아니라 일부 양도를 명시적으로 규정하고 있다(§374(1)). 상법 총칙 편에는 영업의 일부 양도에 관하여 규정이 없는데, 이를 인정할 것인가?

(ⅰ) 부정설(소수설),[51] (ⅱ) 긍정설(다수설)이[52] 있다.
(ⅲ) 사견 – 긍정설이 타당하다. 예컨대, 지점의 양도는 영업의 일부 양도가 된다.

③ 상법 총칙 편의 경업금지(§41)나 양도인의 채권자 또는 채무자 보호에 관한 규정(§42~§45)이 영업의 일부 양도에도 적용될 수 있는가? 구체적 사안에 따라 개별적으로 판단해야 한다.[53]

제2절 영업 출자

① 영업은 재산적 가치를 가지므로 양도는 물론이고 현물로 출자할 수 있다. 현물출자와 양도는 법적 형식을 달리한다. 영업의 현물출자는 대가로 출자자의 지위를 갖

---

51) 고재종 161~162(다만 지점의 양도는 영업의 일부 양도로 보는 견해), 정찬형 180(상법의 총칙에서는 영업의 일부 양도의 개념이 인정될 수 없다고 하여, 총칙상 양도인의 경업금지나 양도인의 채권자와 채무자를 보호하기 위한 책임원칙은 영업 전부를 양도하는 경우에만 적용된다는 견해).

52) 김두진 151, 박원선 116, 이철송 279, 정준우 159~160, 최정식 210(영업의 일부 양도에 대해서도 상법 총칙 규정이 적용되지만 경업금지규정은 적용하기 곤란하다는 견해).

53) 김성탁, “영업의 일부 양도에 있어서 채권자 보호에 관한 상법 총칙편 규정의 적용”, 상사판례연구 제29집 제2권, 2016.

게 되는 단체법상의 행위이다. 이에 비해 영업의 양도는 대가로 금전 등을 받게 되는 채권계약이다. 그러나 영업의 소유권이 이전되는 점은 같다.

② 영업의 현물출자에 대해 §42(변제책임), §44(표현변제), §45(변제책임 존속기간)가 적용되는가? 긍정설이 판례와 통설이다. 다만 그 방법에 있어서,

(i) 유추적용설(판례 · 다수설),[54] (ii) 단순적용설(소수설)이[55] 있다.

(iii) 사견 – 유추적용설이 타당하다. 양도와 출자의 행위형식을 엄격하게 구별하는 것이 상법의 태도이고 영업을 양도하는 경우와 영업을 현물로 출자하는 경우에 채권자 등 당사자의 법적 지위가 다르기 때문이다. 그러나 결과적으로 상법의 해당 규성이 적용된다는 점에는 차이가 없다.

제3절 영업 임대차

① 영업 임대차의 경우 임대인이 영업의 소유권을 갖고 임차인이 영업의 지배와 사용권을 갖는다.

② 영업 임대차에 영업양도에 관한 상법 규정을 유추적용할 수 있는 것들이 있다(판례 · 통설). 즉, 임대인은 임대차기간에 경업이 금지되고(§41), 영업상 채권자 또는 채무자 보호에 관한 규정(§43, §44)이 유추적용된다.

③ 변제책임에 관한 §42(1)이 영업 임대차에 유추적용되는가?

(i) 부정설(판례 · 다수설),[56] (ii) 긍정설(소수설)이[57] 있다.

(iii) 사견 – 부정설이 타당하다. §42는 양수한 영업재산에 의해 영업상 채무가 사실상 담보가 되고 있음을 고려하고 있는데, 영업 임대차의 경우에는 영업재산의 소유권이 여전히 임대인에게 있기 때문이다.

---

54) 대법원 1995. 8. 22. 선고 95다12231 판결; 대법원 2009. 9. 10. 선고 2009다38827 판결. 같은 취지: 손주찬 202, 임중호 261.

55) 이철송 275.

56) 대법원 2017. 4. 7. 선고 2016다47737 판결: 영업 임대차의 경우에는 §42(1)과 같은 법률 규정이 없을 뿐만 아니라, 채권자가 제공하는 영업상의 신용에 대하여 실질적인 담보의 기능을 하는 영업재산의 소유권이 재고상품 등 일부를 제외하고는 모두 임대인에게 유보되어 있고 임차인은 사용 · 수익권만을 가질 뿐이어서 임차인에게 임대인의 채무에 대한 변제책임을 부담시키면서까지 임대인의 채권자를 보호할 필요가 있다고 보기 어렵다. 여기에 §42(1)에 의하여 양수인이 부담하는 책임은 양수한 영업재산에 한정되지 아니하고 그의 전 재산에 미친다는 점 등을 더하여 보면, 영업 임대차의 경우에 §42(1)을 그대로 유추적용할 것은 아니다. (참조 판례: 대법원 2016. 8. 24. 선고 2014다9212 판결). 이는 영업 임대차의 종료로 영업을 반환하는 때도 마찬가지이다.

57) 임중호 261.

〈표 5-6-1〉 영업양도, 영업임대차, 경영위임

	영업양도	영업임대차	경영위임
소 유	이전 (양도인 → 양수인)	이전 없음 (임대인·위임인 소유)	
경 영		이전 (임대인 → 임차인)	이전 (위임인 → 수임인)
명 의 (영업 주체)	양수인	임차인	위임인
계 산			
이전의 강도	강	중	약

제4절 중요 영업재산 양도

① 영업과 영업재산은 다르다. 예컨대, 설렁탕 영업에서 설렁탕 국물을 고아내는 가마는 영업재산일 뿐이고, 그것이 그 영업수행에 아무리 중요하더라도 영업은 아니다. 영업재산의 양도는 §41 이하의 영업양도가 아니므로 §41 이하의 규정이 유추적용되지 않는다.

② 그러나 영업재산의 양도로 인해 영업의 폐지 또는 중단을 초래할 수 있는 정도이면 주주의 이해관계에 중대한 영향을 미치는 점이 영업양도와 유사하다. 이런 경우에는 주주 보호를 위해 주주총회의 특별결의를 요하는 것으로 해석할 필요가 있다. 그래서 §374를 유추적용한다(판례·통설).[58)]

제5절 비영리사업 양도

상인 아닌 자가 비영리사업을 양도하는 때에는 §41 이하의 영업양도에 관한 상법 규정이 적용되지 않는다(예: 교회의 양도).[59)]

58) 대법원 1998. 3. 24. 선고 95다6885 판결.

59) 대법원 1969. 3. 25. 선고 68다1560 판결: 상법상의 영업양도에 관한 규정은 양도인이 상인이 아닌 경우에는 적용할 수 없다. 농업협동조합법 §5(2)에 의하면, 동 조합은 영리나 투기사업을 하지 못하게 되어 있으므로 동 조합을 상인이라 할 수 없다. 따라서 동 조합이 도정공장(방앗간)을 양도하였다 하더라도 동 조합은 양수인에 대하여 §41에 의한 경업금지의무는 없다.

| 제6편 |

대외보조

상인이 대외적으로 법률관계를 확장하는 주된 수단은 대리 또는 대표이다. 영업행위의 대리에 대해서는 민법의 대리 제도를 토대로 하면서, 거래의 안전과 신속을 위해 상법은 대리권의 행사방식과 범위를 객관화·정형화하는 특칙을 두고 있다. 상업사용인은 상사대리를 토대로 대리권의 범위를 정형화한 것이다. 회사의 경우에는 대리 외에 대표기관에 의한 대표가 있다. 대표는 대리에 관한 규정을 따르고 있다.

Keyword:

대리, 민사대리, 상사대리(비현명주의, 본인 사망과 대리권 존속), 대리권 정형화, 상업사용인(지배인, 부분적 포괄대리권을 가진 사용인, 물건판매 점포의 사용인), 지배권(포괄성, 정형성), 공동지배인, 표현지배인, 경업금지, 개입권(경제적 탈취권), 겸직금지(정력집중의무), 대표

제1장

상사대리

기초 대 리

대리는 본인(A)으로부터 대리권을 부여받은 대리인(B)이 상대방(C)에 한 법률행위의 효과가 대리인(B)을 통하지 않고 본인(A)에게 직접 귀속되는 제도이다. 대리는 (a) 본인과 대리인 사이의 대리권 수권관계, (b) 대리인과 상대방 사이의 대리관계, (c) 상대방과 본인 사이의 법률효과 귀속관계의 3면 관계로 구성된다. 대리는 의사표시를 요소로 하는 법률행위에 대해서만 인정된다(민§114).

상사대리, 즉 상행위의 대리는 민법의 대리 규정을 기반으로 한다. 상법의 공동지배인·공동대표이사, 표현지배인·표현대표이사, 지배권 남용·대표권 남용은 각각 민법의 공동대리, 표현대리, 대리권 남용의 법리를 대체로 끌어쓴다. 다만, 상사대리권의 범위와 행사방식에 관해서는 민법의 특칙을 두고 있다.

제1절 비현명주의

기초 민사대리 방식: 현명주의

① 대리인이 대리행위를 할 때는 상대방에게 '본인을 위한 것임을 밝혀야' 한다(민§114(1)). 이를 현명주의라 한다. '본인을 위한다는 것'은 법률효과를 본인에게 직접 귀속시키려는 의사이다.

② 본인을 위한 것임을 표시하지 않으면 대리인의 의사표시는 대리인 자신을 위한 것으로 본다(민§115전). 그러나 대리인으로서 본인을 위해서 한 의사표시임을 상대방이 알았거나 알 수 있었을 때는 현명하지 않아도 본인에게 직접 효력이 생긴다(민§115후).

1. 상사대리

> **제48조(대리의 방식)** 상행위의 대리인이 본인을 위한 것임을 표시하지 않아도 그 행위는 본인에게 효력이 있다. 그러나 상대방이 본인을 위한 것임을 알지 못한 경우 상대방은 대리인에게도 그 이행을 청구할 수 있다.

(1) 비현명주의

상사대리의 방식은 현명을 요하지 않는다(비현명주의). 상행위의 몰(沒)개성을 고려하고 거래의 신속과 안전을 위함이다(통설).

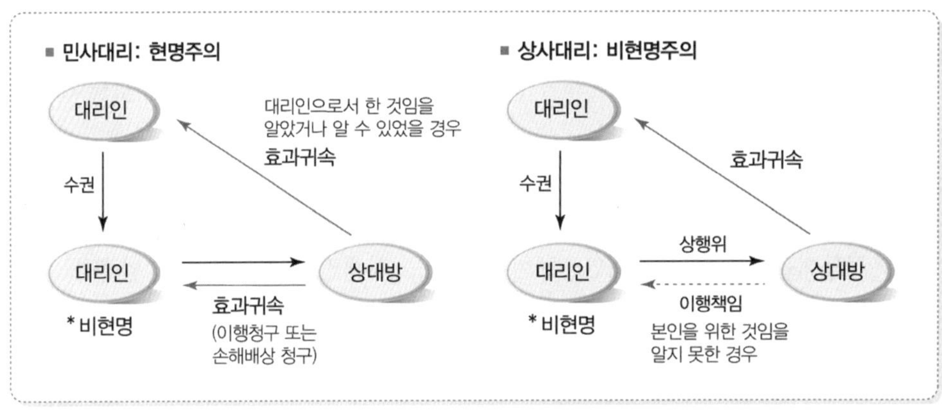

:: [그림 6-1-1] 대리 방식

(2) 대 상

§48는 본인의 상행위를 대리하는 경우(상사대리)에 적용된다. 상행위의 종류를 불문하므로, 보조적 상행위도 포함한다(판례 · 통설).[1)]

---

1) 대법원 2009. 1. 30. 선고 2008다79340 판결: 조합대리에 있어서도 그 법률행위가 조합에 상행위가 될 때는 조합을 위한 것임을 표시하지 않았다고 하더라도 그 법률행위의 효력은 본인인 조합원 전원에게 미친다. 골재 현장에 투입될 중장비 등에 사용할 목적으로 유류를 공급받는 행위는 골재생산업을 영위하는 상인인 A와 B를 조합원으로 한 조합이 그 영업을 위하여 하는 행위로서 §47(1)에 정한 보조적 상행위에 해당한다고 볼 여지가 충분하다. 그러므로 B가 위 골재 현장에 필요한 유류를 공급받으면서 그 상대방 C에게 조합을 위한 것임을 표시하지 아니하였다 하더라도 §48에 따라 그 유류공급계약의 효력은 본인인 조합원 전원(A, B)에게 미친다.

(3) 본인 – 효과귀속

상행위의 대리인이 본인을 위한 것임을 밝히지 않은 때에도 본인에게 효력이 있다(§48전).[2)]

(4) 대리인 – 이행책임

(가) 부지의 경우

비현명의 상사대리에서 상대방이 대리라는 것을 알지 못한 때에도 본인에세 효과가 귀속된다. 다만 이 경우 대리인도 이행책임을 진다(§48단). 이를 설명함에 있어서 학설에 따라 차이를 보인다.

(i) 본인효과・대리인책임설(다수설) – 대리의 효과는 본인에게 귀속하고, 대리인은 상대방에게 이행책임을 질 뿐이라고 한다.[3)]

(ii) 본인・대리인효과발생설(소수설) – 상대방은 본인 외에 대리인과도 법률관계가 성립하고 상대방은 이 중에서 임의로 선택할 수 있으며, 그중 어느 하나의 법률관계가 소멸하면 다른 법률관계도 소멸한다는 견해이다.[4)]

(iii) 사견 – 전설이 타당하다. 이것이 법문에 부합한다. 후설에 의하면 대리인에게도 효과가 생기는 것으로 되는데 공연히 법률관계를 복잡하게 만들고 비현명주의의 취지와 거래현실에 부합하지 않는다.

(나) 부지에 과실이 있는 경우

상대방의 부지에 과실이 있는 경우(즉, 알 수 있었을 경우)에도 §48 단서가 적용되는가?

(i) 긍정설(제1설) – 상대방이 부지이면 과실 유무를 불문하고 대리인에게 이행을 청구할 수 있다는 견해이다.[5)] §48 단서의 법문이 과실을 요하지 않고 상대방 보호를 위한 규정이라 보는 견해이다.

(ii) 부정설(제2설) – 상대방에게 과실이 있는 경우에는 보호할 필요가 없으므로 §48 단서가 적용되지 않고 민법 §115만이 적용되어 대리인에게 이행책임을 물을 수 없다는 견해이다.[6)]

---

2) 대법원 2009. 1. 30. 선고 2008다79340 판결. (참조 판례: 대법원 1996. 10. 25. 선고 94다41935, 41942 판결(점포 분양행위가 상행위에 해당하면, 분양 대리인이 본인을 위한 것임을 표시하지 않고 체결한 분양계약의 효력이 본인인 건물소유자에게 귀속한다)).

3) 김성태 402~403, 송옥렬 101, 안강현 196, 손주찬 222, 이종훈 163, 이철송 337, 전우현 212, 정경영 137, 최기원/김동민 207~208. 채이식 155.

4) 임홍근 228, 정동윤 154, 최준선 251.

5) 김성태 401, 박상조 317, 손진화 180, 송옥렬 101, 이기수/최병규 312, 이철송 337, 정찬형 215, 채이식 155, 최기원/김동민 207.

(ⅲ) 사견 – 긍정설이 타당하다. 법문상 그러하고, 상사대리에 의한 거래안전을 보호하기 위해 민법의 특칙으로 둔 §48의 입법취지상 그러하고, 특별조항 우선의 원칙상 그러하다. 다만 부지에 중과실이 있는 때에는 안 것(知)으로 취급해서 대리인에게는 이행책임을 묻지 못하고 본인에게만 이행책임을 물어야 한다.

〈표 6-1-1〉 비현명의 처리

<table>
<tr><th rowspan="2">대리라는 것에 대한 상대방 인식</th><th>민사대리 (민§115):
현명주의</th><th colspan="2">상사대리 (§48):
비현명주의</th></tr>
<tr><th>효과귀속자 = 이행책임자</th><th>효과귀속자</th><th>이행책임자</th></tr>
<tr><td>不知 (모른 경우)</td><td>대리인</td><td rowspan="3">본인</td><td>본인 + 대리인(§48)</td></tr>
<tr><td>不知 + 과실
(알 수 있었던 경우)</td><td rowspan="2">본인</td><td>본인 + 대리인
(학설대립)</td></tr>
<tr><td>知 (안 경우 또는
중과실로 모른 경우)</td><td>본인</td></tr>
</table>

2. 대 표

대표에 §48가 유추적용된다(통설). 대표기관의 행위가 곧 법인의 행위가 되어 본인인 법인에 법률효과가 귀속된다는 점은 대리와 기본적으로 동일하기 때문이다.

3. 어음수표행위

어음수표행위는 현명주의에 의한다. 어음수표행위는 그 자체로서는 상행위가 아니고 엄격한 요식성과 문언성을 요하기 때문이다. 본인(A)의 대리인(B)이 A를 표시하지 않고 단순히 B라고만 어음 문면에 표시한 경우, 어음 소지인은 A에게 어음금 지급을 청구하지 못하고 B는 소지인이 설령 악의이더라도 어음금을 지급해야 한다.

6) 손주찬 221~222, 안강현 196, 임중호 296, 임홍근 227, 전우현 211, 정경영 137, 정동윤 154, 최준선 251.

제2절 본인 사망과 대리권 존속

대리권 소멸사유

대리권 소멸사유는 (a) 본인의 사망, (b) 대리인의 사망, 성년후견 개시 또는 파산이다(민§127). 대리인의 한정후견 개시는 대리권 소멸사유가 아니다.

제50조(대리권의 존속) 상인이 그 영업에 관하여 수여한 대리권은 본인인 상인이 사망하여도 소멸하지 않는다.

① 상사대리인은 본인이 사망한 경우 그 상속인(포괄승계인)으로부터 별도의 수권을 받지 않아도 대리권을 계속 갖는 것이 원칙이다. 상사대리는 영업의 계속과 거래안전을 중시하기 때문이다.

② 그 밖의 민법상 대리권 소멸사유(민§127(2호))는 상사대리에도 적용된다.

③ 회사 해산의 경우에는 §50가 적용되지 않는다. 포괄승계인이 존재하지 않고 청산을 위해 따로 청산인을 선임하기 때문이다(§531 등).

제2장

상업사용인

제1절 특징과 종류

상업사용인은 특정 상인에 종속하여 계속 그 상인의 대외적 영업거래를 대리하는 자연인이다. 본질은 대리인데, 민법의 대리를 정형적으로 규격화하고 있다.

(1) 계속적 종속관계

① 상업사용인은 특정 상인을 영업주로 하여 그와 계속적 종속관계에 있다. 고용관계 유무를 불문한다(예: 편의점 주인인 아내가 대법관 출신의 남편을 판매원으로 하는 경우).

② 회사의 업무집행사원 또는 대표이사는 상업사용인이 아니다. 이들은 회사의 기관으로 회사와 위임관계에 있을지언정 종속관계에 있지 않기 때문이다. 그러나 이들이 상업사용인을 겸할 수 있다(판례 · 통설).[7)]

(2) 대 리

① 상업사용인은 영업주의 대외적 영업거래를 대리하는 자이다. 대리권 없이 단순히 상인의 내부업무만을 보조하는 자는 상업사용인이 아니다(예: 비서, 인사부장 등).

② 대리에 친한 행위가 그 대상이 된다. 따라서 재산상 법률행위만을 할 수 있다(민§114). 사실행위나 불법행위는 그 대상이 아니다.

③ 상업사용인은 상사대리의 일종이다. 따라서 비현명주의에 의하고(§48), 본인인 영업주가 사망하더라도 대리권은 소멸하지 않는다(§50).

(3) 포괄적 · 정형적 대리권

① 임의대리권의 범위는 법정대리권과는 달리 수권행위에 의해 개별적으로 정해진다. 그런데 상사의 대리와 대표에 관해서는 법정대리인이 아닌데도 (a) 본인의 영업을

---

7) 대법원 1996. 8. 23. 선고 95다39472 판결.

위하여 재판상 및 재판 외의 모든 권한을 갖는 것으로 법정하고(포괄성), (b) 대리권에 대한 내부적 제한을 선의의 제3자에게 대항하지 못하도록 법정한다(정형성).[8]

② 상업사용인은 대리권 범위에 따라 (a) 지배인, (b) 부분적 포괄대리권을 가진 사용인, (c) 물건 판매 점포의 사용인 등 3개 유형으로 구분된다. (a)는 상인의 영업 전부에 대해, (b)는 수권받은 특정 영업에 대해, (c)는 점포에서의 물건 판매에 대해 포괄적 · 정형적인 대리권을 갖는다. 대리권 범위에 관한 불확실성을 없앰으로써 상사거래의 신속과 안전을 위함이다.

(4) 자연인

상업사용인은 대외적 영업거래를 실제 수행할 수 있어야 한다. 자연인만이 가능하고 법인은 상업사용인이 될 수 없다(통설).

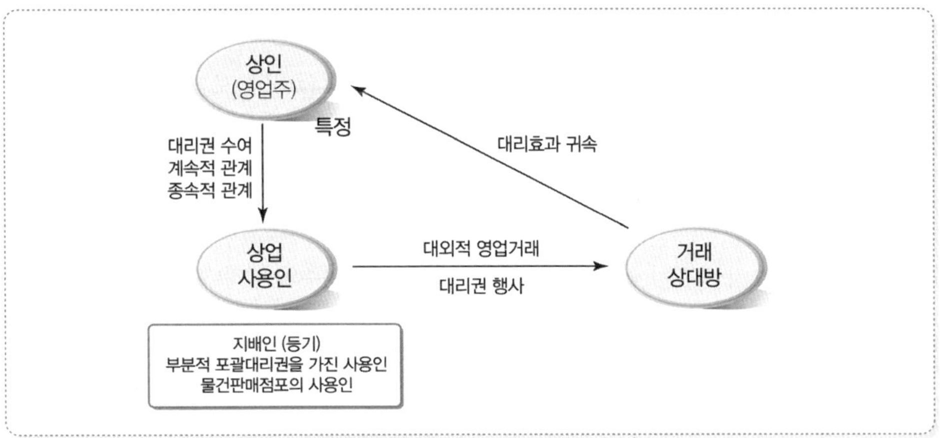

:: [그림 6-2-1] 상업사용인의 구조

제2절 지 배 인

제10조(지배인 선임) 상인은 지배인을 선임하여 본점 또는 지점에서 영업을 하게 할 수 있다.

8) [같은 내용의 조문] 지배인(§11(1)), 합자조합의 업무집행조합원(§86의8(2)), 합명회사와 합자회사의 대표사원(§209(1), §269), 대표청산인(§254(3)), 유한책임회사의 대표업무집행자(§287의19(5)), 주식회사의 대표이사(§389(3)), 유한회사의 이사(§567), 유한회사의 청산인(§613(2)), 외국회사의 대표자(§614(4)), 사채관리회사의 사채권자를 위한 행위(§484(1)) 등.

Ⅰ. 의 의

① 지배인은 영업주(상인)에 갈음하여 그 영업에 관한 재판상 또는 재판 외의 모든 행위를 할 수 있는 최상급의 상업사용인이다(§11(1)). 영업주의 영업상 분신이다.

② 지배인인지 아닌지는 전면적 대리권(지배권) 유무를 기준으로 실질적으로 판단한다. 명칭 여하를 불문한다.

Ⅱ. 선임과 종임

(1) 선임권자

(가) 영업주 – 지배인의 선임권자는 영업주이다(§10). 소상인에는 지배인 규정이 적용되지 않는다(§9). 소상인 정도에서 지배인은 걸맞지 않다고 보기 때문이다.

(나) 대리인 – 영업주의 '법정대리인'이 지배인을 선임할 수 있음에는 의견이 일치한다. 영업주의 '임의대리인'이 지배인을 선임할 수 있는가?

(ⅰ) 긍정설(다수설),[9] (ⅱ) 부정설(소수설)이[10] 있다.

(ⅲ) 사견 – 복대리인 선임에 관한 민법 규정에 따라, 영업주의 법정대리인은 그 책임으로 복대리인(지배인)을 선임할 수 있지만(민§122전), 영업주의 임의대리인은 본인의 수권 또는 승낙이 있거나 부득이한 사유가 아니면 복대리인(지배인)을 선임할 수 없다(민§120).

(다) 지배인 – 지배인은 본인의 지배인이 되는 복지배인 선임권이 없다(§11(2)). 지배인은 임의대리의 성격을 가지는데, 임의대리인은 본인 승낙이나 부득이한 사유가 있는 때가 아니면 복대리인을 선임하지 못하기 때문이다(민§120).

(2) 선임절차

① 지배인 선임절차를 법으로 정하는 경우가 있다. 지배권은 범위가 넓으므로 신중한 결정과 이해당사자의 의견을 반영하기 위함이다. 주식회사의 경우는 이사회 결의를 거쳐야 한다(§393(1)).

② 선임절차를 위반한 선임의 효력은 어떠한가?

---

9) 송옥렬 28, 이철송 114, 장덕조 28, 정찬형 90.

10) 정동윤 60.

(i) 유효설(다수설),[11] (ii) 무효설(소수설)이[12] 있다.

(iii) 사견 – 선임절차의 경중(하자의 정도)에 따라 개별적으로 판단해야 한다(절충설). 그 절차가 선임에 관하여 상인의 중요한 의사임에도 이를 완전히 흠결한 때는 무효이지만, 그렇지 않으면 원칙적으로 유효하다. 무효인 때에는 표현지배인에 해당하는지를 살펴야 한다.

(3) 영업소 단위

지배인은 본점 또는 지점별로 선임하는 것이 원칙이다(§10, §13). 여러 영업소를 총괄하는 지배인을 선임할 수 있다.

(4) 자 격

지배인은 자연인이어야 한다(통설). 대리인은 행위능력을 요하지 않으므로(민§117),[13] 제한능력자도 원칙적으로 지배인이 될 수 있다(통설).

(5) 수

수에 대한 제한이 없다. 여럿의 지배인이 있는 때에도 공동지배인이 아닌 한 각자 지배권을 갖는 것이 원칙이다.

(6) 종 임

(가) 법정 소멸사유 – 지배인은 대리인의 일종이므로 대리권 소멸사유(지배인의 사망·성년후견 개시·파산)로 종임된다(민§127). 다만 본인인 영업주의 사망은 지배권 소멸사유가 아니다(§50).

(나) 해석상 소멸사유 – ① 지배인 선임의 기초가 되는 법률관계(예: 고용 또는 위임 계약)가 종료되면 그에 따라 지배인도 종임된다. ② 영업을 폐지하면 지배인도 종임된다. 영업이 폐지되면 영업을 전제로 하는 지배인의 존재이유가 사라지기 때문이다. ③ 영업양도가 지배인의 종임사유가 되는가?

(i) 종임설(다수설),[14] (ii) 영업양수인에게 양도된다는 견해(소수설)가[15] 있다.

---

11) 김두진 53, 박상조 138, 서헌제 61, 손주찬 96, 이기수/최병규 145~146, 임중호 101, 임홍근 80, 정동윤 60, 정찬형 90, 최준선 138.

12) 이종훈 37, 이철송 115, 정준우 49~50, 최정식 95.

13) 본인은 대리인이 제한능력자라는 이유로 대리인의 대리행위를 취소하지 못한다.

14) 김두진 55, 김병연/박세화/권재열 57, 임중호 104, 정동윤 61, 최기원/김동민 74, 최정식 96, 최준선 139.

15) 이철송 117.

(ⅲ) 사견 – 종임설이 원칙적으로 타당하다. 지배인은 일반적인 대리인 이상으로 영업주와 고도의 인적 신뢰관계를 맺고 있기 때문이다. 본인 사망시에도 대리권이 존속하는 상사대리의 특칙조항(§50)을 그와는 성격이 다른 영업양도에 유추적용할 것은 아니다. 지배인이 당해 영업의 동일성 유지에 불가결한 것이 아닌 한 영업양도에서 제외할 수 있다. 다만 지배인이 근로자라면 영업양도에 있어 근로자 승계의 법리가 적용된다.

(7) 등 기

> **제13조(지배인의 등기)** 상인은 지배인의 선임과 그 대리권의 소멸에 관하여 그 지배인을 둔 본점 소재지 또는 지점 소재지에서 등기해야 한다. 제12조 제1항(공동지배인)의 사항과 이를 변경하는 때도 같다.

지배인은 영업주의 분신으로 다른 상업사용인에 비해 권한이 광범하므로 등기로 공시해야 한다. 이 때의 등기는 대항요건이다(§37).

Ⅲ. 지 배 권

> **제11조(지배인의 대리권)** ① 지배인은 영업주를 갈음하여 그 영업에 관한 재판상 또는 재판 외의 모든 행위를 할 수 있다.
> ② 지배인은 지배인이 아닌 점원이나 그 밖의 상업사용인을 선임(選任) 또는 해임할 수 있다.
> ③ 지배인의 대리권에 대한 제한은 이를 모른 선의의 제3자에게 대항할 수 없다.

1. 범위: 포괄성

지배인은 본점 또는 지점에서 영업주에 갈음하여 그 영업에 관한 재판상 또는 재판 외의 모든 대리를 할 수 있다(§10, §11(1)). 일반적인 임의대리인과는 달리 대리권 범위를 포괄적·획일적으로 법정하고 있다. 그래서 지배권이라 이름을 붙였다. 영업주가 지배권의 범위를 임의로 조절할 수 없도록 함으로써 지배인을 영업주의 분신으로 믿는 상대방의 신뢰를 보호하여 거래안전을 기하기 위함이다. 지배권의 범위를 결정하는 요소는 (a) 영업 관련성(기능), (b) 대리(본질), (c) 영업소(장소) 등이다.

(1) 영업 관련성

① 영업을 위해 직접 또는 간접으로 필요한 행위 전반에 미친다. 보조적 상행위를

포함한다(예: 영업자금 차입).

② 영업주의 영업에 관한 것인지는 행위의 객관적 성질에 따라 추상적으로 판단한다(판례 · 통설).[16] 객관적으로 이에 해당하면 지배인이 주관적으로 자신의 이익을 위해 했더라도 그 효과는 본인에게 귀속되고, 지배권 남용의 문제가 된다(후술).

③ 기존 영업의 존속과 계속을 전제로 한다. 영업의 폐지 · 양도 또는 새로운 영업 또는 영업소 개시는 지배인의 권한 밖이다(통설).

(2) 대 리

① 영업거래의 대리에 관한 것이어야 한다. 따라서 대리에 친한 사법(私法)상 적법한 법률행위에 한한다.

② 준법률행위, 어음 · 수표행위, 지배인 아닌 상업사용인의 선임 · 해임 등을 포함한다.

③ 대리에 친하지 않은 일신전속적 행위(예: 서명, 가족법상 행위 등), 영업에 관한 것이나 단체법상의 절차에 의하는 것(예: 신주 또는 사채 발행)은 지배권에 속하지 않는다.

(3) 영업소 단위

지배인은 본점 또는 지점별로 선임되어 대리권 범위는 선임된 영업소의 영업 전반에 미치고 또 이를 한계로 한다.

(4) 재판상 행위 포함

① 지배인은 영업주의 분신으로 지배권 범위는 소송행위를 포함한다. 지배인은 변호사가 아니더라도 영업주를 위해 자신이 직접 소송행위를 할 수 있고(민사소송법 §88), 소송대리인을 선임할 수 있다.

② 그러나 오로지 소송의 편의만을 위한 지배인 선임은 지배인을 가장한 소송신탁으로 변호사법 위반이 된다(판례).[17]

2. 제한: 정형성

영업주는 내부적으로 지배인의 대리권 범위를 제한할 수 있다. 그러나 이러한 내부적 제한을 모른 선의의 제3자에게 대항하지 못한다(§11(3)).[18]

---

16) 대법원 1998. 8. 21. 선고 97다6704 판결. (참조 판례: 대법원 1997. 8. 26. 선고 96다36753 판결).
17) 서울지법 1986. 1. 20. 선고 85가단5402 판결.

3. 전단적 지배권 행사

(1) 의 의

내부적 제한을 위반해서 지배권을 행사하는 것을 '전단적'(專斷的) 지배권 행사라 한다. 지배권 남용과 구별된다. 전단적 지배권 행사의 경우 상대방이 지배권의 내부적 제한을 알지 못하면(선의이면) 영업주는 무권대리(민§130)라 하여 무효를 주장할 수 없다. 영업주가 지배인의 대리권을 제한하더라도 내부적 결정에 불과하고 이를 대외적으로 공시하는 방법이 없으므로 선의의 상대방을 보호할 필요가 있기 때문이다.

(2) 선 의

① 선의란 상대방이 지배권의 제한을 알지 못하는 것이다.

② 선의에 과실이 있는 경우는 어떠한가? 경과실로 알지 못한 경우에는 동조에 의한 보호를 받는다(판례 · 통설). 무과실을 요하는 규정이 없고 이 정도라면 거래안전을 우선으로 보호해야 하기 때문이다.

③ 중과실에 의한 선의는 악의와 동일하게 취급한다(판례 · 통설). 중과실이란 제3자가 조금만 주의를 기울였더라면 지배인(표현지배인 포함)의 행위가 지배권 범위에 속하지 않는다는 것을 알 수 있었음에도 만연히 지배권에 기한 행위라고 믿음으로써 거래통념상 요구되는 주의의무를 현저히 위반하는 것으로, 공평의 관점에서 제3자 보호의 필요가 없는 상태를 말한다(판례).[19] 악의 또는 중과실의 증명책임은 이를 주장하는 영업주에 있다(판례 · 통설).[20]

(3) 제3자

제3자는 직접 상대방에 한정하지 않는다. 어음 발행의 경우 수취인으로부터 배서받은 소지인도 제3자에 포함된다(판례 · 통설).[21]

(4) 대항 불가

영업주는 선의의 제3자에게 지배권 제한을 이유로 무효를 주장할 수 없다. 그 결과

---

18) 대표이사의 대표권 제한에도 동일한 규정을 두고 있다(§389(3) → §209(2)).

19) 대법원 2003. 9. 26. 선고 2002다65073 판결(표현대표이사 사례). (따름 판례: 대법원 2013. 2. 14. 선고 2010다91985 판결).

20) 대법원 1997. 8. 26. 선고 96다36753 판결.

21) 대법원 1997. 8. 26. 선고 96다36753 판결. (따름 판례: 대법원 2003. 9. 26. 선고 2002다65073 판결).

지배권 범위 안의 행위와 마찬가지가 되어 영업주에게 효력이 있다. 그러나 제3자가 악의(중과실 포함)이면 영업주는 무권대리를 이유로 무효를 주장할 수 있다.

4. 지배권 남용

사 례

지배인이 자신의 채무를 변제하기 위해 영업주 명의로 약속어음을 발행했다. 영업주는 그 약속어음의 소지인에 대해 지급책임을 지는가?

기초 대리권 남용

대리권 남용 또는 지배권 남용은 행위의 객관적 성질에 비추어 대리권 범위 안에 속하는 것이지만 주관적으로 본인이 아닌 그 밖의 자(대리인 또는 제3자)의 이익을 위해 한 배임적 대리행위를 말한다. 대리권 남용은 대리권 범위를 넘거나 내부적으로 제한하는 대리권 제한과 다르다.

대리권 남용의 위험은 본인 부담으로 하는 것이 마땅하다. 따라서 대리권 남용의 경우 본인에 대해 원칙적으로 유효하다. 그러나 대리권 남용을 안 상대방을 보호할 필요가 없다. 근거 법리를 어떻게 구성할지 문제된다.[22]

(1) 원칙 – 유효

지배권 남용행위는 영업주에 대해 원칙적으로 유효하다(대리권 남용위험의 본인 부담).

(2) 예외 – 무효

(가) 악의 · 중과실 – 상대방이 지배권 남용을 안 악의이면 무효이다. 이러한 경우까지 상대방을 보호할 필요가 없기 때문이다. 선의이지만 중과실이 있으면 악의와 동일하게 취급한다(통설).

(나) 경과실 – 지배권 남용을 몰랐지만, 알 수 있었던 경우, 즉 경과실 있는 선의는 어떻게 취급할 것인가?

(ⅰ) 비진의의사표시설(현 판례) – 비진의의사표시에 관한 민법 §107(1) 단서의 조문 구조와[23] 유사하다는 이유로 동조를 유추적용하여, 상대방이 지배권 남용을 '알았거나 알 수

---

22) 대리권 남용, 지배권 남용, 대표권 남용은 실질이 동일하므로 동일한 법리에 의한다.

있었을 때'에는 무효라고 한다.[24] 경과실 있는 선의를 악의와 동일하게 취급한다.

(ii) 권리남용설(구 판례) – 악의인 상대방이 거래의 유효를 주장하는 것은 권리남용이 되어 무효가 된다고 한다.[25][26] 경과실로 알지 못한 때에는 유효하다고 보는 점에서 비진의의 사표시설보다 무효로 되는 범위가 좁고, 거래안전에 유리하다.

(iii) 사견 – 권리남용설이 비교적 무난하다. 지배권 남용은 비진의의사표시가 아니므로 그 구조가 일견 비슷하다고 해서 그 법리를 무리하게 끌어 쓸 것은 아니다. 비진의의사표시설에 의하면, 경과실 있는 선의일 때에도 무효가 되는데, 이렇게 하면 상대방에게 가혹하고 거래의 안전과 신속을 해치게 된다. 더욱이 지배인은 영업주에 의해 상사거래에 이용되는 자이고 상인의 분신이라는 점을 고려할 때 영업주보다는 상대방 보호를 더 고려하여야 함에도, 비진의의사표시설에 의하면 이러한 요청을 충족하기 어렵다. 중과실은 조사의무가 있고 조사를 쉽게 할 수 있음에도 이를 게을리한 경우 등으로 가급적 제한해야 한다.

〈표 6-2-1〉 지배권 남용의 효력

<table>
<tr><th colspan="3">상대방</th><th>권리남용설
(구 판례)</th><th>비진의의사표시설
(현 판례)</th></tr>
<tr><td colspan="3">원 칙</td><td colspan="2">유효</td></tr>
<tr><td rowspan="3">선의</td><td colspan="2">무과실</td><td colspan="2">유효</td></tr>
<tr><td rowspan="2">과실</td><td>경과실
(알 수 있었을 경우)</td><td>유효</td><td>무효</td></tr>
<tr><td>중과실</td><td colspan="2">악의와 동일 취급→무효</td></tr>
<tr><td colspan="3">악의 (안 경우)</td><td colspan="2">무효</td></tr>
</table>

23) 민법 §107(1) 본문: 표의자가 진의 아님을 알고 진의와 다른 의사표시를 한 비진의의사표시는 유효하다. 동조 단서: 상대방이 진의 아님을 '알았거나 알 수 있었을 때'에는 무효이다.

24) 대법원 1999. 3. 9. 선고 97다7721, 7738 판결: 은행 지점장이 자신이 유용한 씨디 매도대금을 마련하기 위하여 그 지점에서 담보용으로 보관 중인 어음을 임의로 유출하여 할인하거나 그 할인금 채무의 담보로 교부한 경우, 그 어음 할인과 어음 양도는 은행의 이익과 의사에 반하여 그 지점장 자신의 이익을 위하여 한 배임적인 행위이다. 금융업에 종사하는 상대방으로서도 제반 사정에 비추어 통상의 주의만 기울였다면 이를 충분히 알 수 있었다. 그러므로 위 어음할인 및 양도행위는 영업주 본인인 은행에 대한 관계에서 무효이다. (따름 판례: 대법원 2008. 7. 10. 선고 2006다43767 판결).

25) 대법원 1987. 3. 24. 선고 86다카2073 판결: 지배권 남용에 대해서는 그 상대방이 악의일 때에만 영업주는 그러한 사유를 들어 상대방에게 대항할 수 있다.

26) 김두진 56, 임중호 115.

Ⅳ. 공동지배인

공동대리

대리인이 여럿일 때는 각자 단독대리가 원칙이다(민§119본). 그러나 여럿이 공동으로 대리하도록 정하는 공동대리는 대리권에 대한 법정 제한이다. 공동대리에 위반한 대리는 무권대리가 된다(즉, 무효).

제12조(공동지배인) ① 상인은 여럿의 지배인에게 공동으로 대리권을 행사하게 할 수 있다.
② 제1항의 경우에 지배인 1인에 대한 의사표시는 영업주에게 그 효력이 있다.

(1) 의 의

공동지배인은 여럿의 지배인이 공동으로 해야만 완성된 지배권을 행사할 수 있도록 하는 것이다(§12(1)).[27]

공동지배인은 공동으로 지배권을 행사하는 것이 지배권 행사의 효력요건이다. 따라서 공동지배인이 단독으로 지배권을 행사하면 무효가 된다.

(2) 선임 및 등기

① 공동지배인 선임권은 지배인 선임권자인 영업주에 있다(§10).

② 그 선임과 변경은 등기사항이다(§13후). 이는 대항요건이다(§37).

(3) 권한위임

(가) 포괄적 위임 – 공동지배인 사이의 포괄적 위임은 금지된다(통설). 이를 허용하면 복임권 제한(민§682)에 반하고 공동지배인으로 한 취지가 몰각되기 때문이다.

(나) 개별적 위임 – 특정 사안에 대한 공동지배인 사이의 개별적 위임은 가능한가?

(ⅰ) 허용설(판례 · 다수설),[28][29] (ⅱ) 금지설(소수설)이[30] 있다.

---

27) 민법상 공동대리인의 실질을 가진다. 공동지배인, 공동대표이사 등이 이러한 부류에 속한다.

28) 대법원 1989. 5. 23. 선고 89다카3677 판결(공동대표이사 사례).

29) 고재종 76, 이기수/최병규 151, 이철송 127(공동지배인 간 위임관계를 대리행위를 할 때 현명한다면 개별 거래에 관한 위임이 가능하다는 견해), 임중호 117, 임홍근 227, 정동윤 64, 정준우 55, 정찬형 96, 최기원/김동민 78, 최정식 104.

(iii) 사견 – 허용설이 타당하다.

(4) 권한행사

(가) 능동대리 – 영업주의 제3자에 대한 의사표시는 공동지배인이 공동으로만 지배권을 행사할 수 있다. 동시건 순차건 무방하다.

(나) 수동대리 – 수동대리에는 적용되지 않는다(§12(2)). 공동지배인 중 1인이 상대방으로부터 의사표시를 수령한 경우 의사의 흠결과 하자 등은 그 의사표시를 수령한 공동지배인을 표준으로 판단한다(민§116(1)).

(5) 위반시 무효 및 상대방 보호

① 공동지배인이 단독으로 능동적으로 권한을 행사하는 경우는 지배권의 내부적 제한을 어긴 경우(§11(3))와 달리, 상대방의 선의·악의를 불문하고 무효가 된다.

② 이럴 때 상대방 보호는 (a) 나머지 공동지배인의 추인(민§139), (b) 표현지배인(§14),[31] (c) 사용자책임(민§756) 등에 의한다.

Ⅴ. 표현지배인

기초 무권대리와 표현대리

무권대리는 대리권 없이 한 행위로, 본인에게 효력 없음(무효)이 원칙이다. 다만 이러한 경우 민법상 이익조정 방법으로 다음과 같은 것이 있다.

(가) 본인 추인 – 본인이 추인함으로써 그 효과를 자신에게 돌릴 수 있다(민§130).

(나) 대리인에 대한 계약이행 또는 손해배상청구 – 본인이 추인하지 않은 때에는 대리권 없다는 사실을 알지 못했거나 알 수 없었던 선의·무과실의 상대방은 무권대리인에게 계약이행 또는 손해배상책임을 선택적으로 추궁할 수 있다(민§135(1)(2)).

(다) 표현대리 – 표현대리의 요건을 충족하면 무권한을 문제삼을 수 없게 된다.

제14조(표현지배인) ① 본점 또는 지점의 본부장, 지점장, 그 밖에 지배인으로 인정될 만한 명칭을 사용하는 사람은 본점 또는 지점의 지배인과 동일한 권한이 있는 것으로 본다. 다만, 재판상 행위는 그러하지 않는다.

---

30) 김두진 59, 김성태 189, 김정호 67~68, 서돈각/정완용 82~83, 손주찬 102.

31) 대법원 1991. 11. 12. 선고 91다19111 판결. (따름 판례: 대법원 1992. 10. 27. 선고 92다19033 판결; 대법원 1993. 12. 28. 선고 93다47653 판결).

② 상대방이 이를 알았을 때(악의)는 제1항을 적용하지 않는다.

1. 의 의

(1) 근거법리

지배권 없는 자의 지배권 행사는 무권대리로 무효이다. 그러나 표현지배인의 요건을 충족하면 본인에게 유효한 것으로 된다. 본질은 표현대리이다.[32] 근거법리는 외관법리 또는 금반언(禁反言)법리이다.

(2) 다른 제도와 관계

(가) 표현대리와 관계 – 표현지배인에 의하는 것이 표현대리에 의하는 것보다 상대방 보호에 더 유리하다. 민법상 표현대리는 대리권 수여의 표시를 한 사실 등 본인의 귀책요건을 상대방이 증명해야 하나(민§125), 표현지배인은 표현적 명칭을 사용한 사실만을 증명하면 되고 대리권 범위가 포괄적이기 때문이다. 양자는 별개의 것이므로 표현지배인에 해당하지 않더라도 민법상 표현대리의 요건을 충족하는 것은 가능하다.

(나) 상업등기와 관계 – 표현지배인 등 외관법리가 적용되는 경우에는 §37가 적용되지 않는다. 외관법리의 적용에 있어 등기 여부를 불문하므로, 지배인으로 등기되어 있지 않은 자도 표현지배인이 될 수 있다.

2. 요 건

(1) 외관요건

지배권 없는 자가 지배권 있는 듯한 외관을 갖추어야 한다. 명칭과 장소가 주로 문제된다.

(가) 오인가능 명칭

지배인은 포괄적 대리권을 가진 최상급의 상업사용인이다. 따라서 사회통념상 그에 상응하는 권한이 있는 것으로 오인할 수 있는 명칭을 사용해야 한다. 그보다 상위직이 따로 있음을 추측할 수 있는 명칭은 이에 해당하지 않는다(판례)(예: 지점 차장,[33] 지점장 대리,[34] 현장소장[35] 등).

---

32) 표현대리, 표현지배인, 표현대표이사는 같은 뿌리에서 나온 형제와 같은 제도로 동일 법리가 적용된다.
33) 대법원 1993. 12. 10. 선고 93다36974 판결.

(나) 영업소

표현지배인이 속해 있는 본점 또는 지점은 영업소의 실체를 갖추어야 하는가?

(i) 실질설(판례·다수설) – 표현지배인의 본점 또는 지점은 영업소의 실체를 가지고 있어야 한다는 견해이다.[36][37]

(ii) 형식설(소수설) – 본점 또는 지점의 외관을 갖추고 있으면 그 실체 유무에 상관없이 §14를 적용할 수 있다는 견해이다.[38]

(iii) 사견 – 실질설이 타당하다. §14는 법문에서 밝히고 있는 바와 같이 '지배인으로 인정될 만한 명칭'이 중심요건이고 그가 속해 있는 본점 또는 지점은 영업소의 실체가 있는 것을 전제로 하기 때문이다. 본점 또는 지점이 영업소의 실체를 갖추지 못한 경우는 민법의 표현대리에 해당하는지를 살펴야 한다.

(다) 지배권 내

① 표현지배인은 지배권 없는 자이지만 지배권 있는 듯한 외관을 갖추어야 하므로, 지배인의 지배권 범위 내의 행위일 것을 전제로 한다. 지배권에 속하는지는 행위의 객관적 성질에 따라 추상적으로 판단한다.

② 지배권 남용 – 지배권 남용의 경우에도 표현지배인이 성립할 수 있다(판례·통설).[39] 지배권 남용도 객관적으로는 지배권 범위 내의 것이기 때문이다.

③ 지배권 초과 – 지배권 범위를 넘을 때는 표현지배인이 되지 않는다. 이러한 때에는 민법의 표현대리(민§126) 또는 사용자책임(민§756)으로 접근해야 한다.

④ 재판상 행위 – 재판상 행위는 표현지배인에서 명문으로 배제하고 있다(§14단). 재판상 행위는 거래안전보다는 절차적 안정성이 더 중시되기 때문이다.

---

34) 대법원 1994. 1. 28. 선고 93다49703 판결.

35) 대법원 1994. 9. 30. 선고 94다20884 판결.

36) 대법원 1998. 10. 13. 선고 97다43819 판결. (참조 판례: 대법원 1978. 12. 13. 선고 78다1567 판결; 대법원 1998. 8. 21. 선고 97다6704 판결).

37) 고재종 80, 김두진 63, 김홍기 43, 손주찬 104, 송옥렬 36, 이기수/최병규 152~153, 이철송 133, 임중호 121, 정동윤 69, 정준우 56~57, 정찬형 99, 최기원/김동민 81.

38) 김정호 70, 박상조 147~148, 임홍근 87, 채이식 62, 최준선 147.

39) 대법원 1998. 8. 21. 선고 97다6704 판결: 지배인이 영업주 명의로 한 어음행위는 객관적으로 영업에 관한 행위로서 지배인의 대리권의 범위에 속하는 행위라 할 것이다. 그러므로 지배인이 개인적 목적을 위하여 어음행위를 한 경우에도 그 행위의 효력은 영업주에게 미친다고 할 것이다. 이러한 (지배권 남용) 법리는 표현지배인도 동일하다. (따름 판례: 대법원 2013. 7. 11. 선고 2013다5091 판결(표현대표이사의 지배권 남용 사례)).

(라) 상업사용인 요부

표현지배인이 되기 위해서는 부분적 포괄대리권을 가진 사용인 또는 물건 판매점포의 사용인 등 최소한 상업사용인의 지위를 요하는가? 이를 불요한다(통설). 이는 권한 있는 지배인의 외관과 무관하기 때문이다.

(2) 귀책요건

(가) 영업주 허락

영업주에 법률효과를 귀속시켜도 될 만한 귀책사유가 있어야 한다. 그러기 위해서는 지배인으로 오인 가능한 표현적 명칭의 사용에 관하여 영업주의 명시적 또는 묵시적 허락이 있어야 한다(판례 · 통설).[40]

(나) 묵시적 허락

어떤 경우에 묵시적 허락을 명시적 허락과 등가적으로 취급할 수 있는가? 이에 대해서는 어느 정도의 제약이 필요하다. 표현대표이사의 판례에서 보자면, 영업주가 최소한 이를 알고 있어야 하므로, 영업주가 알지 못한 상태에서 무단으로 지배인의 명칭을 사용한 때는 이를 제지하지 못한 과실이 있더라도 영업주에게 책임을 돌릴 수 없다. 알면서 동조하거나 아무런 조처를 하지 아니하고 방치할 경우(知 + 방치)는 명시적 허락과 등가적으로 취급할 수 있다.[41]

(3) 신뢰요건

(가) 선 의

① 상대방이 선의이어야 한다(§14(2)). 그래야 보호가치가 있기 때문이다.

② 과실 여부를 불문한다. 다만 중과실은 악의로 취급한다(통설). 이는 거래 당시를 기준으로 판단한다.

③ 과실상계의 법리가 적용되지 않는다. 상대방에게 과실이 있더라도 과실상계에 의해 본인의 책임을 감경할 수 없다(판례).[42]

---

40) 대법원 1995. 11. 21. 선고 94다50908 판결(표현대표이사 사례).
41) 대법원 2005. 9. 9. 선고 2004다17702 판결(표현대표이사 사례).
42) 대법원 1994. 12. 22. 선고 94다24985 판결. (따름 판례: 대법원 1996. 7. 12. 선고 95다49554 판결).

(나) 상대방

보호받는 상대방의 범위는 어디까지인가? 어음·수표행위의 경우,

(ⅰ) 민법상 표현대리의 일반원칙에 따라 직접 상대방에 한정한다는 견해(직접설; 판례),[43]
(ⅱ) 전전 유통하는 어음의 특성상 직접 상대방 이후의 자를 포함한다는 견해(간접설; 통설)가 있다.
(ⅲ) 사견 – 보호의 범위를 선의라는 이유만으로 무조건 확대할 것이 아니라, 외관 신뢰에 대한 보호가치와 영업주의 귀책사유의 균형이라는 관점에서 개별적으로 판단해야 한다(개별적 판단설).

3. 효 과

이상의 요건을 충족하면 그 효과가 본인에게 미친다(§14(1)). 영업주는 표현지배인과 거래한 상대방에 대해 권한 있는 지배인이 한 것과 마찬가지로 그 거래에 따른 권리·의무를 갖고 책임을 진다. 그러므로 상대방은 표현지배인에게 이와는 별도로 무권대리의 책임을 물을 수 없다.

〈표 6-2-2〉 지배인과 대표이사

		지배인 (§11(1))	대표이사 (§209, §269, §287의19, §389(3), §567)
유사점		권한의 포괄성·정형성 주식회사의 경우 이사회에서 선임, 등기 공동제도, 표현제도	
차이점	둘 수 있는 자	상인(단, 소상인 제외)	회사
	선 임	개인법상의 수권행위(개인적 수권)	단체법상 조직구성 방식(회사의 기관 선임)
	권 한	개인법상 대리권	단체법상 대표권
		특정 영업소의 대외적 영업 거래에 한정	회사의 영업 전반 영업거래와 무관한 대내적 행위 포함

43) 대법원 1994. 5. 27. 선고 93다21521 판결: 표현대리에 관한 민법 §126의 규정에서 제3자란 당해 표현대리 행위의 직접 상대방이 된 자만을 지칭하는 것이다. 이는 위 규정을 배서와 같은 어음행위에 적용 또는 유추적용할 경우에 있어서도 마찬가지로 보아야 할 것이다. 약속어음의 배서 행위의 직접 상대방은 그 배서로 어음을 양도받은 피배서인만을 가리킨다. 그 피배서인으로부터 다시 어음을 취득한 자는 민법 §26 소정의 제3자에는 해당하지 아니한다. (따름 판례: 대법원 1997. 11. 28. 선고 96다21751 판결).

제3절 부분적 포괄대리권을 가진 사용인

사 례

X은행의 구매업무는 전산과 비전산으로 나누어져 있다. A는 전산장비 구매업무를 총괄하고 있는 부장으로 단독으로 결정할 수 있는 전결권은 최고 5천만원이다. A는 자동차 판매회사인 B와 업무용 자동차 3대를 1억원에 구매하는 계약을 체결했다. X은행은 A의 권한이 어디까지인지를 알지 못하는 B에게 대항할 수 있는가?

제15조(부분적 포괄대리권을 가진 상업사용인) ① 영업의 특정한 종류나 사항에 대하여 위임을 받은 상업사용인은 이에 관한 재판 외의 모든 행위를 할 수 있다.
② 제1항에 대해서는 제11조 제3항(대리권의 정형성)을 준용한다.

Ⅰ. 의 의

① 부분적 포괄대리권을 가진 사용인은 지배인과는 달리 대리권의 범위가 영업 전반이 아니라 '영업의 특정한 종류 또는 특정한 사항'에 대해 포괄적 대리권을 갖는 상업사용인이다(§15(1)).

② 이에 해당하는지는 거래통념에 따라 객관적으로 판단한다(판례).[44] 이 역시 명칭이 아니라 대리권 범위에 의해 실질적으로 판단한다(예: 오피스텔 분양계약 담당 부장, 증권회사 지점장 대리 등).[45][46] 내부적으로 전결권 유무를 불문한다.[47]

---

44) 대법원 2013. 2. 28. 선고 2011다79838 판결: §15의 부분적 포괄대리권을 가진 상업사용인인지는, 어떠한 행위가 위임받은 영업의 특정한 종류 또는 사항에 속하는가는 당해 영업의 규모와 성격, 거래행위의 형태 및 계속 반복 여부, 사용인의 직책명, 전체적인 업무분장 등 여러 사정을 고려해서 거래통념에 따라 객관적으로 판단하여야 한다(대법원 2009. 5. 28. 선고 2007다20440, 20457 판결 등 참조).

45) [부분적 포괄대리권을 가진 상업사용인의 권한에 포함된 것으로 본 사례]
대법원 1989. 8. 8. 선고 88다카23742 판결: 회사의 영업부장과 과장대리가 거래처 선정 및 계약체결, 담보 설정, 어물 구매, 어물 판매, 어물 재고의 관리 등의 업무에 종사하고 있었다면 비록 상무, 사장 등의 결재를 받아 그 업무를 수행하였더라도 §15 소정의 "영업의 특정한 종류 또는 특정한 사항에 대한 위임을 받은 사용인"으로서 그 업무에 관한 부분적 포괄대리권을 가진 사용인이라 할 것이다.
대법원 1994. 10. 28. 선고 94다22118 판결: 오피스텔 건물의 분양사업을 영위하는 자의 위임을 받아 관리부장 또는 관리과장의 직책에 기하여 실제로 오피스텔 건물에 관한 분양계약의 체결 및 대금 수령, 그리고 그 이행책임을 둘러싼 계약상대방의 이의 제기에 따른 분쟁관계의 해결 등 일체의 분양 관련 업무를 처리하여 온 자들은 §15 소정의 영업의 특정된 사항에 대한 위임을 받은 사용인으로서 그 업무에

Ⅱ. 지배인과 비교

지배인과 부분적 포괄대리권을 가진 사용인은 상업사용인으로서 영업에 관하여 대리권을 갖는 점에서 같다. 대리권 범위가 포괄적 · 정형적이라는 점에서 질적 차이는 없고, 대리권의 범위가 전면적인가 부분적인가에 양적 차이가 있을 따름이다.

〈표 6-2-3〉 지배인과 부분적 포괄대리권을 가진 사용인

		지배인	부분적 포괄대리권을 가진 사용인
특 성		영업주의 분신	영업의 특정한 부문 대리
선임 · 종임		① 영업주만이 선임할 수 있다. ② 소상인은 선임할 수 없다. ③ 선임과 종임이 등기사항이다.	① 영업주는 물론이고 지배인도 선임권을 갖는다. ② 소상인도 선임할 수 있다. ③ 등기사항이 아니다.
대리권	포괄성	전면적 포괄성 – 영업에 관련된 재판상 및 재판 외 모든 행위	부분적 포괄성 – 영업의 특정 종류나 특정 사항(재판상 행위는 제외)
	정형성	제한하더라도 선의의 제3자에게 대항하지 못한다.	
	대리권법리	그 밖에 대리권에 관한 일반법리가 적용된다(예: 대리권 남용 등).	
공동제도		공동지배인(§12), 등기	둘 수 없음(등기 방법이 없기 때문)
표현제도		표현지배인(§14)	(규정 없음)

관한 부분적 포괄대리권을 가진 상업사용인으로 봄이 타당하다. 이들의 분양 관련 업무를 처리해 온 자의 업무범위 속에는 오피스텔 건물에 관한 분양계약의 체결은 물론이고 기존 분양계약자들과의 분양계약을 합의해제 하거나 해제권 유보에 관한 약정을 체결하는 등의 일체의 분양거래행위가 당연히 포함된다.

46) **[부분적 포괄대리권을 가진 상업사용인 또는 그 권한이 아니라고 본 사례]**
대법원 1990. 1. 23. 선고 88다카3250 판결: 일반적으로 주식회사의 경리부장은 회사의 자금차입을 위하여 이사회의 결의를 요하는 등의 사정에 비추어 보면 특별한 사정이 없으면 독자적인 자금차용은 회사로부터 위임되어 있지 않다고 보아야 할 것이다. 그러므로 경리부장에 자금차용에 관한 §15의 부분적 포괄대리권이 있다고 할 수 없다.
대법원 1999. 5. 28. 선고 98다34515 판결: 도로공사를 도급받은 회사에서 그 공사의 시공에 관련한 업무를 총괄하는 현장소장의 지휘 아래 노무, 자재, 안전 및 경리업무를 담당하는 관리부서장은 그 업무에 관하여 §15 소정의 부분적 포괄대리권을 가지고 있다고 할 것이다. 그러나 그 통상적인 업무가 공사의 시공에 관련된 노무, 자재, 안전 및 경리업무에 한정된 이상 일반적으로 회사의 부담으로 될 채무보증 또는 채무인수 등과 같은 행위를 할 권한이 있다고 볼 수는 없다. (따름 판례: 대법원 2006. 6. 15. 선고 2006다13117 판결; 대법원 2013. 2. 28. 선고 2011다79838 판결).

47) 대법원 1989. 8. 8. 선고 88다카23742 판결.

Ⅲ. 표현책임

부분적 포괄대리권을 가진 사용인에는 표현지배인(§14)과 같은 규정이 없다. 이에 §14를 유추적용할 것인가?

(ⅰ) 긍정설(소수설),[48] (ⅱ) 부정설(판례 · 다수설)이[49][50] 있다.

(ⅲ) 사견 – 부정설이 타당하다. 유추적용을 부정하더라도 민법의 표현대리 규정(민§125 등) 또는 사용자책임 규정(민§756)에 따라 상대방 구제의 길이 열려 있다.

제 4 절 물건판매 점포 사용인

사 례

X는 자신의 단독주택 1층을 개조하여 의류 가게를 운영하고 있다. 미국에서 대학에 다니는 조카 A가 방학 중 잠시 귀국하여 X의 집에 머물고 있었는데, 마침 X가 급한 일로 가게를 비우게 되었다. A가 대신 가게를 보던 중, 가게를 찾아온 손님 B는 마음에 드는 청바지를 발견하고는 구매하고자 했다. 가격을 알지 못지 못하는 A는 자신의 구매 경험에 비추어 3만원이면 충분할 것으로 생각하여 그 가격을 제시했더니 B가 흔쾌히 응하여 팔게 되었다. 그런데 그 청바지 가격은 20만원이었다. 이를 알게 된 X는 어떤 조치를 할 수 있는가?

제16조(물건 판매 점포의 상업사용인) ① 물건을 판매하는 점포의 상업사용인은 그 판매에 관한 모든 권한을 갖는 것으로 본다.
② 제1항에 대해서는 제14조 제2항(악의일 때 적용배제)을 준용한다.

---

48) 손주찬 108, 안강현 100, 임홍근 89, 전우현 74, 정동윤 71~72, 정찬형 103.

49) 대법원 2007. 8. 23. 선고 2007다23425 판결: 대리권에 관하여 지배인과 같은 정도의 획일성, 정형성이 인정되지 않는 부분적 포괄대리권을 가진 사용인들에 대해서까지 그 표현적 명칭의 사용에 대한 거래상대방의 신뢰를 무조건 보호한다는 것은 오히려 영업주의 책임을 지나치게 확대하는 것이 될 우려가 있다. 부분적 포괄대리권을 가진 사용인에 해당하지 않는 사용인이 그러한 사용인과 유사한 명칭을 사용하여 법률행위를 한 경우 그 거래 상대방은 민법 §125의 표현대리나 민법 §756의 사용자책임 등의 규정에 의하여 보호될 수 있다. 그러므로 부분적 포괄대리권을 가진 사용인도 표현지배인에 관한 §14의 규정이 유추적용되어야 한다고 할 수는 없다. (참조 판례: 대법원 1999. 7. 27. 선고 99다12932 판결).

50) 고재종 85, 김두진 66, 김병연/박세화/권재열 72, 김성태 209, 김홍기 49, 박상조 151, 손진화 84, 송옥렬 41, 이종훈 54, 이철송 142, 임중호 128~129, 장덕조 38, 정경영 56~57, 정준우 61, 최기원/김동민 87, 최준선 153.

Ⅰ. 특징과 기능

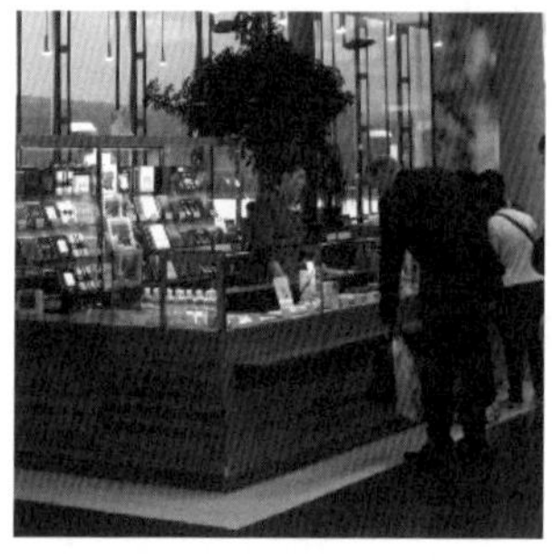

① §16는 점포를 중심으로 한 거래가 신속하고 안정적으로 이루어지게 함으로써 거래상대방을 강하게 보호하는 기능을 한다.

② '점포'라는 강한 외관적 징표를 고려한 제도이다. 외관법리(표현책임)의 구조를 취한다.

③ 요건에 해당하면 대리권의 존재와 범위가 법에 의해 의제된다.

Ⅱ. 요 건

(1) 외관요건 – 점포 판매 사용인

① 점포는 대체로 고정되어 있고 방문하는 불특정 다수의 고객을 상대로 하여 물건을 판매하는 설비이다. 점포에서 누군가 물건을 판매하고 있다면 판매 권한이 있는 것 같은 외관을 뚜렷하게 갖추고 있으므로 이를 신뢰하여 거래한 자를 강력하게 보호할 필요가 있다.

② 점포에서 벗어나 판매활동을 하는 외판원은 이런 외관을 갖추지 못하므로 동조의 적용대상이 아니다.[51]

③ 해당 점포의 외관에 걸맞은 통상적인 거래범위에 속해야 한다. 신용판매 등은 이에 포함된다고 볼 수 있겠으나, 이례적인 것은 그렇지 않다.

(2) 귀책요건

영업주가 점포에서 사용인의 판매를 허용하는 것 자체가 외관 작출에 대한 귀책사유가 된다.

(3) 신뢰요건

거래상대방이 선의이어야 한다(§16(2)). 경과실은 보호 받는다(통설). 중과실은 악의

51) 대법원 1976. 7. 13. 선고 76다860 판결.

와 동일하게 취급한다.

Ⅲ. 효과 – 대리권 존재 및 범위 의제

① 점포를 중심으로 이루어지는 거래에 관련된 모든 권한(예: 대금수령, 할인판매, 외상판매, 물건교환 등)이 있는 것으로 의제한다(§16(1)). 간주의 효과를 부여함으로써 점포를 중심으로 한 거래의 안정을 강력하게 보호한다.

② 의제가 되는 대리권 범위는 점포의 판매상황에 따라 개별적으로 판단해야 한다.[52]

Ⅳ. 적용 확대

점포에서의 거래라면 물건이 아니라 서비스이거나 판매 이외의 행위에도 §16를 유추적용할 수 있는가?

(ⅰ) 긍정설(통설),[53] (ⅱ) 원칙적으로 유추적용을 긍정하지만, 당사자의 개성이 중시되는 서비스 공급을 내용으로 할 때는 성질상 유추적용할 수 없다는 견해(제한적 유추적용설)가[54] 있다.

(ⅲ) 사견 – 제한적 유추적용설이 타당하다. 예컨대, 은행점포 대출, 매표소 입장권 판매, 스키 대여업 등과 같이 점포를 중심으로 한 거래가 빈번하고 기계적으로 이루어질 때는 §16를 유추적용해도 된다. 그러나, 예컨대 건축공사 발주 등과 같이 용역공급자의 개성이 중시되는 때에는 설령 점포 거래라 하더라도 유추적용이 곤란하다.

제5절 상업사용인의 의무

사 례

컴퓨터게임 소프트웨어를 만들어 판매하는 X회사에서 근무하는 A가 다음과 같은 행위를 하는 경우 X회사는 어떤 조처를 할 수 있는가?

---

52) 예컨대, 백화점과 같이 판매와 계산이 구분된 경우라면 판매사용인의 대금 수령권은 배제될 수도 있다.
53) 송옥렬 43, 이철송 146, 정동윤 72, 정찬형 105.
54) 김두진 67~68.

(1) 앱 디자이너 업무를 맡은 직원인데, 퇴근시간 후에 집에서 앱을 개발하여 경쟁업체인 Y회사에 판매한 경우
(2) 회사에서 컴퓨터게임 프로그램을 개발하던 중 경쟁업체인 Y회사로 전직하거나 게임제조업체인 Y회사를 따로 설립하여 운영하는 경우
(3) 앱 판매업무를 맡은 직원인데, 퇴근 후 대리운전 일을 하는 경우

기초 '대리인 문제'와 본인 보호

① 타인을 통하여 일을 처리하는 경우 본인과 그 타인 사이에 이익이 충돌하는 경우 본인 보호가 문제된다(agency problem).

② 상업사용인은 영업주와 고용·위임 등의 기초적 법률관계를 맺고 이에 기한 일반적 의무를 진다. 그 위반에 대해서는 손해배상청구 또는 계약해지 등의 구제수단이 있다. 이와는 별도로 §17는 상업사용인의 경업금지와 겸직금지를 규정하고 있다.[55)]

③ 이러한 것들은 사적 이익을 보호하기 위한 보충규정이므로 본인의 허락이 있으면 허용되고 약정으로 달리 정할 수 있다(임의규정).

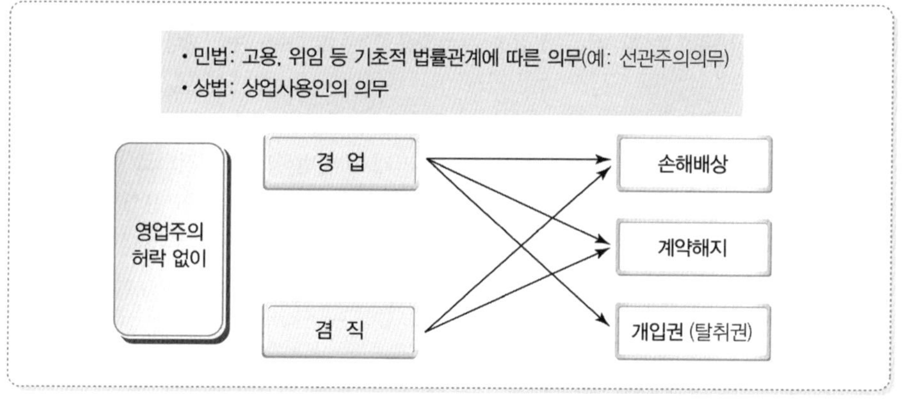

④ 특약으로 상업사용인의 종임 후에도 일정 기간 경업이나 겸직을 금지할 수 있다. 그러나 그 특약이 불합리하거나 부당하면 무효가 된다(판례).[56)]

---

55) [경업금지 및 겸직금지] 상법은 타인을 위해 일하는 자에 대해서 그 타인의 이익 보호를 위해 경업금지와 겸직금지 조항을 두고 있다(상업사용인(§17), 대리상(§89), 합명회사의 무한책임사원(§198), 합자조합의 업무집행조합원(§86의8(2)), 합자회사의 무한책임사원(§269), 유한책임회사의 업무집행자(§287의10), 주식회사의 이사·집행임원(§397, §408의9), 유한회사의 이사(§567) 등). 영업양도에도 경업금지조항이 있다(§41).

56) 대법원 2010. 3. 11. 선고 2009다82244 판결: 경업금지 약정이 유효하다는 전제에서, 경업금지 약정이

제17조(상업사용인의 의무) ① 상업사용인은 영업주의 허락이 없으면 자기 또는 제3자의 계산으로 영업주의 영업부류에 속한 거래를 하지 못하며 회사의 무한책임사원, 이사, 또는 다른 상인의 사용인을 겸직해서는 안 된다.
② 상업사용인이 제1항을 위반하여 거래한 경우 그 거래가 자기의 계산으로 한 것이면 영업주는 이를 영업주의 계산으로 한 것으로 볼 수 있고 제3자의 계산으로 한 것이면 영업주는 상업사용인에게 이로 인한 이득의 양도를 청구할 수 있다.
③ 제2항은 영업주의 상업사용인에 대한 계약의 해지 또는 손해배상청구에 영향을 주지 않는다.
④ 제2항에 규정된 권리는 영업주가 그 거래를 안 날부터 2주일이 경과되거나 그 거래가 있은 날부터 1년이 경과되면 소멸한다.

Ⅰ. 경업금지

1. 기 능

상업사용인은 영업주의 허락 없이 자기 또는 제3자의 계산으로 영업주의 영업부류에 속하는 거래를 하지 못한다(§17(1)). 상업사용인이 영업주와 경쟁적인 영업 즉, 경업을 함으로써 생기는 영업주와의 이익충돌을 막기 위함이다.

2. 금지내용

(1) 영업주 영업부류에 속하는 거래

① '영업부류에 속하는 거래'란 영업주와의 경쟁 가능성이나 이익상충 가능성이 있는 모든 거래를 뜻한다. 이에 해당하면 동종 영업에 한하지 않고, 대체관계 또는 시장분할, 매출액 감소 등의 효과가 있는 거래를 포함한다.

② 이에 보조적 상행위를 포함하는가?

(ⅰ) 제외설이 있다.[57]

(ⅱ) 사견 – 그러나 경쟁 가능성 있는 영업이면 보조적 상행위라 해서 배제할 것은 아니다(포함설). 조문의 '영업부류', '영업범위', '영업에 관하여' 등의 표현이 전체적으로 치밀하게 그 내용을 차별하여 특정한 것으로 보기 어려운 경우들이 있다. 따라서 해당 조문의 입법취지를 감안해서 구체적으로 그 범위와 내용을 정해야 한다.

헌법상 보장된 근로자의 직업선택의 자유와 근로권 등을 과도하게 제한하거나 자유로운 경쟁을 지나치게 제한하는 경우에는 민법 §103에 정한 선량한 풍속 기타 사회질서에 반하는 법률행위로서 무효이다.

57) 김두진 69.

(2) 자기 또는 제3자 계산

상업사용인이 자기의 계산으로 하는 것은 물론이고 제3자의 계산으로 하는 것도 금지된다(§17(1)). 경제적 효과가 영업주에게 귀속하는 것이 아닌 한 법적 형식이나 거래 명의를 불문한다.

(3) 손해 불요

경업으로 영업주에게 손해가 발생할 것을 요하지 않는다. 경업금지의 목적은 이익충돌의 가능성을 미연에 방지하는 것까지도 포함하기 때문이다.

(4) 해제 – 영업주 허락

영업주의 허락이 있으면 경업금지가 당연히 해제된다. 묵시적 허락이나 사후적 추인도 가능하다(통설).

3. 구제수단

(1) 계약해지 · 손해배상청구 – 일반적 구제

영업주는 경업금지를 위반한 상업사용인을 상대로 채무불이행을 이유로 손해배상청구 또는 계약해지를 할 수 있다(§17(3)). 이는 사법적 구제에서 약방의 감초처럼 등장하는 일반적 구제 수단이다. 따라서 §17(3)이 특별히 의미를 갖는 것은 아니다.

(2) 개입권(경제적 탈취권) – 특수한 구제

(가) 특징과 기능

경업금지 위반에 대해 개입권이라는 특별한 구제수단을 두고 있다. 경제적 탈취권이라는 점이 특징이다(§17(2)). 그 기능은 다음과 같다.

① 경업의 법적 효과를 유효한 것으로 함으로써 거래안정을 기하는 기능을 한다.

② 경제적 이익 조정기능을 한다. 경업으로 상업사용인이 얻은 경제적 이익을 영업주에게 환원하도록 하고(이익 환수기능), 개입권 행사로 영업주가 회수한 이익은 손해배상액에서 공제한다(이중이득 금지기능).

③ 사전 억지기능을 한다. 경업을 통해 애써 얻은 경제적 이익을 개입권 행사로 인해 모두 뺏길 수 있다는 두려움이 억지력을 발휘할 수 있기 때문이다.

④ 영업주의 손해액 입증의 곤란을 완화해주는 기능을 한다. 기대이익 상실과 같은 소극적 손해는 입증이 어려운 경우가 많으므로 이를 보완한다.

(나) 형성권

개입권은 형성권이다(통설). 영업주의 일방적 의사표시에 의해 효력이 생긴다.

(다) 제척기간

영업주가 경업거래를 안 날로부터 2주 또는 경업거래가 있은 날로부터 1년 경과 중 어느 것이라도 먼저 도래한 시점에 개입권은 소멸한다(§17(4)). 이는 제척기간이다. 조속한 법적 안정을 기하기 위함이다.[58)]

(라) 효 과

① 채권적 효력 – 개입권을 행사하면 경업을 통해 얻은 경제적 이익을 영업주에게 돌려주어야 할 채권적 효력이 생긴다. 경업거래가 ⓐ 상업사용인(B)의 계산으로 한 것일 때에는 영업주(A)는 이를 영업주(A)의 계산으로 한 것으로 볼 수 있고, ⓑ 제3자(C)의 계산으로 한 것일 때에는 영업주(A)는 상업사용인(B)에 대해 그로 인한 이득(보수 등)의 양도를 청구할 수 있다(§17(2)).

② 그 밖의 구제수단 – 개입권을 행사했음에도 남은 손해가 있다면 손해배상청구가 가능하고 계약해지도 가능하다(§17(3)).

〈표 6-2-4〉 개입권 유형

	유형 1: 경제적 탈취권	유형 2: 법적 개입권
의 의	경업거래의 법적 효과에는 아무런 영향이 없고(유효) 그로 인해 얻는 경제적 이익을 탈취하는 권리	개입권 행사자가 직접 거래 당사자가 되는 권리
대 상	상업사용인(§17), 영업양도인(§41), 대리상(§89), 합자조합의 업무집행조합원(§86의8(2)), 합명회사의 무한책임사원(§198), 합자회사의 무한책임사원(§269), 유한책임회사의 업무집행자(§287의10), 주식회사의 이사·집행임원(§397, §408의9), 유한회사의 이사(§567)	위탁매매인(§107), 준위탁매매인(§113), 운송주선인(§116(1))

[보충] 개입의무 (이행담보책임)

개입권과 완전히 다른 것으로 개입의무가 있다(예: 위탁매매인(§105), 중개인(§99)). 이는 대위적 이행책임이다(이행담보책임).

---

58) 형성권은 청구권에 대비되는 것으로 권리자의 일방적인 의사표시만으로 효력이 생기는 것이다. 형성권의 경우에는 상대방의 불안정성을 지나치게 오래 두지 않도록 제척기간을 두는 것이 보통이다.

Ⅱ. (광범한) 겸직금지

1. 기능 및 특징

① 상업사용인은 영업주의 허락 없이는 동종영업 여부를 불문하고 회사의 무한책임사원·이사 또는 다른 상인의 사용인이 되지 못한다(§17(1)).

② 경업금지가 이익상충의 방지에 주안점이 있다면, 겸직금지는 영업주에 대한 정력(에너지) 집중의무(직무전념의무, 충실의무)의 색채가 강하다.[59] 영업주에 대한 상업사용인의 강한 종속관계의 유물이 아닌가 한다. 그 결과 다른 겸직금지와 비교해 금지범위가 가장 넓다.

2. 금지내용

(1) 동종 영업 불문

다른 조항에서의 겸직금지는 동종 영업에 한정하고 있다.[60] 그러나 상업사용인의 겸직금지는 그렇지 않다. 동조를 어떻게 해석할 것인가?

(ⅰ) 법문에 충실하게 동종 영업일 것을 요하지 않는 것으로 해석하여 겸직금지의 범위를 넓게 보는 견해(문언설, 다수설),[61] (ⅱ) 해석으로 동종 영업의 요건을 추가할 필요가 있다는 견해가 있다(소수설).[62]

(ⅲ) 사견 – 입법론으로는 후설에도 일리가 없지 않으나, 해석론으로는 다수설(문언설)이 옳다.

(2) 무한책임사원·이사, 사용인

① 겸직금지의 대상은 회사의 무한책임사원·이사, 다른 상인의 사용인이다. 법문에는 없지만, 취지상 주식회사의 집행임원(§408의2), 유한책임회사의 업무집행자(§287의10), 합자조합의 무한책임사원 또는 업무집행사원의 겸직에 대해서도 동조가 유추적용되어야 한다.[63]

---

59) 박원선 84.

60) [겸직금지] 대리상(§89), 합명회사와 합자회사의 무한책임 사원(§198, §269), 유한책임회사의 업무집행자(§287의10), 주식회사의 이사(§397), 유한회사의 이사(§567)는 '동종 영업'을 목적으로 하는 회사의 '무한책임사원' 또는 '이사'가 되지 못한다고 그 범위를 좁히고 있다.

61) 고재종 93, 김두진 70, 류시창 64, 손주찬 113, 임중호 137, 임홍근 246, 정찬형 109, 채이식 58.

62) 서돈각/정완용 86.

② '다른 상인의 사용인'은 경업거래와는 달리 정력집중의 취지상 상업사용인보다 넓은 개념이다. 따라서 대리권 없는 내부적·기술적 보조자도 포함된다고 해석해야 한다.

③ 헌법상 보장된 상업사용인 활동의 자유를 부당하게 제약하는 것은 허용되지 않는다. 비영리 단체의 임원, 회사의 유한책임사원·주주·감사의 지위를 갖는 것은 겸직금지의 대상이 아니다.

(3) 해제 – 영업주 허락

영업주의 허락이 있으면 겸직금지가 해제된다(§17(1)).

3. 구제수단

① 영업주는 의무를 위반한 사용인에 대해 손해배상청구 또는 계약해지를 할 수 있다.

② 그러나 개입권은 인정되지 않는다(통설). 개입권은 거래에 적용되는 것인데 겸직은 거래는 아니며, 개입권은 이례적인 제도이므로 명시적 규정이 있는 경우에 한정해야 할 것이기 때문이다.

---

63) 유한책임회사에서는 집행임원을 겸직금지의 대상으로 한다(§287의10).

| 제7편 |

관계보호

상인에게 있어 '관계'는 소중한 자산이다. 상인들은 각종 관계를 맺고 이를 토대로 안정적인 영업을 추구한다. 이 때문에 상법에서는 이를 보호하기 위해 특별한 규정을 두고 있다. 특히 관계가 신임관계(신뢰관계)에 기한 것이거나 계속적이면 더욱 두텁게 보호한다.

Keyword:
관계의 형성과 보호, 계약, 신임관계, 위임, 선관주의의무, 계속관계, 낙부통지의무, 침묵의 승낙 의제, 송부물 보관의무

제1장

관계형성: 계약

법률관계를 맺는 가장 중요한 수단은 계약(契約)이다. 계약의 일반 법리는 상사의 계약에도 적용된다.

기초 계 약

(1) 계 약

계약은 당사자가 서로를 향한 의사표시인 청약과 승낙의 합치로 성립하는 법률행위이다. '자기 결정－자기 구속'의 원리에 의해 계약은 당사자 쌍방에 법적 구속력을 갖는다. 계약은 자유가 원칙이다.

(2) 청약의 구속력

청약은 청약자가 상대방에게 일정한 내용으로 확정지어 계약을 체결할 것을 제의하는 의사표시이다. 청약의 의사표시가 상대방에 '도달'함으로써 효력이 생긴 연후에는 청약자도 이를 임의로 철회하지 못하는 구속을 받는다(민§527).

§51는 민법의 계약 법리를 주의적으로 규정한 것에 불과하다.

> **제51조(대화자간 청약의 효력)** 대화자 사이의 계약체결을 위한 청약은 상대방이 즉시 승낙을 하지 않으면 그 효력을 잃는다.

(3) 계약의 성립시기

계약의 성립시기는 도달주의가 원칙이다(민§111). 그런데 민법 §531는 격지자간(멀리 떨어져 있는 사람 사이)의 계약은 승낙의 통지를 '발송'할 때 성립한다고 하여 발신주의로 규정하고 있다. 도달주의로 개정해야 한다는 입법론이 있다.

제2장

신임관계

제1절 위　　임

기초 위 임

① 위임은 위임인과 수임인 사이에 사무처리를 목적으로 하는 계약이다(민§680). 위임은 수임인이 어느 정도의 재량을 갖는 점에서 고용과 다르고, 사무처리 과정 자체에 주안점을 두는 점에서 일의 완성을 목적으로 하는 도급과 다르다.

② 위임에 관한 민법 규정은 타인의 사무처리에 관한 일반규정이다. 이는 '널리' 타인을 위해 사무를 처리하는 경우에 준용된다.

③ 위임계약의 쌍방 당사자는 이유를 불문하고 언제든지 자유로이 위임계약을 해지할 수 있음이 원칙이다(민§689(1)).

제2절 선관주의의무

기초 선관주의의무

위임은 특별한 인적 신뢰를 전제한다. 이러한 신뢰관계 때문에, 수임인은 위임인에 대해 선량한 관리자로서 주의의무(선관주의의무)를 진다(민§681). 이는 위임에 국한하지 않는다. 선관주의의무를 위반하면 채무불이행책임을 진다.

제62조(임치받은 상인의 의무) 상인이 그 영업 범위 안에서 물건을 임치받은 때에는 보수를 받지 않을 때도 선량한 관리자의 주의의무로써 이를 보관해야 한다.

(1) 원천성 · 포괄성

선관주의의무는 위임의 경우뿐만 아니라 타인의 사무를 처리하는 자에게 널리 일반적으로 요구되는 의무이다. §62처럼 상법에서 이를 명시적으로 규정하는 때도 있지만, 비단 이에 국한되지 않는다. 법에서 구체적 의무를 규정하고 있는 경우도 선관주의의무가 그 근거가 되는 경우가 많다.

(2) 영업범위의 모든 행위

상법은 임치에 관하여 상인인 수치인이 '그 영업 범위 안에서' 임치받은 경우에 선관주의의무를 진다고 규정하고 있다(§62). 이에는 본위적 상행위뿐만 아니라 보조적 상행위도 포함한다는 것이 통설이다(예: 쇼핑몰에서 고객의 물건을 보관하는 경우).[1]

(3) 보수 불문

상인의 영업과 관련한 선관주의의무는 유상 또는 무상을 불문한다. 상법은 임치에서 이를 명시하고 있다(§62).

(4) 민법상 선관주의의무와 관계

> **제49조(위임)** 상행위의 위임을 받은 자는 위임의 본지(본뜻)에 반하지 않는 범위에서 위임받지 않은 행위를 할 수 있다.

§49와 민법 §681(선관주의의무)의 관계를 어떻게 파악할 것인가?

(ⅰ) 양자의 내용은 같고 §49는 민법 §681를 주의적으로 규정한 것에 불과하다는 견해(동일설; 판례 · 통설),[2)3)] (ⅱ) §49는 민법 §681에 비해 수임인의 권한 범위가 확장된 것이라는

---

1) 대전지방법원 2015. 6. 5. 선고 2014나18627 판결: A가 1,000만원이 넘는 시계를 매도하려고 X가 운영하는 편의점 내 무인 택배기에 물품 가액을 접수 가능한 한도액인 '100만원'으로 입력하고 운송장을 휴대전화로 촬영하여 전송한 다음, X에게 "나중에 택배 상자를 보낸다는 말을 다시 할 테니 그때 보내 달라"고 부탁하였다. 성명불상자 B가 X에게 전화하여 택배 취소접수를 요청하자 X가 곧이어 찾아온 성명불상자 B에게 신분을 확인하는 등의 절차 없이 택배 상자를 건네줌으로써 A가 시계 대금 상당의 피해를 입었다. 편의점에 무인 택배기가 설치되어 있고, X는 택배 접수를 마친 A에게서 택배 상자를 건네받아 보관한 사실 등과 상인의 행위는 영업을 위하여 하는 것으로 추정된다. 이러한 점에 비추어 X는 상인으로서 시계를 임치받았는데, §62에 따라 선량한 관리자의 주의로 보관하여야 할 의무를 위반한 과실이 있으므로 A가 입은 손해를 배상할 책임이 있다.

2) 대법원 2012. 2. 23. 선고 2010다83700 판결: 복수의 참여은행이 신디케이트를 구성하여 채무자에게 자금을 융자하는 신디케이티드 론(syndicated loan) 거래에서, 참여은행으로부터 신디케이티드 론과 관련된 행정 및 관리사무의 처리를 위탁받아 참여은행을 대리하게 되는 대리은행(agent bank)은 위탁받은

견해(확장설; 소수설)가[4] 있다.

(iii) 사견 – 동일설이 타당하다. 민법상의 선관주의의무는 광범하고 탄력적이어서 매우 넓은 수용성을 갖기 때문이다. 구체적인 선관주의의무 판단에 있어서 각 영업의 특성을 고려하면 된다. 입법론으로 §49를 삭제하고 민법 §681에 의하더라도 상관없다.

사무에 관하여 참여은행과 위임관계에 있다. 참여은행과 대리은행은 모두 상호 대등한 지위에서 계약조건의 교섭을 할 수 있는 전문적 지식을 가진 거래 주체라는 점에서 원칙적으로 대리은행은 대리조항에 따라 명시적으로 위임된 사무의 범위 내에서 위임 본지에 따라 선량한 관리자의 주의로써 위임사무를 처리하여야 한다. 명시적으로 위임받은 사무 이외의 사항에 대하여는 이를 처리하여야 할 의무를 부담한다고 할 수 없다.

3) 고재종 196, 김두진 185, 송옥렬 103, 이철송 339, 임중호 306~307(입법론으로 §49를 삭제할 필요가 있다는 견해), 정동윤 156, 최기원/김동민 209, 최정식 252.

4) 이기수/최병규 313.

제3장

계속관계

사 례

울릉도에서 버섯을 재배하는 A는 서울에서 레스토랑을 경영하는 B에게 버섯을 납품해 왔다. 이러한 평소의 거래에 따라 A는 시가 100만원 상당의 버섯을 B에게 납품했다.

(1) 그로부터 보름 정도가 지난 후에 B로부터 거래 거절의 통보를 받았다면, A는 B에게 버섯 대금의 지급을 청구할 수 있는가?

(2) B가 A와의 거래를 중단하려면 A가 보내온 버섯을 어떻게 처리해야 하는가?

상법은 기왕의 계속적 관계의 안정성을 보호하기 위해 상시 거래관계 있는 자로부터 청약을 받은 상인에 대해서는 특별한 의무를 부여하고 있다. 낙부 통지의무에 의해 계약체결 여부를 명확히 하고(§53), 송부물 보관의무에 의해 청약을 거절할 때의 송부물 처리관계를 명확히 하고 있다(§60).

제1절 낙부 통지의무

기초 청약의 상대방은 회답의무가 있는가?

계약법리에 의하면 청약을 받은 상대방은 승낙 여부를 적극적으로 표시할 의무가 없다. 아무런 표명이 없으면, 즉 침묵은 승낙하지 않은 거절로 취급된다. 설령 이의를 제기하지 않으면 승낙으로 간주한다는 내용으로 청약을 했더라도 마찬가지이다(판례).[5] 승낙 여부는 전적으로 상대방의 자유 영역에 속하기 때문이다.

제53조(청약에 대한 승낙 여부 통지의무) 상인이 평상시 거래관계에 있는 자로부터 그 영업부류에 속한 계약에 관해 청약을 받은 때에는 지체없이 승낙 여부의 통지를 발송해야 한다. 이를 게을리하면 승낙한 것으로 본다.

5) 대법원 1999. 1. 29. 선고 98다48903 판결.

Ⅰ. 기　　능

상시 거래관계에 있는 당사자 사이에서는 청약에 대한 침묵을 일반 계약법리와는 달리 §53는 거절이 아닌 승낙으로 의제하여 계약 성립으로 취급한다. 이럴 때 거절하려면 거절의 회답 의무를 지운 것이다. 그 기능은 다음과 같다.

① 계약성립에 관한 불확실성 제거 – 계약체결 여부의 불확실성을 제거한다. §53는 침묵을 승낙의 의사로 취급하여 합리적 의사 추정기능을 한다.

② 청약자 보호 – 거절보다는 승낙으로 취급하는 쪽이 합리적이고 거절이 이례적인 계속적 거래의 상황에서는 청약을 받은 상대방이 거절을 원한다면 가만히 있지 말고 거절의 의사를 신속하고 분명하게 표시해야 할 의무를 지우고, 그렇게 하지 않으면 불이익을 줌으로써 청약자 보호 기능을 한다.

③ 승낙자 보호 – 청약을 받는 입장에서도 계약의 성립을 원할 때마다 일일이 승낙의 의사를 밝혀야 하는 번거로움을 없애고 청약자 측이 이를 핑계로 계약 불성립을 주장할 수 없게 되어 계약의 안정적 유지에 도움이 된다.

Ⅱ. 요　　건

(1) 당사자

(가) 상시 거래관계 – 청약자와 청약수령자 사이에 상시 거래관계가 있어야 한다(§53). 즉, 그동안 계약 성립을 지속하여 온 관계로서, 앞으로도 되풀이될 것으로 예상되는 관계이어야 한다(통설). 그 판단은 사회통념에 의한다.

(나) 청약받은 자의 상인성 – 청약 수령자는 상인이어야 한다(§53). 청약자는 상인이 아니어도 무방하다(통설).

(2) 영업부류에 속하는 청약

① 청약 내용이 청약을 받은 상인의 영업부류에 속하는 것이어야 한다(§53).

② 청약을 받은 상인의 보조적 상행위를 포함하는가?

(ⅰ) 제외된다는 견해가 통설이다.

(ⅱ) 사견 – 그러나 보조적 상행위라도 상시 거래관계에 있었다면 이를 긍정하는 것이 타당

하다(포함설). 법문의 '영업범위'(§62)와 '영업부류'가 뚜렷하게 구분될 수 있는 개념인지, 그리고 그러한 구분을 엄밀하게 하는 것이 옳은지에 대해서는 의문이 있다. (전술)

Ⅲ. 효 과

(1) 승낙의제 – 계약성립

① 이상의 요건을 충족하면 청약 수령자의 침묵은 승낙으로 의제된다(§53). 그에 따라 계약이 성립한 것으로 되어 효력이 발생한다.

② 청약 수령자가 거절하려면 지체없이(바로) 거절의 통지를 발송해야 한다(§53).

(2) 청약자가 계약성립을 부정할 수 있는지 여부

청약자는 승낙의제의 효과(계약성립)를 부정할 수 있는가?

(ⅰ) 긍정하는 견해가 있다.[6)]

(ⅱ) 사견 – 부정하는 것이 타당하다. 상대방이 지체없이 승낙 여부의 통지를 발송하지 않으면 승낙한 것으로 의제하는 것은 당사자의 의사에 의한 효과가 아니라 §53에 기한 법정 효과이며, 이는 쌍방 모두에 적용된다. §53는 청약자만의 이익을 보호하기 위해 청약자에게 계약 성부의 선택권을 부여하는 것이 아니며, 청약 수령자는 계약의 성립을 전제로 후속행위를 할 수 있기 때문이다.

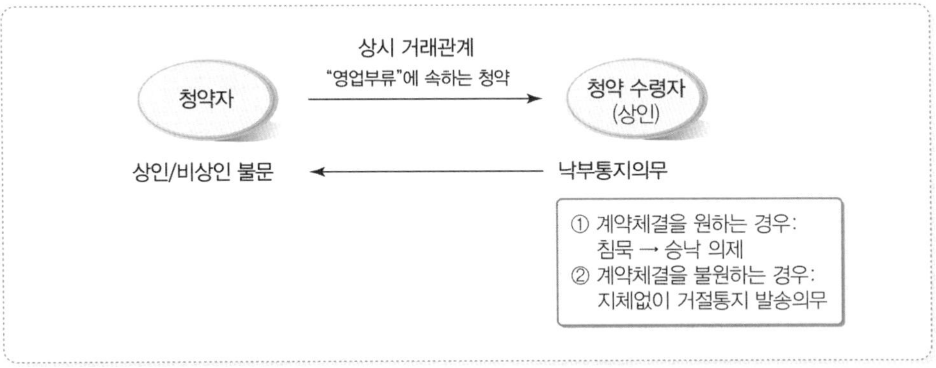

:: [그림 7-3-1] 낙부 통지의무

6) 송옥렬 121.

제2절 송부물 보관의무

기초 청약을 거절하는 자는 송부물 보관의무를 지는가?

계약의 일반 법리상, 청약과 함께 견품 등을 받은 상대방은 승낙을 거절하는 경우 그 견품 등을 반환하거나 보관할 의무가 원칙적으로 없다.

제60조(물건 보관의무) 상인이 그 영업부류에 속한 계약에 관하여 청약을 받고 견본품이나 그 밖의 물건을 받은 때에는 그 청약을 거절할 때도 청약자의 비용으로 그 물건을 보관해야 한다. 그러나 그 물건의 가액이 보관비용을 갚기에 부족하거나 보관으로 인해 손해를 입을 우려가 있는 경우에는 그러지 않는다.

Ⅰ. 기 능

승낙을 기대하고 목적물 전부 또는 일부를 보내어 청약했음에도 거절당한 청약자의 물적 손해를 최소화하는 한편, 보관비용을 청약자 부담으로 하고 보관의무 면제사유를 규정함으로써 청약자와 수령자 쌍방 모두의 이익을 기하고 있다.

Ⅱ. 요 건

(1) 당사자

(가) 청약 수령자의 상인성 – 청약자는 상인일 필요가 없으나, 청약 수령자는 상인이어야 한다.

(나) 상시 거래관계 요부 – §53와는 달리 법문상 상시 거래관계를 요하지 않는다. 다만, 입법론으로, 송부물 보관의무는 낙부 통지의무와 함께 청약 수령자에게 부담을 주는 것이라는 이유에서 상시 거래관계를 요하는 것으로 법에 명시할 필요가 있다는 견해가 있다.[7] 이는 입법정책의 문제이다.

(2) 청 약

① 청약내용이 청약 수령자인 상인의 '영업부류'에 속하는 것이어야 한다.

---

7) 김정호 229, 박상조 343, 이기수/최병규 336, 이철송 364, 임중호 289.

② 청약과 함께 견품 등의 물건(송부물)을 송부한 경우이어야 한다. 이때의 '견품'은 통상 반환의무가 없는 시용품이나 샘플이 아니라 계약이 성립했을 때 목적물 일부가 되는 것을 뜻한다.[8)]

(3) 거 절

청약에 대해 거절하는 경우이어야 한다. 승낙하면 계약이 성립되어 받은 물건은 거래 목적물의 일부가 되므로 청약자를 위한 보관문제가 생길 까닭이 없다.

(4) 격지 요부

§60의 적용요건으로 격지거래일 것을 요하는가?

(ⅰ) 제1설(격지설) – 송부물 보관의무는 청약자가 청약 수령자의 영업소 소재지에 있지 않은 격지거래(隔地去來)에만 적용되고 청약자가 청약 수령자의 영업소 소재지에 있는 동지거래(同地去來)에는 적용되지 않는다는 견해이다.[9)]

(ⅱ) 제2설(지배설) – 격지거래와 동지거래를 구별할 이유가 없다거나 그 물건이 누구의 지배에 있는지를 기준으로 하여야 한다는 견해이다.[10)]

(ⅲ) 사견 – 격지 요부에 관하여 법에 명시적 규정이 없으므로 송부물 소재지와 관리, 반환의 용이성과 비용 등을 기준으로 적용 여부를 개별적으로 판단하는 것이 동조의 취지에 부합한다(절충설).

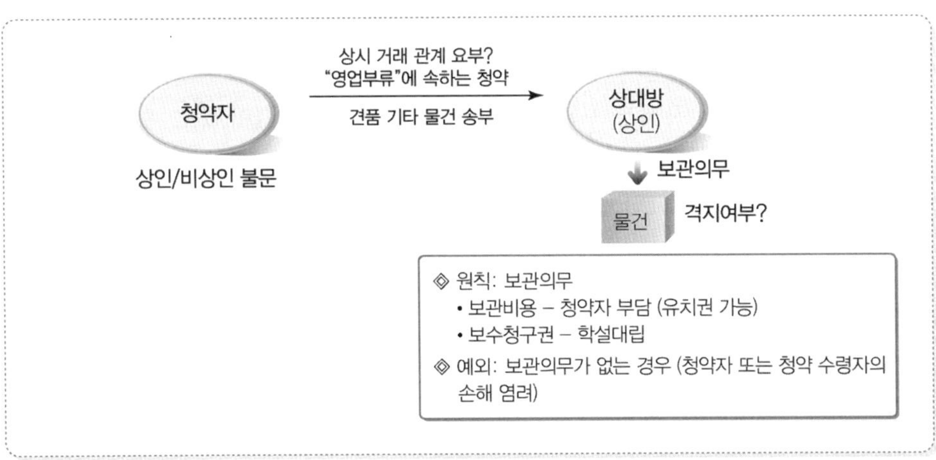

:: [그림 7-3-2] 청약 거절시 송부물 처리

8) 송옥렬 121, 최정식 266.
9) 김두진 205, 최기원/김동민 224, 정찬형 236.
10) 이철송 364, 임중호 289.

Ⅲ. 효　　과

(1) 보관의무

청약을 거절하는 청약 수령자는 선량한 관리자의 주의로 송부물을 보관할 의무를 진다(§62). 이를 게을리하여 청약자가 손해를 입으면 배상책임을 진다.

(2) 보관비용

보관비용은 청약자가 부담한다(§60).

(3) 보수청구권

보관에 관하여 보수청구권(§61)이 인정되는가?

(ⅰ) 긍정설,[11] (ⅱ) 부정설이[12] 있다. 부정설은 보관의무가 법에 따라 부과되는 특별한 의무라는 점을 이유로 한다.

(ⅲ) 사견 – 긍정설이 원칙적으로 타당하다. 상인의 보수청구권에 관한 §61는 영업 범위 안에서 타인을 위해 행위를 하면 법적 의무인지에 상관없이 적용되기 때문이다.

Ⅳ. 배　　제

보관하는 것이 당사자에게 무익하거나 손해를 끼칠 가능성이 있는 때에는 보관의무가 없다. 물건 가액이 보관비용을 상환하기에 부족한 경우나 보관으로 인해 손해를 받을 염려가 있는 경우가 이에 해당한다(§60단). 이는 예시규정이다.

〈표 7-3-1〉 낙부 통지의무와 송부물 보관의무

		낙부 통지의무 (§53)	송부물 보관의무 (§60)
같은 점	청약자	상인 여부 불문	
	청약 수령자	상인	
	청약 내용	청약 수령자의 영업부류에 속하는 것 (보조적 상행위 포함 여부)	
	격지자 거래	(학설)	

11) 김두진 206, 안강현 214.
12) 이철송 365, 정찬형 237, 최정식 266~267.

	임의규정	당사자는 적용을 배제할 수 있다.	
다른 점	본질적 차이	침묵의 승낙 의제(계약성립)	거절(계약 불성립)하는 경우의 송부물 처리
	상시 거래관계	요함	불요(법문)
	의무내용	지체없이 낙부 통지 발송의무	송부물 보관의무
	의무해태의 효과	승낙 의제 (계약성립)(간접의무)	손해배상책임 (직접의무)
	청약을 거절하려면	거절 통지의무	거절 통지 불요 (침묵이 승낙으로 의제되지 않음, 그러나 §53의 요건을 충족하면 승낙 의제)
	송부물 처리	(규정 없음)	보관비용－청약자 부담 보수청구권－학설대립
	의무 해제	(규정 없음)	송부물 가액이 보관비용 상환에 부족하거나 보관으로 손해 염려가 있는 경우

제3절 계속관계 보호 장치

당사자 사이에 계속적 관계에 있는 상업사용인, 대리상, 익명조합, 창고업, 금융리스업, 가맹업 등에는 일시적 관계에 있는 경우와 달리 당사자의 계속적 관계의 안정을 보호하는 장치를 둔다.

① 경업·겸직 금지
② 영업비밀 준수의무
③ 해지 제한, 해지 등에 의한 관계단절의 사전 예고
④ 관계단절 후의 보상청구권 등

| 제8편 |

거래안전

제1장 선의 보호
제2장 외관법리
제3장 명의대여자 책임

대량으로 빈번하게 이루어지는 상거래에서는 거래의 안전(확실성)에 대한 요청이 강하다. 거래에 대한 불확실성이 커지면 안심하고 거래에 참여할 수 없을 뿐만 아니라 이에 대비한 여러 대책을 강구하게 되어 거래비용과 사회적 비용을 초래하게 된다. 그래서 상법에서는 영업거래의 불확실성과 위험을 최소화하고 안전성을 높이는 장치들을 두고 있다. 이를 위한 것이 선의자 보호, 외관법리 등이다. 명의대여자의 책임은 외관법리에 기한 것이다.

Keyword:

거래안전, 선의 보호, 외관법리(효과귀속형, 책임귀속형, 대항 불가형), 명의대여자의 책임

제1장

선의 보호

선의(알지 못한 경우)인 자는 보호할 가치가 있는 한 보호해주어야 한다는 것이 사법의 명제로 확립되어 있다. 그 반대로 악의(알았을 경우)인 자는 보호하지 않는 것이 일반적이다(민§514). 이에 관한 법의 태도는 다음 몇 가지 유형으로 구분된다.

(1) 선의 · 악의를 구분하는 일반적 유형

선의와 악의를 구분하여 선의만을 보호하는 것이 일반적이다.[1] 다만 선의에 과실이 있는 경우 이를 선의 또는 악의 중 어느 것으로 취급할 것인가에 관해서는 과실의 유무와 경중에 따라 차이를 두기도 한다.

(가) 무과실의 선의 – 선의에 과실이 없으면 보호를 받는 것은 민사 · 상사에서 같다.

(나) 경과실의 선의 – 민법에서는 무과실의 선의만을 보호함으로써 과실 있는 선의는 악의와 동일하게 취급하는 경우가 제법 많다(민§249 등). 비진의의사표시의 경우 표시가 진의 아님을 상대방이 안(악의) 경우뿐만 아니라 몰랐지만 알 수 있었던 경우(경과실의 선의)를 무효라고 함으로써 경과실의 선의를 악의와 동일하게 취급한다(민§117, §580, §535(2), §471 등도 동일). 그러나 상법에서는 상거래의 안전과 신속을 위해 경과실에 그치는 선의의 경우 경과실을 문제삼지 않음으로써 선의로서 보호하는 것이 통설이다. 그런데 이러한 통설의 해석방법과는 달리, 판례는 상사에서도 지배권 남용이나 대표권 남용과 이사회 결의를 흠결한 대표이사의 행위 등에 비진의의사표시 규정을 유추적용하여 경과실 있는 선의를 악의와 동일하게 취급한다(학설상 비판 있음).

(다) 중과실의 선의 – 상법에서도 중과실 있는 선의는 해석상 악의와 동일하게 취급하는 것이 일반적이고 법에서 이를 명시한 예도 있다(§401). 중과실이 있는 경우까지 선의로 취급하는 것은 과도하기 때문이다. 중과실 여부는 해당 업무의 성격에 따라

---

1) [선의를 요하고 악의이면 적용을 배제하는 상법 총칙 · 상행위 편 조항] 표현지배인 등 외관법리의 제도(§14(2)), 지배인의 대리권 제한(§11(3)), 물건판매 점포 사용인(§16(2)), 매수인의 목적물 검사 · 통지의무(§69(2)), 미등기(§37), 부실등기(§39), 특별단기시효(§121(3), §154(3), §166(3)), 무유보 수령에 의한 책임소멸(§146(2)), 화물명세서 허위기재 책임(§127(2)) 등.

구체적으로 판단해야 한다.

(라) 증명책임 – 악의 또는 (중)과실의 존재는 이를 주장하는 자가 증명책임을 지는 것이 원칙이다.

(2) 선의 · 악의를 불문하는 유형

선의만으로 보호받지 못하는 경우가 있다.

(가) 속성상 선의 보호와 양립이 곤란한 것 – 공동지배인이나 공동대표이사의 경우에는 이를 위반하면 상대방의 선의 · 악의를 묻지 않고 무효가 된다.

(나) 등기질서 유지를 위한 것 – 등기할 사항을 등기하면 이를 모른 선의의 제3자에 대해서도 대항할 수 있다(§37). 상호양도는 선의 · 악의를 묻지 않고 등기가 대항요건이다(§25(2)).

(3) 선의에 부가요건을 요하는 유형

외관법리가 적용되는 사안처럼, 단순한 선의만으로는 부족하고 타방의 외관요건과 귀책요건을 모두 충족해야 비로소 보호를 받게 된다(예: 표현지배인, 표현대표이사 등).

제2장

외관법리

Ⅰ. 기 능

실제는 무권한인데 권한 있는 듯한 외관이 존재하는 경우, 민법에서는 진실(무권한) 우선주의에 따라 무효로 하는 경우가 많다. 이에 비해 상법은 외관 우선주의에 따라 유효로 취급하는 경우가 많다. 외관을 정당하게 신뢰한 상대방을 보호하고 그릇된 외관을 만들어낸 자에 책임을 지우는 것이 공평하다는 정신에 입각한다. 그렇게 함으로써 거래의 신속과 안정이라는 효과를 얻고 있다. 그 법리적 토대를 이루는 것이 외관법리(대륙법계) 또는 금반언법리(禁反言, estoppel, 영미법계)이다.

Ⅱ. 요 건

외관법리를 적용하기 위해 갖추어야 할 요건은 (a) **외관요건**(무권한자 측), (b) **신뢰요건**(상대방 측), (c) **귀책요건**(본인 측)이다. (b)의 존재는 상대방 보호가 정당화될 수 있는 요건이고, (c)의 부존재는 본인 보호가 정당화될 수 있는 요건으로, 이에 의해 본인과 상대방 사이의 이익 균형을 기한다.

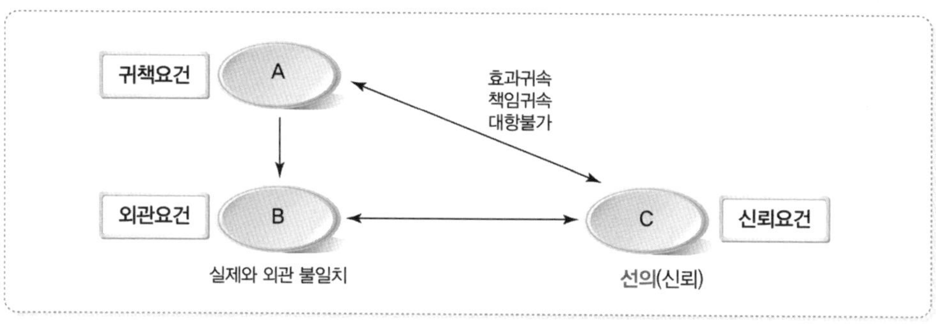

:: [그림 8-2-1] 외관법리의 구조

Ⅲ. 유　　형

민법에도 외관법리를 반영한 것이 있지만(예컨대, 표현대리, 선의취득, 채권의 준점유자에 대한 변제 등), 상법은 그 요건을 더욱 완화하고 있다. 다음 유형이 있다.

(가) 효과귀속형 – 권리·의무와 책임을 포함한 모든 법률효과를 귀속시키는 것이다(예: 표현대리인, 표현지배인, 표현대표이사 등). 대리에 관한 것이다 보니 그 효과가 본인에 귀속하는 것으로 취급한다.

(나) 책임귀속형 – 위의 (가)와는 달리 책임만을 지우는 것이다(예: 명의대여자의 책임 등). 효과는 실제의 주체에 귀속된다.

(다) 대항불가형 – 외관이 사실과 다름을 주장할 수 없도록 하는 것이다(예: 부실등기).

Ⅳ. 등기와 관계

외관법리제도와 등기제도는 내용상 양립하기 어렵다. 이때 외관주의를 우선시한다(판례·통설). 따라서 등기를 열람하지 않았다는 것이 외관법리의 적용을 배제하는 사유가 되지 않는다.

제3장

명의대여자 책임

제1절 근거와 특징

사 례

A는 B대학 구내에서 'B대학 Book Store'라는 간판을 걸고 서점을 운영하고 있다. C 출판사는 이 서점에 외상으로 책을 납품하였는데 대금을 받지 못하고 있다. C는 B대학에 지급책임을 물을 수 있는가?

제24조(명의대여자의 책임) 타인에게 자기의 성명이나 상호를 사용하여 영업할 것을 허락한 자는 자기를 영업주로 오인(誤認)하여 거래한 제3자에게 그 타인과 연대하여 변제할 책임을 진다.

1. 근거: 외관법리

§24는 명의차용자가 실제의 영업주체임에도 불구하고 명의대여자를 영업주로 오인한 거래에서 거래의 법적 효과는 명의차용자에게 귀속시키되 명의대여자를 책임자로 추가함으로써 보호가치가 있는 거래상대방의 오인을 보호해주는 제도이다. 외관법리 또는 금반언법리에 뿌리를 두고 있다(판례).[2)]

2. 특징: 책임자추가형

① 실제의 거래주체인 명의차용자가 상대방과의 관계에서 영업의 주체로서 모든 법률효과(권리의무와 책임)의 귀속점이 된다. 다만 이에 명의대여자를 책임자로 추가하는 구조이다.[3)]

2) 대법원 1989. 9. 12. 선고 88다카26390 판결.
3) 상호속용 영업양수인의 변제책임도 책임자추가형을 취하고 있다.

② 표현대리와 차이 – 표현대리와 명의대여자 책임은 거래안전을 보호하기 위해 외관법리에 뿌리를 두고 있는 점은 같다. 그러나 표현대리의 경우는 본인이 영업주이고 거래상의 법률효과가 본인에게 귀속하는 데 반하여(효과귀속형), 명의대여자 책임의 경우 법률효과는 영업주인 명의차용자에게 귀속되고 명의대여자는 변제책임을 지는 자로 추가될 뿐이라는 점에서 차이가 있다(책임귀속형). 효과귀속 없이 책임만을 지는 §24의 적용에 관해서는 좀 더 엄격하게 해석하는 것이 옳다.

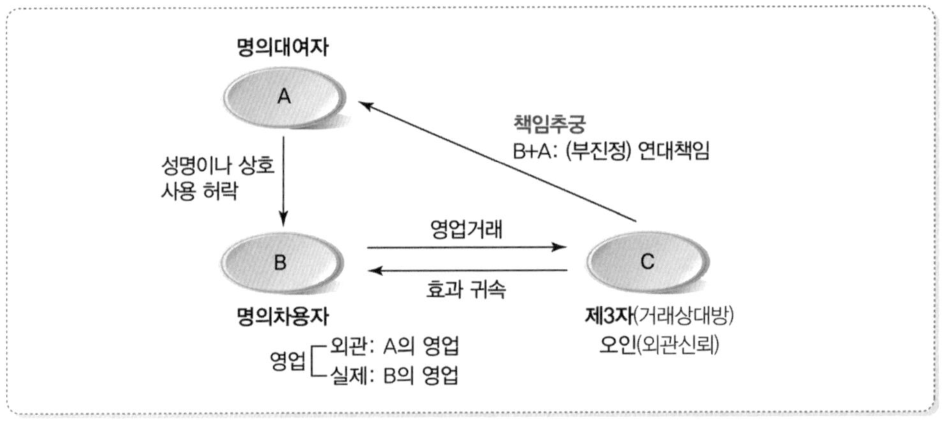

:: [그림 8-3-1] 명의대여자 책임의 외관법리 구조

제2절 요 건

I. 오인요건

(1) 실제의 영업주: 명의차용자

§24가 적용되려면 실제의 영업주는 명의차용자이어야 한다. 명의차용자로부터 대리권을 받은 피용자의 행위로 인한 경우를 포함한다.[4)]

---

4) 대법원 1970. 9. 29. 선고 70다1703 판결: 명의대여자의 책임은 사용을 허락받은 자의 행위에 한한다. 이는 명의차용자의 피용자 행위에 대해서까지 미칠 수 없다(대법원 1987. 11. 24. 선고 87다카1379 판결; 대법원 1989. 9. 12. 선고 88다카26390 판결)(피용자에게 대리권이 부여되지 않은 사례).

(2) 외관상 영업주: 명의대여자

(가) 명의 외관 – §24가 적용되려면 명의대여자가 영업주인 듯한 외관이 존재해야 한다. 이러한 오인을 불러일으킬 수 있는 외관으로 법문은 성명 또는 상호를 들고 있으나, 예시일 뿐이다(예시설). 그 밖에도 거래통념상 영업주에 관하여 오인 가능성 있는 모든 명칭, 나아가 표상을 포함하고, 동일한 경우는 물론이고 유사한 경우를 포함한다(판례).[5]

(나) 영업 외관 – 명의대여자를 영업주로 오인할 수 있는 외관이 존재하기 위해서는 명의 외에 영업내용에서도 명의대여자의 영업으로 오인할 가능성이 있어야 하는가?

(ⅰ) 필요설(판례),[6][7][8] (ⅱ) 불요설이[9] 있다.

---

5) [명의대여로 본 사례]
대법원 1967. 10. 25. 선고 66다2362 판결: A는 ○○정미소라는 상호를 가지고 경영하던 정미소를 B에게 임대하고 B는 같은 상호를 그대로 사용하면서 그 정미소를 경영하였다. B가 그 정미소를 경영하는 동안에 C로부터 백미를 보관하고 보관전표를 발행했고, 그때 C가 A를 ○○정미소의 영업주로 오인하였다. 이러한 사실이 인정된다면 A는 그 백미 보관으로 인한 책임을 면할 수 없다.
대법원 1978. 6. 13. 선고 78다236 판결: 임대인이 그 명의로 영업허가가 난 나이트클럽을 임대하면서 임차인에게 영업허가 명의를 사용하여 다른 사람에게 영업을 하도록 허락한 이상 임차인들이 위 영업과 관련하여 부담한 채무에 관하여 §24의 규정에 따라 그 임차인들과 연대하여 제3자에 대하여 변제할 책임이 있다.
대법원 2001. 4. 13. 선고 2000다10512 판결: A, B, C 3명이 나이트클럽의 공동사업자로 사업자등록이 되어 있고, 나이트클럽의 신용카드 가맹점에 대한 예금주 명의도 그중 1명으로 되어 있는 경우, A, B, C가 나이트클럽을 실제로 경영한 사실을 인정할 수 없다고 하더라도 그들의 명의를 사용하게 하여 영업상의 외관을 나타낸 것은 틀림없다.
대법원 2008. 1. 24. 선고 2006다21330 판결: 명의자가 타인과 동업계약을 체결하고 공동명의로 사업자등록을 한 후 타인에게 사업을 운영하도록 허락하였고, 거래상대방도 명의자를 위 사업의 공동사업주로 오인하여 거래하여 온 경우에는, 그 후 명의자가 동업관계에서 탈퇴하고 사업자등록을 타인 단독명의로 변경하였다 하더라도 이를 거래상대방에게 알리는 등의 조처를 하지 아니하여 여전히 공동사업주인 것으로 오인하게 하였다면 명의자는 탈퇴 이후에 타인과 거래상대방 사이에 이루어진 거래에 대하여도 §24에 의한 명의대여자로서의 책임을 부담한다.
대법원 2008. 10. 23. 선고 2008다46555 판결: 건설업 면허를 대여한 자는 자신을 영업의 주체로 오인한 하수급인에 대하여도 명의대여자로서의 책임을 진다.
[명의대여로 보지 않은 사례]
대법원 1989. 10. 10. 선고 88다카8354 판결: 타인의 상호 아래 대리점이란 명칭을 붙인 경우는 그 아래 지점, 영업소, 출장소 등을 붙인 경우와는 달리 타인의 영업을 종속적으로 표시하는 부가부분이라고 보기도 어렵다. 그러므로 제3자가 자기의 상호 아래 '대리점'이란 명칭을 붙여 사용하는 것을 허락하거나 묵인하였더라도 상법상 명의대여자의 책임을 물을 수는 없다.

6) 대법원 1983. 3. 22. 선고 82다카1852 판결: 정미소업을 영위하는 A가 B에게 상호와 더불어 영업·건물을 임대하였는데, B가 C에게 건물을 재차 임대했다. 건물의 임대는 상호를 통해 알 수 있는 정미소 영업과는 무관하므로 C가 B의 영업을 A의 영업으로 알고 임차를 하였다고 하더라도 임대보증금의 반환 등 임대차계약에 관해서는 A에게 책임을 물을 수 없다.

7) 필요설도 사회통념상 명의대여자의 영업으로 오인할 수 있는 영업이면 동종뿐만 아니라 연관된 것까지를 포함한다고 한다. 예컨대, 명의대여자의 영업이 호텔업이면 나이트클럽은 연관성이 있으나 약국업은

(ⅲ) 사견 – 필요설이 원칙적으로 타당하다. 명의상 외관을 갖추었으나 영업내용이 명의대여자의 영업으로 오인하기에 전혀 엉뚱한 것이라면 영업 외관에 오인가능성이 없다고 보거나 오인에 중과실이 있는 것이 되어 보호받지 못한다.

(3) 상인성

(가) 명의대여자 – 명의대여자는 상인일 것을 요하지 않는다(판례 · 통설).[10] 따라서 국가나 지방자치단체 등 공법인이나 대학 등도 명의대여자가 될 수 있다. 근거는 다음과 같다. ㈀ 상법은 명의대여자를 '영업주'로 규정하고 있는데 이는 상법상 상인일 필요가 없다. ㈁ 상인 아닌 자도 부수적으로 영업을 하는 경우가 있다(예: 대학 명의의 서점 운영). ㈂ §24에서 상호 아닌 성명의 대여도 명의대여가 될 수 있다고 규정한 것은 명의대여자가 상인이 아닌 경우를 상정한 것이다. ㈃ §24는 누구건 영업주체에 오인을 빚어낸 외관 작출자를 책임자로 추가하는 것에 그친다.

(나) 명의차용자 – 명의차용자는 일반적으로 상인이다. 명의차용자가 상인이 아닌 경우 §24를 유추적용할 수 있는가?

(ⅰ) 긍정설(판례 · 소수설),[11][12] (ⅱ) 부정설(다수설)이[13] 있다.

(ⅲ) 사견 – 부정설이 타당하다. §24의 명의차용자는 자신이 영업주가 되는 상인임을 전제로 하고 있기 때문이다. 명의차용자가 상인이 아니면 민법상 표현대리의 적용가능성을 살펴야 한다.

Ⅱ. 귀책요건

(1) 명의사용 허락

§24가 적용되려면 명의대여자가 명의사용을 허락함으로써 명의대여자가 영업주인

연관성이 없다고 하여 §24의 적용대상이 아니라고 한다.

8) 류시창 88, 송옥렬 63, 정동윤 85, 정찬형 135(명의대여자가 전혀 영업을 하지 않을 때는 '명의의 동일성'만 인정되면 충분하나, 명의대여자가 영업을 할 때는 '영업외관의 동일성'까지 인정되어야 한다는 견해).

9) 김정호 115, 이철송 210~211, 임중호 183~184, 최기원/김동민 123, 최정식 165~166, 최준선 170~171.

10) 대법원 1987. 3. 24. 선고 85다카2219 판결(인천광역시로부터 병원시설을 임대받아 위탁 경영하고 있던 인천직할시립병원 사례).

11) 대법원 1987. 3. 24. 선고 85다카2219 판결.

12) 정동윤 85.

13) 고재종 103, 김두진 93, 김병연/박세화/권재열 110 · 119, 김정호 115~116, 류시창 87, 이철송 209, 임중호 184.

것으로 오인할 수 있는 외관을 작출하고, 이에 귀책사유가 있어야 한다. 명의사용의 허락은 명시·대가·적법·유효 여부를 불문한다(판례).[14]

(2) 묵시적 허락

묵시적 허락은 어떤 경우에 귀책사유를 인정할 수 있는가?

(i) 부가적 사정 필요설 – 명의사용을 저지하지 않은 단순 부작위만으로는 부족하고 법적 의무 또는 사회생활상 의무를 위반한 것에 해당하여 비난 가능성이 있는 부가적 사정이 있을 때 비로소 귀책사유가 있다는 견해이다(판례·다수설).[15]

(ii) 인지방치설 – 누구건 자신의 성명·상호가 타인에 의해 허락 없이 사용되는 사실을 알면 그 표현상태를 제거할 의무를 진다는 전제에서, 영업임대 등의 부수적 사실이 없더라도 타인이 자기의 성명·상호를 사용함을 알고도 장기간 방치하면 명의사용을 묵시적으로 허락한 것으로 볼 수 있다는 견해이다.[16]

(iii) 사견 – 동조의 적용을 제한하고 귀책사유라는 점에서 부가적 사정 필요설이 타당하다. 즉, 명의사용을 안 것만으로는 부족하고 부수적 사실관계와 종합하여 타인이 자신의 명의를 사용하는 것에 대해 관리하고 저지해야 할 적극적인 작위의무가 명의대여자에게 있는데도 이를 게을리한 경우라면 귀책성 있는 허락으로 볼 수 있다.

판례상의 예를 들어보자.

(a) 명의사용을 허락한 것이 아니라 단순히 영업주의 상점, 전화, 창고 등을 여러 번 사용하도록 허락한 경우는 명의사용의 허락으로 볼 수 없다.[17]

(b) 명의사용을 알지 못한 데에 과실이 있다거나 단순히 명의사용을 알면서도 저지하지 않은 것만으로는 명의사용의 허락으로 볼 수 없다.[18]

Ⅲ. 신뢰요건

(1) 제3자

명의차용자의 직접 상대방만이 §24에 의한 보호를 받는다(판례·통설). 외관 신뢰에

14) 대법원 1988. 2. 9. 선고 87다카1304 판결(농약 판매등록명의자가 등록명의를 대여한 사례).
15) 김두진 94, 안강현 126~127, 류시창 85, 이종훈 80, 임중호 181~182, 정경영 79~80, 정찬형 134, 채이식 85, 최기원/김동민 120, 최준선 175.
16) 고재종 102, 이철송 207.
17) 대법원 1982. 12. 28. 선고 82다카887 판결.
18) 대법원 1977. 7. 26. 선고 77다797 판결(회사가 타인에게 같은 사무실 내에서 같은 사업을 경영할 수 있도록 허용한 사례); 대법원 2008. 1. 24. 선고 2006다21330 판결(공동명의의 동업을 탈퇴한 사례).

보호가치가 있는 인적 범위는 여기까지이다. 직접의 상대방이 아닌 제3자(예: 전득자, 상대방의 채권자)는 §24에 의한 보호범위 밖에 있다.

(2) 오 인

명의차용자와 거래한 상대방이 명의대여자를 영업주로 오인해야 한다(§24). 오인에 경과실이 있는 경우는 §24의 보호를 받는다. 그러나 중과실은 악의와 동일하게 취급하여 보호받을 수 없고, 그 증명책임은 명의대여자에게 있다(판례 · 통설).[19]

제3절 효 과

Ⅰ. 책임자 추가

(1) 대외 책임

① 실제의 영업주인 명의차용자가 상대방에 대해 영업주로서 변제책임을 지는 것은 당연하다. 이에 명의대여자가 변제책임을 지는 자로 추가된다(§24).

② 법문에서는 '연대하여'로 되어 있는데, 명의대여자와 명의차용자 사이에 채무를 공동으로 부담한다는 주관적 공동관계가 없으므로 부진정연대채무가 된다(판례 · 통설).[20]

(2) 대내 구상

명의대여자가 변제책임을 이행했다면, 그 실질은 타인 채무의 변제로 유효하다(민§469). 명의대여자는 명의차용자에게 구상권을 행사할 수 있다(통설, 민§745(2) 참조).

Ⅱ. 책임 범위

(1) 차용명의에 의한 영업채무

명의대여자의 변제책임은 대여 명의에 의해 객관적으로 추론되는 영업거래로 인한 책임에 국한한다. 이에 관련되는 한 모든 책임을 포함한다(판례 · 통설).

---

19) 대법원 2008. 1. 24. 선고 2006다21330 판결.

20) 대법원 2011. 4. 14. 선고 2010다91886 판결: §24에 의하여 명의대여자와 명의차용자는 부진정연대책임을 진다. 그러므로 채무자 1인의 소멸시효 중단사유나 시효이익 포기는 다른 채무자에게 영향이 없다.

(2) 불법행위책임

불법행위책임에 §24가 적용될 수 있는가?

(ⅰ) 부정설(판례 · 제1설) – 불법행위의 경우는 영업 관련성 여부를 불문하고 명의대여자에게 §24의 책임을 물을 수 없다고 한다.[21)][22)] 다만 명의사용을 허용받은 사람이 명의대여자의 지휘 · 감독을 받아야 할 지위에 있는 경우 그 업무수행을 하면서 고의 또는 과실로 다른 사람에게 손해를 끼쳤다면 명의사용을 허용한 사람은 사용자책임(민§756)을 진다.[23)]

(ⅱ) 제한적 긍정설(제2설) – 불법행위를 사실적 불법행위(예: 교통사고)와 거래적 불법행위(예: 사기적 거래)로 구분해서, 후자에 대해서는 §24가 적용될 수 있다고 한다.[24)] 후자의 경우는 상대방의 신뢰가 존재하고 손해와의 인과관계를 인정할 수 있기 때문이라 한다.

(ⅲ) 사견 – 부정설이 원칙적으로 타당하다. §24는 거래상의 외관책임으로 법문상 '거래한 제3자에 대하여' '변제할 책임'이 있다고 규정하고 있기 때문이다. 예컨대, 사기적 거래의 경우 계약상의 책임을 묻는 경우라면 §24의 적용이 가능하나, 불법행위책임으로 묻는 때에는 사용자책임(민§756)의 가능성을 살펴야 한다.

(3) 어음 · 수표행위

① 명의대여자가 자기의 성명이나 상호를 사용하여 영업할 것을 허락하였는데 명의차용자가 그 영업과 관련하여 명의대여자의 성명이나 상호로 어음행위를 한 경우 §24가 적용되는가? 어음행위는 영업거래에 필요한 행위이므로 §24가 적용될 수 있다(통설 · 판례).

② 영업에 대한 것이 아니라 어음행위에 대해서만 명의대여를 한 경우 §24가 유추적용될 수 있는가?

(ⅰ) 긍정설(제1설),[25)] (ⅱ) 부정설(제2설)이[26)] 있다.

---

21) 대법원 1998. 3. 24. 선고 97다55621 판결: 불법행위의 경우에는 설령 피해자가 명의대여자를 영업주로 오인하고 있었더라도 그와 같은 오인과 피해의 발생 사이에 아무런 인과관계가 없다. 그러므로 이 경우 신뢰관계를 이유로 명의대여자에게 책임을 지워야 할 이유가 없다.

22) 김두진 98, 김병연/박세화/권재열 111~112, 김홍기 76, 류시창 89~90, 손주찬 131, 이철송 217, 손진화 111, 전우현 118, 정준우 99, 정찬형 137, 최정식 160, 최준선 171.

23) 대법원 2005. 2. 25. 선고 2003다36133 판결; 대법원 1997. 3. 35. 선고 97다3798, 3804 판결. 대법원 1993. 3. 26. 선고 92다10081 판결(지휘 · 감독 관계가 없다고 하여 책임을 부정한 사례).

24) 송옥렬 65, 안강현 130(원칙적으로 부정설을 취하나 사기적 거래로 인한 경우는 적용 가능하다는 견해), 이기수/최병규 192, 임홍근 122, 임중호 186~187, 정경영 82~83, 정동윤 86, 최기원/김동민 125~126.

25) 김두진 99, 김홍기 75, 안강현 131, 손주찬 130, 손진화 111, 정찬형 138, 최준선 171.

26) 김병연/박세화/권재열 112, 김성태 269, 이기수/최병규 195, 이철송 220, 임중호 189, 정동윤 87, 정준우 100, 최기원/김동민 127, 최정식 161.

(iii) 사견 – 부정설이 타당하다. 이 경우는 영업주 오인이 아니라 어음행위자 오인의 문제이다. 어음행위의 대행·대리이론으로 처리해야 한다.

제9편

영 리 성

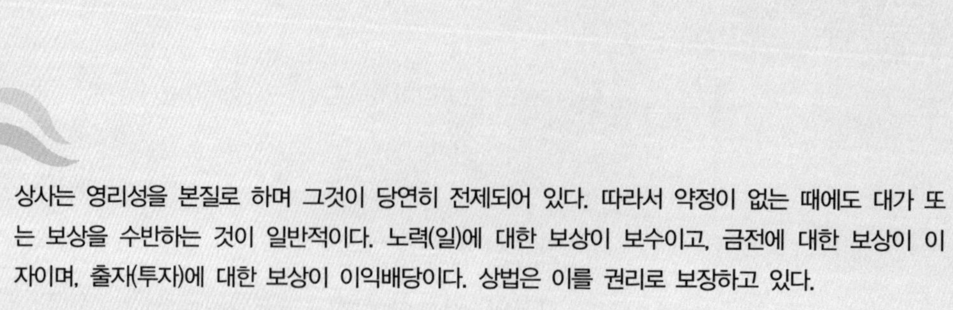

상사는 영리성을 본질로 하며 그것이 당연히 전제되어 있다. 따라서 약정이 없는 때에도 대가 또는 보상을 수반하는 것이 일반적이다. 노력(일)에 대한 보상이 보수이고, 금전에 대한 보상이 이자이며, 출자(투자)에 대한 보상이 이익배당이다. 상법은 이를 권리로 보장하고 있다.

Keyword:

영리성, 보수청구권, 비용상환청구권, 이자, 약정이자, 법정이자청구권(상사 연 6%), 배당

제1장

보수청구권

사 례

여행 중인 A는 며칠간 숙박했던 B호스텔을 체크아웃하면서 다음 목적지로 이동하기 전에 무거운 여행용 가방을 잠시 보관하고자 B호스텔의 보관 서비스를 이용하였다. B호스텔이 보관 수수료에 관하여 사전에 아무런 설명이 없다가 나중에 보관료를 청구한다면 A는 그에 관한 약정이 없었음을 이유로 지급을 거절할 수 있는가?

기초 타인을 위한 사무처리와 비용 · 보수

비용과 보수는 다르다. 예컨대, 자동차 수리를 정비소에 맡긴 경우, 교체하는 부품값은 비용이고, 그 수수료는 보수이다. 보수는 타인을 위한 노력의 대가(보상)이다.

(가) 비용 – 비용은 약정 여부를 불문하고 청구할 수 있다. 이는 민법과 상법에 차이가 없다.

(나) 보수 – 보수에 관하여 약정이 없으면, 민사의 경우 '비용'은 청구할 수 있으나(민§739) '보수'는 청구할 수 없음이 원칙이다(민§686; 무보수 원칙). 반면에 상사에서는 보수에 관하여 약정이 없는 때에도 유상이 원칙이다.

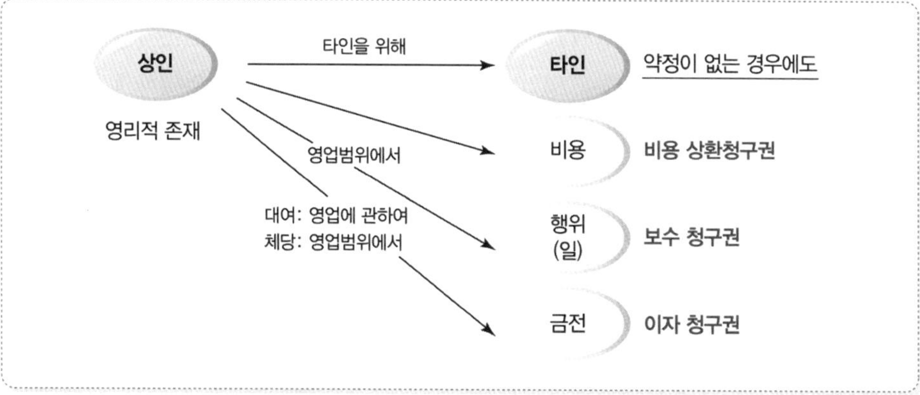

:: [그림 9-1-1] 타인을 위한 사무처리와 보상

제61조(상인의 보수청구권) 상인이 그 영업범위 안에서 타인을 위하여 행위를 한 때에는 이에 대하여 상당한 보수를 청구할 수 있다.

Ⅰ. 기 능

§61는 보수에 관한 약정이 없는 때에도 상인의 보수청구권을 제도적으로 보장한다. 상인은 영리적 존재이므로 타인을 위해 한 행위에 대해 보수를 받는 것은 상인의 존재이유이자 존립기반이기 때문이다.

Ⅱ. 대 상

(1) 무약정

§61는 보수에 관하여 약정이 없는 때에도(보충성) 상인이 보수청구권을 권리로 갖는다는 의미가 있다(권리성).

(2) 청구권자의 상인성

§61는 상인의 영리성을 보장하기 위한 것이다. 상인의 일방적 상행위에도 적용된다. 그 상대방인 타인은 상인일 것을 요하지 않는다(통설).

(3) 영업범위

상인의 영리성은 상행위의 구분과 관계없이 영업 전반에 미친다. 법문은 '영업범위' 안으로 표현하고 있다. '영업범위'는 '영업부류'보다 넓은 개념으로 보조적 상행위를 포함한다는 것이 통설이다. 그러나 영업범위와 영업부류를 통설처럼 엄밀하게 구분할 수 있는 것인지는 의문이다. (전술)

(4) 타인을 위한 행위

① 타인을 위한 – '타인을 위하여'란 무슨 뜻인가?

(ⅰ) 경제적 이익의 관점에서 타인의 이익을 위하여 행하는 것이라는 견해(판례 · 제1설),[1)2)]

---

1) 대법원 1977. 11. 22. 선고 77다1889 판결: 부동산소개업자라도 부동산매매 중개에 있어서 계약당사자 일방의 이익을 위하여 행위를 한 사실이 인정되지 않는 이상 그 당사자에 대하여는 보수청구권이 없다.

(ⅱ) 그 행위의 법률상 또는 사실상의 효과가 타인에게 귀속되는 것이라는 견해(제2설)가[3] 있다.
(ⅲ) 사견 – 경제적 이익설이 타당하다. 효과 귀속설에 의하면 효과의 귀속이 없는 때에는 보수청구권이 없는 것으로 되어 보수청구권이 인정되는 대상을 협소하게 만든다. 반사적 이익에 그칠 때는 이에 해당하지 않고 실제 이익의 발생을 요하지 않는다.

② 행위 – 여기의 '행위'는 거래행위에 한정하지 않는다. 법률행위(예: 어음보증)뿐만 아니라 사실행위(예: 시장조사), 의무 없이 하는 것(예: 사무관리)을 포함한다(통설).

(5) 적용여부

(가) 법률상 의무에 의한 행위

상인이 법률상 의무에 기해 행위를 할 때(예: §60, §70 등) §61의 보수청구권이 인정되는가?

(ⅰ) 긍정설,[4] (ⅱ) 부정설이[5] 있다.
(ⅲ) 사견 – 긍정설이 타당하다. §61는 상인이 타인을 위해 행위를 한 경우 상인의 기회비용에 대한 합당한 대가를 상인의 권리로써 인정한 것이지, 그 행위가 법적 의무에 근거한 것인가 아닌가는 불문하기 때문이다.

(나) 완성조건부 행위

① 일의 완성이 보수청구권 발생의 법정 조건으로 명시되어 있는 경우에는 그 조건을 충족해야 보수청구가 가능하다. 예컨대, 중개인은 결약서를 작성·교부해야 비로소 보수를 청구할 수 있다(§100(1)).

② 성공보수의 약정(특약)이 있으면 이러한 당사자 의사에 따라 §61의 적용이 배제된다(판례).[6]

Ⅲ. 보 수 액

위의 요건을 충족하면 상당한 보수를 청구할 수 있다(§61). 보수액의 상당성은 기여 정도와 그로 인해 상대방이 받은 이익 등을 비교하여 사회통념에 따라 결정한다.[7]

여기에 타인을 위하여 행위를 한다고 함은 타인의 이익을 위하여 행위를 한다는 뜻이다.
2) 고재종 213, 이철송 367, 임중호 301, 정경영 150, 정동윤 166.
3) 김성태 425~426, 최기원/김동민 225, 최정식 267.
4) 김두진 222.
5) 이철송 369, 정찬형 251.
6) 대법원 2007. 9. 20. 선고 2006다15816 판결.

Ⅳ. 배 제

§61는 임의규정이므로 당사자의 특약으로 배제할 수 있다.[8] 상인은 보수청구권을 당연히 포기할 수 있다(예: 숙박업자가 숙박기간이 종료한 이후 여행용 가방을 호의로 보관해주는 경우). 다음의 경우에는 §61의 보수청구권이 인정되지 않는다.

(a) 법률 규정에 따라 보수청구권을 배제하는 경우(예: §134(1)에 의해 운송물이 송하인의 책임 없는 사유로 멸실한 경우)

(b) 거래관행상 무상으로 인식되는 경우(예: 통상적인 포장의 대가)

---

7) 서울고등법원 2011. 5. 11. 선고 2010나28774 판결.

8) 대법원 2007. 9. 20. 선고 2006다15816 판결.

제2장

이자청구권

기초 이자와 이율

① 보수가 타인을 위한 노력에 대한 보상이라면, 이자는 금전에 대한 보상이다. 이자의 지급 여부에 관하여 당사자의 약정이 있으면 그에 의한다. 이자 지급에 관하여 약정이 없는 경우 민사에서는 무이자가 원칙이고, 상사에서는 이자가 따른다(법정이율 적용).

② 이율에는 당사자의 약정으로 정해지는 약정이율과 약정이율이 없는 경우에 법이 정한 법정이율이 있다. 이자를 지급할 의무가 있으나 약정이율이 없으면 법정이율에 의한다. 법정이율은 민사에서는 원칙적으로 연 5분(5%)이고(민§379), 상사에서는 연 6분(6%)이다(§54).

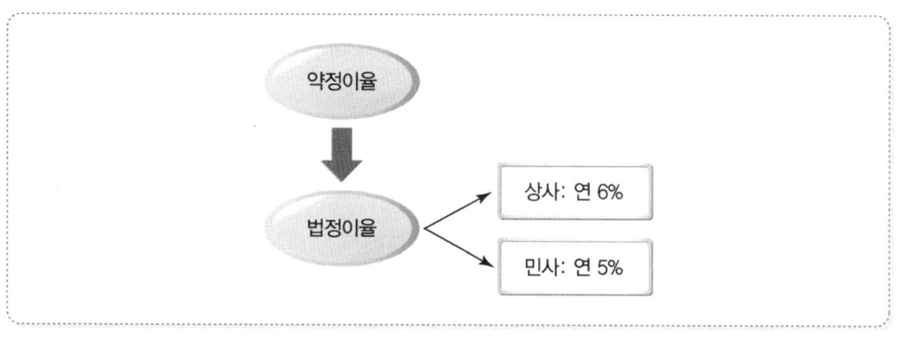

제1절 상사법정이율

사 례

방송사 A는 방송드라마 각본 제작을 소설가 B에게 의뢰하고 집필계약과 함께 원고료 5천만원을 미리 주었다. 그런데 B가 마감일까지 집필을 마치지 못하게 되었다. A는 집필계약을 해제했는데, B가 선도금 반환을 지연하고 있다. A는 B에게 선도금 원금 5천만원과 함께 어느 정도의 이자를 청구할 수 있는가?

제54조(상사법정이율) 상행위로 생긴 채무의 법정이율은 연 6퍼센트로 한다.

Ⅰ. 기 능

① 영리기능 – 상사채무의 기회비용인 이자에 대해서는 민사채무보다 더 큰(1% 추가) 보상을 법으로 정한다.

② 보충기능 – 법정이율은 이율에 관한 약정의 흠결을 보충하는 기능을 한다.

Ⅱ. 대 상

(1) 상행위로 인한 채무 (상사채무)

① 상행위로 인한 채무이어야 한다.[9] 보조적 상행위를 포함한다(판례).[10]

② 쌍방적 상행위는 물론이고 일방적 상행위를 포함한다(판례·통설).[11] 다만 일방적 상행위인 경우 채무자에 상행위일 것을 요하는가?

(ⅰ) 채권자 또는 채무자 어느 쪽에 상행위로 되건 상관없다는 견해(판례),[12] (ⅱ) 채무자에 상행위가 되는 행위로 생긴 채무에만 적용되는 것으로 제한하는 견해(소수설)가[13] 있다.

---

9) 상행위 여부와 관계없이 연 6%의 법정이율을 법정한 경우가 있다(예컨대, 어음법 §48, §49, 수표법 §44, §45).

10) 대법원 2019. 10. 18. 선고 2018다239110 판결(미지급 임금 지연손해금 사례).

11) 대법원 2000. 10. 27. 선고 99다10189 판결(아파트 완공지연에 따른 입주 지체상금 사례).

12) 대법원 2016. 6. 10. 선고 2014다200763, 200770 판결(국가계약 사례).

(ⅲ) 사견 – 전설이 타당하다. 그 이유는 누차 밝힌 바와 같이 상행위로 인한 채무이면 그것이 채권자 또는 채무자 중 누구에게 상행위가 되는가를 고려하지 않음이 상법의 기본입장이기 때문이다.

(2) 확 대

'상행위로 인한 채무'에는 (a) 상행위로 인해 직접 생긴 채무뿐만 아니라 (b) 그와 동질성이 인정되는 채무와 그 변형채무에 대해서도 §54가 적용된다(예: 상행위로 인해 생긴 상사채무의 불이행으로 인한 손해배상청구권, 그 계약해제로 인한 원상회복의무 등)(판례 · 통설).[14]

(3) 배 제

① 불법행위로 인한 손해배상책임은 상행위로 인한 것이 아니므로 §54가 적용되지 않는다(판례 · 통설).[15]

② 부당이득 반환채무 등의 법정채무에 관하여 판례는 §54의 적용을 배제하고 있다.[16]

③ 가집행 선고의 실효에 따른 원상회복의무는 상행위로 인한 채무 또는 그에 준하는 채무라고 할 수는 없으므로 그 지연손해금에 대하여는 민법이 정한 법정이율에 의하여야 한다(판례).[17]

---

13) 임중호 305.

14) 대법원 2014. 11. 27. 선고 2012다14562 판결. (따름 판례: 대법원 2016. 6. 10. 선고 2014다200763, 200770 판결).
대법원 2014. 8. 26. 선고 2014다28305 판결: 부당해고 기간 중의 미지급 임금은 상행위로 생긴 것이므로 그 변형으로 인정되는 지연손해금채무, 즉 채무불이행으로 인한 손해배상채무도 상사채무라 할 것이어서 상법이 정한 연 6%의 범위에서만 이유 있다.

15) 대법원 2018. 2. 28. 선고 2013다26425 판결. (참조 판례: 대법원 2004. 3. 26. 선고 2003다34045 판결).

16) 대법원 2009. 9. 10. 선고 2009다41786 판결: 고속국도 관리청이 송유관 매설허가를 하면서 그 상대방에게 부관으로 부담시킨 송유관 이설비용 부담채무를 대신 이행함으로써 갖는 부당이득반환채무는 법률의 규정에 의한 법정채무일 뿐이므로, 그 지연손해금에 관하여 §54의 상사법정이율을 적용할 수 없다. (따름 판례: 대전고등법원 2017. 4. 25. 선고 (청주) 2015나11398 판결).

17) 대법원 2020. 5. 14. 선고 2017다220058 판결.

제2절 법정이자청구권

사 례

A는 B에게 1천만원을 빌려주면서 이자를 받을 것인지와 그 이율에 관하여 아무런 약정을 하지 않았다. A는 B에게 원금 외에 이자를 청구할 수 있는지, 그리고 이자를 청구할 수 있다면 얼마의 이자를 청구할 수 있는지를 다음 각각의 경우로 나누어 살펴보라.

(1) 채권자 A와 채무자 B가 상인인 경우와 상인이 아닌 경우

(2) 부동산 중개인 A가 매수인 B의 등기비용 1천만원을 대납한 경우

제55조(법정이자청구권) ① 상인이 그 영업에 관하여 금전을 대여한 경우에는 법정이자를 청구할 수 있다.

② 상인이 그 영업범위에서 타인을 위해 금전을 대신 지급한 경우에는 체당(替當)한 날 이후의 법정이자를 청구할 수 있다.

§55는 상인의 금전대여 또는 금전체당에 대해서는 이자의 약정이 없는 때에도 상사법정이율의 이자청구권을 권리로 인정한 것이다.

(1) 금전 대여 또는 체당

대여는 금전소비대차이고, 체당은 금전소비대차에 의하지 않고 타인을 위해 금전을 지출(대납)하는 것이다. 상인의 금전에 대한 기회비용을 보상한다는 점에서 양자의 본질은 같다.

(2) 채권자의 상인성

금전대여자(또는 금전체당자), 즉 채권자는 상인이어야 한다(§55(1)). 대여(또는 체당)받는 상대방, 즉 채무자는 상인 여부를 불문한다(통설).

(3) 영업관련 또는 영업범위

① 상인이 '그 영업에 관하여' 금전을 대여한 경우이어야 한다(§55(1)). 널리 상인의 영업에 관련되면 충분하다. 금전대여를 영업으로 할 것을 요하지 않는다. 따라서 보조적 상행위도 포함한다(통설).

② 체당의 경우에는 '영업범위 내'라 하여 표현에 차이가 있다. 그러나 그 실질이 같으므로 같은 의미로 해석해야 한다. 따라서 보조적 상행위를 포함한다(통설).

(4) 체당과 보수청구권

상인의 금전체당이 그 영업범위 내에서 타인을 위한 행위가 되는 때에는 금전체당 부분에 대한 법정이자(§55(2)) 외에 타인을 위하여 행한 부분에 대해 보수청구권(§61)을 갖는가?

(ⅰ) 긍정설(다수설),[18] (ⅱ) 부정설(소수설)이[19] 있다.

(ⅲ) 사견 – 원칙적으로 긍정설이 타당하다. 이자가 금전의 기회비용이라면, 보수는 노무에 대한 기회비용으로, 양자는 청구권의 대상이 다르기 때문이다. 다만 이자가 보수를 포함하는 것으로 인식될 때는 그렇지 않다.

18) 김두진 224, 박상조 350, 서돈각/정완용 155, 손주찬 237, 이기수/최병규 343, 이종훈 193, 정동윤 166, 정찬형 252, 최기원/김동민 226, 최준선 263.

19) 이철송 372(금전의 출연에 대해서는 이자가 보수의 의미가 있다는 이유에서 보수청구권을 부정하는 견해), 정준우 229~230, 최정식 271.

제3장

배당청구권

(1) 의 의

이익의 배당은 출자, 즉 위험을 안고 투자한 것에 대한 보상이다. 배당은 영업성과에 따라 가변적인 이익을 기반으로 한다. 이자는 영업성과를 불문하고 금전에 대한 대가로서 확정적이라는 점에서 차이가 있다. 상인의 영리성은 이익배당에 의해 구현된다.

(2) 재 원

이익배당의 재원은 상인이 영업활동을 한 결과 생긴 이익이다. 이익이 없으면 배당도 없다. 배당가능이익은 배당시점의 [적극자산 − 소극자산(부채) − 출자금(자본)]에 의해 산출된다.

(3) 기 준

이익배당은 출자에 비례하는 것이 원칙이다. 다만 이를 (a) 강행할 것인지, (b) 계약 등에 의한 자치를 허용할 것인지에 관해서는 여러 유형이 있다. 대외적으로 무한책임을 지는 구성원이 있으면 상인의 채권자에 대한 보호가 어느 정도 담보되어 있으므로 배당에 있어 자치를 허용하나(예: 조합, 익명조합, 합자조합), 유한책임을 지는 구성원으로만 되어 있으면 배당을 강행법적으로 규율한다(예: 주식회사).

(4) 방 법

① 상인이 영업활동으로 얻은 이익을 구성원에게 배분한다. 회사는 법인이기 때문에 회사에 귀속된 이익을 출자자인 사원에게 배분하는 방식에 의한다(이익분배설).

② 금전 배당이 원칙이다. 그러나 현물 배당도 가능하다.

제10편

상사채권

상행위로 생긴 채권(상사채권)에 관해서는 민사채권보다 담보를 강화한다. 상사채무는 연대채무를 원칙으로 하고(인적담보 강화), 유치권에 있어서 담보물과 피담보채권 사이에 견련관계를 요하지 않고, 질권에 있어서 유질계약을 허용한다(물적담보 강화). 이는 임의규정이므로 약정으로 달리 정할 수 있다. 상사채권의 소멸시효기간은 민사(일반적으로 10년)보다 단기(5년)로 하여 상사채무의 신속한 종결을 기한다.

Keyword:
상사채권(상행위로 인한 채권), 상사채무, 담보 강화, 연대책임, 연대보증, 상인간 유치권, 유질계약 허용

제 1 장

연대책임

사 례

A, B, C는 공동으로 상가 임대사업을 하기로 하고 A를 동업자 대표로 선정했다. D는 상가점포를 분양받고 계약금을 지급했다. 그러나 이후 상가건축이 답보상태에 빠졌다. 이에 D는 A와 분양계약을 합의 해제하였다. 위 계약금과 그 지연손해금에 관하여 B와 C도 A와 함께 D에게 지급책임을 지는가?

:: [그림 10-1-1] 상사채권의 담보 강화

기초 다수 채무자의 채무

(가) 분할채무

민사에서는 분할채권과 분할채무를 원칙으로 한다(민§408). 즉, 균등한 비율로 나누어 채권을 가지거나 채무를 부담한다.

(나) 연대채무

연대채무는 수인의 채무자가 동일한 급부에 대해 각자 독립적으로 전부에 대해 이행책임을 지는 채무이다(민§413). 채권자는 연대채무자 전부 또는 일부에 대해 동시 또는 순차로 채무 전부 또는 일부의 이행을 청구할 수 있다(민§414; 대외적 독립). 어느 연대채무자의 변제 등으로 공동면책이 되면 다른 연대채무자에게 부담부분에 따른 구상권을 행사할 수 있다(민§425; 대내적 구상). 연대채무는 법률행위 또는 법률 규정에 의해 발생한다.

제57조(다수 채무자 간 또는 주채무자와 보증인의 연대) ① 수인이 그 1인 또는 모두에게 상행위가 되는 행위로 채무를 부담한 경우에는 그 모두가 연대하여 변제할 책임을 진다.

§57(1)은 수인이 상행위로 채무(상사채무)를 부담하는 경우 분할채무의 특칙으로 연대책임을 규정한 것이다. 연대채무의 내용은 민법과 같다.

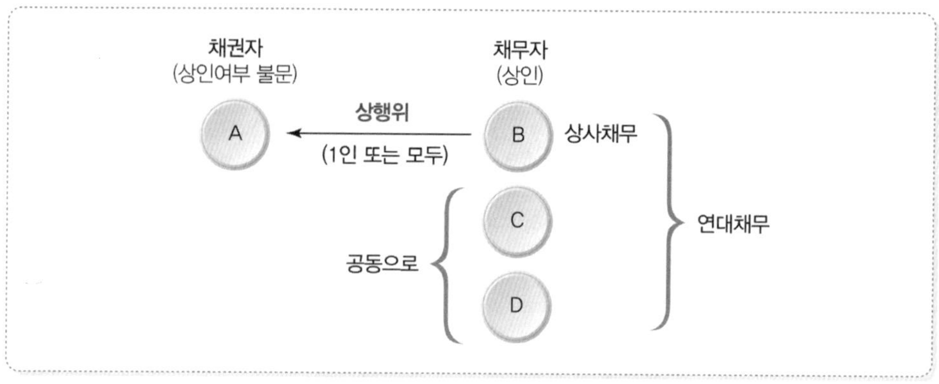

:: [그림 10-1-2] 상사채무의 연대성

§57(1)은 수인이 그 일부 또는 전부에 상행위로 되는 채무(상사채무)를 부담한 경우에 적용된다.

(1) 수인의 채무자

채무자의 수가 수인(여럿)이어야 한다. 채권자는 상인이 아니어도 상관없다.

(2) 상행위로 인한 채무

채무자 전원(A, B, C) 또는 그 1인(A 또는 B 또는 C)에게 상행위가 되는 행위로 채무를 부담해야 한다(§57(1)). 상행위를 하지 않은 나머지 채무자도 그 의사에 상관없이 연대책임을 진다. 상행위의 종류를 불문하므로, 보조적 상행위를 포함한다(통설).[1)]

(3) 공동의 채무부담

수인의 채무자가 채무부담의 원인행위를 공동으로 해야 한다. 조합의 상사채무가 이에 해당한다(판례 · 통설).[2)3)]

(4) 확대: 동질적 변형채무

상행위로 인해 직접 생긴 채무뿐만 아니라 그와 동질적인 변형채무를 포함한다(예: 상사채무의 불이행으로 인한 손해배상채무, 계약해제에 따른 원상회복의무, 부당이득 반환채무)(판례 · 통설).

---

1) 어음행위는 그 자체만으로 상행위가 아니다. 어음의 공동발행인은 §57(1)의 적용을 받지 않고 어음법에 의해 합동책임을 진다(어음법 §47(1)).

2) [연대책임을 긍정한 사례]
대법원 1998. 3. 13. 선고 97다6919 판결: 조합의 채무는 조합원의 채무로서 특별한 사정이 없으면 조합채권자는 각 조합원에 대하여 지분의 비율에 따라 또는 균일적으로 변제의 청구를 할 수 있을 뿐이다. 그러나 조합채무가 특히 조합원 전원을 위하여 상행위가 되는 행위로 인하여 부담하게 된 것이라면 §57(1)을 적용하여 조합원들의 연대책임을 인정함이 상당하다. (따름 판례: 대법원 2001. 11. 13. 선고 2001다55574 판결; 대법원 2014. 8. 20. 선고 2014다26521 판결; 대법원 2018. 4. 12. 선고 2016다39897 판결; 대법원 2018. 8. 1. 선고 2017다246739 판결).
대법원 2016. 7. 14. 선고 2015다233098 판결: 공동이행방식의 공동수급체는 민법상 조합의 성질을 가진다. 공동수급체의 구성원들이 상인이면 탈퇴한 조합원에 대하여 잔존 조합원들이 탈퇴 당시의 조합재산상태에 따라 탈퇴 조합원의 지분을 환급할 의무는 구성원 전원의 상행위에 따라 부담한 채무이다. 그러므로 공동수급체의 구성원들인 잔존 조합원들은 연대하여 탈퇴한 조합원에게 지분 환급의무를 이행할 책임이 있다.

3) [연대책임을 부정한 사례]
대법원 1987. 6. 23. 선고 86다카633 판결: 계열회사들의 효율적인 물품구매 및 경비 절감을 위하여 그룹 내에 조달본부를 설치하여 각 계열회사는 각자 필요한 물품을 물품구매요구서를 첨부하여 위 조달본부에 구매 요구하여 처리한 사례이다. 조달본부는 법인격 없는 그룹 내의 편의상 기구에 불과한 것으로서 조달본부의 물품구매행위는 동 그룹 내의 각 독립한 법인체인 계열회사들이 조달본부에 그 대행을 위임하거나 이에 관한 대리권 수여에 따른 행위로 봄이 타당하다. 따라서 각 거래는 계열회사와 물품공급회사 사이에 이루어진 것으로서 그 법률효과는 그 당사자에게만 직접 미치고 유관관계가 없는 다른 계열회사는 아무런 권리의무가 발생하지 아니하는 제3자의 지위에 있음에 불과하다. (비판론: 이철송 381).

제2장

연대보증

사 례

서울로 상경한 취업준비생 A는 오피스텔 전세자금을 B은행으로부터 융자받았다. 이때 이모인 C가 보증을 섰다. A가 융자금을 만기에 상환하지 않았다. B은행은 A에게 책임을 묻지 않고 곧바로 보증인 C에 변제책임을 물을 수 있는가?

기초 보 증

(가) (단순)보증

A가 채권자, B가 채무자인데, C가 보증인으로서 A와 보증계약을 체결한 경우에는, 주채무자 B가 1차적으로 급무의무를 지고, 그 이행이 없는 때에 보증인 C가 2차적으로 이행의무를 부담한다(보충성). 채권자가 보증인에게 채무이행을 청구하면 보증인은 주채무자에게 변제자력이 있는 사실 및 그 집행이 용이함을 증명하여 먼저 주채무자에게 청구할 것과 그 재산에 대하여 집행할 것을 항변할 수 있다(최고·검색의 항변권, 민§437전).

(나) 연대보증

연대보증은 '보증인과 채권자' 사이에 주채무자와 연대하여 채무를 부담하기로 하는 계약이다. 연대보증인은 보증인의 보충적 지위를 포기한 것이므로 최고·검색의 항변권을 갖지 못한다(민§437후). 연대보증인이 여럿일 때 분별의 이익을 갖지 못하여 각자 주채무 전액에 대해 지급책임을 진다.

(다) 보증연대

보증연대는 수인의 '보증인 사이에' 연대하여 보증채무를 지기로 하는 계약이다. 주채무자와 연대하는 것이 아니므로 최고·검색의 항변권을 갖는 점은 연대보증과 다르나, 수인의 보증인 상호간 연대하므로 분별의 이익이 없는 점은 연대보증과 같다.

제1절 요 건

> **제57조** ② 보증인이 있는 경우 그 보증이 상행위이거나 주채무가 상행위로 생긴 것이면 주채무자와 보증인은 연대하여 변제할 책임을 진다.

민사보증은 단순보증이 원칙이다. 이에 반해 상사보증은 연대보증을 원칙으로 한다(§57 (2)).

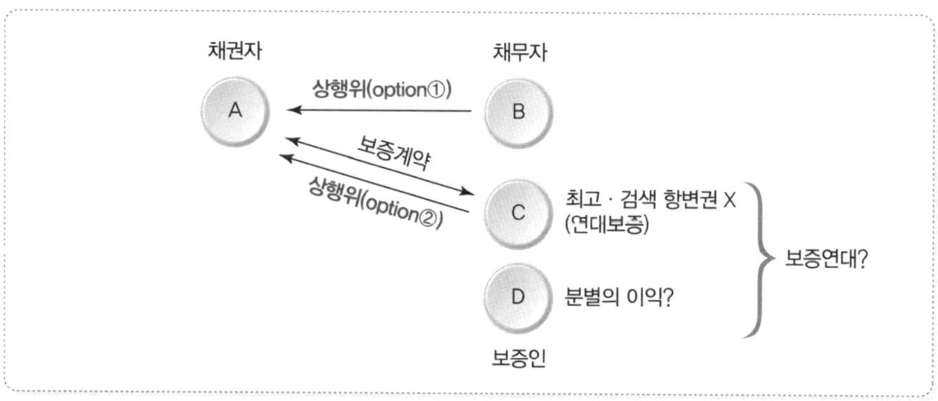

:: [그림 10-2-1] 상사보증의 연대성

(1) 보증의 상행위성 또는 주채무의 상행위성

연대보증이 되는 경우는 두 가지가 있다. (a) 보증이 상행위이거나 또는 (b) 주채무가 상행위로 인한 것이면 보증인과 채권자 사이에 연대보증계약이 없어도 연대보증으로 되어 보증인은 최고 · 검색의 항변권을 행사할 수 없다. 위의 (a)는 주채무에 상행위성이 없더라도 보증이 상행위이기 때문에(독립적 상행위성), 그리고 위의 (b)는 보증에 상행위성이 없더라도 주채무가 상행위로 인한 것이기 때문이다(파생적 상행위성).

(2) 채권자만 상인인 경우

상인이 비상인에게 대출하고 비상인이 이를 보증한 경우처럼, 채권자에게만 상행위가 될 때 §57(2)이 적용될 수 있는가?

(ⅰ) 부정설(다수설),[4] (ⅱ) 긍정설(판례 · 소수설)이[5][6] 있다.

(ⅲ) 사견 – 긍정설이 타당하다. 채권자에게 상행위가 되면 결과적으로 주채무자 또는 보증인에 대한 관계에서 상행위성을 가진다고 볼 수 있다. 또한 상법은 사회적 약자(위의 경우 상인 아닌 채무자나 보증인)의 보호문제는 고려하지 않음을 원칙으로 하기 때문이다.

(3) 공동성 불요

주채무가 성립한 후에 보증계약을 체결하더라도 §57(2)이 적용될 수 있다. 이 점에서 공동성을 요하는 §57(1)과 다르다. 보증채무는 주채무와는 별개로 채권자와 보증인 사이의 보증계약에 의한 것이기 때문이다.

제2절 효 과

(1) 보충성 배제

이상의 요건을 갖추면 §57(2)에 따라 연대보증이 되어 보증인은 보충성이 없다. 그 결과 보증인은 채권자에게 최고·검색의 항변권을 갖지 못한다(민§437).

(2) 분별이익 상실 여부

수인의 보증인이 있는 경우 보증인 상호간에도 §57(2)이 적용되는가?

(ⅰ) §57(2)을 유추적용하여 보증인 상호간에 연대가 성립하여 분별의 이익을 상실한다는 견해(연대설; 판례·제1설),[7)8)] (ⅱ) 수인의 보증인간에 연대관계가 없다고 하여 분별이익을 갖는다는 견해(분별설; 제2설)가[9)] 있다.

---

4) 김두진 199, 김정호 237, 송옥렬 115, 이종훈 200, 이철송 382, 임중호 318, 정동윤 171, 정준우 238, 정찬형 229~230, 채이식 181, 최정식 278, 최준선 273.

5) 대법원 1959. 8. 27. 선고 4291민상407 판결: '보증이 상행위'란 보증이 보증인에 있어서 상행위인 경우뿐 아니라 채권자에 있어서 상행위성을 가진 경우를 포함한다.

6) 손주찬 243~244, 안강현 207, 최기원/김동민 231.

7) 대법원 1993. 5. 27. 선고 93다4656 판결: 수인이 연대보증인일 때에는 각자가 별개의 법률행위로 보증인이 되었으므로 보증인 상호간에 연대의 특약(보증연대)이 없었더라도 채권자에 대하여는 분별의 이익을 갖지 못하고 각자의 채무 전액을 변제하여야 한다. 다만 보증인들 상호간의 내부관계에서는 일정한 부담부분이 있고 그 부담부분의 비율에 관하여는 특약이 없는 한 각자 평등한 비율로 부담한다. (참조판례: 대법원 1988. 10. 25. 선고 86다카1729 판결; 대법원 1990. 3. 27. 선고 89다카19337 판결). (따름판례: 대법원 2009. 6. 25. 선고 2007다70155 판결).

8) 김두진 199, 박상조 358, 서돈각/정완용 158, 손주찬 244, 이철송 382, 임홍근 253~254, 정경영 162, 정찬형 229~230, 채이식 182, 최기원/김동민 231, 최정식 279, 최준선 274.

9) 김성태 450, 손진화 199, 송옥렬 116, 이기수/최병규 352, 이종훈 201, 임중호 319, 임홍근 241, 정동윤 172.

(ⅲ) 사견 – 수인의 보증인 상호간에 분별의 이익이 없다고 보는 견해가 타당하다(연대설). 직접 상행위와 관련되지 않는 다른 자에게도 연대책임을 지우는 §57의 취지와 수인 중 1인에 상행위가 되면 전원에 상법을 적용하는 §3의 취지상 그러하다.

제3장

유 치 권

사 례

자동차 수리업자인 A는 중고자동차 판매업을 하는 B가 맡긴 시가 1천만원 상당의 모닝 자동차를 수리했으나 수리비 1백만원을 아직 받지 못했다. 그 후 A는 B 소유의 시가 1억원 상당의 벤츠 자동차를 수리하여(수리비 5백만원) 보관하고 있는 상태에서 B는 그 벤츠 자동차를 C에게 매각했다.

(1) B가 모닝 자동차 수리비(1백만원)를 지급할 때까지 A는 벤츠 자동차의 인도를 거절할 수 있는가?

(2) 위 벤츠 자동차가 B의 소유가 아니고 D의 것이라면 어떠한가?

(3) B가 중고자동차 판매상이 아니고 일반 개인이라면 어떠한가?

기초 담보물권

① 동일한 채무자에 대해 수인의 채권자가 있는 경우 이들 채권자는 모두 동일한 순위에 있다(채권자평등 원칙). 담보물권은 채권 담보를 위해 채무자 또는 제3자의 물건에 담보를 설정하여 만일 채무자가 변제하지 않으면 담보물을 경매함으로써 다른 일반채권자보다 우선하여 변제를 받을 수 있는 물권이다.

② 담보물권에는 민법에 규정된 유치권・질권・저당권이 있고, 민법에 규정이 없는 비전형담보물권으로 양도담보권 등이 있다.

③ 상사채권에 대해서도 담보물권에 관한 민법 규정이 적용된다. 다만, 유치권과 질권에 관해서는 상법에 특칙을 두고 있다.

기초 유치권

① 유치권은 채권과 담보 물건(또는 유가증권) 사이에 견련성(牽連性)이 있는 경우 그 채권을 변제받을 때까지 담보물을 점유하여 인도를 거절할 수 있는 권리이다(민§320(1)).

② 채권이 담보물과 관련하여 생긴 것이어야 한다(견련성).
③ 담보물은 물건(동산・부동산)과 유가증권이다(민§320(1)).
④ 유치권은 당사자의 의사와 관계없이 일정한 요건을 갖추면 법률상 당연히 성립한다(법정담보물권). 그러나 당사자의 특약으로 유치권의 성립을 배제할 수 있다.

유치권에는 여러 유형이 있다. 이들은 요건에 차이가 있을 뿐, 효력은 모두 같다.

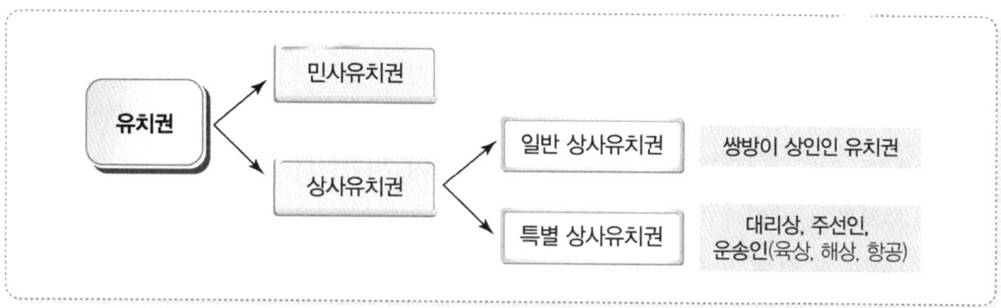

:: [그림 10-3-1] 유치권의 유형

제1절 일반상사유치권 – 상인간 유치권

제58조(상사유치권) 상인 간의 상행위로 생긴 채권이 변제기에 있으면 채권자는 변제를 받을 때까지 그 채무자에 대한 상행위로 자기가 점유하고 있는 채무자 소유의 물건 또는 유가증권을 유치(留置)할 수 있다. 그러나 당사자 사이에 다른 약정이 있으면 그러하지 않는다.

§58는 상인과 상인 사이에 상행위로 발생한 상사채권에 대해 개별적으로 유치권을 설정하여야 하는 불편을 제거하기 위해 채권과 담보물 사이의 견련관계(대응관계)를 요하지 않는 것으로 하되(요건 완화), 채권자와 채무자 쌍방이 상인이어야 하고 유치물이 채무자 소유일 것을 요한다는 점(요건 강화)이 특징이다. 명시적이건 묵시적이건 특약으로 배제할 수 있다(§58후).[10]

10) 대법원 2012. 9. 27. 선고 2012다37176 판결: 상사유치권 배제의 특약은 묵시적 약정에 의해서도 가능하다.

(1) 피담보채권: 쌍방적 상행위 채권

① 채권자 · 채무자 쌍방 모두가 상인이어야 한다(제약 1).

② 유치권 성립시에 상인이어야 한다. 그 이후 상인성을 상실해서 채권 변제기 또는 유치권 행사시에 상인이 아니더라도 이미 성립한 상사유치권은 유지된다(통설).

③ 피담보채권이 쌍방적 상행위로 인하여 생긴 채권이어야 한다. 일방적 상행위가 아닌 한 상행위의 종류를 불문한다(통설).

(2) 유치물

(가) 채무자 소유 – 유치물이 채무자 소유이어야 한다(제약 2). 유치권 성립시를 기준으로 한다(판례 · 통설).[11] 타인의 권리침해를 막기 위함이다. 유치권이 성립한 후 채무자가 유치물을 타인에게 매각하더라도 양수인에 대해 유치권을 계속 행사할 수 있다(통설). 이렇게 보지 않으면 채무자가 유치물을 일부러 양도함으로써 채권자를 해칠 위험이 있기 때문이다.

(나) 물건 또는 유가증권 – 유치권은 물건 또는 유가증권에 대해 인정된다. 부동산도 적용대상이 되는가?

(ⅰ) 적용부정설(소수설),[12] (ⅱ) 적용긍정설(판례 · 다수설)이[13][14] 있다.
(ⅲ) 사견 – 적용긍정설이 타당하다.

(다) 채권자 점유 – 채권자가 목적물을 점유(유치)하고 있어야 한다.

(3) 개별적 견련 불요

채권과 유치물 사이에 개별적 견련성을 요하지 않는다(완화 1). 즉, 채권이 유치물로 인해 생긴 것이 아니어도 상관없다.

(4) 효 력

① 유치권의 효력은 민법과 같다(민§322, §323).

② 선(先) 제한물권과 관계 – 유치권은 유치권 취득 당시의 유치물의 가치와 상태를 전제로 한다. 따라서 이미 저당권이 설정된 것을 유치물로 하면 그에 의한 제한을

11) 대법원 2013. 3. 28. 선고 2012다94285 판결.
12) 최기원/김동민 217~218.
13) 대법원 2013. 5. 24. 선고 2012다39769, 39776 판결.
14) 고재종 205~206, 김두진 190, 임중호 325, 최정식 260.

받는다(판례).[15]

〈표 10-3-1〉 민사유치권과 일반상사유치권

	민사유치권	일반상사유치권
근원과 주안점	로마법의 형평원칙	이탈리아 중세 상업도시의 상거래와 금융의 신속·간이화
성 립	법정담보물권 (특약으로 배제 가능)	
채권자·채무자	비상인과 비상인, 상인과 비상인	쌍방 상인
피담보채권	민사채권, 일방적 상행위로 인한 채권	쌍방적 상행위로 인한 채권 (제약 1)
유치물	종류 제한 없음 (동산, 부동산, 유가증권)	
	소유 – 제한 없음 (제3자 소유도 가능)	채무자 소유 (제약 2)
견련성	피담보채권과 목적물 간 견련성 요함	견련성 불요 (완화 1)
효 력	① 유치적 효력 ② 우선변제적 효력	

제2절 특별상사유치권

상법에는 일반상사유치권(§58) 외에 특별상사유치권이 있다. 특별상사유치권은 채권과 유치물의 견련관계 및 유치물이 채무자 소유이어야 하는가 등의 요건을 달리한다.

〈표 10-3-2〉 각종 유치권 요건

		기본정신	당사자 (피담보채권)	견련관계	채무자 소유	효력
민사유치권(민§399)		공평	일방적 상행위 포함	○	×	유치권 우선변제권 (경매권, 간이변제충당권)
일반상사유치권(§58)		담보	쌍방 상인 간 채권	×	○	
특별 상사유치권	운송주선인(§120), 육상·해상·항공운송인	공평		○	×	

15) 대법원 2013. 3. 28. 선고 2012다94285 판결: 유치권 성립 당시에 이미 그 목적물에 대하여 제3자가 권리자인 제한물권이 설정되어 있다면, 상사유치권은 그와 같이 제한된 채무자의 소유권에 기초하여 성립할 뿐이다. 기존의 제한물권이 확보한 담보가치를 사후적으로 침탈하지 못한다. (참조 판례: 대법원 2013. 2. 28. 선고 2010다57350 판결).

	(§147, §807(2), §920)				
	대리상(§91)	담보		×	×
	위탁매매인(§111)	담보		×	×

㈜ ○: 요, ×: 불요.

제4장

질 권

사 례

A는 부족한 생활비를 메우기 위해 시가 100만원 상당의 휴대전화기를 전당포 B에 맡기고 30만원을 급전으로 빌렸다.

(1) A가 빌린 돈을 갚지 못했을 때 전당포 B는 담보로 받은 핸드폰을 임의로 처분하거나 취득할 수 있는가?

(2) 위 채무의 담보로 A의 친구 C가 A를 대신하여 자신의 노트북을 담보를 제공한 경우에는 어떠한가?

기초 질 권

(가) 질권은 채권자가 채권 담보를 위해 채무자 또는 제3자(물상보증인)가 제공한 질물(質物)을 점유하고 그 질물에 의해 다른 채권자보다 우선변제를 받을 수 있는 담보물권이다(민§329). 질물에 따라 동산질권과 권리질권으로 나뉜다. 질권은 질권자(채권자)와 질권설정자(채무자 또는 제3자[물상보증인]) 사이의 질권설정계약과 담보물에 대한 점유이전으로 성립한다. 질권자는 유치권, 물상대위권, 우선변제권을 갖는다.

(나) 유질계약 금지

채무자가 변제하지 않으면 채권자가 질권을 실행하여 우선변제받는 방법으로 민법은 경매 또는 간이변제충당을 법정하고 있다(민§338).

유질계약은 질권설정자가 채무변제기 이전의 계약으로 질권자로 하여금 변제에 갈음하여 질물의 소유권을 취득하게 하거나 법률이 정한 방법(경매 또는 간이변제충당)에 따르지 않고 질물을 처분할 것을 약정하는 것이다. 유질계약은 금지된다(민§339).

유질계약 금지는 질권설정자를 사회적 약자로 보아 후견적 기능을 발휘하고 채권자의 부당한 착취를 방지하기 위함이다. 유질계약 금지는 사전적 · 전면적 · 절대적이어서 당사자의 의사를 불문하고 무효이다. 이에 대해 비판론이 있고, 해석론으로 그 적용대상을 가급적 제한하려는 움직임이 있다.

제59조(유질계약의 허용) 민법 제339조(유질계약 금지)는 상행위로 생긴 채권을 담보하기 위하여 설정한 질권에는 적용되지 않는다.

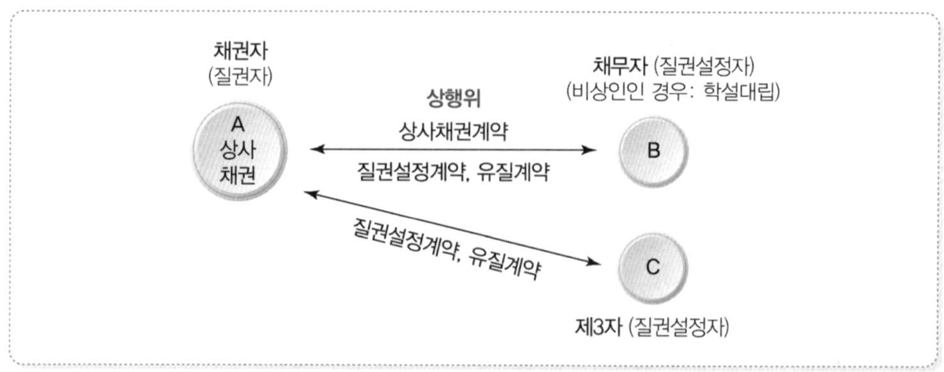

:: [그림 10-4-1] 상사질권설정계약과 유질계약

Ⅰ. 유질계약 허용 – 취지와 기능

민법 §339는 유질계약을 금지한다. 그러나 §59는 '상행위로 생긴 채권' 즉 상사채권에 관해서는 유질계약을 허용한다. 그 취지가 무엇인가?

(ⅰ) 통설 – §59는 거래당사자가 대등한 관계에 있음을 전제로 민법과는 달리 사회적 약자에 대한 후견적 관여가 불필요하므로 유질계약을 허용한 것이라는 입장이다. 유질계약을 엄격하게 금지하는 민법 §339의 취지를 상사채권에도 그대로 관철하고자 한다. 그 결과 §59의 적용대상을 가급적 좁게 인식하려는 경향이 있다.

(ⅱ) 사견(통설 비판) – 위 통설은 유질계약에 대한 구시대적 이해를 토대로 한 것으로 옳지 않다. §59는 상사채권 담보를 위한 상사질권의 경우 질권 실행방법에 관한 엄격한 법적 제한(민§338)을 제거함으로써 상사질권의 간이 신속한 실행과 그에 의한 상사채권 강화를 위한 것이다. 이는 민법의 유질계약 금지와는 차원을 달리하는 독자적인 제도로 인식해야 한다. §59의 기초가 되는 민법 §339(유질계약 금지)는 채무자 보호를 입법의 명분으로 삼았던 것인데, 이후 소비생활용품을 질물로 삼았던 초기 형태에서 탈피하고 권리질권으로 확대되는 변화에 따라 처음 예상했던 제도의 기능은 현실과 동떨어진 것이 되었고, 유질계약 금지는 효용보다 부작용이 더 큰 제도로 전락하고 있다. 따라서 §59의 적용대상을 법문 이상으로 제한하는 해석태도는 옳지 않다.

Ⅱ. 요 건

1. 상행위로 인한 채권

(1) 상사채권

§59의 적용대상이 되는 피담보채권은 '상행위로 인하여 생긴 채권'(상사채권)이어야 한다. 여기의 상행위는 종류를 불문한다. 보조적 상행위, 일방적 상행위를 모두 포함한다(통설).

(2) 채무자가 상인이 아닌 경우

일방적 상행위로 인한 채권으로 '채무자'가 상인이 아닌 경우 §59의 적용대상이 되는가?

(ⅰ) 부정설(통설) — 일방적 상행위의 경우는 채무자에 상행위로 되어야 §58의 적용대상이 될 수 있다고 하여 동조의 적용대상을 축소해석하는 견해이다. §59의 입법동기상 자기 방어 능력이 있는 상인에 대해서는 특별한 후견적 배려가 불필요하다는 점, 상인의 비상인에 대한 채권의 경우에 유질계약을 허용하면 질권자인 상인을 민법에 의하는 것보다 더 두텁게 보호하는 역설이 생긴다는 점을 이유로 든다.[16]

(ⅱ) 긍정설(소수설) — 통설과 같은 제한을 두지 않고 채권자·채무자 어느 쪽이건 불문하고 상행위로 생긴 채권이면 §58의 적용대상이 된다는 견해이다.[17]

(ⅲ) 판례 — 하급심 판결 중에 긍정설을 취한 것이 있다.[18] 채권자와 채무자가 모두 상인이고 제3자인 질권설정자(물상보증인)가 비상인인 사례에서 §58의 적용요건으로 질권설정자가 상인일 것을 요하지 않는다고 한 대법원판결이 있다.[19]

16) 김두진 193, 김병연/박세화/권재열 224, 김성태 424, 김홍기 157(§59의 유질계약을 허용하는 취지에 반하는 특별한 사정이 있는 경우에는 동조의 적용 범위를 제한할 필요가 있다는 견해), 박상조 326, 손진화 187, 송옥렬 111, 이기수/최병규 324, 이종훈 174, 이철송 346, 임중호 329~330, 장덕조 107, 정경영 148~149, 정준우 224, 정찬형 225, 채이식 176, 최정식 257, 최준선 261.

17) 고재종 210, 손주찬 230~231, 안강현 203, 임홍근 240, 전우현 229, 정동윤 160, 최기원/김동민 214~215.

18) 의정부지법 고양지원 2011. 10. 7. 선고 2011가합1439 판결: 유질계약 자체를 일률적으로 금지할 필요는 없고 유질계약의 내용이 부당한 경우에 약관의 규제에 관한 법률 등을 적용하여 개별적으로 규제하는 것으로 충분하여서, 유질계약 금지에 관한 민법 규정이 적용되는 범위를 좁게 인정하는 것이 바람직하다. 따라서 질권설정자에게는 상행위가 되지 않는데도 질권자에게 상행위가 되는 경우에도 §3에 따라 §59를 적용하더라도 부당한 것은 아니다.

19) 대법원 2017. 7. 18. 선고, 2017다207499 판결: 질권설정계약에 포함된 유질약정이 §59에 따라 유효하기 위해서는 질권설정계약의 피담보채권이 상행위로 인하여 생긴 채권이면 충분하고, 질권설정자가 상인이

(iv) 사견 – 긍정설이 타당하다. 상행위(일방적 상행위 포함)로 인하여 생긴 채권이면 누구에게 상행위가 되건, 채무자 또는 물상보증인이 비상인이건 상관없이 그 모두가 §59의 적용대상이 되어 유질계약이 허용된다고 보아야 한다. 그 이유는 다음과 같다. ⓐ 유질계약을 허용하는 §59는 유질계약을 금지하는 민법 §339의 입법취지와는 별개로 상사채권의 강화를 위해 만들어진 독자적인 제도이다. ⓑ §59에서 규정하고 있는 '상행위로 인하여 생긴 채권'이 동조 적용의 유일한 필요충분조건이고, 이때 채무자 보호 등은 고려사항이 아니다. ⓒ 쌍방적 상행위를 요하는 명문의 규정이 없는 한 일방적 상행위도 채권자와 채무자 중 누가 상인인가에 관계없이 상법의 적용대상으로 삼는 것이 상법의 일반원칙이다(§3). ⓓ 유질계약을 금지하는 민법 §339는 채무자를 일률적으로 사회적 약자로 의제하여 후견적으로 보호하려는 애초의 취지가 이제는 비현실적인 것이 되었고, 양도담보의 경우 유담보를 허용함으로써 유질계약 금지에 의한 사회적 약자 보호는 실효성이 없다. ⓔ 채무자 보호는 유질계약을 일률적·사전적으로 금지하는 것에 의할 것이 아니라 구체적 사안에 따라 계약 내용의 불공정성 여부를 살펴 무효로 하는 일반적·사후적 구제 방법에 의하거나 경제법에 의하는 것이 타당하다. 입법론으로 유질계약을 일반적·사전적으로 금지하는 민법 §339를 삭제하고 사후적 구제로 전환하는 것이 바람직하다.[20]

(3) 근 질

근질(根質)도[21] §59의 적용대상이 된다(판례).[22]

2. 질권설정계약 및 유질계약

질권설정계약과 유질계약은 별개의 것이므로 질권설정계약 외에 별도로 유질계약이 존재해야 한다(판례).[23] 유질계약이 없으면 상행위로 인한 채권이라 하여 자동으로 유질계약이 허용되는 것은 아니다.

어야 하는 것은 아니다. 또한 §3는 "당사자 중 그 1인의 행위가 상행위일 때에는 전원에게 이 법을 적용한다."라고 정하고 있으므로, 일방적 상행위로 생긴 채권을 담보하기 위한 질권에 대해서도 유질약정을 허용한 §59가 적용된다. (따름 판례: 대법원 2017. 7. 18. 선고 2017다214886 판결).

20) 김성탁, "유질계약을 허용하는 상법 제59조의 해석방법론–대법원 2017. 7. 18. 선고 207499 판결 평석 및 쟁점사항–", 선진상사법률연구 제83호, 2018. 7, 17~24.

21) 근질은 특정 채권 외에 장래 증감 변동하는 불특정 다수의 채권을 위해서 질권을 설정하는 것이다.

22) 대법원 2017. 7. 18. 선고 2017다207499 판결.

23) 대법원 2008. 3. 14. 선고 2007다11996 판결.

Ⅲ. 효 과

(1) 유질계약의 허용

§59의 요건을 충족하면 민법 §339의 적용이 배제됨으로써 유질계약이 허용된다. 배제되는 범위는 유질계약 금지에 관한 것에 한정하므로 이를 제외한 질권에 관한 민법 규정은 여전히 적용된다.

(2) 계약내용의 효력

유질계약의 허용성과 유효성은 별개의 문제이다. §59에 의해 유질계약이 허용된다고 해도, 유질약정의 내용에 무효사유가 있으면 그에 의해 무효가 될 수 있다(예: 민법 또는 약관규제법의 무효사유).

제5장

소멸시효

제1절 총　　설

사 례

탄광업을 하는 A회사의 단체협약에는 근로자가 산업재해로 사망한 경우 유가족이 위로금을 받을 수 있다고 정하고 있다. B는 탄광에서 석탄 채취작업을 하던 중 굴이 무너지는 바람에 사망했다. 유가족의 A회사에 대한 위로금채권의 소멸시효기간은?

기초 소멸시효

소멸시효란 권리자가 권리(주로 채권이 문제가 됨)를 행사할 수 있음에도 불구하고 권리 불행사의 상태가 일정 기간 계속되는 경우 권리가 소멸하는 제도이다. 이는 권리질서의 신속한 안정을 위함이다. 소멸시효는 제척기간과 다르다. 채권의 일반적인 소멸시효기간은 별도의 특별소멸시효에 관한 규정이 없으면 민사의 경우 10년이다(민§162(1)).

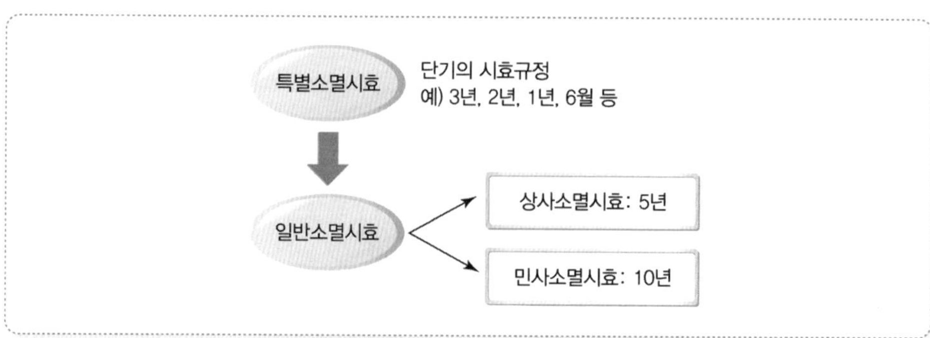

:: [그림 10-5-1] 소멸시효의 단계적 구조

제64조(상사시효) 상행위로 생긴 채권은 이 법에 다른 규정이 없는 한 5년 동안 행사하지 않으면 소멸시효가 완성된다. 그러나 다른 법령에서 이보다 단기의 시효를 규정하고 있으면 그 규정에 따른다.

일반 상사소멸시효기간(5년)은 일반 민사소멸시효기간(10년)의 절반 수준으로 짧다. 상사채권(채무) 관계의 신속한 종결을 위함이다(판례·통설).

제2절 대 상

§64는 상행위로 생긴 채권 즉, 상사채권에 적용된다.

I. 상행위로 인한 채권

1. 상행위

① 여기서 채권발생의 원인이 되는 상행위는 모든 상행위를 포함한다. 쌍방적 상행위는 물론이고, 일방적 상행위를 포함한다(판례·통설).[24] 채권자와 채무자의 어느 쪽에 상행위가 되건 불문한다(판례·통설).[25] §64의 적용에 의한 유불리가 누구(상인 또는 비상인)에게 돌아가는지는 고려하지 않기 때문이다.

② 보조적 상행위를 포함한다(판례·통설).[26]

---

24) [일방적 상행위에 적용한 사례]
대법원 1993. 3. 9. 선고 92다44329 판결: 축산업협동조합이 양계업을 영위하는 조합원에게 사료를 판매한 행위는 상인인 조합원이 영업을 위하여 하는 사료의 구매에 해당하여 상행위라고 보아야 할 것이다. 따라서 그 외상대금채권은 상사채권이다. (따름 판례: 대법원 2017. 5. 30. 선고 2016다254658 판결: 신용협동조합의 상인인 회원에 대한 대출채권).
대법원 1998. 7. 10. 선고 98다10793 판결: 새마을금고(상인이 아니라고 봄)가 상인인 회원에게 자금을 대출한 경우, 상인의 행위는 특별한 사정이 없으면 영업을 위하여 하는 것으로 추정되므로 그 대출금채권은 상사채권으로서 5년의 소멸시효기간이 적용된다.
대법원 2008. 4. 10. 선고 2007다91251 판결: 상인이 사업자금을 조달하기 위하여 계에 가입한 경우, 계주가 위 상인에 대하여 가지는 계불입금 채권은 상사채권에 해당하여 5년의 소멸시효기간이 적용된다.
[상행위성이 없다고 본 사례]
대법원 2015. 3. 26. 선고 2014다70184 판결: 회사가 상법에 의해 상인으로 의제된다고 하더라도 회사의 기관인 대표이사 개인은 상인이 아니어서 비록 대표이사 개인이 회사 자금으로 사용하기 위해서 차용한다고 하더라도 상행위에 해당하지 아니하여 차용금채무를 상사채무로 볼 수 없다. (참조 판례: 법원 1992. 11. 10. 선고 92다7948 판결; 대법원 2012. 7. 26. 선고 2011다43594 판결).

25) 대법원 2013. 4. 11. 선고 2011다112032 판결.

③ 상행위성의 독립적 판단 – 서로 관련성이 있더라도 독립된 채무이면 시효도 독립적이다. 주채무가 민사채무이고 이에 대한 보증이 상행위인 경우, 주채무의 시효는 10년, 보증채무의 시효는 5년으로 되고, 겹치는 기간 동안 연대관계에 있다(§64, §57(2)).[27]

2. 채 권

(1) 모든 상사채권

상사채권이면 금전채권에 한하지 않는다(판례 · 통설).[28]

(2) 양도와 상사채권성 유지

시효기간은 권리의 속성(상사채권성 또는 민사채권성)에 의한 것이지 주체에 의한 것이 아니다. 따라서 채권자 또는 채무자에 변경이 있더라도 채권의 성격에 따라 민사시효(민§162) 또는 상사시효(§64)가 적용된다. 상사채무를 비상인이 인수해도 여전히 상사시효가 적용되고(판례),[29] 반대로 민사채무를 상인이 인수하여도 여전히 민사시효가 적용된다.

Ⅱ. 확장 또는 단절

(1) 확장: 동질적 변형채권

원래의 상사채권과 동질적인 변형채권(또는 파생채권)에 대해서도 §64가 적용된다(판례 · 통설)(예: 원래의 채권이 상사채권인 경우, 그 채무불이행으로 인한 손해배상청구권,[30] 또는 그 계약해제로 인한 원상회복청구권,[31] 그 하자담보책임[32] 등).

---

26) 대법원 2006. 4. 27. 선고 2006다1381 판결: 근로계약이나 단체협약이 보조적 상행위에 해당한다. 그러므로 단체협약에 기한 근로자 유족들의 회사에 대한 위로금채권에 5년의 상사 소멸시효기간이 적용된다. (참조 판례: 대법원 1997. 8. 26. 선고 97다9260 판결; 대법원 2005. 5. 27. 선고 2005다7863 판결).

27) 대법원 2014. 6. 12. 선고 2011다76105 판결: 보증채무는 주채무와는 별개의 독립한 채무이다. 그러므로 보증채무와 주채무의 소멸시효기간은 채무의 성질에 따라 각각 별개로 정해진다.

28) 대법원 2000. 5. 12. 선고 98다23195 판결: 매립사업을 목적으로 하는 영리법인과 상인이 아닌 양수인 간의 매립지 양도약정에 기한 양수인의 소유권이전등기청구권은 상사채권에 해당한다.

29) 대법원 1999. 7. 9. 선고 99다12376 판결: 인수채무가 원래 5년의 상사시효의 적용을 받던 채무라면 그 후 면책적 채무인수에 따라 그 채무자의 지위가 인수인으로 교체되었다고 하더라도 그 소멸시효의 기간은 여전히 5년의 상사시효의 적용을 받는다. 이는 채무인수 행위가 상행위나 보조적 상행위에 해당하지 아니한다고 하여 달리 볼 것이 아니다.

30) 대법원 1997. 8. 26. 선고 97다9260 판결; 대법원 2013. 4. 11. 선고 2011다112032 판결.

31) 대법원 1993. 9. 14. 선고 93다21569 판결.

(2) 차단: 개입행위

기존의 채무가 준소비대차(민§605)로 변경되거나 경개(민§500)에 의해 새로운 채무로 바뀌면 기존 채권·채무의 성격(상사채권성 또는 민사채권성)도 변경될 수 있다. 개입행위의 상행위성 여부에 따라 변경된 새로운 채무의 성질에 따라 시효기간이 정해진다(판례).[33]

제3절 배 제

Ⅰ. 비거래적 채권

(1) 불법행위 손해배상청구권

불법행위로 인한 손해배상청구권이 §64의 적용대상이 될 수 있는가?

(ⅰ) 부정설(판례·제1설),[34][35] (ⅱ) 불법행위로 인한 채권이라도 영업과 밀접한 관련이 있어 보조적 상행위로 평가할 수 있는 경우에는 §64의 적용대상이 된다는 견해(제한적 긍정설; 제2설)가[36] 있다.

(ⅲ) 사견 – 부정설이 타당하다. 불법행위책임은 상거래의 신속한 안정과는 차원이 다른 것으로 피해 전보의 성격과 함께 행위자 제재의 성격이 있고, 불법행위책임의 시효에 관해서는 안 때로부터 3년, 불법행위로부터 10년이라는 별도의 규정(민§766)이 있기 때문이다.

---

32) 대법원 2013. 11. 28. 선고 2012다202383 판결: 건설공사에 관한 도급계약이 상행위에 해당하면 수급인의 하자담보책임의 소멸시효기간은 5년이다.

33) 대법원 1981. 12. 22. 선고 80다1363 판결: 민법 §164(3호) 소정의 단기소멸시효의 적용을 받는 노임채권이라도 채권자와 채무자인 회사 사이에 위 노임채권에 관하여 준소비대차의 약정이 있었다면 동 준소비대차계약은 상인인 회사가 영업을 위하여 한 상행위로 추정함이 상당하다. 이에 의하여 새로이 발생한 채권은 상사채권으로서 5년의 상사시효의 적용을 받게 된다.

34) 대법원 1985. 5. 28. 선고 84다카966 판결: §64의 일반상사시효 역시 상행위로 인한 채권에만 준용되고 상행위 아닌 불법행위로 인한 손해배상채권에는 적용되지 아니한다. 불법행위로 인한 손해배상책임을 인정하고 있은 이상, 그 소멸시효는 민법 §766의 불법행위 채권에 관한 소멸시효(3년) 규정이 적용되어야 할 것이고, 운송인의 운송계약상의 채무불이행책임에 관한 §121(1),(2)의 단기소멸시효의 규정이나 §64의 상사채권에 관한 소멸시효 규정은 적용되지 아니한다. (따름 판례: 대법원 1991. 8. 27. 선고 91다8012 판결).

35) 김홍기 145, 147~148, 손주찬 225, 이철송 341, 정찬형 219, 최정식 253.

36) 정동윤 157, 최기원/김동민 211~212, 최준선 254.

(2) 구상권

보증인이 주채무자를 면책시킴으로써 취득하는 구상권은 거래행위로 발생한 채권이 아니므로 §64의 적용대상이 아니다(판례 · 통설).[37] 그러나 주채무자 면책이 상행위성을 가지면 §64의 적용대상이 될 수 있다.

Ⅱ. '정형적 · 신속한 해결의 필요성' 기준(판례)

판례는 상행위로 인한 채권이라 하더라도 '상거래와 같은 정도로 정형적으로나 신속하게 해결할 필요성'이라는 잣대에 의해 §64의 적용을 긍정 또는 부정한다. 이는 §64의 취지를 고려한 것이라는 점에서는 긍정적으로 평가할 수 있겠으나, 바람직하지 않은 면도 있다. 사법 판단의 과도한 개입의 여지가 있고, 시효에 관한 법률생활의 불확실성과 그로 인한 분쟁 등 사회적 비용을 가져오기 때문이다.[38] 부당이득반환청구권에서 주로 문제가 된다.

(1) 부당이득반환청구권[39]

부당이득반환청구권의 소멸시효에 관하여 판례는 상거래와 같은 신속한 종결의 필요성 유무에 의해,

(ⅰ) 민사시효(10년)를 적용한 사안,[40] (ⅱ) 상사시효(5년)를 적용한 사안이[41] 있다.

---

37) 대법원 2001. 4. 24. 선고 2001다6237 판결: 물상보증인의 채무자에 대한 구상권은 그들 사이의 물상보증 위탁계약의 법적 성질과 관계없이 민법에 따라 인정된 별개의 독립한 권리이다. 그 소멸시효에 있어서는 민법상 일반채권에 관한 규정이 적용된다.

38) 김성탁, "일반상사소멸시효에 관한 상법 제64조의 입법 취지와 그 적용대상에 관한 소고", 법학연구 제13집 제3호, 2010. 12, 94~101.

39) [부당이득] 부당이득은 법률상 원인 없이 타인의 재산 또는 노무로 인해 이익(부당이득)을 얻고 이로 인하여 타인에게 손해를 입혔을 때 그 이익의 반환채무를 지는 것이다(민§741). 이익의 정당한 회복을 구현하는 제도이다.

40) 대법원 2003. 4. 8. 선고 2002다64957, 64964 판결: 주식회사인 부동산 매수인이 의료법인인 매도인과의 부동산매매계약의 이행으로서 그 매매대금을 매도인에게 지급하였으나, 매도인 법인을 대표하여 위 매매계약을 체결한 대표자의 선임에 관한 이사회 결의가 존재하지 않는 것으로 확정됨에 따라 위 매매계약이 무효로 되었음을 이유로 민법의 규정에 따라 매도인에게 이미 지급하였던 매매대금 상당액을 부당이득으로 반환을 청구한 사안이다. 여기에 상거래 관계와 같은 정도로 신속하게 해결할 필요성이 있다고 볼 만한 합리적인 근거도 없으므로 위 부당이득반환청구권에는 §64가 적용되지 아니한다. 그러므로 그 소멸시효기간은 민법 §162(1)에 따라 10년이다.

대법원 2010. 10. 14. 선고 2010다32276 판결: 교통사고 피해자가 가해 차량이 가입한 책임보험의 보험자로부터 사고로 인한 보험금을 수령하였음에도 자동차 손해배상 보장사업을 위탁받은 보험사업자로부

(iii) 사견 – 부당이득반환청구권은 정당한 이유 없이 얻은 이득의 귀속 조정이라는 점에서 불법행위와는 그 목적이 다르므로 단순히 법정채권이라 하여 동일하게 접근하는 것은 옳지 않다. 상거래처럼 신속하게 종결할 필요성이라는 기준에 의하면 자의적으로 흐를 가능성이 있고 시효에 관한 예측가능성과 안정성을 해칠 우려가 있다. 부당이득 발생의 원인이 되는 행위의 상행위성 여부에 따라 §64의 적용 여부를 판단해야 할 것이다.

(2) 기타 손해배상청구권

① 판례는 "상인이 그 영업을 위하여 근로자와 체결한 근로계약은 보조적 상행위에 해당한다고 하더라도, 근로자의 근로계약상의 주의의무 위반으로 인한 손해배상청구권은 상거래에 있어서와 같이 정형적으로 신속하게 해결할 필요가 있다고 볼 것이 아니다"라 하여 민사시효(10년)를 적용하였다.[42]

② 판례는 주식회사의 이사 또는 감사의 회사에 대한 임무 해태로 인한 손해배상책임을 위임관계로 인한 채무불이행책임으로 보아 그 시효기간은 10년이라고 한다.[43]

Ⅲ. 특별 단기시효

다른 법령(민법 포함)에 상법의 일반상사소멸시효기간(5년)보다 단기의 시효규정이

터 또다시 피해보상금을 수령한 것을 원인으로 한 위 보험사업자의 피해자에 대한 부당이득반환청구권에 관하여는 §64가 적용되지 아니한다. 그 소멸시효기간은 민법 §162(1)에 따라 10년이라고 보는 것이 타당하다.
대법원 2019. 9. 10. 선고 2016다271257 판결: 부당이득반환청구권이라도 그것이 상행위인 계약에 기초하여 이루어진 급부 자체의 반환을 구하는 것으로서, 그 채권의 발생 경위나 원인, 당사자의 지위와 관계 등에 비추어 그 법률관계를 상거래 관계와 같은 정도로 신속하게 해결할 필요성이 있는 경우 등에는 5년의 소멸시효를 정한 §64가 적용된다(대법원 2002. 6. 14. 선고 2001다47825 판결; 대법원 2007. 5. 31. 선고 2006다63150 판결 등 참조). 그러나 이와 달리 부당이득반환청구권의 내용이 급부 자체의 반환을 구하는 것이 아니거나, 위와 같은 신속한 해결 필요성이 인정되지 아니하는 경우라면 특별한 사정이 없으면 §64는 적용되지 아니하고 10년의 민사소멸시효기간이 적용된다. (참조 판례: 대법원 2003. 4. 8. 선고 2002다64957, 64964 판결; 대법원 2012. 5. 10. 선고 2012다4633 판결).

41) 대법원 2007. 5. 31. 선고 2006다63150 판결: 보증보험회사의 상행위에 해당하는 보증보험계약에 기초한 급부가 이루어짐에 따라 발생한 부당이득반환청구권에 대해서는 5년의 상사시효가 적용된다.
대법원 2008. 12. 11. 선고 2008다47886 판결: 보험회사가 보험금청구권의 질권자인 은행에 화재보험금을 지급하였으나 그 화재가 피보험자의 고의로 인한 것이라는 이유로 위 보험금 상당의 부당이득반환청구권에 대해서는 5년의 상사시효가 적용된다.
대법원 2015. 9. 15. 선고 2015다210811 판결: 공공건설임대주택의 임대사업자인 공사가 일률적인 산정방식에 따라 정한 분양전환가격으로 분양계약을 체결한 자가 납부한 분양대금과 정당한 분양전환가격의 차액 상당의 부당이득반환을 구한 사안에서, 위 부당이득반환청구권은 5년의 상사시효가 적용된다.

42) 대법원 2005. 11. 10. 선고 2004다22742 판결.

43) 대법원 1985. 6. 25. 선고 84다카1954 판결. (따름 판례: 대법원 2006. 8. 25. 선고 2004다24144 판결).

있으면 그 특별규정에 의한다(§64단).

(1) 민 법

상행위로 인한 채권이지만 민법에서 단기시효의 특별규정을 둔 것이 있다. 중요한 몇 가지만 보자.

(가) 상인이 판매한 상품 대가의 소멸시효 – 3년(민§163(6호))[44)]

(나) 상법상 공중접객업에 해당하는 여관, 음식점, 대석, 오락장의 숙박료, 음식료, 대석료, 입장료, 소비물의 대가 및 체당금 채권의 소멸시효 – 1년(민§164(1호))

(2) 상 법

(가) 3년 – 보험금청구권, 보험료·적립금 반환청구권(§662)

(나) 2년 – 보험료청구권(§662)

(다) 1년 – 운송주선인·물건운송인·여객운송인·창고업자의 물적 손해배상책임(§121, §147, §149, §166), 운송주선인·육상운송인·창고업자의 위탁자 또는 수하인에 대한 채권(§122, §147, §167)

(라) 6개월 – 공중접객업자의 손해배상책임(§154(1))

(3) 어음법·수표법

(가) 3년 – 주채무자에 대한 어음상 권리(어음법 §70(1))

(나) 1년 – 어음소지인의 배서인과 발행인에 대한 청구권(어음법 §70(2)), 수표상 지급보증인의 의무(수표법 §58)

(다) 6개월 – 어음 배서인의 다른 배서인과 발행인에 대한 청구권(어음법 §70(3)), 수표의 경우 상환청구권(수표법 §51)

---

44) 대법원 1996. 1. 23. 선고 95다39854 판결: 3년의 단기소멸시효가 적용되는 민법 §163(6호) 소정의 '상인이 판매한 상품의 대가'란 상품의 매매로 인한 대금 그 자체의 채권만을 말하는 것으로서, 상품의 공급 자체와 등가성 있는 청구권에 한한다. 위탁자의 위탁상품 공급으로 인한 위탁매매인에 대한 이득상환청구권이나 이행담보책임 이행청구권은 위탁자의 위탁매매인에 대한 상품 공급과 서로 대가관계에 있지 아니하여 등가성이 없으므로 민법 §163(6호) 소정의 '상인이 판매한 상품의 대가'에 해당하지 아니하여 3년의 단기소멸시효의 대상이 아니다. 한편 위탁매매는 상법상 전형적 상행위이며 위탁매매인은 당연한 상인이고 위탁자도 통상 상인일 것이므로, 위탁자의 위탁매매인에 대한 매매 위탁으로 인한 위의 채권은 다른 특별한 사정이 없으면 통상 상행위로 인하여 발생한 채권이어서 §64 소정의 5년의 상사소멸시효의 대상이 된다.

Ⅳ. 약정에 의한 단축

당사자는 계약으로 소멸시효기간을 법정기간보다 단축할 수 있다(민§184(2)). 소멸시효에 관한 법 규정은 보충규정이다.

| 제11편 |

매 매
(쌍방상인)

매매는 역사가 가장 오래된 영업형태이다. 매매에 관해서는 민법에 규정을 두고 상사에서도 이를 대부분 그대로 쓰고 있다. 상법은 매매를 기본적 상행위로 규정하고(§46), 상인간의 매매에 대해서는 §67~§71에 특칙을 두고 있다. 이는 상인간 매매의 신속한 종결을 위함이다.

Keyword:

상인끼리의 매매, 공탁권(변제공탁), 경매권(자조매각, 긴급매각), 확정기매매, 해제 의제, 담보책임, 하자 검사·통지의무, 숨은 하자, 계약해제와 원상회복의무, 매수인의 목적물 보관·공탁의무

제 1 장

총 설

Ⅰ. 매매 일반

매매는 당사자 일방(매도인)이 상대방(매수인)에게 재산권을 이전하기로 하고 상대방은 그 대금을 지급하기로 하는 계약이다(민§563). 매매는 쌍무계약과 유상계약의 전형이다. 매매에 관한 민법 규정은 상사에도 적용된다. 상법은 매매를 기본적 상행위로 하고(§46), 이를 영업으로 하면 당연상인이 된다(§4). 상법은 매매업에 관하여 따로 규정하지 않는다. 다만 '상인간의 매매'에 관하여 특칙을 두고 있다.

Ⅱ. 상인간 매매

(1) 적용대상

① §67~§71는 매도인과 매수인 쌍방 모두가 상인인 경우에만 적용된다는 특징이 있다. 일방적 상행위에 의한 매매에 대해서는 민법의 매매에 관한 규정과 §67~§71를 제외한 상법 규정이 적용된다.

② §67~§71는 '매매'인 때에만 적용된다. 주체가 매매업에 종사할 것을 요하지 않는다. 매매이외(예: 도급)에는 적용되지 않는다.

① 수령지체: 매도인의 공탁 · 경매권(§67)
② 확정기매매의 이행기 경과: 해제 의제(§68)
③ 담보책임 추궁의 선행요건: 매수인의 하자 검사 · 통지의무(§69)
④ 원격지 매매의 계약해제: 매수인의 송부물 보관 · 공탁의무(§70, §71)

(2) 취지와 기능

상인끼리의 매매는 계속·반복적으로 행해지는 경우가 많으므로 거래의 신속한 처리와 종결을 중요시 한다. 이를 반영한 §67~§71는 일견 매도인에게 유리한 것처럼 보이나, 결과적으로 그렇게 된 것일 뿐이다. 이렇게 하더라도 매수인 역시 상인이므로 크게 문제되지 않는다고 본 때문이다.

제2장

공탁 · 경매권

사 례

배터리 제조업체인 A는 전기자동차를 제조하여 판매하는 B회사에 차량용 배터리를 공급하기로 하고 매매계약을 체결했다. A가 매매계약의 내용에 따른 이행을 하였음에도 B가 이러저러한 핑계를 대며 매매 목적물을 인수하지 않고 대금 지급도 미루고 있다. 이럴 때 A가 매도대금을 받고 매매계약을 깔끔하게 종결시키고 싶다면 어떤 조치를 할 수 있는가?

기초 변제공탁

① 매수인(채권자)의 사정으로 채무이행을 종결할 수 없는 경우에 매도인(채무자)이 취할 수 있는 조치는 (a) 매매계약을 해제하고 매수인에게 손해배상을 청구하거나(계약이 없던 것으로 하고 싶은 경우) (b) 변제의 효과를 가져오는 공탁을 할 수 있다(계약의 효과 달성을 원하는 경우).

② 위의 (b)를 위한 공탁이 변제공탁이다. 변제공탁은 채권자의 사정으로 채무이행을 종결지을 수 없는 경우 채무자가 목적물을 공탁하면 채무이행(변제)을 한 것과 동일하게 취급하여 종결짓는 제도이다(민§487). 목적물이 공탁에 부적당한 사유가 있으면 법원의 허가를 받아 목적물을 경매하거나 시가로 매각하여 그 대금을 공탁할 수 있다(민§490).

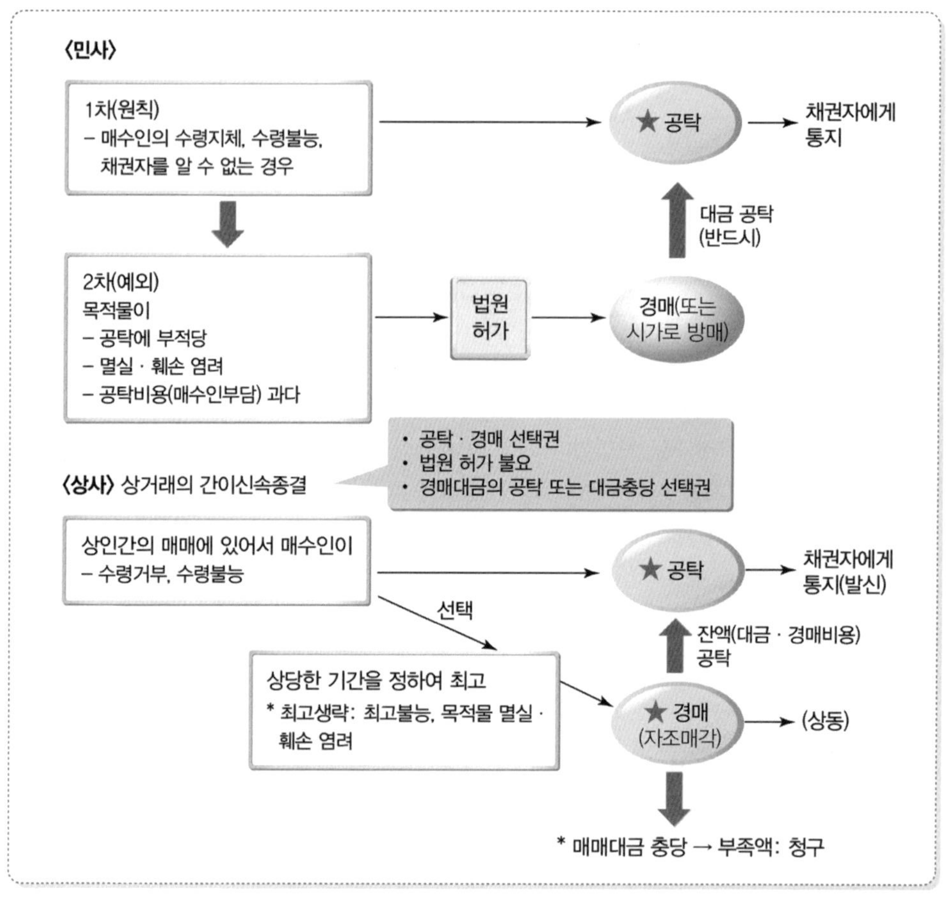

:: [그림 11-2-1] 수령지체시 변제의 효력을 얻는 방법

> **제67조(매도인의 목적물 공탁 · 경매권)** ① 상인 사이의 매매에서 매수인이 목적물의 수령을 거부하거나 수령할 수 없는 때에는 매도인은 그 물건을 공탁하거나 상당한 기간을 정하여 최고(독촉)한 후 경매할 수 있다. 이 경우 매도인은 지체없이 매수인에게 그 통지를 발송해야 한다.
> ② 제1항의 경우에 매수인에게 최고할 수 없거나 목적물이 멸실 또는 훼손될 우려가 있는 경우에는 최고 없이 경매할 수 있다.
> ③ 제1항과 제2항에 따라 매도인이 그 목적물을 경매하였을 때에는 그 대금에서 경매비용을 공제한 잔액을 공탁해야 한다. 이때 그 전부나 일부를 매매대금에 충당할 수도 있다.

§67는 민법의 변제공탁(민§487, §490 등)에 비해 매도인에게 다양한 선택권을 부여함으로써 상사매매의 신속한 종결과 매도인의 대금회수와 채무소멸을 용이하게 한다.

Ⅰ. 요 건

① 매도인(상인)이 채무내용에 따른 이행을 했음에도 매수인(상인)의 목적물 수령거부 또는 수령불능 등 매수인 측 사정으로 채무이행을 종결지을 수 없는 경우이어야 한다(§67(1)).

② 매도인이 과실 없이 매수인을 알 수 없는 경우는 어떠한가? 민법은 이를 공탁사유로 규정하고 있으나(민§487) 상법에는 규정이 없다. 위의 경우 §67를 적용 또는 유추적용할 수 있다. §67의 취지가 변제공탁의 사유를 민법과 달리하여 제한하려는 것이 아니기 때문이다. 결국, 사유는 민법과 동일하다.

Ⅱ. 공탁 · 간이경매 선택권

상법은 민법과 비교해 매도인에게 더 넓은 선택권을 부여하고 있다. 즉,

① 매도인은 공탁과 경매(자조매각권) 중에서 임의로 선택할 수 있다.

② 매도인이 공탁 또는 경매를 한 때에는 매수인에게 지체없이(바로) 통지를 발송해야 한다(발신주의). 도달주의를 취하는 민법과 다르다.

③ 경매에 법원의 허가를 요하지 않는다.

④ 경매대금을 공탁 또는 매매대금 충당(변제충당) 중에서 다시 선택할 수 있다. 매매대금 충당 후에 잔액은 공탁하고, 부족액은 매수인에게 청구할 수 있다.

〈표 11-2-1〉 수령지체시 매도인의 공탁 · 경매권

		민법 (§487)	상법 (§67)
사 유		매도인이 채무내용에 따른 이행을 했음에도 매수인의 수령거부 · 수령불능 등 매수인 사정으로 채무이행을 종결지을 수 없는 경우	
대 상		채권 일반	상인끼리의 매매
공탁권 (변제공탁)		주된 수단	선택수단 중 하나
경매권	공탁과 관계	보충 수단 (공탁을 위한 준비)	독자적 수단
	요 건	엄격: 목적물이 공탁에 부적절하거나 멸실 · 훼손의 우려가 있거나, 공탁에 과다한 비용이 소요되는 경우	완화: 민법상의 요건 불요

	절 차	법원 허가	법원 허가 불요, 대신 상당한 기간을 정하여 최고(목적물 훼손·멸실의 염려가 있는 경우는 최고 불요)
	경매대금 처리	공탁해야 한다.	공탁과 변제충당 중 선택 가능

제3장

확정기매매 해제

사 례

A 쇼핑센터는 12월 25일 크리스마스 시즌을 앞두고 납품업자 B와 11월 30일까지 크리스마스트리 100개를 500만원에 납품하기로 하는 매매계약을 체결했다. 그러나 위 기한까지 이행되지 않고 있다. A가 취할 수 있는 조치는?

기초 계약해제 방법, 정기행위 해제

① 계약당사자 일방이 채무를 이행하지 않으면 상대방은 계약을 해제할 수 있다. 다만 단계적 실행을 요한다. 계약을 해제하려면, ⓐ 일단 상당한 기간을 정하여 상대방에게 그 이행을 '최고'하고(최고 전치, 예비단계), ⓑ 그 기간 내에 이행하지 않을 때 비로소 '해제권 행사'를 할 수 있다(해제권 행사, 본 단계).

② 정기행위, 즉 계약의 성질 또는 당사자의 의사표시로 일정한 시일 또는 일정한 기간 내에 이행하지 않으면 계약의 목적을 달성할 수 없는 경우, 당사자 일방이 그 시기에 이행하지 않으면, 상대방은 최고 없이도 계약해제권을 행사할 수 있다(민§545). 이 경우에도 해제권 행사는 필요하다.

> **제68조(확정기매매의 해제)** 상인 사이의 매매에서 매매의 성질 또는 당사자의 의사표시로 일정한 일시 또는 일정한 기간 안에 이행하지 않으면 계약의 목적을 달성할 수 없는 경우 그 이행시기가 경과된 때에 상대방이 즉시 이행을 청구하지 않으면 계약이 해제된 것으로 본다.

§68는 상인끼리의 확정기매매의 경우 매도인이 확정기까지 이행하지 않으면 기간의 경과라는 객관적 사실만으로 최고 및 해제의 의사표시 없이도 계약해제를 의제한다. 한편, 상대방이 즉시 이행청구를 하면 제외함으로써 계약 성립의 가능성을 열어주고 있다.

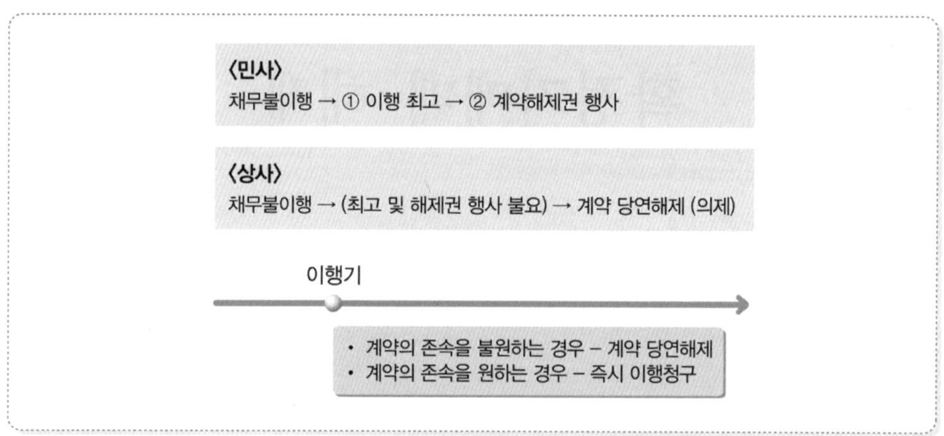

:: [그림 11-3-1] 정기행위의 해제 방법

Ⅰ. 요 건

(1) 확정기매매

확정기매매는 민법상 정기행위의 일종이다. (a) 매매의 성질(예: 추석 선물 세트 등 계절 용품) 또는 (b) 당사자의 의사표시(예: 선적기일의 약정이 있는 C.I.F. 계약)에[1] 의해 일정한 일시 또는 기간 내에 이행하지 않으면 계약의 목적을 달성할 수 없는 매매이다. 단순히 '이행기일을 엄수하라'고 한 것만으로는 확정기매매가 되지 않는다.[2]

(2) 이행 없이 확정기 경과

① 매도인이 정해진 시기까지 급부를 이행하지 않아야 한다.

② 확정기 경과 외에 이행지체 등 매도인의 귀책사유를 요하는가?

(ⅰ) 귀책 불요설(제1설),[3] (ⅱ) 귀책 필요설(제2설)이[4] 있다.

(ⅲ) 사견 – 귀책 필요설이 타당하다. §68는 해제방법에 관한 특칙일 뿐이고 해제사유에 관해서는 채무불이행의 일반 법리가 적용되기 때문이다.

---

1) 대법원 2009. 7. 9. 선고 2009다15565 판결.

2) 박상조 371, 송옥렬 124.

3) 박상조 371, 손주찬 251, 이기수/최병규 365, 임중호 341, 정동윤 208, 최기원/김동민 249.

4) 김두진 210~211, 김홍기 169, 송옥렬 124~125, 이종훈 207, 이철송 392~393, 정경영 171, 정찬형 241, 최정식 286, 최준선 290.

(3) 배제: 즉시 이행청구

확정기가 경과했음에도 매수인이 계약의 성립을 원한다면 즉시 이행을 청구함으로써 해제효과의 발생을 저지할 수 있다(§68). '즉시'는 이행기 직후 곧바로를 뜻한다.

Ⅱ. 효 과

① 이상의 요건을 충족하면 매매계약의 해제가 의제된다(§68). 따로 최고와 해제권 행사를 요하지 않는다.

② 그에 따른 해제의 효과는 민법과 같다. 즉, 매매계약이 소급해서 소멸하고 매도인(채무자)은 원상회복의무(민§548(1))와 손해배상책임을 진다(민§551).

제4장

하자 검사 · 통지의무

사 례

슈퍼마켓을 운영하는 A는 매매계약에 따라 식료품 가공회사인 B로부터 참치통조림 100개를 납품받았다. 그로부터 7개월이 지난 어느 날 참치통조림을 구매한 손님이 내용물이 부패했다고 알려왔다. A는 어떤 조처를 할 수 있는가?

기초 담보책임

매매의 목적물인 물건 또는 권리에 하자(흠)가 있으면 매매계약의 유상성으로 인한 등가성이 깨진다. 이럴 때 매도인은 과실 여부를 불문하고 그 하자를 보완하여야 할 담보책임을 진다. 이에 의해 매수인은 대금감액청구권, 계약해제권(계약의 목적을 달성할 수 없는 경우), 손해배상청구권, 완전물급부청구권을 행사할 수 있다(민§574~§576 등). 담보책임을 물을 수 있는 기간은 6개월 혹은 1년 등이다(민§573 등). 당사자는 특약으로 담보책임의 내용을 달리 정할 수 있다. 민법에는 매수인이 목적물 수령 후 지체없이 검사해서 하자나 수량 부족을 발견한 경우 이를 매도인에게 통지할 의무가 없다.

제69조(매수인의 목적물 검사와 하자 통지의무) ① 상인 사이의 매매에서 매수인은 목적물을 수령하면 지체없이 이를 검사해야 하며 하자 또는 수량 부족을 발견한 경우 즉시 매도인에게 그 통지를 발송해야 하고 이를 하지 않으면 그로 인한 계약해제, 대금 감액 또는 손해배상을 청구할 수 없다. 매매의 목적물에 즉시 발견할 수 없는 하자가 있는 경우 매수인이 6개월 이내에 이를 발견한 때에도 이와 같다.
② 제1항은 매도인이 이를 알았을 때(악의)는 적용하지 않는다.

Ⅰ. 특징과 기능

§69는 매수인이 매도인에게 담보책임을 묻기위해 스스로 이행하여야 할 선행적 의

무를 규정한 것으로 민법의 특칙이다. 다음의 기능을 한다.

① 신속한 종결 – 이에 의해 매도인은 신속하게 하자 있는 목적물을 회수하여 전매 등으로 손해를 줄일 기회를 가질 수 있다. 매수인이 상인이므로 하자나 수량 부족을 용이하게 발견할 수 있는 자이기 때문이다(판례).[5)]

② 담보책임 추궁의 선행조건 – 매수인이 담보책임을 묻기위해서는 매매 목적물을 지체없이 검사하고 하자 발견시 지체없이 통지를 해야 한다. 그 이행에 관한 증명책임은 매수인에게 있다(판례).[6)]

③ 임의성 – §69는 임의규정이다. 약정으로 이를 배세하거나 변경할 수 있다(판례).[7)] 예를 들어, 제척기간 6개월은 특약으로 연장 또는 단축할 수 있다.

Ⅱ. 요 건

(1) 대 상

(가) 상인 간 매매 – §69의 적용은 상인끼리의 매매에 한정한다. 상인자격은 매매계약을 체결할 때에 존재해야 한다. 도급 또는 임대차는 매매만큼의 신속한 처리가 필요하지 않기 때문에 동조의 적용대상이 아니다(판례).[8)]

(나) 제작물공급계약 – 제작물공급계약(製作物供給契約)은 예를 들어, 회사 로고가 새겨진 사은품 납품계약처럼, 특정인의 수요에 맞추어 당사자 일방이 상대방 주문에 따라 자기 소유의 재료를 사용하여 제작한 물건을 공급하고 이에 대하여 상대방이 대가를 지급하기로 하는 약정이다. 제작물공급계약은 제작 측면에서는 도급이고 공급 측면에서는 매매이다. 제작하여 공급하여야 할 물건이 대체물이면 매매의 성질이 강하여 매매에 관한 규정이 적용된다. 그러나 특정 주문자의 수요를 만족시키기 위한 부대체물이면 도급의 성질을 강하게 띠므로 매매에 관한 규정을 적용하기 곤란하다(판례).[9)] 이러한 경우는 §69를 적용할 수 없고, 수급인의 담보책임에 관한 민법 규정(민§667 등)에 의한다.

---

5) 대법원 1987. 7. 21. 선고 86다카2446 판결.
6) 대법원 1990. 12. 21. 선고 90다카28498, 28504 판결.
7) 대법원 2008. 5. 15. 선고 2008다3671 판결.
8) 대법원 1995. 7. 14. 선고 94다38342 판결.
9) 대법원 1987. 7. 21. 선고 86다카2446 판결. (따름 판례: 대법원 1996. 6. 28. 선고 94다42976 판결; 대법원 2006. 10. 13. 선고 2004다21862 판결).

(2) 물리적 수령

매수인이 목적물을 물리적으로 수령해야 한다. 매수인이 하자를 검사하여 발견할 수 있는 상태에 있어야 하기 때문이다. 화물상환증 등의 유가증권을 교부받거나 목적물반환청구권을 양도받을 때는 목적물에 대한 물리적 검사가 불가능하므로 동조의 적용대상이 되지 않는다(통설).

(3) 물리적 하자 등

① 목적물에 물리적 검사에 의해 알 수 있는 물리적 하자가 있어야 한다. 수량부족을 포함한다(이하 동일).

② 권리의 하자(예: 매매목적인 권리에 제약이 있는 경우)는 물리적 검사를 하기에 적절하지 않으므로 §69의 적용대상이 아니다(통설).

(4) 매도인의 선의

매도인이 선의이어야 한다. 즉, 매도인이 목적물에 하자 또는 수량 부족이 있음을 알지 못했어야 한다(§69(2)). 매도인이 악의이면 매수인은 검사 통지의무를 이행하지 않더라도 민법에 따라 담보책임을 물을 수 있다.

Ⅲ. 검사 · 통지의무

1. 검사의무

(가) 검사시기 – 매수인은 목적물을 수령하면 지체없이(바로) 검사해야 한다.

(나) 검사방법 – 상인인 매수인에게 통상적으로 요구되는 주의와 방법으로 검사해야 한다.[10)]

---

10) 대구고등법원 1989. 6. 1. 선고 88나4073 제3 민사부 판결: 검사는 당해 목적물을 거래하는 상인으로서 매수인이 가진 전문지식 등을 고려하여 그러한 종류의 거래에서 통상 요구되는 주의의무를 가지고 하자 발견을 위하여 상당하다고 인정되는 방법으로 하여야 한다.

2. 통지의무

(1) 공연한 하자

검사를 하면 즉시 발견할 수 있는 공연한 하자의 경우, 매수인은 하자 또는 수량부족을 발견한 '즉시' 매도인에게 통지를 발송해야 한다(발신주의). 매도인이 신속하게 전매 등의 대처를 할 수 있도록 하기 위함이다.

(2) 숨은 하자

(가) 6개월 전 발견 – 검사를 하더라도 즉시 발견할 수 없는 숨은 하자의 경우,[11] 목적물 수령시를 기산점으로[12] 6개월 이내에 발견하면 발견 즉시 매도인에 통지를 발송해야 한다. 6개월은 제척기간이다.

(나) 6개월 후 발견 – 목적물 수령시로부터 6개월이 경과한 후에야 숨은 하자를 발견하여 통지한 경우에는 어떠한가?

(ⅰ) 부정설(판례 · 다수설) – 6개월이 지난 후에 비로소 숨은 하자를 발견한 것에 대해 매수인의 귀책사유가 없더라도 선의의 매도인은 담보책임을 면한다는 견해이다.[13][14] 상사매매의 신속한 종결과 상인의 전문성을 이유로 한다.

(ⅱ) 긍정설(소수설) – §69에 의해 담보책임을 묻는 것은 불가능하지만 민법에 따라 담보책임을 물을 수 있다는 견해이다.[15] 이럴 때 통지하지 않은 것을 이유로 담보책임을 물을 수 없다고 하면 매수인에게 기대할 수 없는 행위를 요구하는 것이어서 가혹하고, 예컨대 반도체의 내구성 하자처럼 물건의 성질에 따라서는 매도인의 담보책임을 면제해주는 결과가 되어 부당하기 때문이라 한다.

(ⅲ) 사견 – 부정설이 타당하다. 숨은 하자라고 해서 담보책임을 물을 수 있는 기간을 무한정 연장하면 상거래의 신속한 안정을 해치기 때문이다. 당사자는 필요하다면 약정으로 6개월의 기간을 연장할 수 있으므로 매수인에게 도저히 피할 수 없는 부담을 안겨주는 것

---

11) 대법원 1993. 6. 11. 선고 93다7174, 7181 판결: 사과의 과심(果心)이 썩은 하자는 §69(1) 소정의 '즉시 발견할 수 없는 하자'에 해당한다.

12) 기산점을 하자를 안 날이 아니라 목적물을 수령한 날로 규정하고 있다.

13) 대법원 1999. 1. 29. 선고 98다1584 판결: §69는 상거래의 신속한 처리와 매도인의 보호를 위한 규정인 점에 비추어 볼 때, 설령 매매의 목적물에 상인에게 통상 요구되는 객관적인 주의의무를 다하여도 즉시 발견할 수 없는 하자가 있는 경우에도 매수인은 6월 내에 그 하자를 발견하여 지체없이 이를 통지하지 아니하면 매수인은 과실의 유무를 불문하고 매도인에게 하자담보책임을 물을 수 없다.

14) 김홍기 172, 서헌제 250, 손주찬 253, 송옥렬 128, 이기수/최병규 372, 임홍근 511, 정동윤 211, 최기원/김동민 241, 최정식 290, 최준선 284~285.

15) 이철송 398~399, 임중호 351~352(입법론으로 즉시 발견할 수 없는 하자의 경우에는 매수인이 하자를 발견한 시점부터 하자의 통지기간을 기산하는 것이 타당하다는 견해), 채이식 191~192.

은 아니다. §69(1)2문은 수량 부족에 대해 언급이 없으나, 수량 부족에도 유추적용된다.

3. 양 의무의 관계

검사의무는 하자를 발견하여 통지하기 위한 수단에 불과하다. 검사의무를 이행했더라도 통지의무를 이행하지 않으면 결과적으로 매도인에게 담보책임을 물을 수 없고, 반대로 검사의무를 이행하지 않았더라도 다른 경로에 의해 하자를 알게 되어 통지하면 된다. 결국 이들 중 더 중요한 것은 통지의무이다.

Ⅳ. 효 과

1. 담보책임 추궁 가능

매수인의 검사·통지의무는 매수인이 매도인에게 담보책임을 묻기 위해 선행적으로 이행해야 할 의무이다. 이를 이행하지 않으면 매수인은 매도인에게 담보책임을 추궁하지 못하는 불이익을 감수해야 한다(간접의무).

〈표 11-4-1〉 담보책임

	민법상 담보책임	상법상 담보책임
주안점	유상계약의 대가성	상사매매의 신속한 종결을 위한 특칙 그 밖은 민법 적용
대상과 종류	물건의 하자 권리의 하자 매매, 도급, 경매	물건의 하자에 한정 (수량 부족 포함) 상인끼리의 매매에 한정
담보책임을 묻기 위한 요건	매수인이 선의인지 악의인지에 따라 인정 여부를 달리함.	즉시 검사·통지의무: 매수인은 수령 즉시(숨은 하자의 경우는 6개월) 검사, 하자를 발견하면 매도인에게 즉시 통지하여야 함. 매도인이 선의이어야 함.
담보책임 내용	계약해제권, 손해배상청구권, 대금 감액청구권, 완전물급부청구권	

2. 불완전이행과 관계

기초 담보책임과 채무불이행책임

담보책임과 채무불이행책임은 별개의 것이다. 담보책임은 매도인의 고의 · 과실을 불문하는 무과실책임이나, 채무불이행책임은 계약성립 후의 채무자의 고의 · 과실에 의한 채무불이행을 문제삼는 과실책임이다. 따라서 매수인은 각각의 요건을 충족하면 담보책임을 물을 수도 있고 채무불이행책임을 물을 수도 있다(판례 · 통설).

	채무불이행책임	담보책임
본 질	계약의 귀책적 위반	매매계약의 유상성
요 건	계약성립 후의 채무불이행 과실책임	목적물 하자 (원시적 일부 하자) 무과실책임
구제수단	계약해제권 · 손해배상청구권	계약해제권 · 손해배상청구권 · 대금감액청구권 · 완전물급부청구권
존속기간	소멸시효	제척기간 (판례: 손해배상청구권에 소멸시효 적용가능)
양자의 관계	별개의 것이다. 각각의 요건을 충족하면 경합이 인정된다.	

§69가 정한 기간이 경과하여 담보책임을 추궁할 수 없는 때에도 민법상 불완전이행의[16] 요건을 충족하면 그에 따른 손해배상책임을 추궁할 수 있는가?

(ⅰ) 긍정설(판례),[17] (ⅱ) 부정설이[18] 있다.

(ⅲ) 사견 — 긍정설이 타당하다. 담보책임과 불완전이행책임(채무불이행책임)은 별개의 제도로서 경합할 수 있기 때문이다. 그 결과 불완전이행 등의 채무불이행(민§390)을 이유로 손해배상책임을 묻는 때에는 §69가 적용되지 않는다.

16) 불완전이행은 이행은 있었으나 완전하지 않은 것으로 이행지체와 이행불능과는 독립된 채무불이행의 일종이다.

17) 대법원 2015. 6. 24. 선고 2013다522 판결: §69(1)은 민법상 매도인의 담보책임에 대한 특칙으로서, 채무불이행에 해당하는 이른바 불완전이행으로 인한 손해배상책임을 묻는 청구에는 적용되지 않는다.

18) 위 판례에 대해서는 민법상 하자담보책임과 채무불이행책임의 경합을 인정하는 점에서 보면 자연스러운 판단이나, 현실적으로 물건의 하자와 불완전이행의 경계가 모호하여 사실상 §69의 취지가 몰각될 우려가 있다는 견해가 있다(송옥렬 126~127).

제5장

송부물 보관 · 공탁의무

사 례

서울에서 수산물 판매상을 하는 A는 울릉도에서 어물 도매상을 하는 B에게 울릉도산 오징어 50상자를 주문했다. 이에 따라 B가 보내온 것은 주문한 것과는 달리 멍게 100상자였다. A가 매매계약을 해제하는 경우 B로부터 받은 멍게 100상자는 어떻게 처리해야 하는가?

기초 계약해제와 원상회복의무

계약을 해제하면 계약은 소급하여 효력을 잃고 그에 따라 각 당사자는 상대방에게 원상회복의무가 있다(민§548(1)). 이에 따라 받은 급부가 있으면 그 전부를 상대방에게 '반환'해야 한다. 계약해제는 손해배상청구에 영향을 미치지 않는다(민§551).

제70조(매수인의 목적물 보관 · 공탁의무) ① 제69조(확정기매매 해제)에 따라 매수인이 계약을 해제한 경우 매도인의 비용으로 매매의 목적물을 보관 또는 공탁해야 한다. 그러나 그 목적물이 멸실 또는 훼손될 우려가 있으면 법원의 허가를 받아 경매하고 그 대가를 보관 또는 공탁해야 한다.
② 제1항에 따라 매수인이 경매하였을 때에는 지체없이 매도인에게 그 통지를 발송해야 한다.
③ 제1항과 제2항은 목적물의 인도장소가 매도인의 영업소 또는 주소와 동일한 특별시 · 광역시 · 시 · 군에 있는 경우에는 적용되지 않는다.

제71조(수량 초과 등의 경우 목적물 보관 · 공탁의무) 제70조는 매도인이 매수인에게 인도한 물건이 매매의 목적물과 다르거나 수량이 초과한 경우 그 다르거나 초과한 부분에 대하여 준용된다.

Ⅰ. 특징과 기능

§70와 §71는 상인간 원격지 매매에서 매도인의 잘못으로 송부된 매매 목적물을 매

도인에게 반환해야 할 사유가 발생한 경우 이를 매도인에게 반환(원상회복)하는 대신 목적물 소재지에서의 보관 또는 공탁(또는 이를 위한 경매) 의무를 매수인에게 지우는 특칙이다. 다음의 기능을 갖는다.

① 반환의 비경제 제거 – 상인간의 격지매매의 경우 민법을 따를 때 생기는 일률적인 목적물 반송의 비용과 위험을 제거하고, 목적물 소재지에서의 가치를 보전할 수 있다.

② 매도인 보호 및 이익조정 – 매도인의 잘못으로 비롯된 것인데도, 목적물 관리가 용이한 위치에 있는 매수인에게 보관 · 공탁의 법적 의무를 지우고 이를 위반하면 손해배상책임까지 지움으로써 매도인을 보호한다. 다만 매수인은 보관 대신 공탁 · 경매함으로써 직접 보관하지 않아도 되고 매도인에게 그 비용을 청구할 수 있다.

③ 임의성 – 특약으로 위 의무를 배제할 수 있다. 매도인이 원상회복을 원할 수 있고 원상회복이 매도인에게 이익이 될 수 있기 때문이다.

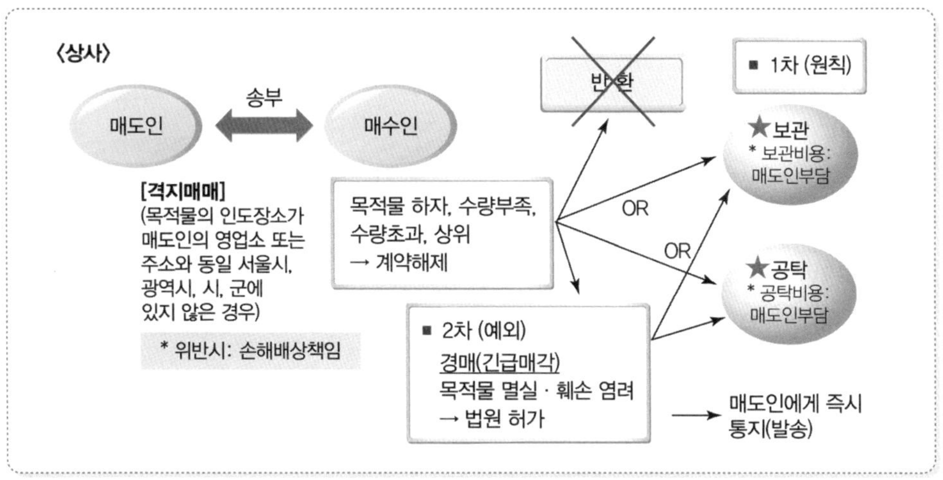

:: [그림 11-5-1] 목적물 반환의 대체 방법 (상사)

Ⅱ. 요 건

(1) 원격지 송부매매

① 상인끼리의 원격지 매매이어야 한다. 원격지 매매는 매도인의 영업소 또는 주소와 목적물의 인도장소가 동일한 특별시 · 광역시 · 시 · 군에 있지 않은 매매이다(§70(3)).

② 매매계약이 성립하고 이행(물건 인도)이 있어야 한다.

(2) 목적물 하자 · 수량부족 · 수량초과 · 상위

ⓐ 매매 목적물의 하자 또는 수량 부족을 이유로 매수인이 계약을 해제한 경우, ⓑ 매매 목적물이 계약과 다르거나 수량을 초과한 경우에 적용된다(§70(1), §71). ⓑ의 경우는 계약해제를 요하지 않는다.

(3) 매도인의 선의 요부

매도인의 선의를 요하는가?

(ⅰ) 필요설,[19] (ⅱ) 불요설이[20] 있다.

(ⅲ) 사견 – 선의 필요설이 타당하다. 매도인이 악의인 경우까지 이러한 의무를 매수인에게 부담시키는 것은 신의칙과 공평의 정신에 부합하지 않기 때문이다.

Ⅲ. 효 과

(1) 주된 수단 – 보관 또는 공탁

① 매수인은 보관 또는 공탁 중에서 자유롭게 선택할 수 있다. 이때의 공탁은 변제공탁이 아니라 보관을 위한 보관공탁이다. 공탁의 요건은 특별히 없다.

② 보관비용이 물건 가액을 초과하거나 보관으로 상인에게 손해가 생길 염려가 있을 때는 어떠한가? §60와는 달리 §70와 §71에는 규정이 없다. 그 취지상 유추적용된다고 본다.

(2) 보조 수단 – 경매

① 본조는 물건을 보관 또는 공탁하는 것에 중점을 둔다. 경매는 부득이한 경우에 차선책으로 둔 것이다. 이 때문에 여기의 경매(긴급매각)는 자조매각의 경매(§67)보다 제약적이다.

② 원물을 보관 또는 공탁하는 것이 원칙이다. 그러나 목적물이 멸실 또는 훼손될 염려가 있는 경우 법원의 허가를 받아 경매(긴급매각)하여 그 대금을 보관 또는 공탁할 수 있다(§70(1)).

---

19) 김두진 219, 이철송 402, 임중호 336, 정찬형 248.
20) 송옥렬 129.

(3) 통지의무

(가) 보관 또는 공탁의 경우 – 통지의무가 없다.

(나) 경매의 경우 – 지체없이(바로) 매도인에게 통지를 발송해야 한다(§70(2)).

(4) 비용부담 및 보수청구권

① 보관 · 공탁 · 경매 등의 비용은 매도인이 부담한다(§70(1)). 수익자부담 원칙에 따른 것이다.

② §70에 따라 목석눌을 보관 또는 공탁한 매수인은 매도인에게 비용과는 별개로 보수를 청구할 수 있는가?

(ⅰ) 긍정설(다수설),[21] (ⅱ) 부정설(소수설)이[22] 있다.

(ⅲ) 사견 – 긍정설이 타당하다. 부정설은 본조의 보관의무가 법에 의한 의무이므로 보수청구권(§61)의 적용대상이 아니라고 하나, 의무 발생의 근거가 법에 따른 것이라는 이유로 보수청구권을 부정할 것은 아니다.

〈표 11-5-1〉 경매 – 자조매각, 긴급매각

	§67의 경매 (자조매각)	§70의 경매 (긴급매각)
특 징	매매 종결을 위한 목적물 처리	원격지 매매에서 송부물 반송 갈음
	매도인이 채무내용에 따른 이행을 하였으나 매수인 사유로 채무이행을 완결지을 수 없는 경우	매도인이 채무내용에 따른 이행을 하지 않은 경우(하자, 수량부족, 수량초과, 상위)
	매도인의 자조매각권	매수인의 긴급매각권(원물 보관이 곤란한 경우)
	변제공탁의 대체수단	보관 또는 공탁을 위한 중간단계의 보조수단
	경매대금을 가지고 매매대금에 충당하거나 공탁 가능	경매대금을 가지고 매매대금에 충당할 수 없고 보관 또는 공탁해야 함
법원 허가	불요(대신 최고를 요함)	요

21) 김두진 219, 김병연/박세화/권재열 235, 김성태 478, 박상조 368, 서헌제 252, 손주찬 256, 안강현 226, 전우현 252, 채이식 194, 정동윤 213, 최기원/김동민 247, 최준선 288.

22) 손진화 204, 이철송 403, 정준우 254, 정찬형 237.

| 제 12 편 |

상호계산

상호계산은 상인이 상시 거래관계에 있는 자와의 일정 기간의 거래로 인한 채권의 총액을 상계하고 잔액을 지급하기로 하는 상계계약이다. 상호계산기간 중에는 상호계산 불가분의 원칙이 당사자 사이에 적용된다. 상호계산기간이 종료되어 상대방이 계산서를 승인하면 무인적 잔액채권으로 확정된다.

Keyword:
상계계약, 상호계산, 상시 거래관계, 상호계산기간, 상호계산 불가분 원칙, 계산서 승인의 효력, 무인적 잔액채권, 불가쟁력

제1절 의의와 기능

사 례

A통신사와 B통신사는 휴대폰 기존 가입자의 해지 및 통신사간 번호이동이 발생할 때 양 회사에서 발생하는 가입자의 전월 분 미결제 통신요금을 피차간 상대방 통신사가 대신 받아주기로 약정하고 매달 말 일괄 계산하여 잔액만을 지급하고자 한다. 그 방법은?

기초 상 계

예컨대, A가 B에 대해 100만원의 채권을 가지고 있고, B가 A에게 70만원의 채권을 가지고 있는 경우, A와 B는 상대방에 대한 일방적인 상계권 행사로 채권 중 대등액 70만원을 소멸시킬 수 있다. 이를 상계라 한다(민§492, §493). 민법의 상계는 단독행위에 의한 형성권인데, 상계에 관한 계약도 계약자유의 원칙상 가능하다.

제72조(상호계산의 의의) 상호계산은 상인이 상시(常時) 거래관계에 있는 자와 일정한 기간의 거래로 인한 채권·채무의 총액을 상계하고 그 잔액을 지급할 것을 약정함으로써 그 효력이 생긴다.

① 상호계산은 다수 채권을 일괄 상계하기로 하는 상계계약이다(§72). 이는 채권·채무를 일방적 의사표시로 개별적으로 소멸시키는 상계(민§492~§499)를 토대로 하여 변형시킨 것이다.

② 상호계산은 일괄 결제기능, 쌍방의 대응 채권 상호간 교차적 담보 기능을 한다.

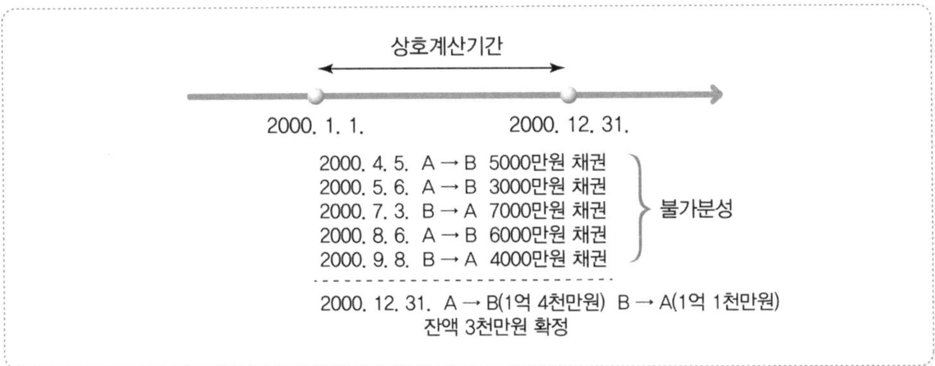

:: [그림 12-1] 상호계산

제2절 요 건

(1) 상인과 상시거래관계의 자

① 최소한 일방이 상인이어야 된다.

② 상시 거래관계, 즉 당사자 사이에 계속하여 채권·채무가 발생할 수 있는 관계가 있어야 한다.

(2) 상호계산기간

제74조(상호계산기간) 당사자가 상호계산기간을 정하지 않으면 그 기간은 6개월로 한다.

상호계산기간은 상호계산계약 존속기간 내의 기간 계산단위이다. 상호계산기간은 계약으로 자유롭게 정할 수 있다. 이러한 정함이 없으면 그 기간은 6개월로 한다(보충성; §74).

(3) 대 상

상호계산에 산입할 수 있는 채권은 상계가 가능한 종류채권에 한한다. 통상 금전채권이 대상이 된다. 상호계산기간이 종료한 시점에 자동으로 잔액채권이 확정되어야 하기 때문이다.

(4) 제 외

다음은 상호계산의 대상이 되지 못함이 원칙이다.

(가) 비거래 채권 – 상호계산계약 당사자 사이의 거래로 생긴 채권이 아닌 경우(예: 사무관리·부당이득·불법행위 등으로 인한 법정채권, 제3자로부터 양수한 채권)

(나) 증권채권 – 증권 제시라는 특수한 권리행사 방법에 의하는 증권에 표창된 채권 그 자체(예: 어음·수표)

제3절 상호계산기간 중 효력

Ⅰ. 당사자간 효력

1. 상호계산 불가분 원칙

(가) 성립 · 존속 – 상호계산에 산입된 개별 채권은 성립과 존속에 있어 개별성 또는 독자성을 갖는다.

(나) 행사 – 상호계산에 산입된 여러 채권 · 채무는 기간 만료로 일괄 상계되기까지 불가분적으로 서로 묶이게 된다. 그 결과 개별 채권의 임의적인 행사 · 양도 · 처분 · 제거 등 일괄결제로부터의 이탈은 상호계산의 총괄계산의 속성상 금지된다.

2. 특칙: 증권채권

> **제73조(상업증권상 채권 · 채무의 특칙)** 어음이나 그 밖의 유가증권으로 인한 채권 · 채무를 상호계산의 대상으로 삼았을 때 그 증권채무자가 변제하지 않으면 당사자는 그 채무의 항목을 상호계산에서 뺄 수 있다.

(가) 산입 – 증권채권은 원래 상호계산적상이 없으므로 상호계산에 넣을 수 없다. 그러나 증권채권 상태를 벗어나면 상호계산에 넣을 수 있다.

(나) 제거 – 이렇게 해서 산입된 채무를 채무자가 변제하지 않으면 그 항목을 상호계산에서 뺄 수 있다. 예컨대, B가 상호계산계약 당사자인 C에게 A가 발행한 100만원의 약속어음을 양도하면서 할인받아 이를 B가 C에 대하여 90만원의 채권으로 하여 상호계산에 산입시켰는데 이후 A가 만기에 어음금을 지급하지 않았다면, C는 그 대가관계에 있는 90만원의 채무를 상호계산에서 제거할 수 있다.

Ⅱ. 제3자에 대한 효력

사 례

(1) 상호계산에 산입된 A의 B에 대한 채권을 A가 B의 동의 없이 C에게 양도한 경우,

C는 B에게 채권 양수인의 지위를 주장할 수 있는가?
(2) A가 상호계산에 산입된 B에 대한 채권을 C에게 질권의 담보로 제공한 경우, C는 B에게 질권자의 지위를 주장할 수 있는가?
(3) A의 채권자 C가 상호계산에 산입된 A의 B에 대한 채권을 압류할 수 있는가?

상호계산 불가분의 원칙이 상호계산 계약당사자가 아닌 제3자에도 미치는가?

(i) 상대적 효력설(다수설) – 상호계산 불가분의 원칙은 상호계산 계약당사자에게만 미치고 제3자에 대해서는 주장할 수 없다는 견해이다. 이에 의하면 상호계산에 산입된 채권을 양도·입질한 경우 선의의 제3자에게는 상호계산 불가분 원칙을 주장할 수 없으므로 그 양도와 입질은 유효하고, 제3채권자는 선의·악의를 불문하고 압류할 수 있다고 한다(유효설).[1)]

(ii) 절대적 효력설(소수설 1) – 상호계산 불가분의 원칙은 상호계산의 계약당사자는 물론이고 제3자에게도 선의·악의를 불문하고 절대적으로 효력이 미친다는 견해이다. 이에 의하면, 상호계산에 산입된 채권을 임의로 양도·입질·압류할 수 없으므로 이를 위반한 행위는 제3자의 선의·악의를 불문하고 무효가 된다고 한다(무효설).[2)]

(iii) 절충설(소수설 2) – 상호계산에 산입된 채권의 양도·입질은 유효하고(상대적 효력설과 동일), 제3채권자의 압류는 상호계산의 담보적 기능에 비추어 허용되지 않는다(절대적 효력설과 동일)는 견해이다.[3)]

(iv) 사견 – 상대적 효력설이 타당하다. 상호계산도 계약의 일종인데, 계약은 당사자 사이에서만 구속력이 있고, 이를 계약당사자가 아닌 선의의 제3자에게까지 확장하는 것은 사적 자치의 범위를 벗어나기 때문이다. 한편, 국가공권력 행사인 압류의 경우는 당사자의 계약으로 압류금지채권을 만드는 것은 용인될 수 없으므로[4)] 압류자의 선의·악의를 불문하고 압류가 유효하다고 보아야 한다.

---

1) 김두진 235, 김성태 368, 김홍기 177, 서돈각/정완용 172, 서헌제 264, 손진화 218, 송옥렬 134(채권양도의 경우에는 채무자가 채권양도에 동의하는 경우에만 상호계산에서 해당 채권을 제거하기로 하는 의사표시로서 유효하다는 견해), 안강현 240, 이종훈 222, 장덕조 132, 전우현 260, 정찬형 262, 최정식 306, 최준선 298.
2) 손주찬 274~275, 임중호 366~367, 채이식 204, 최기원/김동민 254(상호계산의 강행성을 인정하여 단순한 계약관계로만 볼 수 없다는 견해).
3) 김정호 276~277, 이철송 416~418, 정준우 124.
4) 대법원 2002. 8. 27. 선고 2001다71699 판결.

제4절 상호계산기간 종료의 효력 (1단계)

상호계산기간이 만료된 이후에는 ⓐ 상호계산기간 종료 → ⓑ 계산서 승인의 단계별로 효력이 달라진다. 상호계산기간이 종료하면 자동으로 '잔액채권이 성립'한다. 계산서를 승인하기 이전에는 그 잔액채권은 상호계산에 산입된 개별 채권의 효력에 의해 영향을 받는 유인적 채권이다(假확정). 따라서 원래의 개별 채권이 무효 또는 취소되면 잔액 채권액에 변경이 생길 수 있다(통설).

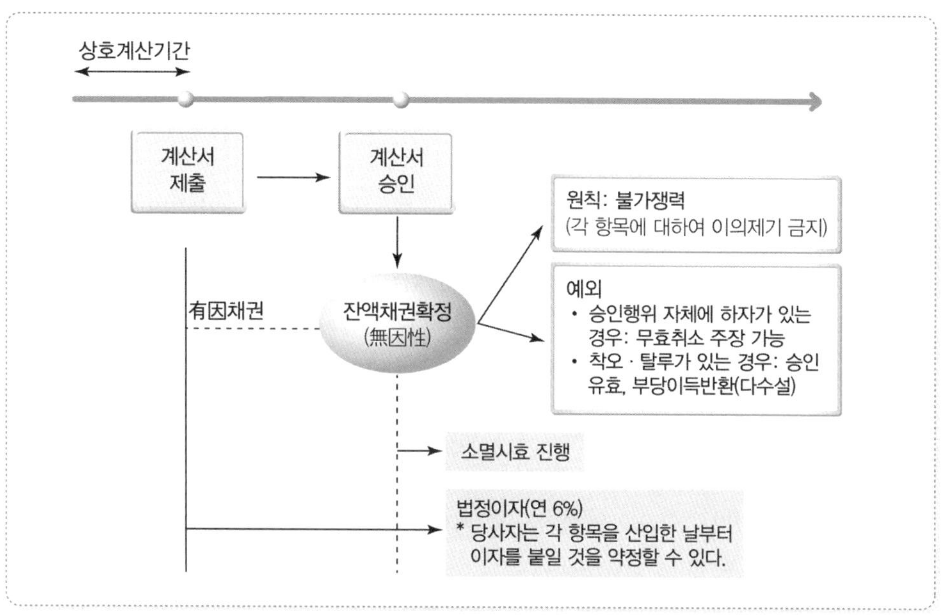

:: [그림 12-2] 상호계산기간 종료의 단계적 효력

제5절 계산서 승인의 효력 (2단계)

> **제75조(계산서 승인과 이의)** 당사자가 채권 · 채무의 각 항목이 기재된 계산서를 승인하면 그 각 항목에 대하여 이의를 제기할 수 없다. 그러나 착오나 누락이 있는 경우에는 이의를 제기할 수 있다.

Ⅰ. 무인적 잔액채권 확정

(1) 법적 성질

계산서를 상대방이 승인하면 '잔액채권이 확정'되어 이의 제기가 금지되는 무인적 채권으로 바뀐다(§75(1)전).

(ⅰ) 계산서 승인의 법적 성질에 관해서는 다양한 설명이 있다.
(ⅱ) 사견 – 이는 상법에 따라 인정되는 법적 효력이다. 계산서 승인으로 유인적 잔액채권은 소멸하고(민§500) 그 대신 무인적 잔액채권이 이를 갈음한다. 그 법적 성질은 경개에 해당한다(통설).

(2) 법정이자

> **제76조(잔액채권의 법정이자)** ① 상계로 인한 잔액에 대해서는 채권자는 계산폐쇄일 이후의 법정이자를 청구할 수 있다.
> ② 제1항과는 달리 당사자는 각 항목을 상호계산에 넣은 날부터 이자를 부칠 것을 약정할 수 있다.

① 상행위로 인한 채무는 법정이자를 청구할 수 있는데(§55(1)), §76는 그 기산일을 계산폐쇄일로 법정한 것이다.

② 그러나 당사자는 계약으로 각 항목을 상호계산에 산입한 날로부터 이자를 부칠 것을 약정할 수 있다(§76(2)). 약정이자에 의하는 것도 계약자유의 원칙상 가능하다.

(3) 소멸시효

(가) 시효기간 – 경개설에 의하면 계산서 승인에 의한 무인적 잔액채권은 기존의 개별 채권과는 단절된 새로운 채권이다. 따라서 이에 대해서는 새로운 시효기간이 적용된다. 그 시효기간은 어떠한가?

(ⅰ) 10년설,[5] (ⅱ) 5년설이[6] 있다.
(ⅲ) 사견 – 5년설이 타당하다. 상호계산계약은 보조적 상행위이기 때문이다.

(나) 기산점 – 무인적 잔액채권의 소멸시효의 기산점은 언제부터인가?

---

5) 임중호 370.
6) 정동윤 186, 최준선 300.

(ⅰ) 잔액채권 성립시점인 계산폐쇄일로 소급한다는 견해(소급설; 제1설),[7]
(ⅱ) 잔액채권 확정시인 계산서 승인 때라는 견해(승인시설; 제2설)가[8] 있다.
(ⅲ) 사견 – 후설이 타당하다. 소멸시효의 기산점은 권리를 행사할 수 있는 때부터 진행하는데(민§166(1)), 계산서를 승인함으로써 비로소 잔액채권에 대한 권리행사가 가능해지기 때문이다.

Ⅱ. 불가쟁력

① 계산서를 승인하면 개별 채권 항목에 대해 더는 이의를 제기하지 못한다(§75전).
② 그러나 승인행위의 무효·취소를 주장하는 것은 가능하다.

Ⅲ. 착오·탈루

① 계산서를 승인했더라도 착오나 탈루가 있으면 이의를 제기할 수 있다(§75후).
② 이럴 때 계산서 승인의 효력은 어떤 영향을 받으며 착오·탈루 부분은 어떻게 처리할 것인가?

(ⅰ) 계산서 승인의 효력인 잔액채권 확정은 그대로 유효하고 착오 또는 탈루가 있는 부분에 대해 사후적으로 부당이득의 반환을 청구할 수 있을 뿐이라는 견해(승인유효/부당이득반환청구설; 다수설),[9]
(ⅱ) 계산서 승인이 무효가 된다고 하고 그에 따라 잔액채권 확정 그 자체에 대해 이의를 제기할 수 있다는 견해(승인무효/이의제기설; 소수설)가[10] 있다.
(ⅲ) 사견 – 기본적으로 전설이 타당하다. 착오·탈루는 개별 채권에 한정하는 것으로 경미한 하자를 이유로 승인 자체를 전부 무효로 하는 것은 과도하고 상호계산의 안정적 운영을 해치기 때문이다.

---

7) 송옥렬 136, 이철송 419, 최기원/김동민 256, 최정식 307.
8) 정동윤 186, 정찬형 263, 채이식 201.
9) 김두진 237, 김성태 371, 김정호 282, 박상조 383, 서돈각/정완용 174, 손주찬 276~277, 손진화 221, 송옥렬 136, 전우현 261~262, 정동윤 186, 최기원/김동민 256, 최정식 309, 최준선 300~301.
10) 이철송 421, 정찬형 264.

제6절 종료(해지)

> **제77조(해지)** 각 당사자는 언제든지 상호계산을 해지할 수 있다. 이 경우 즉시 계산을 폐쇄하고 잔액의 지급을 청구할 수 있다.

이는 민법상 해지 자유의 원칙을 따른 것으로, 상법상 해지에 관한 다른 특별규정과는 차이가 있다. 상호계산을 해지하면 즉시 계산을 폐쇄하고 잔액 지급을 청구할 수 있다.

| 제13편 |

유가증권

유가증권은 무형의 권리를 유형의 증권에 결합한 것이다. 유가증권은 권리의 유통성을 주된 기능으로 한다. 어음과 수표는 가장 완전한 유가증권이고, 화물상환증, 창고증권, 주권(株券) 등 그 밖의 유가증권은 불완전하지만 그래도 유가증권이다. 실물 유가증권으로부터 탈피하려는 현상이 생겨나고 있다. '권리'의 전자등록은 유가증권을 발행하기 이전 단계에서 권리 자체를 전자등록하는 방식으로 전자증권과는 다르다.

Keyword:
유가증권, 권리와 증권의 결합, 권리의 전자등록, 완전(불완전)증권, 설권(비설권)증권, 기명(무기명)증권, 문언(비문언)증권, 무인(요인)증권, 제권판결

제1절 총 설

(1) 권리와 증권의 결합

① 유가증권은 재산적 가치를 가지는 사권(私權)을 담은 증권이다. 무형의 권리를 유형의 증권에 담아 결합한 것이다.

② 상법은 화물상환증, 창고증권, 선하증권, 주권, 채권, 신주인수권증서, 신주인수권증권 등의 유가증권을 규정하고, 어음법과 수표법은 가장 완전한 유가증권인 어음과 수표를 규정하고 있다.

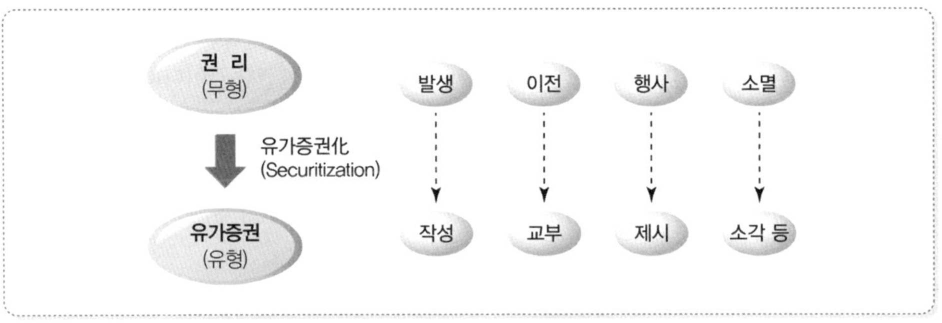

:: [그림 13-1] 권리와 유가증권의 결합

(2) 금권 · 증거증권 · 면책증권과 구별

금권(金券)은 그 자체가 금전을 대신하는 효력을 갖는 것으로 법정된 것이다(예: 화폐, 우표, 수입인지 등). 증거증권은 권리를 화체한 것이 아니라 단지 증명수단이 되는 것이다(예: 계약서, 차용증, 예금통장 등). 면책증권은 소지인에게 의무를 이행하면 설령 그자가 무권리자이더라도 면책을 누릴 수 있는 것이다(예: 예금통장, 물건보관표 등).

(3) 기 능

① 가시화 및 유통강화 기능 – 유가증권의 주된 기능은 무형의 권리를 유형적 존재(실물)로 만들어 권리의 유통성을 강화하는 것이다. 그 밖에 유가증권은 지급 또는 결제수단, 신용수단 등으로 이용된다.

② 현재화 기능 – 유가증권은 미래의 재산적 가치를 미리 앞당겨 현재의 것으로 바꾸는 수단으로 이용된다.

제2절 종 류

(1) 완전성

권리의 발생 · 이전 · 행사 · 소멸 전부에 증권이 필수적으로 필요한 것이 완전증권이고, 그 일부(주로 이전 · 행사)에만 증권이 필요한 것이 불완전증권이다. 어음과 수표는 유통성을 특히 중시하여 완전증권, 설권증권, 문언증권, 무인증권으로, 불완전증권인 나머지 유가증권과 차이가 있다.

(2) 설권성

권리가 발생하려면 증권 작성이 필수적인 것이 설권증권이고(동시관계), 이미 발생한 권리를 사후적으로 증권을 작성하여 결합시킨 것이 비설권증권이다(선후관계).

(3) 기명성

권리자 표시방법과 권리 양도방법에 따라 유가증권은 기명증권, 무기명증권, 지시증권으로 구분된다.

(4) 문언성

권리의 내용이 증권에 기재된 문언에 의해 결정되는 것이 문언증권이고, 그렇지 않은 것이 비문언증권이다.

(5) 요인성

증권의 원인관계에 하자가 있으면 영향을 받아 증권이 무효가 되는 것이 유인증권이고, 원인관계의 하자가 증권의 효력에 영향을 미치지 못하도록 단절된 것이 무인증권이다.

(6) 권리성격

증권에 담긴 권리의 성격에 따라, (a) 일정 금액의 지급청구권(예: 어음, 수표, 채권(債券)), 물건 인도청구권(예: 화물상환증, 선하증권, 창고증권) 등을 담은 채권(債權)증권, (b) 사원의 지위를 담은 사원권증권(예: 주권, 신주인수권증서, 신주인수권증권)이 있다. (c) 우리나라에 물권증권은 없다.

제3절 적용 규정

제65조(유가증권과 준용규정) ① 금전의 지급청구권, 물건 또는 유가증권의 인도청구권이나 사원의 지위를 표시하는 유가증권에 관해서는 다른 법률에 특별한 규정이 없으면 「민법」 제508조부터 제525조까지의 규정(지시채권, 무기명채권)을 적용하고 「어음법」 제12조 제1항과 제2항(배서)을 준용한다.
② 제1항의 유가증권으로서 그 권리의 발생·변경·소멸을 전자등록하기에 적합한 유가증권은 제356조의2 제1항에 따른 전자등록기관의 전자등록부에 등록하여 발행할 수 있다. 이에 대해서는 제356조의2 제2항부터 제4항까지의 규정(주식의 전자등록)을 준용한다.

§65는 유가증권에 준용되는 규정으로 민법의 지시채권과 무기명채권에 관한 규정, 어음법과 수표법의 배서에 관한 규정을 들고 있다.

〈표 13-1〉 준용규정

어음법	배서 (어음법 §12)
상 법	일반규정 – §65 개별 규정 – 화물상환증, 선하증권, 창고증권, 주권, 채권, 신주인수권증권, 신주인수권증서 전자등록 – 주식의 전자등록 (§356의2)
민 법	지시채권, 무기명채권 (민§508~§525)

제4절 권리 양도·행사

기초 채권 양도방법

채권양도는 채권을 이전하는 양도인(채권자)과 양수인의 계약이다. 채무자는 양도계약의 당사자가 아니며 채무자의 의사에 반해서도 양도할 수 있다. 채권의 종류에 따라 양도방법이 다르다. 채권은 지명채권과 증권적 채권(지시채권, 무기명채권)으로 구분한다.

(1) 지명채권 양도

지명채권은 특정인을 채권자로 하는 채권으로 증권적 채권이 아닌 보통의 채권이다.

① 지명채권 양도는 양도인과 양수인의 계약만으로 효력이 생긴다.

② 이중양도의 위험이 있으므로 채무자와 제3자 보호를 위해 대항요건을 갖추어야 한다. ⓐ 채무자에 대항하기 위해서는 양도인이 채무자에게 통지하거나 채무자가 승낙하여야 한다(민§450(1)). ⓑ 제3자에 대항하기 위해서는 위 통지나 승낙을 확정일자 있는 증서로 할 것을 요한다(민§450(2)). 서로 짜고 양도날짜를 거짓으로 소급시켜 제3자를 해칠 소지를 방지하기 위함이다.

(2) 지시채권 양도

지시채권은 특정인 또는 그가 지시하는 자에게 변제해야 하는 증권적 채권이다. 유가증권이 이에 속한다.

(가) 배서와 교부 – 지시채권은 증서에 배서(背書)하여 양수인에게 교부함으로써 채권을 양도할 수 있다(민§508). 배서에 조건을 붙여서는 안 되고, 배서에 붙인 조건은 기재하지 않은 것으로 본다(어음법 §12(1)). 일부의 배서, 즉 권리 일부를 양도하는 배서는 무효이다(어음법 §12(2)).

(나) 증권 제시 – 권리행사를 위해서는 증권소지인이 채무자에게 증권을 제시해야 한다(민§523). 증서의 점유자가 배서의 연속으로 권리를 증명하면 적법한 소지인으로 본다(민§513(1)).

(다) 인적 항변 절단 – 지시채권의 채무자는 소지인의 전자에 대한 인적 관계의 항변을 가지고 소지인에게 대항하지 못한다. 그러나 소지인이 채무자를 해함을 알고 지시채권을 취득했을 때는 그러하지 아니하다(민§515).

(라) 선의취득 – 양도인이 무권리자라는 것을 소지인이 증서를 취득할 때 몰랐거나 중대한 과실 없이 알지 못했다면 선의취득으로 권리를 취득한다(민§514).

(3) 무기명채권 양도

무기명채권은 채권자의 이름을 특정하지 않고 증서의 정당한 소지인에게 변제해야 하는 증권적 채권이다.

(가) 양도방법 – 무기명채권은 양수인에게 증서를 교부함으로써 양도의 효력이 있다(민§523).

(나) 준용 – 지시채권에 관한 규정은 무기명채권에 준용한다(민§524).

제5절 증권 무효

① 유가증권을 분실했을 때에 이를 무효로 하려면 공시최고의 절차를 거쳐(민§521) 법원으로부터 제권판결을 받아야 한다(민사소송법 §482 등). 제권판결을 받은 유가증권은 무효가 되고, 권리와 유가증권의 결합관계가 없어진다.

② 제권판결을 받은 자는 단지 '유가증권 점유자'의 지위를 회복할 뿐이다. 이에 의해 권리가 새로 창설되는 효력은 없다.

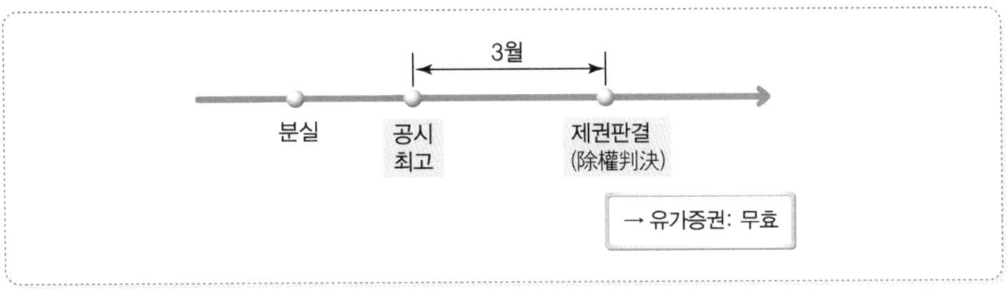

:: [그림 13-2] 유가증권 무효 절차

제6절 권리 전자등록

Ⅰ. 의 의

유가증권은 권리의 유통성을 강화할 목적으로 생겨난 제도적 산물이다. 그런데, 실물증권이 도리어 권리의 유통을 저해하고 거추장스런 존재가 되기도 한다. 그래서 그 대안으로 나온 것이 (a)'전자유가증권'(유가증권의 전자화)과 (b)'전자등록'(권리의 전자등록화)이다. 전자유가증권은 실물 유가증권을 전자적 형태로 하는 유권화(有券化)의 일종이고(예: 전자어음), 전자등록은 증권 이전에 '권리' 그 자체를 전자등록기관의 전자등록부에 전자등록하는 것으로 끝내는 무권화(無券化)의 일종이다.

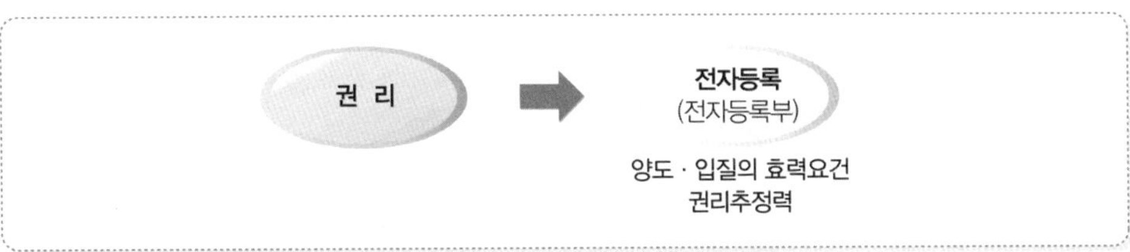

:: [그림 13-3] 권리의 전자등록

Ⅱ. 발 행

권리를 전자등록기관의 전자등록부에 등록함으로써 유가증권 발행을 갈음할 수 있다(§65(2)).

Ⅲ. 양도 · 입질

(1) 효력요건

전자등록부에 등록된 권리의 양도나 입질은 '전자등록부 등록'에 의해야 한다. 이것이 양도와 입질의 효력요건이다(§65(2) →§356의2(2)). 전자등록을 유가증권을 발행했을 때의 증권의 인도와 동일하게 취급하는 셈이 된다.

(2) 추정력 및 선의취득

① 전자등록부에 권리를 등록한 자는 등록된 권리를 적법하게 보유한 것으로 추정한다(§65(2) →§356의2(3)).

② 이에 따라 전자등록부를 선의로 그리고 중대한 과실 없이 신뢰하고 전자등록함으로써 권리를 취득한 자는 그 권리를 선의취득한다(§65(2) →§356의2(3)).

(3) 대항요건

효력요건과는 별도로 소정의 대항요건을 갖추어야 한다(예컨대, 전자등록된 주식양도의 경우 명의개서).

| 제14편 |

유통업

유통조직으로 이용되는 실제의 모습은 영업사원, 직영점, 총판, 대리점, 특약점, 대리상, 중개상, 위탁매매업, 가맹업, 체인점 등 매우 다양하다. 이 중에서 상법은 ① 상업사용인, ② 대리상, ③ 중개상, ④ 위탁매매업, ⑤ 가맹업에 관해서만 규정하고 있다. ①은 특정 상인에 종속하는 상사대리인이지만, ②~⑤는 독립된 상인이다. ②는 대리 또는 중개, ③은 중개, ④는 주선, ⑤는 가맹에 의한다. 어디에 해당하는가는 실질에 의해 판단한다. 상법이 규정하고 있는 유통업(전형유통업) 외에도 다양한 형태의 유통업(비전형 유통업)이 존재한다. 이에 대해 상법 규정을 유추적용할 수 있는지 문제된다.

Keyword:

대리상(체약대리상, 중개대리상), 보상청구권, 중개인(민사중개인, 상사중개인), 중개료, 위탁매매업, 명의와 계산의 분리(주선), 위탁물의 실질적 귀속, 준위탁매매, 가맹업, 특약점

제1장

대리상

제1절 총 설

사 례

독일 자동차 판매회사인 X는 한국 시장에서 자동차 판매 유통망을 구축하고 있다. X는 A와 자동차 딜러계약을 맺고 그 실적에 따라 커미션을 주기로 하는 3년간의 계약을 체결했다. 이에 따라 A는 매장을 설치하여 자동차를 판매했고 A의 뛰어난 수완으로 X의 시장점유율이 급증했다.

(1) A는 다른 자동차 회사와 딜러계약을 맺을 수 있는가?

(2) A는 X회사와의 딜러계약에서 계약기간인 3년이 지나면 계약을 연장하거나 갱신하지 않으며 이후 A는 X회사에 일체의 금전적 지급을 청구할 수 없다는 내용으로 약정한 경우, 그 약정은 유효한가?

1. 의 의

第87조(대리상의 의의) 상업사용인이 아니면서 일정한 상인을 위해 계속하여 그 영업부류에 속하는 거래의 대리 또는 중개를 영업으로 하는 자를 대리상이라 한다.

대리상(§87)은 일정한 상인과 계속적 관계에서 대리 또는 중개를 영업으로 하는 독립된 상인이다.

(가) 본인의 상인성 – 본인이 일정한 상인이어야 한다. 일정(특정)하면 여럿도 무방하다.

(나) 독립 상인 – 대리상은 독립된 상인으로, 특정 상인에 종속된 상업사용인과 다르다. 대리상은 영업실적에 따라 수수료를 받으며 영업비용을 자신이 부담한다.

(다) 계속관계 – 본인과 대리상은 계속적 관계에 있다. 이 때문에 대리상은 특별한

권리(보상청구권)와 의무(경업금지, 영업비밀 준수의무)를 진다.

(라) 본인 영업부류의 거래 – 대리상이 보조하는 대상은 본인인 상인의 영업부류에 속하는 거래이다.

(마) 대리 또는 중개 – 대리상은 본인의 영업부류에 속하는 거래를 '대리'(체약대리상) 또는 '중개'(중개대리상)한다.[1] 그 효과는 본인에게 귀속한다. 체약대리상과 중개대리상은 대리권 유무에 차이가 있다. 체약대리상에는 상사대리의 특칙(§48~§50)이 적용된다.

(바) 실질적 판단 – 대리상(§87)에 해당하는지는 명칭(예컨대, 대리점)이 아니라 대리상 개념의 실질에 해당하는지를 가지고 판단한다(판례 · 통설).[2]

〈표 14-1-1〉 상업사용인과 대리상

	상업사용인	대리상
본인과의 관계	종속관계 고용 또는 위임관계	독립관계 위임관계
본 인	상인 (특정)	
	1인	수인 무방
자 격	자연인	법인 무방
대리권 범위	법정(정형적)	수권, 중개대리상의 경우는 중개
경업금지	본인의 영업부류에 속하는 거래 금지	
겸직금지	넓다: 다른 회사의 무한책임 · 이사, 다른 상인의 사용인 (동종 영업 여부 불문)	좁다: 동종 영업을 목적으로 하는 다른 회사의 무한책임사원 · 이사
대 가	임금	보수, 보상
계약해지		쌍방 모두 사전 예고 후 해지 원칙

2. 구 조

대리상은 본인과 대리상의 관계(내부관계)와 대리상 및 본인과 거래상대방의 관계(외부관계)로 구성된다.

1) 중개는 본인 · 상대방의 2면 관계에서 중개인이 사실행위의 징검다리 역할을 하는 것이다.
2) 대법원 1999. 2. 5. 선고 97다26593 판결; 대법원 2013. 2. 14. 선고 2011다28342 판결.

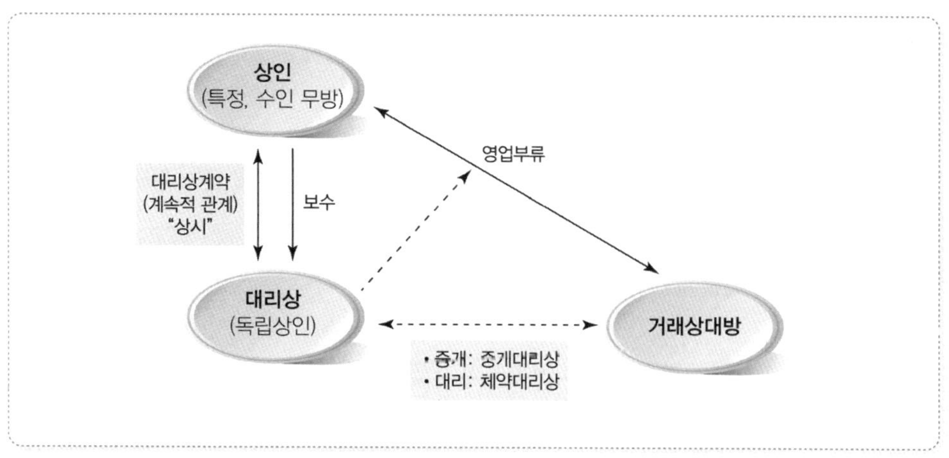

:: [그림 14-1-1] 대리상의 구조

제2절 내부관계(본인과 대리상 관계)

본인과 대리상은 대리상계약의 관계에 있다. 이는 위임계약의 성격을 갖는다. 따라서 대리상은 본인에 대해 선관주의의무를 진다(민§681).[3]

I. 대리상의 의무

대리상은 본인과 계속적 관계를 맺고 있으므로 대리상은 본인에 대해 통지, 경업·겸직금지, 영업비밀 준수의무 등을 진다.

1. 통지의무

제88조(통지의무) 대리상이 거래를 대리 또는 중개하면 지체없이 본인에게 그 통지를 발송해야 한다.

'건별 즉시' 통지의무이다. 위임의 경우 위임자의 청구가 있거나 위임관계가 종료된 때만 보고의무가 있는 것(민§683)에 비해 개별성과 신속성을 특징으로 한다. 본인이 기민하게 대처할 수 있도록 하기 위함이다. 통지는 발신주의에 의한다.

3) 대법원 2003. 4. 22. 선고 2000다55775 판결.

2. 경업 · 겸직 금지

> **제89조(경업 · 겸직금지)** ① 대리상은 본인의 허락 없이 자기나 제3자의 계산으로 본인의 영업부류에 속한 거래를 할 수 없고 동종 영업을 목적으로 하는 회사의 무한책임사원 또는 이사를 겸직해서는 안 된다.
> ② 대리상이 제1항을 위반한 경우에 대해서는 제17조 제2항부터 제4항까지의 규정(개입권, 손해배상청구, 제척기간)을 준용한다.

상업사용인의 경업 · 겸직금지(§17)와 비교하면, 경업금지는 상업사용인과 같고, 겸직금지에는 약간의 차이가 있다.

① 대리상의 겸직금지는 상업사용인보다 금지의 범위가 좁다. 대리상은 법문상 '동종 영업'을 목적으로 하는 회사의 무한책임사원 또는 이사로 한정한다. 대리상은 특정 상인에 종속된 지위에 있지 않는 독립상인이고 본인과의 이익충돌을 막는 것이 주된 취지이기 때문이다.

② '다른 상인의 사용인'의 겸직을 금지하는 상업사용인에 관한 규정(§17(1))을 대리상에 유추적용할 것인가?

(ⅰ) 포함설(다수설),[4] (ⅱ) 대리상과 상업사용인의 겸직금지를 달리 취급하려는 것이 §89의 입법의도라 하여 법문대로 포함하지 않는다는 불포함설(소수설)이[5] 있다.
(ⅲ) 사견 – 취지상 포함설이 타당하다. 입법적으로 이를 명확하게 규정할 필요가 있다.

3. 영업비밀 준수의무

> **제92조의3(영업비밀 준수 의무)** 대리상은 계약이 종료된 후에도 계약과 관련하여 알게 된 본인의 영업상의 비밀을 준수해야 한다.

대리상은 계약종료 후에도 영업비밀 준수의무를 진다. 그 준수기간은 상당기간이다.

---

4) 김두진 263~264, 이기수/최병규 396, 이철송 470, 정준우 264, 정찬형 298, 최정식 333, 최준선 324.
5) 손주찬 292~293.

Ⅱ. 대리상의 권리

1. 보수청구권

① 보수에 관한 약정이 없더라도 대리상은 보수청구권을 당연히 갖는다(§61).

② 보수청구권의 발생시기는 대리 또는 중개로 인해 계약이 성립되었을 때를 원칙으로 하나 이행이 필요한 것이라면 그 이행이 있어야 한다. 대리상은 거래의 효과를 본인에게 귀속시켜야 할 의무가 있기 때문이다.

2. 유치권

> **제91조(유치권)** 대리상은 거래의 대리 또는 중개로 생긴 채권이 변제기에 있는 때에는 변제를 받을 때까지 본인을 위해 점유하는 물건 또는 유가증권을 유치(留置)할 수 있다. 그러나 당사자 사이에 다른 약정이 있으면 그러지 않는다.

대리상의 업무 특성상 유치권 요건이 가장 완화되어 있다. 즉,

① 피담보채권은 대리 또는 중개로 인한 채권이다(예: 보수, 체당금, 비용 등).

② 피담보채권과 유치물 사이에 개별적 견련성을 요하지 않는다. 본인과 대리상이 계속적 관계에 있기 때문이다.

③ 유치물이 본인(채무자) 소유일 것을 요하지 않는다.

④ 특약으로 이를 배제할 수 있고, 요건을 강화할 수도 있다(§91단).

3. 보상청구권

> **제92조의2(보상청구권)** ① 대리상의 활동으로 본인이 새로운 고객을 획득하거나 영업상의 거래가 현저하게 증가하고 이로 인하여 계약이 종료된 후에도 본인이 이익을 받는 경우 대리상은 본인에게 그에 상응하는 보상을 청구할 수 있다. 다만, 계약의 종료가 대리상의 책임 있는 사유로 인한 경우에는 그러지 않는다.
> ② 제1항에 따른 보상금액은 계약이 종료되기 전 5년 동안의 평균 연보수액을 초과할 수 없다. 계약의 존속기간이 5년 미만이면 그 기간의 평균 연보수액을 기준으로 한다.
> ③ 제1항에 따른 보상청구권은 계약이 종료된 날부터 6개월이 지나면 소멸한다.

(1) 취지 및 기능

대리상의 귀책 없이 그 의사에 반하여 대리상계약이 종료된 경우 형평의 관점에서 대리상을 보호하고(판례),[6] 대리상이 개척한 고객관계를 사후적으로 보상함으로써 이익관계를 조정하기 위함이다.

(2) 법적 성질

이는 대리상에 특유한 제도인데, 그 법적 성질이 무엇인가?

(ⅰ) 대리상계약에 의한 보수에 부수하여 발생하는 계약상 권리로 보는 견해(계약상 권리설),[7]
(ⅱ) 보수청구권과는 무관하게 대리상 보호를 위한 법정 권리라는 견해(법정권리설)가[8] 있다.
(ⅲ) 사견 – 보상청구권은 공평한 이익분배를 위해 법이 특별히 인정한 법정 권리이나, 보수청구권의 실질도 아울러 갖는다(복합설).

(3) 요 건

(가) 대리상계약 종료

보상청구권은 대리상계약이 종료된 경우에 비로소 발생한다(§92의2(1)본).

(나) 대리상에 귀책사유 없을 것

① 대리상계약의 종료원인은 원칙적으로 불문한다. 그러나 대리상의 책임 있는 사유로 대리상계약이 종료된 때에는 보상청구권이 발생하지 않는다(§92의2(1)단).

② 본인과 대리상 누구에게도 책임이 없는 불가항력으로 인해 대리상계약이 종료된 경우에는 어떠한가?

(ⅰ) 보상청구권이 인정되지 않는다는 견해가 있다.[9]
(ⅱ) 사견 – 대리상에 귀책사유가 없는 한 형평의 견지에서 보상청구권이 인정된다고 보아야 할 것이다.

(다) 현저한 기여 및 이익 계속

대리상계약 존속 중에 대리상이 본인의 이익에 현저히 기여하고 그로 인해 대리상계약 종료 후에도 본인이 계속하여 이익을 얻어야 한다.

---

6) 대법원 2013. 2. 14. 선고 2011다28342 판결.
7) 고재종 277, 이철송 476, 임중호 407.
8) 김두진 267, 김병연/박세화/권재열 276, 김성태 507, 정찬형 301.
9) 김두진 269, 이철송 477.

(4) 효 과

(가) 상당한 보수

위의 요건을 충족하면 대리상은 본인에게 상당한 보상을 청구할 수 있다(§92의2(1)). '상당성'은 대리상의 기여도와 그로 인해 본인이 얻은 이익 등을 종합하여 형평의 관점에서 판단한다.

(나) 법정 상한선

보상액의 상한은 계약종료 전 5년간의 연평균 보수액이다. 계약의 존속기간이 5년 미만이면 그 기간의 연평균 보수액을 기준으로 한다(§92의2(2)).

(5) 소 멸

보상청구권은 대리상계약 종료일로부터 6개월이 경과하면 소멸한다(§92의2(3)). 제척기간이다(통설).

(6) 배제 특약

§92의2의 보상청구권은 약정이 없더라도 법정요건을 충족하면 발생한다. 이를 합의로 배제할 수 있는가? 본조의 강행규정성 여부와 관련된다.

(ⅰ) 강행규정설 – §92의2는 본인과 대리상의 경제적 지위의 격차를 전제로 규정된 강행규정으로 이를 배제하는 합의는 무효라고 한다.[10)]

(ⅱ) 임의규정설 – 명문의 규정이 없는 한 포기의 특약은 유효하다는 견해이다.[11)]

(ⅲ) 사견 – 임의규정설이 타당하다. 이 조항의 모델인 독일 상법과는 달리 배제할 수 없다는 명문의 조항이 없다. 대리상계약 존속 중의 보수청구권(§61)에 관해서는 당사자 자치에 맡겨 포기할 수 있는데, 그 종료 후에 이보다 더 강하게 강행법적 시각에서 다루는 것은 대리상보호의 명분에 사로잡혀 균형을 잃고 있다.

(7) 특약점

(가) 의 의

특약점은 법률상의 용어가 아니고 대리상과는 다른 의미로 판례에 의해 사용되는

---

10) 김병연/박세화/권재열 276, 김성태 507, 김정호 318, 서헌제 294, 이철송 482, 임중호 407, 정경영 195~196, 정준우 268~269, 정찬형 301.

11) 고재종 277, 손주찬 301, 이종훈 256~257, 채이식 243, 최기원/김동민 294, 최정식 337, 최준선 327.

비전형유통상의 일종이다. 판례에 의하면, 특약점은 매매업자로서 제조자나 공급자로부터 제품을 매입하여 제품 판매를 자기 이름과 계산으로 하는 독립된 상인이다.[12] 판매물에 대한 소유권 취득과 재고 위험을 특약점이 부담하고 매매차익이 특약점의 수입원이 된다.

(나) 보상청구권 인정 여부

특약점에 대해 대리상의 보상청구권에 관한 §92의2를 유추적용할 수 있는가?

(ⅰ) 판례 – 특약점에 §92의2의 유추적용 가능성을 긍정하지만, 그 적용요건으로 다음을 제시한다. 즉, ⓐ 예를 들어 특정한 판매구역에서 제품에 관한 독점판매권을 가지면서 제품판매를 촉진할 의무와 더불어 제조자나 공급자의 판매활동에 관한 지침이나 지시에 따를 의무 등을 부담하는 경우처럼 계약을 통하여 사실상 제조자나 공급자의 판매조직에 편입됨으로써 대리상과 같거나 유사한 업무를 수행하고, ⓑ 자신이 획득하거나 거래를 현저히 증가시킨 고객에 관한 정보를 제조자나 공급자가 알 수 있도록 하는 등 고객관계를 이전하여 제조자나 공급자가 계약종료 후에도 곧바로 그러한 고객관계를 이용할 수 있게 할 계약상 의무를 부담하며, ⓒ 아울러 계약체결 경위, 영업을 위하여 투입한 자본과 그 회수규모 및 영업현황 등 제반 사정에 비추어 대리상과 같은 보호의 필요성이 인정되는 요건을 모두 충족하면, 상법의 대리상이 아니더라도 §92의2를 유추적용할 수 있다고 한다.[13]

(ⅱ) 제한적 긍정설(다수설) – 특약점, 가맹상 등 중간거래상의 거래관계가 종결된 이후에도 일정한 조건에서 §92의2를 유추적용해야 한다는 견해이다.[14]

(ⅲ) 부정설(소수설) – 특약점에 대해 §92의2의 유추적용을 부정하는 견해이다.[15] 보상청구권은 정책적 이유에서 예외적으로 인정되는 권리라는 점, 유추적용설은 법 해석의 범위를 넘어서고 있다는 점, 대리상과 유사한 영업의 범위가 넓어서 보상청구권 인정 여부가 사전적으로 불확실하다는 점 등을 이유로 들고 있다.

(ⅳ) 사견 – 원칙적으로 유추적용을 부정하는 것이 타당하다. 특약점은 대리상과 비슷하게 보일지라도 대리상과는 달리 보수가 아닌 매매차익을 수익원으로 하고 영업이익과 함께 영업위험을 스스로 부담하는 점에서 대리상과 본질적으로 차이가 있기 때문이다. 보상청구권은 계약관계가 종료된 후에 인정하는 이례적인 것이므로 그 적용을 신중히 할 필요가 있다. 그러나 판례가 제시한 기준처럼, 형식적으로는 특약점이지만 실질적으로는 대리상과 유사한 경우로서 대리상과 같은 정도로 보호의 필요성이 있는 때에는 제한적으

---

12) 대법원 2013. 2. 14. 선고 2011다28342 판결.
13) 대법원 2013. 2. 14. 선고 2011다28342 판결.
14) 김정호 319, 이철송 483~484, 정동윤 221, 정찬형 301, 최기원/김동민 290(보험대리점에도 적용된다는 견해), 최정식 337~338.
15) 송옥렬 157, 정준우 269.

로 유추적용이 가능하다.

제3절 외부관계(제3자 관계)

Ⅰ. 법률효과: 본인 귀속

① 대리상의 대리 또는 중개에 의해 본인만이 당사자로서 권리의무의 주체가 된다.

② 대리상이 거래상대방에게 불법행위책임(민§750)을 지는 경우, 본인은 이에 책임 없음이 원칙이다. 그러나 사용자책임(민§756)의 가능성이 있는지는 따로 살펴야 한다.[16)]

Ⅱ. 계약체결 대리권

(가) 체약대리상 – 계약체결의 대리권을 갖는다.

(나) 중개대리상 – 계약체결의 대리권을 갖지 못하고, 단지 중개만을 할 수 있다. 중개대리상은 본인의 완성된 의사표시를 단지 전달하는 사자(使者)의 지위에 있다.[17)]

Ⅲ. 통지수령권

제90조(통지를 받을 권한) 물건의 판매나 그 중개를 위탁받은 대리상은 목적물의 하자 또는 수량 부족이나 그 밖에 매매의 이행에 관하여 통지를 받을 권한이 있다.

① §90에 의해 대리상은 매매의 이행에 관하여 제3자의 통지를 수령할 수 있는 권한을 가진다. 이에 의해 제3자는 대리상에 대한 통지를 가지고 본인에게 대항할 수 있다. 거래상대방의 통지상 편의를 위함이다.

② 체약대리상은 대리의 법리에 따라 원래 통지 수령권한을 가지므로 §90가 특별히 의미를 갖지 않으나, 중개대리상은 대리권이 없으므로 위 규정에 의해 비로소 통지 수령권을 갖는다. 이때 중개대리상은 제3자의 의사를 전달하는 단순한 사자가 아니라 (수동)대리인이다.

---

16) 서울민사지방법원 1989. 6. 1. 선고 88가합59756 제11부 판결.
17) 임중호 405.

③ 법문에는 '물건' 판매를 대상으로 한다고 되어 있으나, 이렇게 제한적으로 볼 필요가 없으므로 물건 판매가 아닌 경우에도 동조를 유추적용할 수 있다.

제4절 종 료

> **제92조(계약의 해지)** ① 당사자가 계약의 존속기간을 약정하지 않았으면 각 당사자는 2개월 전에 예고하고 계약을 해지할 수 있다.
> ② 대리상에 대해서는 제83조 제2항(부득이한 사정이 있는 경우 해지 자유)을 준용한다.

(1) 계약해지

민법상 계약해지는 예고를 요하지 않고 언제든지 해지할 수 있다(위임계약 상호 해지자유). 그러나 대리상의 경우 계속관계를 고려해서 계약의 존속기간을 정하지 않았으면 각 당사자는 2개월 전 예고를 한 연후에 대리상계약을 해지할 수 있도록 하여 본인과 대리상 쌍방을 보호한다(§92(1)). 다만 부득이한 사정이 있으면 예고 없이 언제든지 해지할 수 있다(§92(2)).

(2) 위임종료

① 대리상 관계는 위임의 종료사유에 의해 종료한다(민§690). 다만 본인의 사망은 대리상 관계의 종료사유가 아니다(§50).

② 본인 또는 대리상의 영업폐지는 대리상이 더 이상 존재할 이유가 없게 되므로 종료사유가 된다.

제2장

중개업

제1절 총 설

사 례

A는 자신의 밭에 태양광 발전설비를 두고 생산된 전력을 중개사업자 B를 통해 한국전력(C)에 판매하고 있다. 한국전력은 구매한 전력을 소비자에게 판매한다. A, B, C의 법률관계는?

기초 중 개

중개(仲介)는 당사자간의 계약체결을 중간에서 도와주는 사실행위이다. 이에 대해서는 민법에 규정이 없다. 중개는 위임의 일종이므로 위임에 관한 민법 규정이 적용될 수 있다.

제93조(중개인의 의의) 타인 사이의 상행위에 대해 이를 중개하는 것을 영업으로 하는 자를 중개인이라 한다.

I. 상사중개인

① §93는 상사중개인에 관한 규정이다. 상사중개인은 타인들이 당사자로서 하는 상행위의 중개를 영업으로 하는 자이다. 따라서 당사자 중 최소 1인에게는 상행위가 되어야 한다.

② 중개는 계약당사자를 중간에서 연결해주는 '사실행위'일 뿐이다. 따라서 중개업은 대리상이나 위탁매매인과는 달리 제3자와의 외부관계가 없다.

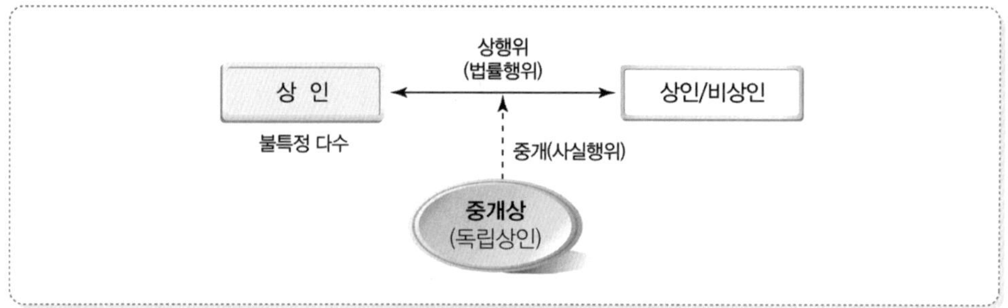

:: [그림 14-2-1] 상사중개 구조

③ 중개대리상과 차이 – 중개인(§93)과 중개대리상(§87)은 중개를 영업으로 하는 점은 같다. 그러나 중개인은 불특정 다수인을 상대로 수시로 하고 중개대리상은 특정 상인을 계속해서 보조하는 대리상이라는 점이 다르다. 중개인은 중립적 입장에서 중개하나, 중개대리상은 본인의 이익을 위할 의무를 진다.

④ 민사중개인 유추적용 – 상행위 아닌 법률행위를 중개하는 자는 §93 이하의 상사중개인이 아니고 민사중개인이다(예컨대, 공인중개사, 결혼중개소). 그러나 중개에 관한 행위가 기본적 상행위이므로(§46(11호)) 이를 영업으로 하면 상사중개인과 민사중개인 모두 당연상인이 된다(§4). 민사중개에 대해서는 상사중개에 관한 §93 이하의 규정이 유추적용되어 결과적으로 동일한 규율을 받는다(통설).

Ⅱ. 중개계약

중개인은 중개의뢰인 쌍방 또는 일방과 중개계약을 맺는다. 그 법적 성질은 무엇인가?

(ⅰ) 위임계약이라는 견해(다수설),[18] (ⅱ) 도급에 유사한 독자적 계약이라는 견해(소수설 1),[19]
(ⅲ) 편무적 중개계약과 쌍무적 중개계약으로 구분하여 전자는 위임계약이 아니라 상법상 특수계약이고 후자는 고용 · 도급 · 위임의 요소를 내포하는 혼합계약이라는 견해(소수설 2)가[20] 있다.
(ⅳ) 사견 – 중개계약은 위임과 도급의 성격이 혼재된 상법상 특수계약으로 보는 것이 타당

18) 김성태 524, 손진화 252, 송옥렬 159, 이기수/최병규 406, 이종훈 260, 이철송 490~491, 전우현 294, 정찬형 306~307(일방적 중개계약은 도급계약에 유사한 특수계약이나 쌍방적 중개계약은 위임계약이라는 견해), 채이식 249, 최준선 332.
19) 손주찬 303.
20) 임중호 415.

하다. 위임의 경우 보수는 사무처리에 대한 대가로서의 의미를 갖는 데 반하여, 중개료는 중개로 인한 계약성립에 대한 대가의 성격이 강하기 때문에 순수한 위임계약이 아니다. 중개의 경우 적극적 완성 의무가 없으므로 순수한 도급계약도 아니다.

제2절 중개인의 의무

Ⅰ. 선관주의의무 · 중립의무

① 중개계약은 위임계약의 성질도 가지므로 중개인은 중개의뢰인에게 선관주의의무를 진다(민§681).

② 중개인은 의뢰인에 대해 중개계약에 따른 의무를 지나, 이러한 계약관계가 없는 중개의뢰인의 계약상대방에 대해서도 의무를 진다.[21] 이는 중립의무로 중개업의 특성을 반영한 것이다.

Ⅱ. 증거 유지의무

중개인은 계약당사자간의 분쟁에 대비하여 증거를 확보하고 관리해야 할 의무를 진다.

1. 견품 보관의무

> **제95조(견본품 보관의무)** 중개인이 중개한 행위에 관하여 견본품을 받았을 때는 그 행위가 완료될 때까지 이를 보관해야 한다.

견품의 보관기간은 매매계약이 이행된 때를 넘어 물건에 관한 법적 분쟁의 발생 가능성이 소멸할 때까지이다(통설).

2. 결약서 교부의무

> **제96조(결약서 발급의무)** ① 당사자 사이에 계약이 성립된 때에는 중개인은 지체없이 각 당사자의

21) 임중호 416.

> 성명 또는 상호, 계약의 연월일과 그 주요 내용을 기재한 서면을 작성하여 기명날인 또는 서명한 후 각 당사자에게 발급해야 한다.
> ② 중개인은 각 당사자에게 제1항의 서면에 기명날인 또는 서명을 하게 한 후 그 상대방에게 이를 발급해야 한다. 그러나 당사자가 즉시 이행해야 할 때는 그렇지 않다.
> ③ 제1항과 제2항의 경우에 당사자의 일방이 서면의 수령을 거부하거나 기명날인 또는 서명을 하지 않으면 중개인은 지체없이 상대방에게 그 통지를 발송해야 한다.

결약서는 계약성립 후에 중개인이 작성한다. 결약서는 계약서와는 별개의 증거서류로(통설), 계약내용을 확인하는 계약서의 보조 수단이다. 그 작성은 중개인의 의무지만 계약 즉시 이행되어야 할 때는 이를 요하지 않는다(§96(2)후).

3. 장부작성 · 등본교부의무

> **제97조(장부 작성의무)** ① 중개인은 제96조(결약서)에 규정된 사항을 장부에 기재해야 한다.
> ② 당사자는 언제든지 자기를 위해 중개한 행위에 관한 장부의 등본을 발급해 줄 것을 중개인에게 청구할 수 있다.

장부는 결약서를 기초로 해서 중개인이 작성한다. 중개인 자신의 영업에 관한 것이 아니고 타인의 거래에 관한 것이므로 상업장부가 아니다. 결약서는 당사자 교부용이고, 장부는 중개인 보관용으로, 양자는 증거기능을 중첩적 · 교차적으로 한다.

Ⅲ. 묵비의무 · 이행책임

1. 묵비의무

> **제98조(성명 · 상호 묵비의무)** 당사자가 그 성명 또는 상호를 상대방에게 표시하지 않을 것을 중개인에게 요구하면 중개인은 그 상대방에게 발급할 제96조 제1항의 서면(결약서)과 제97조 제2항(중개장부)의 등본에 이를 기재해서는 안 된다.

§98는 익명성을 원하는 당사자의 묵비 요청권과 이에 대한 중개인의 묵비의무를 규정한 것이다. 묵비가 가능한 것은 상대방 교부용인 결약서와 장부의 등본에 한한다. 중개인이 보관하는 장부의 원본에는 묵비사항도 기재해야 한다.

2. 이행책임

> **제99조(이행책임)** 중개인이 임의로 또는 제98조(묵비 요청)에 따라 당사자 일방의 성명 또는 상호를 상대방에게 표시하지 않았을 때 상대방은 중개인에게 이행을 청구할 수 있다.

(가) 보충적·소극적 개입의무 – 중개인은 계약당사자가 아니므로 이행책임이 없음이 원칙이다. 그러나 당사자를 묵비한 때에는 상대방 보호를 위해 중개인에게 보충적으로 이행책임(개입의무)을 지운다. 이 경우에도 중개인은 적극적으로 상대방에게 이행을 청구할 수 없다.

(나) 구상권 – 이에 의해 중개인은 단지 묵비 당사자를 대신하여 이행책임을 질 뿐이고, 중개인은 이행하더라도 계약당사자가 되지 않는다(통설).[22] 이행한 중개인은 묵비 당사자에게 구상권을 행사할 수 있을 따름이다.

제3절 중개인의 권리

Ⅰ. 이행수령 대리권

> **제94조(수령 대리권)** 중개인은 중개한 행위에 관하여 당사자를 위해 지급이나 그 밖의 이행을 받지 못한다. 그러나 다른 약정이나 관습이 있으면 그러하지 않는다.

(가) 원 칙 – 없음

중개의 경우 이행은 당사자끼리 해야 한다. 따라서 중개인은 당사자의 이행에 관하여 수령대리권이 없다(§94본). 당사자 일방이 중개인에게 이행하더라도 상대방에게 대항하지 못한다. 이행수령의 대리권이 있는 중개대리상(§90)과 다르다.

(나) 예 외

① 중개인이 이행수령권을 갖도록 하는 다른 약정이나 관습이 있으면 그러하지 아니하다(§94단).

② 당사자가 중개인에게 묵비를 요구한 경우에는 이행수령의 대리권을 중개인에게

---

22) 직접 거래의 당사자가 되는 위탁매매인의 개입권(§107)과 다르다.

부여하는 의사가 묵시적으로 포함된 것으로 볼 수 있다(통설).

Ⅱ. 보수청구권

사 례

부동산중개업자인 C는 A와 B 사이의 아파트 매매를 중개하여 양자간에 협의가 진행되었다. 그런데 중개료에 관하여 분쟁이 생겨 계약을 체결하지 못했다. 이후 A와 B는 직접적인 협의를 통해 매매계약을 성사시켰다. 이를 알게 된 C는 A와 B에게 중개료 지급을 청구할 수 있는가?

> **제100조(보수청구권)** ① 중개인은 제96조(결약서 발급)의 절차가 종료되지 않으면 보수를 청구할 수 없다.
> ② 당사자 쌍방은 중개인의 보수를 똑같은 금액으로 나누어 부담한다.

(1) 요 건

중개인에게 보수청구권이 인정되려면, 중개인의 조력으로 인해 당사자 사이에 계약이 성립하고, 중개인이 결약서를 작성하여 당사자에게 교부해야 한다(§100(1)). 이후의 이행 위험은 계약당사자가 부담한다(통설). 이는 계약이행을 보수청구권 발생의 조건으로 하는 대리상과 다르다.

(2) 의무자와 부담액

(가) 쌍방 균분 – 중개인이 중개료를 청구할 수 있는 상대방은 중개를 의뢰하지 않은 자를 포함한 당사자 쌍방이다. 부담액은 균분한다. 여기서 균분은 내부적 분담관계를 정한 것이 아니라, 중개인이 당사자 쌍방에 대해 직접 청구할 수 있는 법정의 보수청구권이다(분할채무). 이는 중개인의 중립적 지위에서 연유한다.

(나) 임의규정 – 다른 약정이나 관습이 있으면 그에 의한다.

(3) 비용청구권 문제

중개에 성공한 경우 보수청구권과 별도로 비용청구권은 인정되지 않음이 원칙이다(통설). 중개료(보수)는 비용을 포함하는 것으로 인식하는 것이 일반적이기 때문이다.

제3장

위탁매매업

제1절 총 설

사 례

A는 자신이 소장하던 고가의 바이올린을 팔기위해 중고명품 위탁판매를 하는 B업체에 이를 맡겼다. B업체는 감정, 촬영, 등록, 판매, 배송 과정을 모두 대신 처리해주므로 개인간 직접 거래로 인해 생기는 마찰이나 수고를 덜어준다. C는 B로부터 이를 구입했다. A, B, C의 법률관계는?

기초 명의와 계산 분리

① '명의'는 법률적 측면에서 행위로부터 생기는 권리·의무의 귀속주체를 기준으로 한 것이고, '계산'은 경제적 측면에서 경제적 효과의 귀속주체를 기준으로 한 것이다.

② '자기 명의와 자기 계산으로' 함으로써 명의와 계산의 주체가 동일인인 경우가 일반적이나, '자기 명의로 타인 계산으로'처럼 명의와 계산의 주체가 분리되는 때도 있다. 후자를 주선(周旋)이라 한다. 주선에는 위탁매매(대상이 매매인 경우), 운송주선(대상이 물건운송인 경우), 준위탁매매(대상이 매매와 물건운송 이외의 것인 경우) 등이 있다.

Ⅰ. 의의와 특징

제101조(위탁매매인의 의의) 자기 명의로 타인의 계산으로 물건 또는 유가증권의 매매를 영업으로 하는 자를 위탁매매인이라 한다.

(1) 주 선

위탁매매는 매매를 주선하는 것이다. 매매에 있어서 명의(법적 효과의 위탁매매인 귀속)와 계산(경제적 효과의 위탁자 귀속)의 주체가 분리된다는 점이 특징이다(§101, §102).

(2) 매 매

① 위탁매매에서 위탁의 대상은 매매(매수, 매도, 매수와 매도)이다. 상인이 매수위탁한 경우에는 상사매매에 관한 규정을 준용한다(§109, §110).

② 위탁매매에서 매매의 목적물은 물건 또는 유가증권이다(§101).[23] 부동산도 위탁매매의 대상이 될 수 있는가?

(ⅰ) 긍정설(제1설),[24] (ⅱ) 부정설(제2설)이[25] 있다.

(ⅲ) 사견 – 긍정설을 취한다. 부동산의 경우 위탁매매인이 자기 명의로 등기하는 불편이 따르는데, 그 현실적 이용의 문제를 별개로 하면, 논리적으로나 법률적으로 불가능한 것은 아니다. 그러나 이러한 불편 때문에 실제 부동산을 위탁매매의 대상으로 삼는 경우는 매우 드물 것이다.

(3) 판 단

일반의 매매인지 위탁매매인지는 명칭이나 형식에 상관없이 실질에 따라 판단한다.[26]

Ⅱ. 구　　조

위탁매매는 '위탁'과 '매매'가 결합된 2면 구조를 가진다. 즉, (a) 위탁자는 위탁매매인과 위탁계약을 체결하고(내부관계), (b) 위탁매매인은 거래상대방과 매매계약을 체결함으로써 위탁매매인이 직접 거래당사자가 된다(외부관계). (c) 위탁자와 거래상대방 사이에는 아무런 법률관계가 없다.

---

23) 상장주식 등의 증권거래는 자본시장법에 따라 위탁매매가 강제된다. 농수산물도매시장도 위탁매매에 의한다(농수산물 유통 및 가격안정에 관한 법률 §2(7호)). 우리나라 고유의 상 제도로 존재했던 객주(客主)는 위탁매매에 가깝다고 한다(박원선, 객주, 연세대학교 출판부, 1968).

24) 강위두 344, 김두진 285, 박원선 167, 서돈각/정완용 197, 손주찬 310, 송옥렬 164, 안강현 287, 임홍근 368, 정동윤 232, 정찬형 315, 채이식 257.

25) 김성태 539, 김정호 332, 김홍기 203~204, 박상조 457, 손진화 259, 이기수/최병규 417, 이종훈 266, 이철송 502~503, 임중호 426, 장덕조 152, 전우현 300, 정경영 206, 정준우 286, 최기원/김동민 305, 최정식 351, 최준선 340.

26) 대법원 2008. 5. 29. 선고 2005다6297 판결. (따름 판례: 대법원 2011. 7. 14. 선고 2011다31645 판결).

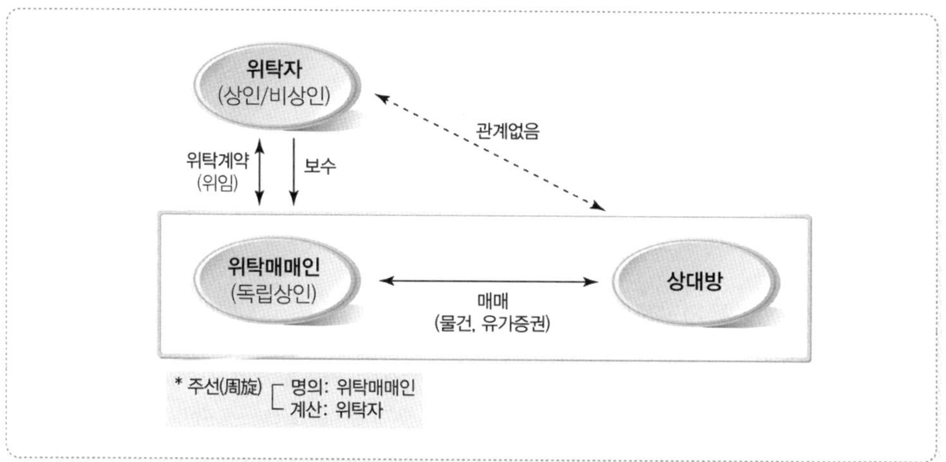

:: [그림 14-3-1] 위탁매매의 구조

제2절 내부관계 (위탁관계)

제112조(위임에 관한 규정의 적용) 위탁자와 위탁매매인 간의 관계에는 이 장의 규정 외에 위임에 관한 규정을 적용한다.

I. 위탁계약

① 위탁자와 위탁매매인은 위탁계약으로 법률관계를 맺는다. 이는 매매라는 사무처리를 목적으로 하는 위임계약으로(통설), 불요식 · 낙성계약이 원칙이다(판례).[27] 이에는 위임에 관한 민법 규정이 보충적으로 적용된다(§112).

② 위탁자는 상인이 아니어도 된다. 위탁매매인은 상인이다.

27) 대법원 2004. 2. 27. 선고 2001다38067 판결. (참조 판례: 대법원 1994. 4. 29. 선고 94다2688 판결; 대법원 1997. 2. 14. 선고 95다19140 판결).

Ⅱ. 위탁매매인의 의무

(1) 선관주의의무

위탁매매인은 수임자로서 위임자인 위탁자에게 선관주의의무를 진다(§112, 민§681).

(2) 매매에 관한 통지 · 계산서 제출의무

> **제104조(통지의무, 계산서 제출의무)** 위탁매매인이 위탁받은 매매를 하면 지체없이 위탁자에게 그 계약의 주요 내용과 상대방의 주소, 성명 또는 상호에 관해 통지를 발송해야 하며 계산서를 제출해야 한다.

이는 대리상의 통지의무(§88)와 대체로 같다. 다만 통지 대상과 계산서 제출의무를 명시하고 있다.

(3) 목적물에 관한 통지 및 처분의무

> **제108조(위탁물의 훼손 · 하자 등의 통지)** ① 위탁매매인이 위탁매매의 목적물을 인도받은 후에 그 물건의 훼손이나 하자를 발견하거나 그 물건이 부패할 우려가 있는 때 또는 현저한 가격하락의 시장 상황(商況)을 안 때에는 지체없이 위탁자에게 그 통지를 발송해야 한다.
> ② 제1항의 경우 위탁자의 지시를 받을 수 없거나 그 지시가 지연되는 때에는 위탁매매인은 위탁자의 이익을 위해 적당한 처분을 할 수 있다.

§104의 통지의무가 매매종결 후의 사무처리에 관한 것이라면, §108의 통지의무는 그 이전의 목적물에 관한 긴급상황 처리를 위한 것이다.

(가) 통지의무 – 통지사유 중에서 '현저한 가격하락의 상황(商況: 상업적 상황)을 안 때'를 포함하고 있다. 이는 위탁매매인의 일반적 지위에 어울리지 않는 조항이나, 위탁매매인의 전문적 식견을 고려한 때문으로 보인다.

(나) 처분의무(처분권) – 위의 경우 1차적으로 위탁자가 처리하는 것이 원칙이나 그것이 여의치 않으면 2차적으로 위탁매매인에게 처분권과 처분의무를 부여하고 있다(§108(2)).

(4) 지정가액 준수의무

> **제106조(지정가액 준수의무)** ① 위탁자가 지정한 가액보다 낮은 가격으로 매도하거나 높은 가격으로 매수한 경우 위탁매매인이 그 차액을 부담하면 그 매매는 위탁자에게 효력이 있다.
> ② 위탁자가 지정한 가액보다 높은 가격으로 매도하거나 낮은 가격으로 매수한 경우 그 차액은 다른 약정이 없으면 위탁자의 이익으로 한다.

(가) 차손 매매 – 위탁자의 지정가액보다 위탁자에 불리한 가격으로 매매(차손 매매)를 하려면 위탁자의 의사를 확인하여 그에 따라야 한다. 지정가액이 있었음에도 위탁매매인이 임의로 위탁자에게 불리한 가격으로 매매하였다면 위탁자는 그 인수를 거절할 수 있다. 다만 위탁매매인이 조건 없이 그 차손을 부담한다면 위탁자의 지정가액을 준수한 것과 결과에서는 마찬가지이므로 위탁자에게 매매의 효과를 귀속시킬 수 있다.

(나) 차익 매매 – 위탁자의 지정가액보다 위탁자에게 이익이 되는 가격으로 매매(차익 매매)를 한 때는 그 차익은 계산의 주체인 위탁자에게 귀속됨이 원칙이다. 그러나 차익의 귀속에 관하여 달리 약정할 수 있음은 사적자치의 원칙상 당연하다.

(5) 이행담보책임

사 례

자동차 소장가인 A는 1976년에 현대자동차에 의해 최초로 출시된 포니 자동차 구매를 B에게 의뢰했다. 그에 따라 B는 이를 소유하고 있는 C를 물색하여 1천만원에 매수하기로 하고 매매계약을 체결했다. 그런데 C는 무슨 이유에서인지 이를 이행하지 않고 있다. A는 B와 C에게 어떤 조처를 할 수 있는가?

> **제105조(이행 담보책임)** 위탁매매인은 위탁자를 위한 매매에 관하여 상대방이 채무를 이행하지 않으면 위탁자에게 이를 이행할 책임이 있다. 그러나 다른 약정이나 관습이 있으면 그러지 않는다.

① 위탁자(A)는 상대방(C)에 대해 아무런 법률관계가 없으므로 위탁매매인을 통하지 않고서는 직접 그 이행책임을 물을 수 없다. §105는 위탁자 보호를 위해 위탁자(A)가 위탁매매인(B)에게 이행책임을 물을 수 있음을 규정한 것이다.

② 법정책임으로 과실 여부를 불문하는 무과실의 이행담보책임이다(통설).

③ 임의규정이다. 다른 약정이나 관습이 있으면 책임이 배제된다(§105).

Ⅲ. 위탁매매인의 권리

(1) 개입권

> **제107조(개입권)** ① 위탁매매인이 거래소의 시세가 있는 물건 또는 유가증권의 매매를 위탁받았을 때는 직접 그 매도인이나 매수인이 될 수 있다. 이때의 매매가격은 위탁매매인이 매매의 통지를 발송할 때의 거래소 시세에 따른다.
> ② 제1항의 경우 위탁매매인은 위탁자에게 보수를 청구할 수 있다.

위탁매매인(B)은 거래상대방(C)을 물색하여 매매를 실행하는 것이 통례인데, §107는 위탁매매인(B)이 스스로 거래상대방(C)의 지위에 설 수 있는 개입권을 규정하고 있다. 이는 경제적 탈취권으로서의 개입권(경업금지 위반시의 개입권 등)과는 다른 유형의 개입권임을 유의해야 한다.

(가) 취지와 기능

① 이에 의해 자기계약 금지(민§124)를 해제하되, 그로 인해 위탁자가 불이익을 입지 않도록 공정성을 담보하는 장치를 법에 두고 있다.

② 상대방 물색의 노고를 덜어주어 신속한 거래가 이루어질 수 있도록 한다.

(나) 대상물 – 거래소 시세 있는 물건 · 유가증권

개입의 대상물은 거래소의 시세가 있는 물건 또는 유가증권이어야 한다. 매매가격의 공정성이 담보될 수 있다면 위탁자로서는 매매의 상대방이 누구건 상관없기 때문이다. 거래소는 매매가격이 공정하게 객관적으로 형성될 수 있는 시장이다(예컨대, 거래소 시장, 수산물 공동시장).

(다) 매매가격

개입권 행사를 허용하는 경우 매매가격은 위탁매매인이 위탁자에게 '매매의 통지를 발송한 시점의 거래소 시세'에 의한다. 위탁매매인이 자신에게 유리한 시점과 가격을 기회주의적으로 선택할 위험을 봉쇄하기 위함이다.

(라) 방 법

개입권은 위탁매매인의 위탁자에 대한 일방적 의사표시에 의해 효력이 생기는 형성권이다.

(마) 효 과

① 법적 지위 개입 – 개입권을 행사하면 위탁매매인이 위탁자에 대해 직접 매도인 또는 매수인이 된다.

② 위탁매매 완결 – 이는 동시에 위탁매매의 실행을 완결한 것이 된다. 따라서 위탁매매인은 위탁자에 대해 보수청구권을 갖는 병존적 지위에 있게 된다(통설).

(바) 배 제

특약 또는 법률로 개입을 금지할 수 있다.[28]

(2) 비용 및 보수 청구권

① 위탁매매인은 위탁의 실행을 위해 지출한 비용에 대하여 위탁자에게 상환청구권을 갖는다(§112, 민§688).

② 위탁매매인은 위탁에 따라 매매계약을 체결하고 그 경제적 효과를 위탁자에게 이전함으로써 위탁을 종결한 것이 된다. 그때 비로소 보수청구권을 갖는다(§61).

(3) 유치권

제111조(준용규정) 위탁매매인에 대해서는 제91조(대리상의 유치권)를 준용한다.

위탁매매인은 대리상과 동일한 유치권을 갖는다(§111→§91). 가장 완화된 유치권이다.

Ⅳ. 매수위탁: 상사매매 준용

매수(買受) 위탁을 받은 위탁매매인이 상대방으로부터 매수한 것을 위탁자에게 이행할 때에는 위탁자가 매수인, 위탁매매인이 매도인으로 상사매매와 흡사하다. 이 때문에 상사매매 규정을 준용한다. 매도위탁의 경우에는 그렇지 않다.

---

28) 금융투자상품에 관해서는 증권회사의 자기계약을 제한적으로 허용한다(자본시장법 §67).

(1) 공탁 · 경매권

> **제109조(매수물의 공탁 · 경매권)** 위탁매매인이 매수의 위탁을 받은 경우에 그에 따라 위탁매매인이 매수한 물건의 수령을 위탁자가 거부하거나 수령할 수 없는 경우에 대해서는 제67조(매도인의 공탁 · 경매권)를 준용한다.

위의 경우는 위탁자가 상인일 것을 요하지 않는다. 위탁자의 위탁에 따라 매수를 실행한 위탁매매인이 신속하게 매수물 이전의무로부터 벗어날 수 있도록 하려는 취지이다.

(2) 상인의 매수위탁

> **제110조(매수 위탁자가 상인인 경우의 준용)** 상인인 위탁자가 그 영업에 관하여 물건의 매수를 위탁한 경우 위탁자와 위탁매매인 간의 관계에 대해서는 제68조부터 제71조까지(상사매매)의 규정을 준용한다.

여기에 §67(공탁 · 경매권)는 빠져 있지만, 별도 조항(§109)에서 준용한다. 그 결과 매수위탁의 경우 (a) 공탁 · 경매권(§67)(위탁자가 상인임을 불요), (b) 확정기매매의 해제(§68), (c) 위탁자의 목적물 검사 · 하자 통지의무(§69), (d) 원격지 매매계약에서 목적물 반환 대신 목적물 보관 · 공탁의무(§70, §71)는 위탁매매에도 인정된다. (a)를 제외하고는 매수위탁자가 상인이어야 한다.

제3절 외부관계 (매매관계)

I. 위탁매매인과 제3자

> **제102조(위탁매매인의 지위)** 위탁매매인이 위탁자를 위한 매매를 하면 상대방에 대해 직접 권리를 취득하고 의무를 부담한다.

§102는 위탁매매인이 상대방에 대해 매매계약의 당사자 지위에 있음을 명시한다. 위탁매매인은 매매계약의 체결뿐만 아니라 그 채무불이행으로 인한 계약해제권 또는 손해배상청구권 등을 갖는다. 위탁매매라는 것을 상대방이 알고 모르고는 불문한다(통

설). 따라서 매매계약의 성립과 효력에 영향을 주는 모든 사유(예컨대, 제한능력)는 위탁매매인을 기준으로 한다.

Ⅱ. 위탁자와 제3자

① 위탁자는 매매계약의 당사자가 아니므로 제3자와 아무런 법률관계가 없다. 따라서 위탁자는 제3자에게 직접 이행을 청구할 수 없고, 제3자도 위탁자에게 채무이행을 청구할 수 없다.

② 위탁자의 권리구제는 위탁매매인을 통한 우회적이고 간접적인 방식에 의할 수 있을 뿐이다. 즉, 위탁자는 (a) 위탁매매인에게 이행담보책임(§105)을 묻거나, (b) 위탁매매인의 상대방에 대한 권리를 위탁매매인으로부터 양도받거나, (c) 채권자대위권(민 §404) 행사에 의해야 한다.

③ 상대방이 위탁자에게 직접 이행하도록 위탁매매인과 상대방 사이에 특약을 맺을 수 있으나, 이는 이행방법에 관한 합의에 불과하다.

제 4 절 위탁물의 실질적 귀속

사 례

A연구소는 줄기세포 실험용 종자 한우의 매수를 B에게 위탁했고, 그에 따라 B는 C에게 10억원을 지급하고 종자 한우 10마리를 인도받았다. B가 A에게 인도하기 전에 B의 채권자 D가 B의 채무불이행을 이유로 위 한우 10마리에 대해 강제집행을 했다.

(1) A는 어떤 구제조치를 취할 수 있는가?

(2) B가 파산한 경우 A는 어떤 구제조치를 취할 수 있는가?

Ⅰ. 대외적 귀속 (원칙)

위탁매매인이 위탁을 실행하여 취득한 위탁물은 '위탁매매인'에 귀속한다(§102). 위탁자는 단지 위탁매매인의 채권자로서 위탁매매인에게 청구할 수 있을 뿐이다.

Ⅱ. 대내적 귀속(특칙)

> **제103조(위탁물의 귀속)** 위탁매매인이 위탁자로부터 받은 물건, 유가증권이나 위탁매매로 취득한 물건, 유가증권 또는 채권은 위탁자와 위탁매매인 또는 위탁매매인의 채권자 사이에는 이를 위탁자의 소유 또는 채권으로 본다.

(1) 기 능

① §103는 명의와 계산이 분리되는 주선의 구조적 특성으로 인해 생기는 위탁자 지위의 불안정성을 입법적으로 보완한다. 경제적 실질을 우선시해도 좋을 만한 인적 범위에서 '위탁자' 귀속으로 간주하여 위탁자에게 소유자 지위를 인정한다.

② 위탁매매인은 위탁의 실행으로 취득한 것을 위탁자에게 이전하여 청산할 의무를 지는데, §103는 청산되지 않은 과도적 단계에서의 위탁자의 취약성을 구제한다.

③ 적용범위를 한정하여 대외적 법률관계의 안정과 조화를 기한다.[29]

(2) 인적 범위

① §103가 적용되는 인적 범위는 법문상 (a) 위탁자, (b) 위탁매매인, (c) 위탁매매인의 채권자 사이에 한정된다(한정적 열거). 위탁자와 위탁매매인을 포함하는 것은 당연한데, '위탁매매인의 채권자'까지도 확대하고 있다.

② 위탁자의 채권자와 위탁매매인의 거래상대방은 이에 포함되지 않는다(통설).

(3) 물적 범위

(가) 물건, 유가증권, 채권 – 위탁매매인이 위탁자로부터 받은 물건 또는 유가증권이나 위탁매매인이 위탁매매의 실행으로 인해 취득한 물건, 유가증권 또는 채권이 대상이 된다.

(나) 금 전 – 금전은 매매대금 채권과는 달리 §103의 적용대상이 아니다(통설). 금전은 특정이 곤란하고 점유와 소유가 일치하는 경향이 많은 특징이 있기 때문이다. 다만 금전도 형사법적으로 횡령죄가 될 수 있음은 별개의 문제이다(판례).

(다) 위탁매매인 점유 불요 – 대상물을 위탁매매인이 지배(점유)하고 있을 것을 요

---

29) §103의 법리와 기능에 관해서는, 김성탁, "주선에 있어서 위탁자에의 권리 귀속을 의제하는 상법 제103조의 법리구성 및 입법효과", 경영법률 제24집 제2호, 한국경영법률학회, 2014. 1.

하지 않는다. 위탁매매인이 자신의 채무를 담보하기 위해 위탁의 실행으로 취득한 채권을 자신의 채권자에게 담보로 제공하는 때에도 위탁자의 경제적 이익을 보호할 필요는 동일하기 때문이다.

(4) 효 과

(가) 위탁자 소유 의제

① 위탁매매인이 위탁물을 위탁자에게 이전하지 않더라도 위탁자의 소유 또는 채권으로 의제한다(§103). 그 결과 위탁매매인은 처분권한이 없다. 그런데도 위탁매매인이 처분했다면 제3자의 선의·악의를 불문하고 위탁자에 대해서는 무효가 된다(판례).[30]

② 이는 법에 따른 이전 의제로, 권리변동의 일반원칙(민§188, §450)의 특례이다. 따라서 권리이전 절차의 이행 여부를 불문한다.

(나) 환취권 · 제3자 이의의 소

위탁매매인이 위탁의 실행으로 취득한 물건 또는 유가증권을 위탁자에게 이전하지 않은 상태에서, (a) 위탁매매인이 파산절차 또는 회생절차에 들어가면 위탁자는 (대세적) 환취권을 행사할 수 있고(채무자 회생 및 파산에 관한 법률 §70, §73, §407, §410), (b) 위탁매매인의 채권자가 위탁물에 대해 강제집행을 하면 위탁자는 제3자 이의의 소를 제기할 수 있다(민사집행법 §48).[31][32]

(다) 횡령죄

위탁매매인은 위탁자에 대해 '타인의 재물을 보관하는 자'이다. 따라서 위탁매매인이 위탁으로 취득한 것을 사용하거나 처분하면 횡령죄(형§355)를 구성할 수 있다(판례).[33]

(라) 위탁매매인의 채권자 구제

위탁매매의 실행으로 취득한 것이 동산 또는 유가증권이면 양수인은 선의취득에

30) 대법원 2011. 7. 14. 선고 2011다31645 판결(준위탁매매 사례).

31) 대법원 2008. 5. 29. 선고 2005다6297 판결.

32) 환취권(還取權)은 파산자에게 속하지 않는 제3자의 특정재산을 파산재단에 편입시킨 경우 그 재산의 소유자가 파산관재인을 상대로 반환을 청구할 수 있는 권리이다. 채권이 그 대상이면 대체적 환취권을 행사할 수 있다(채무자 회생 및 파산에 관한 법률 §73, §410). 제3자 이의의 소는 채무자의 책임재산 아닌 재산에 대해 강제집행을 함으로써 제3자의 재산권을 침해하는 경우 그 제3자가 이의를 제기할 수 있는 소이다(민사집행법 §48).

33) 대법원 1982. 2. 23. 선고 81도2619 판결; 대법원 1986. 6. 24. 선고 86도1000 판결.

의한 보호를 받을 수 있으나, 채권은 선의취득의 대상이 되지 못한다. 위탁매매인으로부터 채권을 선의로 양수한 자에 대한 구제는 위탁매매인을 상대로 한 담보책임(민§570), 불법행위책임(민§750) 등에 의해야 한다.

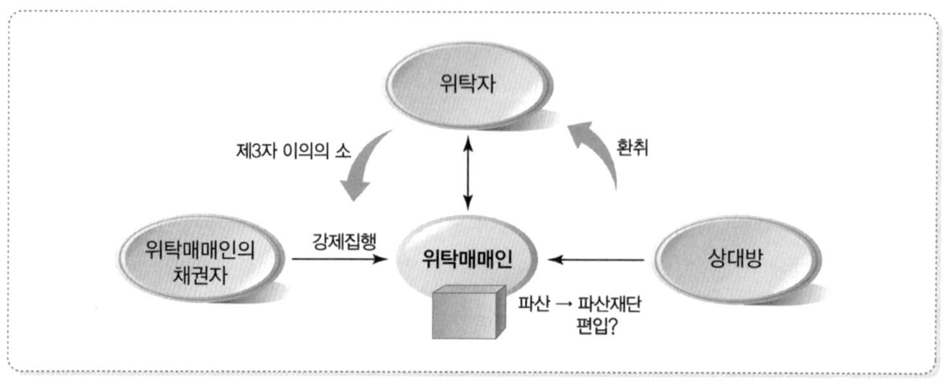

:: [그림 14-3-2] 위탁물 귀속의 실질적 파악

제5절 준위탁매매

> **제113조(준위탁매매인)** 이 장(위탁매매업)의 규정은 자기 명의로 타인의 계산으로 매매 아닌 행위를 영업으로 하는 자에게 준용된다.

(1) 의 의

준위탁매매(§113)는 주선의 대상이 '매매 아닌 행위'라는 점에서 위탁매매와 다를 뿐, 그 나머지는 위탁매매와 같다. 준위탁매매계약인지는 실질에 의해 판단한다(판례).[34] 물건운송의 주선에 관해서는 운송주선업으로 따로 규정하고 있으므로(§114) 준위탁매매에서 제외된다. 여객운송의 주선은 따로 규정이 없으므로 준위탁매매가 된다.

(2) 동일 취급

① 준위탁매매에 관해서는 위탁매매에 관한 규정을 준용한다(§113).

② 그러나 매매에 고유한 규정은 준위탁매매에 적용되지 않는다(통설). 이에는 개입

34) 대법원 2011. 7. 14. 선고 2011다31645 판결: A주식회사가 국내에서 독점적으로 판권을 보유하고 있는 영화의 국내배급에 관하여 B주식회사와 체결한 국내배급 대행계약이 준위탁매매계약의 성질을 갖는다고 판단한 사례.

권(§107), 위탁물 훼손·하자 등에 관한 통지·처분의무(§108), 매수위탁의 경우 매수물 공탁·경매권(§109) 및 상사매매 규정 준용(§110) 등이 있다.

〈표 14-3-1〉 유통상

<table>
<tr><th rowspan="2"></th><th colspan="2">대리상</th><th rowspan="2">중개업</th><th colspan="2">주선업</th></tr>
<tr><th>체약대리상</th><th>중개대리상</th><th>위탁매매인</th><th>운송주선인</th></tr>
<tr><td>독립 상인</td><td colspan="5">○ (수익의 원천: 보수)</td></tr>
<tr><td>행 위</td><td colspan="2">대리, 중개</td><td>중개</td><td colspan="2">주선 (명의와 계산 분리)</td></tr>
<tr><td>규율의 중점</td><td colspan="2">계속적 관계 → 본인과 대리상의 이해조정</td><td>쌍방 당사자 중립적 보호</td><td colspan="2">거래안전, 위탁자 보호</td></tr>
<tr><td rowspan="3">보조받는 자</td><td colspan="2">상인 (본인)</td><td>당사자 일방은 상인이어야 함 (민사중개: 불요)</td><td colspan="2">상인 불요</td></tr>
<tr><td colspan="2">특정 (수인 무방)</td><td>불특정 다수</td><td colspan="2">불특정 다수</td></tr>
<tr><td colspan="2">계속적 관계 → 경업금지, 보상청구권</td><td colspan="3">수시</td></tr>
<tr><td>내부관계의 기초(법적 성질)</td><td colspan="2">대리상계약 (위임)</td><td>중개계약 (위임 또는 도급 유사 계약)</td><td colspan="2">주선계약 (위임)</td></tr>
<tr><td>영업부류</td><td colspan="2">본인의 영업부류에 한정</td><td colspan="3">제한 없음</td></tr>
<tr><td>외부관계의 대상</td><td>제3자와 계약</td><td>거래의 매개</td><td>계약의 당사자가 아니며 대리권도 없음</td><td colspan="2">위탁자: 외부관계 없음
주선인: 매매계약·운송계약의 당사자</td></tr>
<tr><td>명 의</td><td>본인 명의</td><td>명의가 문제되지 않음(사실행위이므로)</td><td>명의가 문제되지 않음</td><td colspan="2">주선인 명의</td></tr>
<tr><td>계 산</td><td colspan="5">본인 계산</td></tr>
<tr><td>이행 수령권</td><td>당연히 있음</td><td>예외적으로 통지수령권만 인정</td><td>금지 (이행의 수령 불가)</td><td colspan="2">주선인이 당사자로서 상대방에 대해 직접 권리의무 취득</td></tr>
<tr><td>보수청구권</td><td colspan="2">○ (계약성립시)</td><td>○ (계약성립 → 결약서 교부 때)</td><td colspan="2">○ (계약성립 → 위탁계약 이행 때)</td></tr>
<tr><td>보상청구권</td><td colspan="2">○ (특별규정)</td><td>×</td><td colspan="2">×</td></tr>
<tr><td>특별상사 유치권</td><td colspan="2">○ (가장 완화)</td><td>×</td><td colspan="2">○ (가장 완화)</td></tr>
</table>

개입권	×	×	○ (준위탁매매의 경우는 ×)
매수물 공탁·경매권	×	×	○ (매수위탁에서 위탁자의 수령거부·수령불능의 경우)
선관주의의무	○		
통지의무	○ (대리·중개를 한 때 지체 없이 통지)	일방이 결약서 수령 또는 기명날인을 거부할 때	매매결과 통지 및 계산서 제출 의무, 위탁물에 대한 통지·처분 의무(목적물을 인도받은 후 물건 훼손·하자발견·부패염려·가치 하락 예상)
중립의무		○	
지정가액 준수 의무			○
경업금지	○ (계속성 때문)	×	×
견품 보관의무		○	
결약서 교부 의무			
장부 작성 의무			
묵비의무			
이행 담보책임	×	○ (묵비한 때)	○ (상대방이 이행하지 않을 때)
개입권			○ (법적 지위 개입권)
비밀준수 의무	○ (대리상관계 종료 후에도 지속)		
보조상의 거래상대방에 대한 관계	권리의무 없음	권리의무 없음	계약당사자로서 직접 권리의무 취득
계약해지	존속기간을 정하지 않았으면 각 당사자는 2개월 전 예고하고 계약해지		

㈜ ○: 있음, ×: 없음.

제4장

가 맹 업

제1절 총　　설

사 례

국밥집을 운영하는 A는 이를 가지고 프랜차이즈 사업을 하기로 했다. B 등이 이에 참여했다. A와 B 등은 어떤 법률관계를 맺게 되며, 이를 규율하는 방법은?

제168조의6(가맹상의 의의) 자신의 상호, 상표 등(이하 이 장에서 "상호 등"이라 한다)을 제공하는 것을 영업으로 하는 자(이하 "가맹업자"(加盟業者)라 한다)로부터 그의 상호 등을 사용할 것을 허락받아 가맹업자가 지정하는 품질기준이나 영업방식에 따라 영업을 하는 자를 가맹상(加盟商)이라 한다.

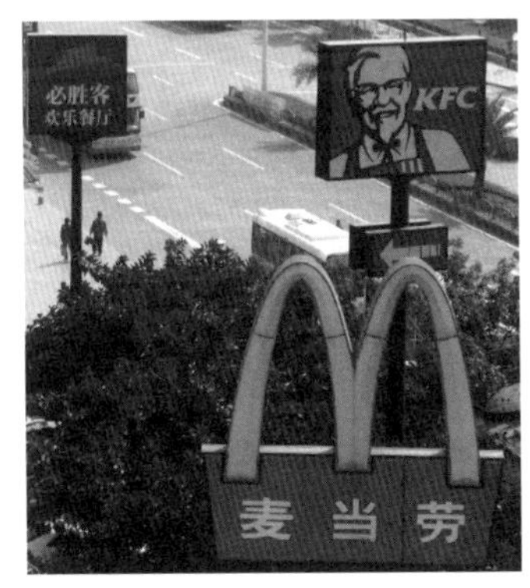

① 가맹계약은 가맹업자(franchisor)가 가맹상(franchisee)에 자신의 상호・상표 등의 영업표지를[35] 사용하여 영업할 것을 허락하고, 영업에 대해 지원과 통제를 하며, 가맹상은 이에 대해 대가 지급을 약정하는 계속적 채권계약이다(§168의6). 실무에서는 프랜차이즈(franchise)라 한다.[36] 브랜드의 통일성을 확보하는 마케팅 수단으로 많이 이용된다. 상법 외에 가맹상 보호를 위한 법이 있다(예: 가맹사업거래의 공정화에 관한 법률(가맹사업법) 등).

② 가맹업자 – '상호・상표 등의 사용 허락에 의한 영업에 관한 행위'는 기본적 상행위이다(§46(20호)). 이를 영업으로 하는 가맹업자는 당연상인이다(§4).

35) 상호・상표 외에 간판, 영업점포의 외양 등 그 밖의 영업표지를 포함한다.
36) 프랜차이즈는 원래 군주가 특정인에게 일정한 권리를 부여한다는 뜻이었다. 오늘날 프랜차이즈 전성시대라 할 만큼 그 종류가 많다.

③ 가맹상 – (a) 가맹상은 자기 명의와 자기 계산으로 영업을 하는 독립된 상인이라는 점에서 가맹업자의 지점과 다르다. (b) 자기 명의로 하는 점에서 본인 명의로 하는 대리상과 다르다. (c) 자기 계산으로 하는 점에서 타인 계산으로 하는 위탁매매인과 다르다. (d) 라이선스 부여에 그치지 않고 지도와 통제가 따르는 점에서 라이선스 계약에 그치는 경우와 다르다.

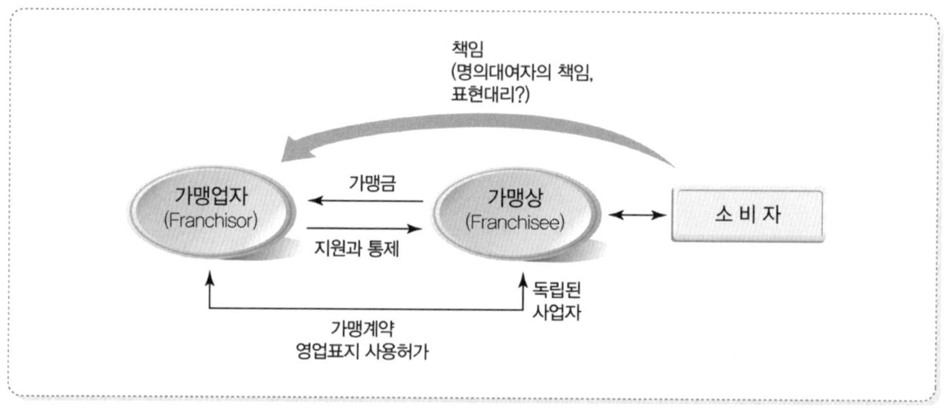

:: [그림 14-4-1] 가맹업자와 가맹상

제2절 내부관계

Ⅰ. 가맹계약

① 가맹업자와 가맹상의 법률관계는 가맹계약으로 정해진다.

② 가맹계약은 매매, 임대차, 도급 등의 성격이 복합적으로 혼재된 비전형계약으로 계속적인 유상·쌍무계약이다(통설). 주로 약관에 의한다.

Ⅱ. 가맹업자

제168조의7(가맹업자의 의무) ① 가맹업자는 가맹상의 영업을 위해 필요한 지원을 해야 한다.
② 가맹업자는 다른 약정이 없으면 가맹상의 영업지역 안에서 동일하거나 유사한 업종의 영업을 하거나 동일하거나 유사한 업종의 가맹계약을 체결할 수 없다.

(1) 통제권

가맹업자는 통일된 브랜드 이미지를 관리하는 데 필요한 통제를 할 수 있다. 가맹사업의 속성(§168의6)으로부터 이를 인정할 수 있다.[37]

(2) 지원의무

가맹업자는 가맹상의 영업을 위하여 필요한 지원을 해야 한다(§168의7(1)).

(3) 경업 및 중복체결 금지

① 가맹업자는 가맹상의 영업지역[38] 내에서 동일 또는 유사한 업종의 영업(경업)을 하지 못하며 동일 또는 유사한 업종의 가맹계약을 중복적으로 체결할 수 없다(§168의7(2)).

② 약정으로 이를 배제할 수 있다. 그러나 이를 언제든지 배제할 수 있다는 약정은 가맹상에 현저하게 불리한 내용으로 무효가 된다.

Ⅲ. 가 맹 상

> **제168조의8(가맹상의 의무)** ① 가맹상은 가맹업자의 영업에 관한 권리를 침해하지 않도록 해야 한다.
> ② 가맹상은 계약이 종료된 후에도 가맹계약과 관련하여 알게 된 가맹업자의 영업상의 비밀을 준수해야 한다.

(1) 권리침해 금지

§168의8(1)의 권리침해조항은 당연한 것을 주의적으로 규정한 것이다.

(2) 영업비밀 준수

§168의8(1)의 영업비밀 준수의무는 가맹계약이 종료한 후에도 진다. 대리상의 영업비밀 유지의무(§92의3)와 마찬가지로 계속적 관계에서 비롯된 것이다.

---

37) 대법원 2005. 6. 9. 선고 2003두7484 판결: 가맹사업에서는 가맹사업의 통일성과 가맹본부의 명성을 유지하기 위하여 합리적으로 필요한 범위 내에서 가맹점 사업자가 판매하는 상품 및 용역에 대하여 가맹점 사업자가 가맹본부가 제시하는 품질기준을 준수하도록 요구하고, 그러한 품질기준의 준수를 위하여 필요한 경우 가맹본부가 제공하는 상품 또는 용역을 사용하도록 요구할 수 있다.

38) 동일 특별시·광역시·시·군일 것을 요하지 않는다.

제3절 외부관계

(1) 원 칙

가맹상은 독립하여 자신의 영업을 한다. 가맹상이 제3자와의 거래로 인해 발생한 채무에 대해서는 가맹상 자신이 이행책임을 진다. 가맹업자는 가맹상의 영업에 관하여 대외적으로 아무런 책임을 지지 않음이 원칙이다.

(2) 예 외

(가) 명의대여자책임 – 가맹상은 독립된 상인이지만 가맹업자와 동일한 영업표지를 사용하므로 가맹업자의 명의대여자책임(§24)이 문제될 수 있다. 그런데 오늘날 프랜차이즈라는 영업형태가 일반인에게도 널리 알려져 있으므로, 단순히 같은 영업표지를 사용한다는 것만으로 가맹상의 영업을 가맹업자의 영업으로 오인했다면 중과실로 인정되어 보호받지 못할 소지가 많다.[39]

(나) 불법행위책임 – 가맹상의 불법행위에 관하여 가맹업자는 사용자책임(민§756)을 질 수 있는가? 원칙적으로 부정하는 것이 타당하다. 가맹상은 독립 상인이기 때문이다. 그러나 개별 사정에 따라 사용자와 피용자의 관계로 볼 수 있을 정도로 지휘·감독관계가 뚜렷하다면 사용자책임을 묻는 것도 가능하다.

(다) 기 타 – 이 밖에도 가맹사업의 내용과 형태에 따라 표현대리(민§125), 제조물책임(제조물책임법 §2, §3) 등이 문제될 수 있다.

제4절 가맹영업 양도

> **제168조의9(가맹상의 영업양도)** ① 가맹상은 가맹업자의 동의를 받아 그 영업을 양도할 수 있다.
> ② 가맹업자는 특별한 사유가 없으면 제1항의 영업양도에 동의해야 한다.

(1) 본조의 영업양도

① §168의9의 영업양도는 통상의 영업양도(§41 이하)와 같은 것인데, 가맹계약에 의

---

39) 송옥렬 221, 임중호 550.

한 '가맹영업'의 양도가 본조의 적용대상이다.

② 가맹계약과 관계없는 가맹상의 '비가맹 영업'의 양도는 가맹계약이 중단된 상태이므로 본조의 적용대상이 아니다. 따라서 이러한 경우는 가맹업자의 동의를 요하지 않고 통상의 영업양도(§41~§45)에 의한다.

(2) 동의주의

§168의9는 가맹업자의 동의를 얻도록 하여 가맹업자를 보호하는 한편, 특별한 거부사유가 없으면 동의하도록 함으로써 동의권 남용으로부디 가맹상을 보호하고 있다.

제5절 종료(해지)

제168조의10(계약해지) 존속기간에 관한 약정의 여부에 상관없이 부득이한 사정이 있으면 가맹계약의 각 당사자는 상당한 기간을 정하여 예고한 후 가맹계약을 해지할 수 있다.

Ⅰ. 특 징

§168의10은 민법상의 해지자유 원칙의 특칙이다. 또한 이는 상법에 규정된 다른 해지와 차이가 있다.

① 존속기간에 관하여 약정이 있는 경우에도 부득이한 사정이 있으면 해지할 수 있도록 하되 '예고'를 거치도록 한다. 익명조합과 대리상의 경우는 부득이한 사정이 있으면 예고 없이 해지할 수 있다.

② 예고기간을 '상당한 기간'으로 규정하고 있다. 익명조합과 대리상은 예고기간을 각각 6개월, 2개월 전으로 명시하고 있다.

Ⅱ. 사유 및 절차

(1) 가맹업자의 해지

가맹업자가 해지하는 경우 가맹사업법에 특별규정을 두고 있다. 2개월 이상의 유예기간을 두어 계약위반 사실을 구체적으로 밝혀야 하고 시정하지 않으면 계약을 해지한다는 사실을 서면으로 2회 이상 통지하는 것을 원칙으로 한다(동법§14(1)). 이 절차를 흠결한 가맹계약 해지는 무효이다(동법 §14(2)).

(2) 가맹상의 해지

가맹상이 해지하는 경우는 §168의10에 의한다.

Ⅲ. 효 과

(1) 청 산

가맹계약이 해지되면 해지의 일반 법리에 따라 그때부터 장래를 향하여 가맹계약은 효력을 잃고 가맹업자와 가맹상은 청산해야 한다.

(2) 손해배상

§168의10에 의해 가맹계약을 해지하는 경우 피해자가 손해배상을 청구할 수 있는가? 금융리스 계약의 해지와는 달리 규정이 없다. 민법 규정에 따라 계약을 해지하고 손해배상을 청구할 수 있다(민§551).

〈표 14-4-1〉 **계약해지**(상법상 특별규정)

	익명조합	대리상	가맹업	금융리스	
해지권자	쌍방	쌍방	쌍방	이용자	금융리스업자
예고를 요하는 경우	존속기간을 정하지 않거나 종신까지 존속할 것을 약정한 경우	존속기간을 정하지 않은 경우	존속기간에 관한 약정 여부 불문하고 부득이한 사정	중대한 사정변경으로 리스물건을 계속 사용할 수 없는 경우	
	6개월 전	2개월 전	상당기간 전	3개월 전	
	영업연도 말 해지				
예고를 요하지 않는 경우 (언제든지 가능)	존속기간의 약정 여부 불문 부득이한 사정	(좌동)			이용자에 귀책사유가 있는 경우

* 상법에 특별규정이 없어 민법에 따르는 경우: 상업사용인, 상호계산 등.

| 제15편 |

운송업

상법은 운송업에 관하여 육상운송은 상행위 편(제2편)에서 규정하고, 해상운송(제5편)과 항공운송(제6편)은 따로 규정하고 있다. 역사적으로는 해상운송 법제가 먼저 발달했지만, 상법은 육상운송에 관하여 먼저 규정하고 그 일부를 해상운송에 준용한다. 육상운송에 관한 상법 규정은 특약으로 달리 정할 수 있는 임의규정이 많다.

Keyword:
운송, 도급, 육상운송, 해상운송, 항공운송, 송하인, 수하인, 화물상환증, 운임, 물건운송인의 배상책임(과실책임, 정액배상, 고가물 특칙, 특별소멸사유, 불법행위책임, 면책특약), 순차운송인, 운송주선업(위탁매매 · 운송업과 차이), 여객운송(인적손해 배상책임, 물적손해 배상책임)

제 1 장

총 설

사 례

홈쇼핑업을 하고 있는 A는 B 등으로부터 주문을 받아 그 배송을 C 등에게 맡기고 있다. C의 운송상 잘못으로 B는 파손된 물건을 받았다. 그 배상책임에 적용되는 법조는? (상법의 육상운송에 관한 규정인가, 민법의 배상책임에 관한 규정인가?)

기초 물 류

물류(物流)는 물적 유통의 줄임말이다(물류정책기본법 §2(1호)). 물류에 관해 상법은 운송업과 창고업을 규정하고 있다. 운송수단에 따라 육상운송, 해상운송, 항공운송, 복합운송이 있고, 운송의 대상에 따라 물건(화물)운송과 여객운송이 있다.

제 1 절 육상운송

제125조(육상운송인의 의의) 육상 또는 호수, 하천, 항만에서 물건 또는 여객의 운송을 영업으로 하는 자를 육상운송인(이하 이 장에서 "운송인"이라 한다)이라 한다.

* 상령 제4조 [호천 · 항만의 범위] 법 제125조에 따른 호천(湖川), 항만의 범위는 「선박안전법 시행령」 제2조 제1항 제3호 가목에 따른 평수(平水)구역으로 한다.

(1) 육 상

① 육상은 지하를 포함하고, 일시 공중을 운행하더라도 육상에 연결된 것은 육상운송에 포함된다(예컨대, 케이블카).

② 호천(湖川)과 항만은 선박안전법에 의한 평수(平水)구역에 해당하면 육상운송에 포함된다(상령§4, 예컨대, 한강 유람선 등). 육상과 인접해 있고 운송 위험이 육상과 별

차이가 없기 때문이다.

(2) 물건 또는 여객

① 운송대상은 물건(장소 이동이 가능한 것)[1] 또는 여객이다.

② 물건운송에서는 운송인을 보호하고, 여객운송에서는 여객을 보호하는 입법정책적 태도를 보인다.

(3) 운송 인수

① 운송은 물건 또는 여객을 이동시키는 사실행위이다. 운송인은 '운송의 인수'(§46(13호))를 '영업으로' 하는 자이다(§125). 운송의 인수를 영업으로 하면 스스로 운송을 하지 않아도 운송인이 된다.

② 운송수단을 불문한다(예컨대, 화물차, 기차, 케이블카, 택시, 버스, 철도, 전철, 선박, 로봇, 드론, 인편 등).

(4) 영업으로

상법상의 운송인은 운송의 인수를 영업으로 하는 자이므로 운송을 보조적 상행위로 하면 상법상의 운송인이 아니다. 그 배상책임은 상법의 적용대상이 아니라 민법에 의한다.

제2절 해상운송

① 해상운송(해운)은 해상에서 선박 등을 이용하여 사람이나 물건을 실어 나르는 것이다(§740이하).

② 해상운송에 대해서는 육상운송에 관한 규정을 준용하고 있으나(§815, §134, §136~§140), 운송수단(선박)과 운송장소(해상)의 특성 때문에 특별규정을 두고 있다. 해상관습과 각종 약관이 발달되어 있다.

---

1) 물건운송에 관하여 운송물을 '물건'이라 하고(예: 물건운송), 이를 줄일 때는 '하'(荷)라 하기도 하고(예: 송하인, 수하인), '화'(貨)라 하기도 한다(예: 화물상환증, 화물명세서, 해상화물운송장, 화물수령증 등).

제3절 항공운송

항공운송은 타인의 수요에 응하여 항공기를 사용하여 유상으로 여객 또는 화물을 운송하는 것이다. 다만 대통령령으로 정하는 초경량 비행장치는 제외한다(§896).

제4절 복합운송

복합운송은 하나의 운송에서 2개 이상의 서로 다른 운송수단을 사용하는 운송이다. 컨테이너를 이용한 국제운송에서 많이 이용된다. 복합운송이 되기 위해서는 해상운송을 포함해야 한다(§816).

제2장

물건운송업

제1절 물건 운송계약

(가) 물건운송계약 당사자 – 물건운송계약은 '송하인'(送荷人)과 '운송인' 사이에 운송과 그 대가를 지급하기로 하는 계약이다(통설). 수하인은 운송계약의 당사자가 아니다. 운송주선인을 통하는 경우에는(즉, 화주 → 운송주선인 → 운송인) 운송주선인이 운송인과 운송계약을 체결한다. 이때 송하인은 화주가 아니라 운송주선인이다.

(나) 도급계약 – 운송계약은 일(운송)의 완성을 목적으로 하는 도급계약이다(통설).

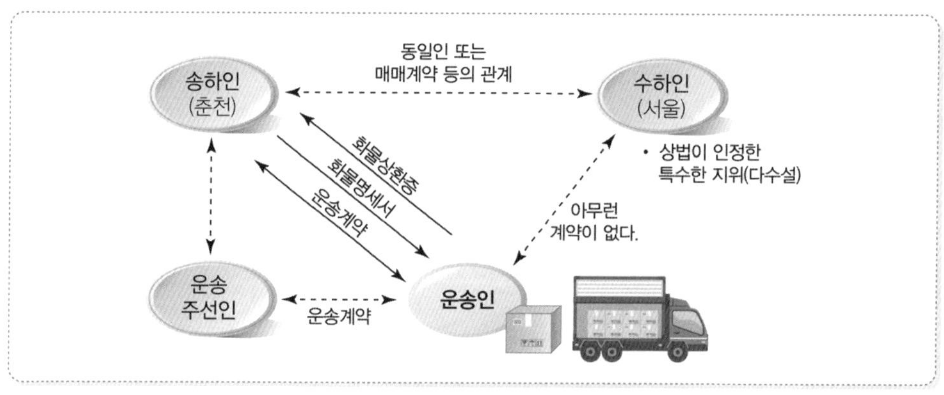

:: [그림 15-2-1] 물건운송의 구조

제2절 송 하 인

Ⅰ. 운송계약상 지위

송하인은 운송인과 운송계약을 체결하는 운송계약의 당사자이다. 송하인이 수하인이나 화물상환증소지인이 될 수 있으나, 역으로 이들이 반드시 송하인이 되는 것은 아니다. 송하인은 물건운송계약의 당사자로서 운송계약 및 법에 의한 권리와 의무를 갖는다.

Ⅱ. 처 분 권

> **제139조(운송물의 처분청구권)** ① 송하인(화물상환증이 발행된 경우에는 그 소지인)은 운송인에게 운송의 중지, 운송물의 반환, 그 밖의 처분을 청구할 수 있다. 이 경우에 운송인은 이미 운송한 비율에 따른 운송료, 체당금(替當金) 및 처분으로 인한 비용의 지급을 청구할 수 있다.
> ② (삭제)

(1) 기 능

① 긴급처분 – §139(1)은 운송 완료 이전에 운송 시작 이후의 상황변화에 송하인 또는 화물상환증 소지인이 신속하게 대처할 수 있도록 하는 긴급처분적 특칙이다.

② 운송계약 유지 – 운송계약관계를 유지하면서 임기응변의 대응을 할 수 있게 해준다.

③ 보상 – 운송을 완료하지는 않았지만 지시에 응하여 처분한 운송인에 대한 보상을 법정 권리로써 보장한다.

(2) 내 용

처분권을 갖는 자는 송하인(화물상환증이 발행된 경우는 그 소지인)이다(§139(1)). 수하인은 처분권을 갖지 못한다.

(3) 한 계

(가) 내용상 한계 – 운송인의 처분은 운송 중지, 운송물 반환, 기타 처분 등의 단순한 사실행위에 한정된다. 운송물 양도 · 입질 등의 법률상 처분은 한계를 넘어서는 것이어서 포함되지 않는다.

(나) 시기상 제한 – 운송 중에만 처분권을 행사할 수 있다. 운송물이 목적지에 도착한 후에 수하인이 인도를 청구한 때에는 수하인의 권리가 우선하므로 처분권을 행사할 수 없다.

(4) 행사 및 효과

(가) 형성권 – 처분권은 형성권이므로 행사가 있으면 운송인은 처분의무를 진다.

(나) 계약유지 – 처분권 행사로 운송계약이 해제되는 것은 아니다.

(다) 운임 등 청구권 – 송하인은 운송을 완료하지는 못했지만 이미 운송한 비율에 따른 운임, 체당금, 처분비용 등을 청구할 수 있다(§139후). 형평의 견지에서 운임 등을 보상하도록 하는 특별규정이다. 운임 등의 전액이 아니라 이미 운송한 비율에 따른 운임 등만을 청구할 수 있도록 한다. 이는 송하인에 편향된 감이 있고, 운송계약의 이행을 위해 치른 운송인의 기회비용을 고려하지 않고, 운송물의 전부 또는 일부가 송하인의 과실로 멸실한 때에는 운임 전액을 청구할 수 있는 것(§234(2))과 균형이 맞지 않는다.[2)]

제3절 수하인

Ⅰ. 화물상환증 불발행의 경우

> **제140조(수하인의 지위)** ① 운송물이 도착지에 도착했을 때는 수하인(受荷人, 受貨人)은 송하인(送荷人, 送貨人)과 동일한 권리를 취득한다.
> ② 운송물이 도착지에 도착한 후 수하인이 그 인도를 청구하였을 때에는 수하인의 권리가 송하인의 권리에 우선한다.
>
> **제141조(수하인의 의무)** 수하인이 운송물을 수령했을 때는 운송인에게 운송료나 그 밖의 운송에 관한 비용과 체당금을 지급할 의무를 부담한다.

1. 지위의 성격

수하인은 화물상환증을 발행하지 않는 경우 도착지에서 운송물을 인도받을 자이다. 수하인은 운송계약의 당사자가 아니고, 운송물이 목적지에 도착하기 이전에는 아무런 권리가 없다가, 그 이후에는 단계별로 점차 강화된다. 이러한 수하인의 지위의 법적 성격은 무엇인가?

---

2) 김두진 307, 이철송 528~529, 정찬형 351~352.

(ⅰ) 민법상 제3자를 위한 계약(민§539)과 마찬가지로 송하인과 운송인이 제3자인 수하인을 수익자로 하는 운송계약을 체결한 것으로 보는 견해(제3자를 위한 계약설, 소수설),[3] (ⅱ) 수하인의 지위는 운송계약의 특성을 고려하여 법에 의해 인정된 특수한 지위라는 견해(특수지위설, 다수설)가[4] 있다.

(ⅲ) 사견 – 특수지위설이 타당하다. 수하인을 민법상 제3자를 위한 계약의 수익자로 볼 수 없다. 수하인의 지위는 수익의 의사표시에 의한 것이 아니며, 운송의 특성을 고려하여 상법이 특별히 인정한 권리이다.

2. 단계적 발전

(가) 도착전 無 – 운송물이 목적지에 도착하기 전에는 송하인만이 운송물 처분권을 갖고(§139(1) 등), 수하인은 아무런 권리를 갖지 못한다.

(나) 도착시 동등 – 운송물이 목적지에 도착한 때에는 수하인은 송하인과 동일한 내용의 권리를 병렬적으로 갖는다(§140(1)).

(다) 인도청구시 우선 – 운송물이 목적지에 도착한 후 수하인이 인도를 청구했을 때에는 수하인의 권리가 송하인에 우선한다(§140(2)). 송하인의 권리는 이에 조건부로 존속한다.

(라) 운송물 수령시 의무부담 – 수하인이 운송물을 수령한 때에는 운임 기타 운송에 관한 비용과 체당금을 운송인에게 지급할 의무를 송하인과 함께 부담한다(§141).

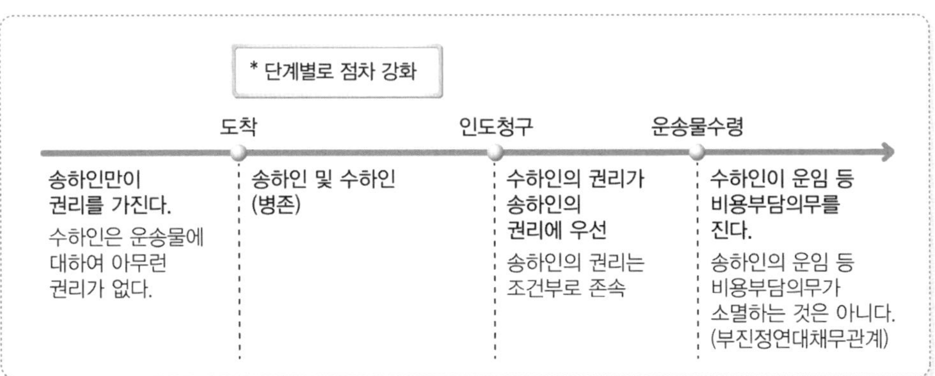

:: [그림 15-2-2] 수하인 지위

3) 서돈각/정완용 222, 이기수/최병규 485, 채이식 281.
4) 고재종 331, 김두진 312~313, 박상조 534, 서헌제 349, 손주찬 339, 손진화 283, 송옥렬 192, 이철송 551, 임중호 471, 임홍근 448, 정경영 246, 정동윤 263~264, 정찬형 355, 최정식 399, 최준선 393.

Ⅱ. 화물상환증 발행의 경우

① 화물상환증이 발행된 때에는 오직 화물상환증소지인만이 운송물에 관한 권리를 배타적으로 갖는다. 따라서 수하인의 지위는 따로 논할 필요가 없다.

② 수하인이 도착한 화물에 대해 인도를 청구한 때는, 이후 화물상환증이 뒤늦게 발행됐더라도 그에 의해 이미 발생한 수하인의 지위에 영향을 주지 못한다(판례).[5]

〈표 15-2-1〉 수하인과 화물상환증소지인

	수하인	화물상환증소지인
같은 점	운송계약의 당사자가 아님 (송하인이 화물상환증 소지는 가능)	
지위의 발생	운송계약 관계 화물상환증을 발행하지 않은 경우	화물상환증 관계 화물상환증을 발행한 경우
지위의 특성	운송의 진행 경과에 따라 단계적으로 일정한 권리의무 인정	화물상환증소지인
운송인 항변	운송인은 송하인에 대한 항변으로 수하인에 대항할 수 있음	
관 계	화물상환증 발행의 경우 송하인과 수하인의 지위는 화물상환증소지인에 흡수	

제4절 운송인의 의무

Ⅰ. 운송상 선관주의의무

운송인은 운송할 때에 운송물의 수령·보관·운송의 모든 과정에서 선관주의의무를 진다(민§374, §681).

5) 대법원 2003. 10. 24. 선고 2001다72296 판결. (따름 판례: 대법원 2015. 12. 10. 선고 2013다3170 판결).

Ⅱ. 인도의무

1. 방 법

운송인은 수령권한이 있는 자에게 운송물을 인도하여 그가 점유(사실상 지배)할 수 있는 상태에 두어야 한다(판례).[6]

2. 상대방

운송물 수령권한을 갖는 자는 누구인가?

(1) 화물상환증 불발행의 경우

(가) 도착 전 – 운송물의 목적지 도착 이전에는 송하인의 지시에 따라야 한다. 이때에는 송하인이 운송물 처분권을 행사할 여지가 있기 때문이다.

(나) 도착 및 수하인 인도청구 후 – 운송물의 목적지 도착 후 수하인이 인도를 청구할 때는 수하인에게 인도해야 한다(§140(2)).

(다) 수하인이 없는 경우 – 어쩔 수 없이 송하인에게 인도할 수밖에 없다.

(2) 화물상환증 발행의 경우

> **第129조(화물상환증의 상환증권성)** 화물상환증을 작성한 경우에는 이것과 맞바꾸지 않으면 운송물의 인도를 청구할 수 없다.

(가) 상환증권성

화물상환증소지인이 배타적으로 운송물 수령권한을 갖는다. 화물상환증은 상환증권(相換證券)이므로(§129), 증권소지인은 증권과 맞바꾸지 않으면 운송물을 수령할 수 없다.

(나) 가도 · 보증도

① 가도(假渡 또는 空渡)는 화물상환증과 상환하지 않고 운송물을 인도함으로써 상환증권성을 위배하는 것이다. 보증도(保證渡)는 가도로 인한 손해에 대비하여 그러한

6) 대법원 1996. 3. 12. 선고 94다55057 판결.

사태가 발생하면 책임을 진다는 보증장을 수하인의 거래은행으로부터 받고서 하는 가도이다.

② 판례는 가도와 보증도의 유효성을 인정한다.[7] 다만 정당한 증권소지인에 대한 권리침해가 되어 운송인은 불법행위책임을 진다고 한다(판례).[8]

③ 화물상환증 교부는 운송물에 행사하는 권리의 취득에 관하여 물권적 효력을 갖는다(§133). 따라서 가도·보증도로 운송물을 인도받은 수하인은 화물상환증을 입수하지 못하면 운송물의 소유권을 취득하지 못한다(§132, §133). 이러한 수하인이 가도 또는 보증도로 인도받은 운송물을 전매하면 무권리자의 처분이 된다. 다만 악의 또는 중대한 과실이 없는 전득자는 운송물의 소유권을 선의취득할 수 있다.

제5절 운송인의 권리

Ⅰ. 운송물 인도청구권

운송인은 운송을 위해 운송물 인도를 청구할 수 있다. 운송은 운송물의 공간적 이동이므로 현실의 인도만을 의미한다(판례).[9]

Ⅱ. 화물명세서 교부청구권

제126조(화물명세서 발급) ① 송하인은 운송인의 청구에 따라 화물명세서를 교부해야 한다.
② 화물명세서에는 다음 사항을 기재하고 송하인이 기명날인 또는 서명을 해야 한다.
1. 운송물의 종류, 중량 또는 용적, 포장의 종별(種別), 개수와 기호
2. 도착지
3. 수하인과 운송인의 상호 또는 성명, 영업소 또는 주소
4. 운임과 그 선급(先給) 또는 착급(着給)의 구별
5. 화물명세서의 작성지와 작성 연월일

제127조(화물명세서의 거짓 기재에 대한 책임) ① 송하인이 화물명세서에 거짓 또는 부정확한 기재를 한 경우에는 운송인에게 이로 인한 손해를 배상할 책임을 진다.
② 제1항은 운송인이 알았을 때(악의)는 적용되지 않는다.

7) 대법원 1991. 12. 10. 선고 91다14123 판결(선하증권 사례).
8) 대법원 1999. 4. 23. 선고 98다13211 판결. (따름 판례: 대법원 2001. 4. 10. 선고 2000다46795 판결).
9) 대법원 1995. 6. 13. 선고 92다19293 판결(항공화물운송장 사례).

(1) 기능 및 성격

화물명세서는 물건운송 실행의 편의를 위한 것으로, 증거자료일 뿐이다.

(2) 발 행

화물명세서는 운송인의 청구에 응하여 송하인이 발급한다. 법정 사항을 기재하고 송하인이 기명날인 또는 서명을 해야 한다(§26(1)(2)).

(3) 책 임

송하인이 화물명세서에 허위 또는 부정확한 기재를 하면 선의의 운송인에게 손해배상책임을 진다(§127(1)(2)). 무과실의 법정책임이다(통설). 운송인이 악의이면 보호가치가 없으므로 제외한다.

Ⅲ. 비용 등 상환청구권

수하인은 운송물을 수령한 때에 운송에 관한 비용과 체당금을 운송인에게 지급할 의무를 진다(§141)(예컨대, 통관비용, 창고보관료, 보험료 등).

Ⅳ. 운임청구권

1. 요 건

(1) 운송완료

운송계약은 도급계약이므로 운송의 완료시기인 운송물 인도시점에 운임을 청구할 수 있음이 원칙이다(후급). 운송물을 현실적으로 인도할 필요는 없으나 운송물을 인도할 수 있는 상태에 두면 된다(판례 · 통설).[10] 특약으로 선급도 가능하다.

10) 대법원 1993. 3. 12. 선고 92다32906 판결.

(2) 운송물 멸실과 운임

> **제134조(운송물 멸실과 운임)** ① 운송물의 전부 또는 일부가 송하인의 책임 없는 사유로 멸실된 경우 운송인은 그 운임을 청구할 수 없다. 이 경우 운송인이 이미 그 운임의 전부 또는 일부를 받았으면 이를 반환해야 한다.
> ② 운송물의 전부 또는 일부가 그 성질이나 하자로 인하거나 송하인의 과실로 멸실된 경우 운송인은 운임 전액을 청구할 수 있다.

① 운송물의 전부 또는 일부가 송하인과 운송인 쌍방 모두의 귀책사유 없이 멸실된 경우, 운송물에 대한 위험부담은 송하인이, 운임에 대한 위험부담은 운송인이 각각 부담한다(즉, 운임 청구불가). 위험부담 공평의 견지에서 채무자 위험부담 원칙(민§537)을 따른 것이다.

② 운송물의 성질·하자 또는 송하인의 과실로 운송물의 전부 또는 일부가 멸실된 경우 운임 전액을 청구할 수 있다(§134(2), 민§538(1) 참조). 그러나 특약으로 달리 정할 수 있다(판례).[11]

2. 지급의무자

(1) 송하인

송하인은 운송계약의 당사자로서 운임 지급책임을 지는 것이 원칙이다.

(2) 수하인 또는 화물상환증소지인

(가) 수하인이 운송물을 수령한 경우 – 송하인 및 수하인(화물상환증소지인)이 운임 지급에 대해 연대책임을 진다.

(나) 수하인이 운송물을 수령하지 않는 경우 – 송하인(화물상환증소지인)만이 운임 지급책임을 진다.

3. 유치권

> **제120조(유치권)** 운송주선인은 운송물에 관하여 받을 보수, 운임, 그 밖에 위탁자를 위한 체당금이나 선대금(先貸金)에 관해서만 그 운송물을 유치할 수 있다.

11) 대법원 1972. 2. 22. 선고 71다2500 판결.

(1) 특별상사유치권

운송인의 유치권은 운송주선인의 유치권 규정을 준용한다(§147→§120). 내용상으로는 민사유치권과 유사하다. 즉, (a) 피담보채권을 운송물에 관하여 받을 보수, 운임, 체당금이나 선대금으로 한정하고,[12] (b) 담보물을 운송물로 제한하고, (c) 담보물이 채무자 소유임을 요하지 않으며, (d) 피담보채권이 운송물에 관하여 생긴 채권이므로 개별적 견련성을 자연스럽게 갖는다.[13] 이러한 제한은 송하인과 동일인이 아닐 수 있는 수하인이 불측의 손해를 받지 않도록 하는 운송의 특성 때문이다.

(2) 기타 유치권

운송인은 특별상사유치권 외에도 요건을 충족하는 한 일반상사유치권(§58)을 가질 수 있다.

4. 단기시효

운임 등의 채권은 1년간 행사하지 않으면 소멸시효가 완성된다(§147→§122). 기산점은 소멸시효 기산점의 일반 법리에 따라 권리를 행사할 수 있는 때인 수하인 등의 운송물 수령시를 원칙으로 한다.

V. 공탁 · 경매권

> **제142조(수하인 불명의 경우 공탁 · 경매권)** ① 수하인을 알 수 없는 경우 운송인은 운송물을 공탁할 수 있다.
> ② 제1항의 경우에 운송인이 송하인에게 상당한 기간을 정해 운송물의 처분에 대한 지시를 최고(독촉)했음에도 송하인이 그 기간 안에 지시하지 않으면 운송인은 운송물을 경매할 수 있다.
> ③ 운송인이 제1항과 제2항에 따라 운송물을 공탁하거나 경매를 하면 지체없이 송하인에게 그 통지를 발송해야 한다.

12) 대법원 1993. 3. 12. 선고 92다32906 판결: §147, §120 소정의 운송인의 유치권에 관한 규정의 취지는, 운송 실행으로 생긴 운송인의 채권을 유치권 행사를 통해 확보하도록 하는 동시에 송하인과 수하인이 반드시 동일인은 아니므로 수하인이 수령할 운송물과 관계가 없는 운송물에 관하여 생긴 채권 기타 송하인에 대한 그 운송물과는 관계가 없는 채권을 담보하기 위하여 그 운송물이 유치됨으로써 수하인이 뜻밖의 손해를 입지 않게 하려고 피담보채권의 범위를 제한한 것이다.

13) 대법원 1993. 3. 12. 선고 92다32906 판결: 동일한 기회에 동일한 수하인에게 운송하여 줄 것을 의뢰받은 운송인이 운송물 일부를 유치한 경우 운송물 전체에 대한 운임채권은 동일한 법률관계에서 발생한 채권으로서 유치의 목적물과 견련관계를 인정하여 피담보채권의 범위에 속한다.

제143조(운송물의 수령거부 · 수령불능의 경우) ① 수하인이 운송물의 수령을 거부하거나 수령할 수 없는 경우에 대해서는 제142조(공탁 · 경매권)를 준용한다.
② 제1항에 따라 운송인이 경매하려면 송하인에게 최고(독촉)하기 전에 수하인에 상당한 기간을 정하여 운송물의 수령을 최고(독촉)해야 한다.

제144조(공고 · 경매) ① 송하인, 화물상환증소지인과 수하인을 알 수 없는 경우 운송인은 권리자에게 6개월 이상의 기간을 정하여 그 기간 안에 권리를 주장할 것을 공고해야 한다.
② 제1항의 공고는 관보 또는 일간신문에 2회 이상 하여야 한다.
③ 운송인이 제1항과 제2항에 따른 공고를 했음에도 그 기간 안에 권리를 주장하는 자가 없으면 운송물을 경매할 수 있다.

제145조(준용규정) 제142조부터 제144조까지의 경매에 대해서는 제67조 제2항(최고를 요하지 않는 경매)과 제3항(경매대금의 공탁 또는 매매대금 충당)을 준용한다.

(1) 기 능

운송인에게 공탁권 · 경매권을 인정하고 있다. 이는 물건운송의 대량성과 반복성을 고려하여 수하인 측의 사정으로 운송물을 인도하지 못하여 운송을 종결지을 수 없는 경우, 신속하게 인도를 완료한 것으로 취급하여 운임을 확보할 수 있도록 하기 위함이다. 상사매매에서의 공탁 · 경매권과 같은 취지이다.

(2) 사 유

공탁 · 경매 사유는 수하인 불명이거나 수하인이 운송물의 수령거부 또는 수령불능으로 운송을 완료할 수 없는 때이다.

(3) 공탁 · 경매 공통사항

(가) 임의성 – 공탁 · 경매권은 운송인의 권리이지 의무가 아니다. 그 행사 여부를 운송인이 임의로 선택할 수 있다.
(나) 통지의무 – 운송물을 공탁 또는 경매했을 때에는 지체없이 송하인에게 통지를 발송해야 한다(§142(3)).

(4) 경매 특유사항

(가) 최 고

① 수하인 불명 – 운송인은 '송하인'에게 상당한 기간을 정하여 운송물의 처분에 관한 지시를 최고(독촉)해야 한다(§142(2), §143(1)). 송하인이 그 기간 안에 지시하지

않아야 비로소 경매를 할 수 있다(§142(2)). 송하인이 처리할 수 있는 기회를 갖도록 하기 위함이다.

② 운송물 수령거부 또는 수령불능 – 운송인은 먼저 '수하인'에게 상당한 기간을 정해서 운송물을 수령할 것을 최고한 연후에 '송하인'에게 최고해야 한다(§143 (2)).

③ 송하인에 대한 최고 불능 또는 목적물 멸실 · 훼손 염려 – 최고 없이 경매할 수 있다(§145 → §67(2)).

(나) 공 고

송하인, 화물상환증소지인과 수하인 모두를 알 수 없는 경우, 운송인은 권리자에 대하여 6개월 이상의 기간을 정하여 권리를 주장할 것을 관보나 일간신문에 2회 이상 공고해야 한다(§144(1)(2)). 권리를 주장하는 자가 없으면 운송물을 경매할 수 있다(§144(3)).

(다) 경락금 공탁 또는 충당

경락대금에서 경매비용을 공제한 잔액을 공탁하거나, 그 전부 또는 일부를 운임 기타 비용에 충당할 수 있다(§145 → §67(3)).

제 6 절 운송인의 배상책임

사 례

명품의류 수입업자인 A는 명품코트 등 의류 1억원 상당(1벌당 1천만원짜리 10벌)을 백화점에 보내기 위해 택배업체 B에 운송을 맡겼는데, 배달과정에서 택배기사 C의 잘못으로 의류가 분실되었다. A는 택배기사 C의 사용자인 택배업체 B를 상대로 손해배상을 구하고 있다.

(1) A가 손해배상으로 청구할 수 있는 금액은?

(2) B의 택배기사 C가 음주운전을 하는 바람에 커브 길에서 운송 차량이 전복하여 위 의류를 못 쓰게 된 경우라면 어떠한가?

(3) "A가 운송을 맡길 때 명품의류라는 것을 전혀 말하지 않아서 그에 상응하는 주의를 다하지 못한 결과이다"라고 B가 항변하는 경우는 어떠한가?

기초 손해배상책임

(1) 손해배상책임 일반

(가) 요 건

손해배상은 채무불이행이나 불법행위로 인해 발생한 상당인과관계 있는 손해를 '전보'하는 것이다(민§390). 배상책임이 인정되려면 손해발생에 관하여 고의 또는 과실이 있어야 하고(과실책임주의), 이행보조자의 과실은 본인의 과실과 동일시한다(민§391).

(나) 배상범위, 조정

① 손해배상은 실손(實損)배상을 기본으로 한다. 배상의 대상이 되는 손해는 (a) 재산적 손해와 (b) 비재산적 손해(위자료), 그리고 (c) 기존 이익의 상실로 인한 적극적 손해(통상의 손해인 경우가 많음)와 (d) 얻을 수 있었던 이익을 얻지 못한 소극적 손해(특별손해인 경우가 많음)로 구분할 수 있다. 손해배상의 범위는 통상의 손해를 원칙으로 하고(민§393(1)), 특별한 사정으로 인한 특별손해는 예견 가능성이 있는 때에만 배상하도록 한다(민§393(2)).

② 손해를 입은 자가 같은 원인으로 이익을 얻고 있는 경우에 손해배상액 산정에서 그 이익을 공제하고(손익상계; 판례), 또한 손해의 발생 또는 확대에 관하여 피해자에게도 과실이 있는 경우에 손해배상의 범위를 정함에 있어서 그 과실을 참작해야 한다(과실상계; 민§396, §763).

③ 채무불이행과 불법행위에 의한 손해배상은 손해배상의 범위와 방법(민§393, §394), 과실상계(민§396), 손해배상자의 대위(민§399)에 있어서 같다(민§763).

(다) 청구권 경합관계

채무불이행책임과 불법행위책임이 경합하는 경우 피해자(또는 채권자)는 그의 선택에 따라 계약책임을 묻거나 불법행위책임을 물을 수 있다(판례 · 다수설).

(2) 운송인의 배상책임

(가) 육상운송

운송법 분야에서는 역사적으로 일반 배상법과는 다른 독특한 배상책임제도를 운용해 왔다. 육상 물건운송인의 배상책임은 민법의 채무불이행책임과 마찬가지로 과실책임주의를 기본원칙으로 하면서, 해상 · 항공운송과는 달리 면책이나 책임제한 제도를 두지 않고, 채무불이행책임과 불법행위책임을 동일하게 취급한다는 규정이 없고(§798(1), §899(1) 참조), 정액배상, 고가물 특칙, 특별소멸사유와 단기소멸사유 등의 특칙을 두고 있다(§135). 육상운송인의 손해배상책임에 관한 상법 규정은 임의규정이다. 당사자는 특약으로 배상책임을 가중 또는 감경할 수 있다.

	민법의 채무불이행책임	육상 물건운송인의 배상책임
본 질	채무불이행책임	
귀책 요건	과실책임 (이행보조자 포함)	

손해 유형	(제한 없음)	운송물의 멸실 · 훼손 · 연착
배상액	실손 (통상손해, 특별손해, 재산손해, 비재산손해)	정형 (인도일의 도착지 가격)
고가물	×	특칙 (불명시 면책)
소멸사유	×	무유보 수령시 책임소멸
	10년 (일반소멸시효)	1년 (단기시효)

㈜ ×: 없음.

(나) 해상운송 · 항공운송

해상운송과 항공운송의 경우 운송인에게 무과실책임 또는 과실추정으로 책임을 쉽게 인정하는 한편, 운송기업 보호라는 정책적 이유에서 운송인의 책임을 제한 또는 면책하여 책임을 가볍게 하는 이중적 방식을 취하고(§795~§797, §913~§915), 채무불이행책임과 불법행위책임을 동일하게 취급한다(§798). 운송인의 책임경감을 금지한다(§799).

Ⅰ. 책임요건

> **제135조(손해배상책임)** 운송인은 자기 또는 운송주선인이나 사용인, 그 밖에 운송을 위하여 사용한 자가 운송물의 수령, 인도, 보관 및 운송에 관하여 주의를 게을리하지 않았음을 증명하지 않으면 운송물의 멸실, 훼손 또는 연착으로 인한 손해를 배상할 책임이 있다.

(1) 과실책임

① §135는 민법의 채무불이행책임(민§390)과 마찬가지로 과실책임이다.[14)]

② 이행보조자의 고의 · 과실 – 운송주선인, 사용인이나 그 밖에 운송을 위해 사용한 자(운송의 이행보조자)의 고의 · 과실은 운송인의 고의 · 과실과 동일하게 취급한다(민§391). 운송의 이행보조자는 종속관계에 있을 것을 요하지 않는다(판례).[15)]

③ 증명책임 – 고의 · 과실 없음에 대한 증명책임은 운송인에 있다(판례 · 통설).

14) 대법원 1999. 12. 10. 선고 98다9038 판결: 해상운송에 있어서 해상강도로 인한 운송물의 멸실이 운송인의 손해배상책임을 면하게 하는 면책사유의 하나로서 인정되는 것과는 달리 육상에서의 강도로 인한 운송물의 멸실은 반드시 그 자체로서 불가항력으로 인한 면책사유가 된다고 할 수 없다.

15) 대법원 2018. 12. 13. 선고 2015다246186 판결: 민법 §391에 정하고 있는 '이행보조자'로서 피용자는 채무자의 의사 관여 아래 그 채무의 이행행위에 속하는 활동을 하는 사람이면 충분하다. 반드시 채무자의 지시 또는 감독을 받는 관계에 있어야 하는 것은 아니다. 따라서 그가 채무자에 대하여 종속적인 지위에 있는지, 독립적인 지위에 있는지는 상관없다.

(2) 손해 유형

① §135는 손해 유형을 운송물의 멸실, 훼손 또는 연착으로 인한 손해로 규정하고 있다.

② §135의 적용대상이 되는 손해는 무엇인가?

(ⅰ) 법문에 규정되어 있는 멸실·훼손·연착에 한정하고 그 밖의 손해는 민법에 따른다는 견해(열거설; 소수설),[16] (ⅱ) 법문에 규정되어 있는 멸실·훼손·연착은 예시에 불과하여 그 밖의 손해도 §135의 적용대상이 된다는 견해(예시설; 다수설)가[17] 있다.

(ⅲ) 사견 — 열거설이 타당하다. 운송에서 발생하는 전형적 손해이자 그 대부분을 차지하는 멸실·훼손·연착에 한하여 §135를 적용하고, 그 나머지 손해에 대해서는 민법의 채무불이행에 관한 일반규정을 적용하려는 취지로 이해된다. §135의 연계규정인 §137에서도 손해 유형을 운송물의 멸실·훼손·연착만으로 규정하고 있다.

Ⅱ. 배 상 액

> **제137조(손해배상액)** ① 운송물이 전부 멸실 또는 연착된 경우의 손해배상액은 인도할 날 도착지의 가격에 따른다.
> ② 운송물이 일부 멸실 또는 훼손된 경우의 손해배상액은 인도한 날 도착지의 가격에 따른다.
> ③ 운송물의 멸실·훼손 또는 연착이 운송인의 고의나 중대한 과실로 인한 경우 운송인은 모든 손해를 배상해야 한다.
> ④ 운송물의 멸실 또는 훼손으로 인해 지급할 필요가 없게 된 운송료나 그 밖의 비용이 있으면 제1항부터 제3항까지의 배상액에서 이를 공제해야 한다.

손해배상액은 실손배상이 원칙인데(민§393), §137는 그 특칙으로 물건운송인의 손해배상액을 정형화하여 법정하고 있다.

(1) 특징과 기능

① 실손산정·증명부담 완화 — 다수의 운송을 담당하는 물건운송의 특성을 고려하여 실손에 비교적 근접하는 도착지 가격을 손해액으로 해서 정형적으로 규정함으로써 실손 산정의 번잡한 과정을 생략하고, 손해액에 대한 증명 부담과 분쟁을 줄여주는 효

---

16) 김성태 597, 김정호 377, 정동윤 251.
17) 김두진 314, 손주찬 341, 안강현 310, 이기수/최병규 473~474, 이철송 533, 임중호 457, 임홍근 813, 정동윤 252, 정찬형 357, 채이식 296, 최정식 390, 최준선 377.

과가 있다.

② 특별손해·정신적 손해 배제 – 일반 손해배상과는 달리 통상손해와 특별손해, 재산적 손해와 정신적 손해를 구분하지 않는다. 따라서 특별손해는 운송인이 이를 알았거나 알 수 있었더라도 배상대상이 아니다(민§393 참조).

③ 경과실 한정 – 정액배상에 의한 운송인 보호는 경과실에 한정한다. 고의 또는 중과실의 경우에는 원칙으로 돌아가 실손배상에 의한다. 이런 경우까지 특칙에 의해 운송인을 보호할 필요성이 없거니와 정당성도 없기 때문이다.

(2) 경과실 – 정액배상 (특칙)

(가) 도착지 가격 – §137는 운송물의 멸실·훼손 또는 연착이 운송인 등의 경과실로 인한 경우는 실손이나 특별손해를 불문하고 도착지에서의 운송물의 시장가격을 배상액으로 법정한다. 이는 배상액을 정액으로 한다는 것이지 상한으로 한다는 뜻이 아니다. 운송물이 '전부' 멸실 또는 연착된 경우에는 원래 인도하기로 한 '인도할 날'의 도착지 가격에 의하고(§137(1)), 운송물이 '일부' 멸실·훼손된 경우에는 실제 '인도한 날'의 도착지 가격에 의한다(§137(2)).

(나) 연착의 경우 – 연착으로 인한 손해는 운송물의 멸실·훼손과는 달리 운송물 자체의 손해가 아니라 단지 시간지연으로 인한 손해이다. 따라서 연착의 경우에는 원래 인도할 날의 도착지 가격과 실제 인도한 날의 도착지 가격의 차액을 배상액으로 한다(차액설, 통설).[18]

(3) 고의·중과실 – 실손배상 (원칙회귀)

고의 또는 중과실로 운송물이 멸실·훼손 또는 연착된 경우에는 실손배상의 원칙으로 회귀하여 '모든 손해'를 배상해야 한다(§137(3)). 이러한 때에는 상당인과관계가 있는 한, ⓐ 통상손해, ⓑ 운송인이 알았거나 알 수 있었던 특별손해도 배상해야 한다(민§393).

(4) 공 제

운송물의 멸실·훼손으로 지급할 필요가 없게 된 운임 기타 비용은 위에 의해 산

18) 입법론으로 연착에 의한 손해배상액에 관해서는 멸실·훼손과는 손해의 성질이 다르므로 다른 규정을 두든가 민법의 채무불이행에 의해야 한다는 견해가 있다(송옥렬 187~188, 이철송 535, 정찬형 358). 이설: 김두진 316.

정한 배상액에서 공제해야 한다(§137(4)). 형평을 위함이다. 운송인 과실의 경중은 불문한다. 연착은 법문에 빠져 있으나 동일하게 해석한다.[19]

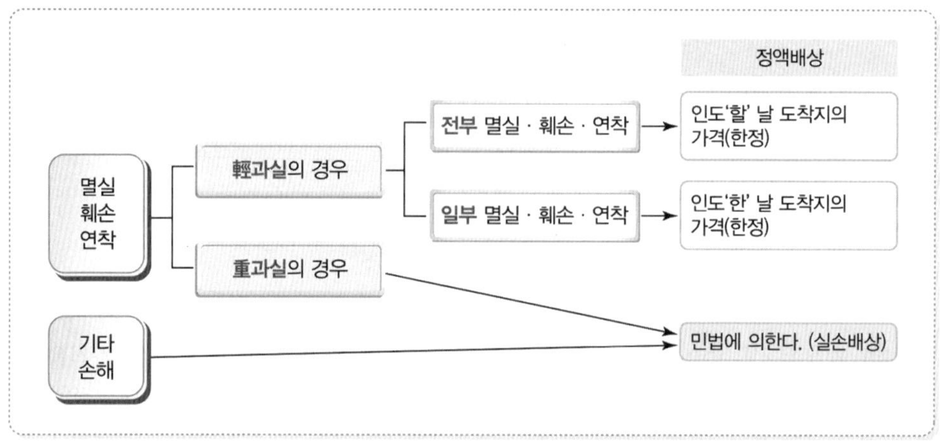

:: [그림 15-2-3] 물건운송의 손해배상액

Ⅲ. 고가물 특칙

> **제136조(고가물인 경우의 책임)** 화폐, 유가증권, 그 밖의 고가물(高價物)에 대해서는 송하인이 운송을 위탁할 때에 그 종류와 가액을 분명하게 밝힌(명시) 경우에만 운송인이 손해배상책임을 진다.

§136는 운송의 대상이 고가물일 때 운송인에게 배상책임을 묻기 위한 요건으로 송하인의 사전 명시가 있을 것을 요한다.

1. 특징과 기능

§136는 송하인이 운송인에게 고가물에 관한 정보(고가물의 종류와 가액)를 제공하도록 하여 운송인에게 그에 적절한 주의를 촉구하는 동시에 그에 상응하는 운임을 받을 기회를 줌으로써 쌍방에 공평을 기하고 있다. 고가물임에도 명시를 하지 않은 송하인 등은 운송인에게 책임추궁을 하지 못하는 불이익을 안고, 운송인은 면책된다.

---

19) 임중호 459.

2. 고가물 손해

(1) 고가물

고가물은 단순히 비싼 물건이 아니라 통상적으로 부피나 무게와 비교해 가격이 현저히 비싼 물건을 말한다.[20] 화폐, 유가증권은 예시일 뿐이다. 이에 해당하는지는 사회통념에 따라 객관적으로 판단한다. 취득가격(예: 무상으로 받은 선물)이나 주관적 가치(예: 애지중지하는 소장품)는 불문한다.

(2) 손 해

§136가 적용되는 손해는 운송물의 멸실 또는 훼손으로 인한 손해이다. 연착으로 인한 손해는 대상이 아니다. 연착의 경우는 명시와는 무관하기 때문이다.[21]

3. 명시의무

(가) 명시대상 – 고가물의 종류와 가액 모두이다(§136).

(나) 명시시한 – 언제까지 명시해야 하는가?

(ⅰ) 운송계약 때까지라는 견해(소수설),[22] (ⅱ) 운송물 인도 때까지라는 견해(다수설)가[23] 있다.

(ⅲ) 사견 – 후설이 타당하다. 운송계약 이후에도 운송계약의 내용을 변경할 수 있기 때문이다. 법문에서 '운송을 위탁할 때'는 이런 의미로 해석할 수 있다.

4. 명시한 경우

명시하면 운송인에게 손해배상책임을 물을 수 있다(§136). 다만 명시한 손해액은 일방적이므로 이에 의해 배상액을 구속하거나 확정하는 효력은 없다.

---

20) 대법원 1963. 4. 18. 선고 63다126 판결: 견직물은 오늘날 사회경제 및 거래상태로 보아 본조의 고가물이라 볼 수 없다.

21) 손주찬 345.

22) 손주찬 343, 이종훈 286, 이철송 540, 임중호 460, 정준우 323 등.

23) 고재종 322, 김두진 318, 김성태 604, 김정호 380, 박상조 524, 손진화 275, 송옥렬 188, 정경영 245, 정동윤 253, 최기원/김동민 353, 최준선 380.

5. 명시하지 않은 경우

명시하지 않으면 고가물이 멸실·훼손되어도 운송인에게 아무런 배상책임을 물을 수 없음이 원칙이다. 다만 운송인의 고가물에 대한 인식상황에 따라 논란이 있다.

(1) 고가물임을 알지 못한 경우

(가) 부지에 대한 과실 불문 – 운송인이 고가물임을 알아야 할 탐색의무는 없다. 따라서 운송인이 고가물임을 알지 못했다면 이에 대한 운송인의 과실 여부를 불문하고 면책된다.

(나) 운송상 주의의무 – 운송인이 고가물임을 몰랐다면 운송에 있어 고가물로서의 주의는 애당초 문제될 수 없고 보통물에 대한 통상적인 주의가 문제된다.

① 통상의 주의를 한 경우 – 운송인이 보통물에 기울이는 통상의 주의를 다했다면 §136에 의해 운송인은 완전히 면책된다는 점에 의견이 일치한다.

② 통상의 주의를 하지 않은 경우 – 운송인이 보통물로서의 통상의 주의조차 기울이지 않았을 때는 어떠한가?

(ⅰ) 완전면책설(제1설),[24] (ⅱ) 보통물책임설(제2설)[25] 등이 있다.

(ⅲ) 사견 – 당해 고가물에 상당하는 보통물이 없다면 법문에 따라 완전면책설이 타당하다. 그러나 만일 당해 고가물에 상응하는 보통물이 있는 경우라면 보통물책임설이 타당하다. 일반적으로는 전자인 경우가 많을 것이다.

- **완전면책설에 대한 비판**: 운송인의 보통물로서의 주의의무는 명시 여부와 관계없이 인정되는 것인데도 송하인이 명시의무를 이행하지 않았다는 이유만으로 통상의 주의조차 하지 않은 운송인을 완전히 면책하는 것은 지나친 반사이익을 주는 것이 되어 균형에 맞지 않는다.

- **보통물책임설에 대한 비판**: §136를 위반한 자가 스스로 상대방에게 책임을 물을 수 있도록 하는 것은 동조의 취지에 부합하지 않는다. 고가물의 경우 비교 대상이 되는 보통물을 무엇으로 할 것이며 그 손해액을 얼마로 할 것인지를 확정하기 어렵다.

---

24) 김정호 382, 정동윤 254, 정찬형 359~360, 이기수/최병규 478, 최기원/김동민 354, 최정식 393, 최준선 381.

25) 김병연/박세화/권재열 304, 이종훈 287, 이철송 538, 임중호 461, 정준우 323.

(2) 고가물임을 안 경우

송하인의 명시가 없었으나 운송인이 고가물임을 안 경우에는 어떠한가?

(i) 완전면책설(소수설 1) – 운송인은 고의가 없는 한 아무런 책임도 지지 않는다는 견해이다.[26]

(ii) 고가물주의 · 고가물책임설(다수설 1) – 고가물임을 안 이상 고가물의 주의를 요하고 이를 게을리하면 고가물로 배상책임을 진다는 견해이다.[27]

(iii) 보통물주의 · 고가물책임설(다수설 2) – 송하인의 명시가 없으면 §136는 적용되지 않지만, 운송인이 우연히 고가물임을 알았다고 하여 주의의무가 높아지는 것은 적절하지 않으므로 운송인은 보통물로서의 주의를 부담하되, 주의의무가 낮아졌다고 해도 발생한 손해 전부를 배상해야 하는 배상법의 일반원리에 따라 배상액에 있어서는 고가물로 배상책임을 진다는 견해이다.[28]

(iv) 무용설 – 청구권경합설에 따라 불법행위책임을 물을 수 있고, 이러한 경우에는 고가물 특칙이 적용되지 않으므로 현실적으로 논의 실익이 크지 않다는 견해이다[29]

(v) 사견 – 명시가 없는 때에도 운송인은 최소한 보통물로서의 주의의무를 진다고 보아야 한다. 또한 명시는 운송인이 고가물임을 알게 하는 데 목적이 있는 것인데, 이러한 명시가 없더라도 운송인이 고가물임을 알았다면 송하인에게 명시를 촉구하고 그에 의해 운송계약을 변경할 수 있는데도 이를 수용한 것이므로 고가물임을 모른 경우와 동일하게 취급하는 것은 부당하다. 따라서 양자의 적절한 타협점을 찾아야 한다. 명시하지 않았지만 고가물이라는 것을 알았다면 최소한 보통물로서의 주의를 기울여야 함에도 이조차 기울이지 않았으면 §136의 특칙이 적용되지 않고, 일반 손해배상 법리에 의해 손해 전부(고가물)를 배상해야 한다고 해석한다(§137(4) 참조). 입법론으로 운송인이 고가물임을 안 경우에는 동조의 적용을 배제하는 것도 검토해볼 만하다.[30] 불법행위로 책임을 묻는 때에는 §136가 적용되지 않는다(판례).

6. 증명책임

§136에 의해 운송인이 면책받기 위해서는 운송물이 고가물이라는 점 및 명시하지

---

26) 채이식 299.

27) 고재종 321, 김두진 320, 김병연/박세화/권재열 318, 김성태 605~606, 서헌제 362, 손주찬 344, 이종훈 287(추가적인 운임청구권을 인정하는 것을 전제로 함), 이철송 539, 정준우 323, 최정식 393.

28) 김정호 383, 박상조 524~525, 손진화 275~276, 안강현 313~314, 이기수/최병규 477~478, 임중호 461, 전우현 317, 정경영 245, 정동윤 254, 정찬형 360, 최기원/김동민 355, 최준선 381~382.

29) 장덕조 174.

30) 일본 2019년 개정상법은 운송인이 운송계약의 체결 당시 고가물임을 안 경우와 고의 혹은 중과실로 손해가 발생한 경우에는 고가물 특칙이 적용되지 않는다고 명시하고 있다(일본 상법 §577(2)).

않았다는 점 등의 면책사유에 대한 증명책임을 운송인이 진다(통설).

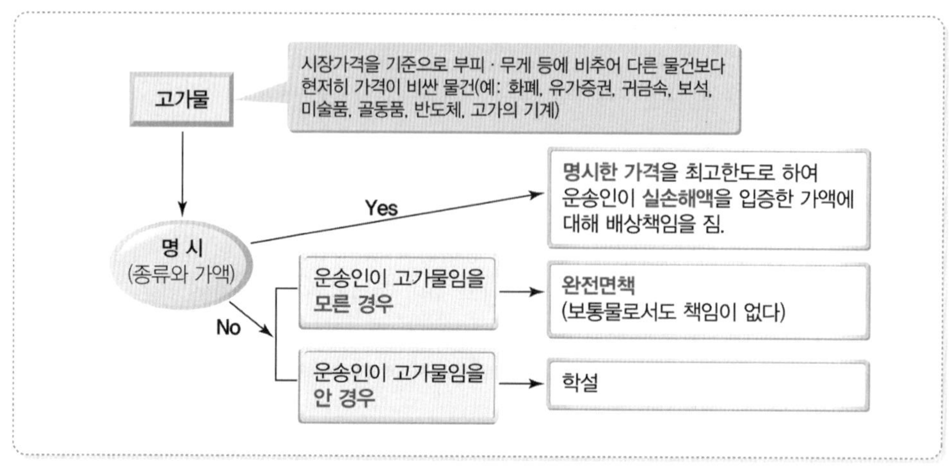

:: [그림 15-2-4] 고가물 특칙

Ⅳ. 특별소멸사유

운송인의 손해배상책임에 관해서는 특별한 소멸사유로 (a) 유보 없는 수령과 (b) 단기시효를 두고 있다. 운송은 대량으로 반복적으로 이루어지므로 운송인의 배상책임 문제를 신속하게 종결짓기 위함이다. 운송인이 악의이면 적용을 배제함으로써 이익 균형을 기하고 있다.

1. 무유보 수령

> **제146조(유보 없는 수령과 책임소멸)** ① 운송인의 책임은 수하인 또는 화물상환증소지인이 유보 없이 운송물을 수령하고 운임과 그 밖의 비용을 지급하면 소멸한다. 그러나 운송물에 즉시 발견할 수 없는 훼손 또는 일부 멸실이 있는 경우 운송물을 수령한 날부터 2주일 이내에 운송인에게 그 통지를 발송하면 그러하지 않는다.
> ② 제1항은 운송인 또는 그 사용인이 이를 알았을 때(악의)는 적용되지 않는다.

(1) 기 능

① §146는 운송이 원만하게 종결된 것으로 취급해도 될 만한 사정(즉, 무유보 수령 및 운임 등 지급)이 있는 경우 운송인의 배상책임이 '즉시 소멸'한 것으로 의제함으로써

배상책임문제를 신속하게 종결짓는다.

② 수하인 등에게 이미 넘겨준 운송물에 관하여 배상책임을 추궁당하는 운송인의 사후 방어에 있어서의 곤란을 없애준다.

(2) 요 건

(가) 수령 및 지급 – 수하인 또는 화물상환증소지인이 운송물을 수령하고 운임과 그 밖의 비용을 지급함으로써 운송이 종결되어야 한다. 운송물이 전부 멸실된 경우는 운송물 수령이 없으므로 §146의 적용대상이 아니다.

(나) 무유보 – 수하인 또는 화물상환증소지인의 유보가 없어야 한다. '유보'란 운송인에게 책임추궁의 가능성을 알려주는 것이다.

(다) 숨은 멸실 · 훼손 – 즉시 발견할 수 없는 운송물의 일부 멸실 · 훼손의 경우에는 수령일로부터 발견 및 통지의 발송에 2주의 유예기간을 준다(§146(1)단). 기산점은 운송물 수령일이지 훼손 또는 일부 멸실을 발견한 때가 아니다(§146(1)단).

2. 단기시효

운송인의 손해배상책임은 1년의 단기시효에 의해 소멸한다(§147→§121(1)). 기산점은 수하인 등의 운송물 수령일(전부 멸실의 경우는 운송물의 인도할 날)이다.

3. 배제: 악의

① 운송인 또는 그 사용인이 악의일 때에는 무유보 수령과 단기시효 등의 특별소멸사유가 적용되지 않는다(§146(2), §147→§121(3)). 이러한 경우 일반상사시효(5년)에 의한다(§64).

② 위 악의의 의미는?

(ⅰ) 일반적인 경우와 마찬가지로 운송인이 운송물의 멸실 · 훼손을 알면서 수하인 등에게 알리지 않고 인도한 경우를 뜻한다는 견해(일반설; 판례 · 제1설),[31)32)] (ⅱ) 고의로 운송물을 멸실 · 훼손하거나 이를 은폐한 경우로 제한해야 한다는 견해(제한설; 제2설)가[33)] 있다.

(ⅲ) 사견 – 전설이 타당하다. 후설은 악의의 일반적 의미를 과도하게 좁히고 운송인 보호에 편향되어 있다.

---

31) 대법원 1987. 6. 23. 선고 86다카2107 판결.

32) 김두진 324, 송옥렬 189~190, 임중호 461~462, 정찬형 364, 최정식 398.

33) 손주찬 346, 이철송 541, 임홍근 435, 최기원/김동민 356.

Ⅴ. 불법행위책임

 **채무불이행책임과 불법행위책임**

채무불이행책임(계약책임)과 불법행위책임은 별개의 제도이다. 따라서 피해자는 이중 어느 하나를 선택하여 청구할 수 있다(청구권경합설; 판례 · 통설).[34]

(1) 해상운송 · 항공운송

해상운송과 항공운송에서는 불법행위책임 등 비계약적 청구에도 운송인의 배상책임에 관한 상법 규정이 적용됨을 명시하고 있다(§798(1), §899(1)).

(2) 육상운송

육상운송에는 위와 같은 규정이 없으므로 해석상 문제가 된다. 육상운송의 경우 정액배상(§137), 고가물 책임(§136), 무유보 수령에 의한 책임소멸(§146), 단기시효(§147) 등의 규정이 불법행위책임에도 적용되는가?

(ⅰ) 부정설(판례 · 다수설),[35] (ⅱ) 부정설처럼 해석하면 운송인의 배상책임을 제한하는 특칙의 입법취지가 몰각되므로 불법행위를 청구원인으로 하는 때에도 유추적용해야 한다는 긍정설(소수설),[36] (ⅲ) 운송인이 '고의로 불법행위를 한 경우'에 한해 불법행위책임을 물을 수 있다고 하여 제한적으로 해석하는 견해,[37] (ⅳ) 실질적으로 같은 내용의 손해배상책임을 묻는 것인데도 청구원인에 따라 다른 규범을 적용하는 것은 타당하지 않다는 이유에서 해상운송인(§798)처럼 입법적 해결이 필요하다는 견해[38] 등이 있다.

(ⅴ) 사견 – 해석론으로, 불법행위의 청구원인을 구분하여, 고의 또는 중과실의 경우에는 물건운송에 관한 상법의 특칙(§136(고가물 책임), §137(정액 배상), §146(무유보 수령에 의한

34) 대법원 1983. 3. 22. 선고 82다카1533 전원합의체 판결.

35) 대법원 1991. 8. 23. 선고 91다15409 판결: §136와 관련되는 고가물 불고지로 인한 면책규정은 일반적으로 운송인의 운송계약상의 채무불이행으로 인한 청구에만 적용되고 불법행위로 인한 손해배상청구에는 적용이 없다. 그러므로 운송인의 운송이행업무를 보조하는 자가 운송과 관련하여 고의 또는 과실로 송하인에게 손해를 입힌 경우, 동인은 운송계약의 당사자가 아니어서 운송계약상의 채무불이행으로 인한 책임은 부담하지 아니하나, 불법행위로 인한 손해배상책임을 부담하므로 위 면책규정은 적용될 여지가 없다.

36) 정동윤 257.

37) 서돈각/정완용 225~226, 손주찬 345, 정찬형 361~362.

38) 송옥렬 191.

책임소멸), §147(→§121, 단기시효))이 적용되지 않고, 경과실의 경우에는 위 특칙을 적용할 수 있다고 보는 것이 어떨까 한다. 그 논거는 다음과 같다. (a) 해상운송과는 달리 육상운송에는 이를 배제하는 명문의 규정이 없고, (b) 고의 또는 중과실에 의한 불법행위의 경우는 운송인을 보호할 가치가 없으나, 경과실에 의한 불법행위의 경우는 특칙을 배제할 정도로 운송인 보호의 가치가 없다고 할 수 없고, (c) 채무불이행에 의하는 때에도 고의 또는 중과실이 있거나(§137(3)) 악의가 있는 경우(§146(2), §147→§121(3))는 특칙을 배제하고 있기 때문이다.[39] 같은 문제에 관하여 육상운송과 항공운송을 다르게 하는 상법 규율상의 부정합 문제를 야기하고 있으므로 이에 대한 입법적 해결이 필요하다.

Ⅵ. 면책특약

당사자 간의 약정으로 운송인의 배상책임을 경감 또는 면제하는 면책의 특약은 유효한가?

(1) 해상운송 · 항공운송

해상운송과 항공운송에서는 이들 운송기업의 위험 특성을 고려하여 운송인의 배상책임을 제한하는 한편(§797), 운송인의 의무 또는 책임을 경감 또는 면제하는 특약은 무효라고 명시하고 있다(§799(1), §903; 강행규정성).

(2) 육상운송

① 육상운송에는 위 규정이 없다. 육상운송인의 손해배상책임에 관한 상법 규정은 임의규정이므로 당사자의 명시적 또는 묵시적 합의에 의한 면책의 특약이 유효하다고 해석한다(통설).

② 그러나 면책의 특약이 선량한 풍속 기타 사회질서(민§103), 신의성실원칙(민§2) 등 강행법 원칙이나 약관규제법에 의해 무효가 될 수 있음은 별개의 문제이다.

39) 일본 2019년 개정상법은 정액배상, 고가물 책임, 제척기간 등의 특칙이 모든 운송에 있어서 계약책임뿐만 아니라 불법행위에도 동일하게 적용되는 것으로 통일했다(일본 상법 §587).

제7절 화물상환증

Ⅰ. 의의와 기능

① 화물상환증은 육상물건 운송인에 대한 운송물 인도청구권이라는 채권이 표창된 유가증권이다. 화물상환증이 발행되면 송하인과 수하인의 지위는 모두 이에 흡수된다.

② 화물상환증은 해상운송의 선하증권(§852 이하)에 해당한다. 화물상환증이나 선하증권은 운송 중인 운송물 인도청구권의 양도를 지명채권 양도의 방식(민§450)에 의하는 불편을 극복하기 위해 만들어졌다. 운송기간이 짧은 국내 육상운송에서 화물상환증은 거의 이용되지 않는다.[40] 그럼에도 화물상환증 규정을 선하증권과 창고증권에 준용하고 있으므로(§861, §157) 이 법리를 잘 파악해 둘 필요가 있다.

Ⅱ. 성 질

화물상환증은 유가증권이다. 그 법적 성질은 비설권의 불완전증권, 요식증권(§128), 상환증권(§129), 법률상 당연한 지시증권(§130), 요인증권, 문언증권(§131), 처분증권(§132), 인도증권(§133)이다.

Ⅲ. 발 행

第128조(화물상환증의 발행) ① 운송인은 송하인의 청구가 있으면 화물상환증(貨物相換證)을 교부해야 한다.
② 화물상환증에는 다음 사항을 기재하고 운송인이 기명날인 또는 서명을 해야 한다.
1. 제126조 제2항 제1호부터 제3호까지의 사항
2. 송하인의 성명 또는 상호, 주소 또는 영업소
3. 운임, 그 밖의 운송물에 관한 비용과 그 선급(先給) 또는 착급(着給)의 구별
4. 화물상환증의 작성지와 작성 연월일

(가) 발행 – 화물상환증은 송하인의 필요에 의한 것이므로 자동 발행이 아니고 송

40) 일본 2019년 개정상법은 화물상환증에 관한 규정을 삭제했다.

하인의 청구가 있어야 한다. 이러한 청구가 있으면 운송인은 운송물을 수령한 후에 발행할 수 있는 것으로 해석한다(통설).

(나) 기재사항 – 화물상환증의 기재사항은 법정되어 있고 운송인이 기명날인 또는 서명해야 한다(§128(2)). 일부 사항이 흠결되더라도 운송물 특정이나 인도에 관한 최소 사항이 기재되어 있으면 유효하므로, 완화된 요식증권이다(통설).

Ⅳ. 양 도

> **제130조(화물상환증의 당연한 지시증권성)** 화물상환증은 기명식인 경우에도 배서로 양도할 수 있다. 그러나 화물상환증에 배서를 금지하는 뜻을 기재한 경우에는 그러하지 않는다.

(1) 배 서

① 화물상환증은 법률상 당연한 지시증권이다(§130).[41] 따라서 그 양도는 배서에 의하는 것이 원칙이다. 기명식일 때에도 마찬가지이다(§130전).

② 배서를 하면 (a) 권리 이전적 효력과[42] (b) 자격수여적 효력이[43] 생긴다. 그러나 어음·수표의 배서와는 달리 담보적 효력은 없다.[44]

③ 화물상환증에 배서금지의 뜻을 기재할 수 있다(§130후). 이런 경우 배서에 의한 양도는 금지되지만, 지명채권 양도의 방법으로 양도할 수 있다(판례).[45]

---

41) 지시증권은 특정인 또는 그가 지시하는 자가 권리를 갖는 증권이다. 어음, 수표, 화물상환증, 창고증권, 선하증권 등이 이에 속한다.

42) 배서에 의해 운송물 인도청구권이 배서인으로부터 피배서인에게 양도되는 효력이 생긴다. 인적 항변이 절단된다(§65, 민§515).

43) 화물상환증의 소지인이 배서의 연속으로 권리를 증명하면 적법한 소지인, 즉 권리자로 본다(민§513(1)). 자격수여적 효력이 있으므로 선의취득도 가능하다(§65, 민§514).

44) 어음의 배서인은 반대의 문구가 없으면 인수와 지급을 담보하는 책임을 진다(어음법 §15(1)). 예컨대, A가 발행한 어음을 B가 수령하여 B→C→D→E의 순으로 배서 양도되었다면 B는 C, D, E에 담보책임을 진다.

45) 대법원 2001. 3. 27. 선고 99다17890 판결(선하증권 사례).

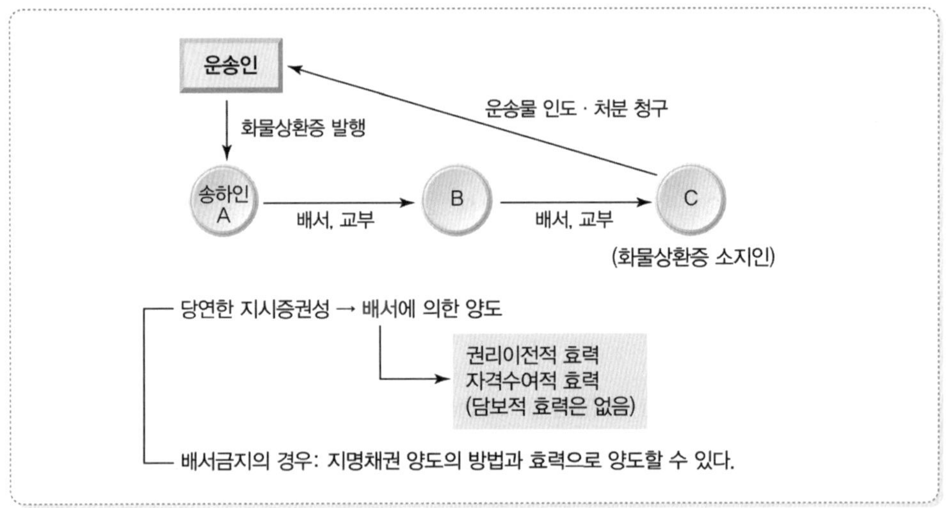

:: [그림 15-2-5] 화물상환증 양도와 효력

(2) 교 부

화물상환증을 무기명식으로 발행한 때에는 증권의 교부만으로 양도할 수 있다(§65, 민§523).

V. 채권적 효력

사 례

수출업체인 A는 유럽으로 수출하기 위해 운송업자인 B에게 운송을 위탁했다. B는 A에게 '삼성갤럭시 태블릿 100대'라고 적혀있는 선하증권을 발행해 주었다. 선하증권의 소지인인 C는 운송업자인 B에게 선하증권에 적혀있는 내용대로 '삼성 갤럭시 태블릿 100대'의 인도를 청구할 수 있는가? 그런데 실상은 다음과 같았다.

(1) B는 A로부터 아무런 운송물도 받지 않았다. (공권(空券))

(2) B가 A로부터 실제 받은 것은 'LG 핸드폰 1,000대'였다. (이권(異券))

제131조(화물상환증 기재의 효력) ① 제128조에 따라 화물상환증이 발행된 경우 운송인과 송하인 사이에는 화물상환증에 기재된 대로 운송계약이 체결되고 운송물을 수령한 것으로 추정한다.
② 운송인은 화물상환증을 선의로 취득한 소지인에 대해 화물상환증에 기재된 대로 운송물을 수령한 것으로 보고(의제) 화물상환증에 기재된 바에 따라 운송인으로서 책임을 진다.

1. 실제와 기재 불일치의 경우 채권 내용

화물상환증소지인은 운송인에게 화물상환증이 표창하고 있는 '운송물 인도청구권'에 기해 운송물의 인도를 청구할 수 있고 그 불이행의 경우는 채무불이행에 따른 손해배상을 청구할 수 있다. 이를 화물상환증의 채권적 효력이라 한다.

원인관계인 실제(요인)와 화물상환증의 기재(문언)가 서로 다른 공권(空券) 또는 이권(異券)의 경우, 화물상환증소지인이 운송인에게 인도를 청구할 수 있는 채권의 내용은 실제와 화물상환증의 기재 중 어느 것에 의할 것인지 문제된다.

2. 송하인 vs 운송인 – 문언 '추정'

송하인과 운송인은 운송계약 당사자이다. 이들 사이에는 실제(요인)를 더 중시해도 될 법한데, §131(1)은 화물상환증의 기재(문언)에 의하되 이에 추정적 효력만을 부여한다. 문언이 실제(요인)와 다름을 주장하는 자가 실제에 대해 증명책임을 진다.

3. 증권소지인 vs 운송인 – 문언 '의제'

(1) 이권(異券)

(가) 선의의 경우 – 화물상환증을 선의로(즉, 문언과 실제가 다르다는 것을 알지 못하고) 취득한 선의의 증권소지인과 운송인 사이에서, §131(2)은 문언에 의하고 이에 의제적 효력을 부여함으로써 번복을 불허한다. 그 결과 무인증권처럼 되어 화물상환증의 유통성을 보호한다.

(나) 악의의 경우 – 악의의 화물상환증소지인과 운송인 사이에서는 §131(1)(문언추정)이 적용된다. 증권소지인이 화물상환증의 문언과 실제가 다르다는 것을 알고 있는 때에는 §131(1)을 적용하더라도 증권소지인을 특별히 불이익하게 만드는 것은 아니기 때문이다. 악의의 증명책임은 운송인에 있다.

(2) 공권(空券)

공권은 운송물이 흠결되어 있는 것이므로 이는 누구에 대하여도 무효라 하여 단순히 수량 차이가 있는 경우와 구분하는 것이 판례의 입장이다. 이 경우 공권을 발행한 운송인은 불법행위를 한 것이 되어 손해배상책임을 진다고 한다.[46]

Ⅵ. 물권적 효력

사 례

석재 수입업자인 A는 창고업자 B에게 이탈리아산 고급 대리석의 보관을 맡겼고 B는 A에게 창고증권을 발행했다. A가 이를 석재 도매상인 C에게 매도했는데 C는 이를 같은 창고에 그대로 보관하고자 한다. A가 C에게 이를 양도하는 방법은? (이 사례는 창고증권에 관한 것이나 화물상환증도 같은 법리에 의한다.)

기초 동산물권 양도

① 동산에 대한 소유권 등 물권을 이전하려면 물권행위와 공시방법을 갖추어야 한다. 동산 물권변동의 공시방법은 동산의 인도이다. 동산을 인도하는 방법은 현실의 인도를 원칙으로 하나(민§188(1)), 간이인도(민§188(2)), 점유개정(민§189), 목적물반환청구권 양도(민§190)도 인도로 인정된다.

② 운송업자(창고업자도 동일)에게 운송을 위해 물건의 점유를 맡긴 상태에서 운송물의 소유권을 양도하는 데 필요한 인도는 목적물반환청구권 양도의 방법에 의한다(민§190). 목적물반환청구권은 채권의 일종이므로 그 양도는 지명채권 양도의 방법에 의하고 대항요건을 갖추어야 한다(민§450).

제132조(화물상환증의 처분증권성) 화물상환증을 작성한 경우 운송물에 관한 처분은 화물상환증으로 해야 한다.

제133조(화물상환증 교부의 물권적 효력) 화물상환증에 의해 운송물을 받을 수 있는 자에게 화물상환증을 교부하면 이는 운송물에 행사하는 권리의 취득에 관하여 운송물을 인도한 것과 동일한 효력을 갖는다.

1. 「화물상환증 교부 = 운송물 인도」 효력의 법리

§132는 화물상환증이 발행된 경우 운송물에 관한 처분은 화물상환증으로 해야 한다고 규정하고, §133는 운송물에 관한 권리 취득에 관해서는 '화물상환증 교부'가 '운

46) 대법원 2005. 3. 24. 선고 2003다5535 판결(선하증권 사례).

송물 인도'와 동일한 효력을 갖는 것으로 규정하고 있다.

§133는 화물상환증이 발행된 경우 운송물에 관한 물권 취득을 위해서는 화물상환증의 교부가 있어야 한다고 한다. 이는 목적물반환청구권의 양도를 동산 물권변동에 필요한 인도방법의 하나로 규정하고 있는 민법 §190와 지명채권 양도의 대항요건을 규정하고 있는 민법 §450와 어떤 관계에 있는가? 다양한 설명방법이 있다.

(i) 절대설 – 민법이 규정하고 있는 4종의 인도방법과는 완전히 다른 새로운 제5종의 인도방법을 법으로 정한 것이라는 견해이다(제5종설).[47]

(ii) 엄정상대설 – 민법 §190의 목적물반환청구권 양도의 속성을 가진다고 보는 견해이다(목적물반환청구권양도설).[48]

(iii) 대표설(다수설) – 화물상환증이 운송물을 대표한다고 보아 화물상환증 교부는 바로 운송물의 직접점유를 이전하는 것이 되어(민§188(1)) 목적물반환청구권 양도의 대항요건(민§450)이 불필요하다는 견해이다(직접점유이전설).[49]

(iv) 유가증권효력설 – 화물상환증 교부를 목적물반환청구권의 양도에 의한 인도(민§190)로 보지만 목적물반환청구권이 화물상환증에 표창되어 있으므로 유가증권 양도방식으로 양도한다고 보는 견해이다.[50]

(v) 판례 – 판례의 입장은 명확하지 않다. 엄정상대설을 취하고 있지는 않으나 절대설, 대표설, 유가증권효력설 중 어느 입장인지는 분명하지 않다.[51]

(vi) 사견 – §133는 운송물에 행사하는 권리의 취득에 관하여 화물상환증 교부가 운송물을 인도하는 것과 동일한 효력, 즉 물권적 효력을 가짐을 특별히 명시한 것이다. 즉 운송물에 관한 권리 취득에 관해서는 화물상환증 교부에 물권 그 자체를 양도한 것과 동일한 효력이 있음을 법정한 것이고, 유가증권 양도방식에 의하면 그것으로 충분하여 민법 §450에 의한 대항요건을 갖출 필요가 없다.

2. 요 건

(1) 물권 취득요건 구비

① §133는 운송물에 관한 물권 양도방법에 관한 것이므로, 물권 취득의 요건을 갖

---

47) 박원선 189.

48) 채이식 331~332(민법의 일반이론에 의하더라도 화물상환증의 물권적 효력을 얼마든지 설명할 수 있다는 견해).

49) 강위두 430, 김병연/박세화/권재열 312, 김성태 637~638, 서돈각/정완용 237, 손주찬 367, 정찬형 379, 최기원/김동민 381, 최정식 410, 최준선 405.

50) 김정호 370(대표설이나 유가증권적 효력설이 타당하다고 하면서 후자가 더 우수하다는 견해), 이기수/최병규 497~498, 임중호 482~483, 전우현 362, 정동윤 273.

51) 대법원 1997. 7. 25. 선고 97다19656 판결(선하증권 사례).

추어야 한다.

② §133의 적용으로 물권적 효력이 생기려면, 물권 대상인 운송물이 존재하고 이를 운송인이 점유하고 있어야 한다. 따라서 공권이거나 운송물이 멸실된 경우는 화물상환증을 교부하더라도 인도할 대상이 존재하지 않으므로 물권적 효력이 생겨날 수 없다(통설). 이러한 경우는 화물상환증의 채권적 효력만이 문제된다.

(2) 화물상환증 교부

① 화물상환증에 의해 운송물을 받을 수 있는 자에게 화물상환증을 교부해야 한다.

② 화물상환증에 의해 운송물을 받을 수 있는 자는 누구인가?

(ⅰ) 형식적 자격을 가진 자, 즉 증권의 적법한 소지인이라는 견해(형식설),[52] (ⅱ) 형식적 자격을 가진 자라도 실질적 권리를 갖지 않는 자는 배제되어야 하며, 실질적 권리를 증명하는 소지인은 이에 해당한다는 견해(실질설),[53] (ⅲ) 형식적 자격을 원칙으로 하되, 예외적으로 상속·합병 등 법률상 당연히 권리이전이 생길 때는 물권적 효력이 인정된다는 견해(절충설)가[54] 있다.

(ⅳ) 사견 – 절충설이 증권의 유통성 보호와 실질상 권리자의 지위를 골고루 고려하는 점에서 타당하다.

(3) 대항요건 불요

민법 §450의 지명채권 양도의 대항요건을 갖출 필요가 없다.

3. 효 과

(1) 물권취득

① 화물상환증을 교부하면 운송물을 인도한 것과 동일하게 취급하여 화물상환증을 교부받은 자는 운송물에 관한 물권을 취득한다. 여기의 물권은 운송물에 관한 소유권, 질권, 유치권 등이 주로 문제된다.

② 운송물에 관한 권리의 변경·소멸에 관해서 화물상환증은 채권적 효력만 인정된다.

52) 채이식 328.
53) 임홍근 879.
54) 김두진 339, 손주찬 363, 정동윤 270~271, 정찬형 376, 최준선 403.

(2) 운송물 선의취득자와 관계

① 화물상환증이 발행되어 있는 상태에서 그 운송물(실물)이 처분되어 양수인이 동산 선의취득의 요건(민§249)을 갖추면 화물상환증의 교부 여부와 관계없이 양수인은 당해 운송물을 선의취득한다(다수설).

② 운송물(실물)이 제3자에 의해 선의취득된 경우 화물상환증의 선의취득이 가능한가?

(ⅰ) 운송물의 선의취득이 인정되면 법적으로는 운송물 멸실과 같은 것이 되어 화물상환증의 교부에 물권적 효력이 생길 수 없다는 견해(부정설),[55] (ⅱ) 멸실과는 달리 실제 운송물이 실재하므로 물권적 효력을 인정할 수 있으나 운송물 선의취득자가 화물상환증소지인보다 우선하기 때문에 물권적 효력을 인정할 실익이 없다는 견해(긍정 및 실익소멸설)가[56] 있다.

(ⅲ) 사견 – 양설의 차이는 제3자가 운송물(실물)을 선의취득한 경우 운송물 멸실과 동일하게 취급할 것인지, 운송물의 실재라는 사실을 중시하여 멸실되지 않은 것으로 취급할 것인지에서 비롯된다. 그러나 어느 설에 의하건 운송물(실물)의 선의취득자가 우선하므로 결과적으로는 부정설과 차이가 없다. 이 경우 화물상환증소지인은 화물상환증의 채권적 효력에 의해 운송인에게 손해배상을 청구할 도리밖에 없다.

제8절 순차운송

사 례

강화도에서 석재 조각품을 만들어 판매하는 A는 거제도 해금강에 사는 B에게 조각물을 배송하기 위해 C가 강화도→서울역 구간을 화물차로, D가 서울역→부산 구간을 열차로, E가 부산→거제도 해금강 구간을 용달차로 운송하기로 했다. 운송과정에서 조각품이 손상되었다. 누구를 상대로 어떤 책임을 물을 수 있는가?

Ⅰ. 유 형

광의의 순차운송은 동일 운송물에 수인(여럿)의 운송인이 순차적(릴레이식)으로 관

55) 손주찬 363, 최준선 403.
56) 정찬형 376.

여하는 운송 일체를 말한다. 아래 표와 같이 여러 유형이 있다. 이 중에서 공동운송이 협의의 순차운송이다.

〈표 15-2-2〉 순차운송 유형

	부분운송	하수운송	순차운송	
			동일운송	공동운송 (협의)
방 식	수인의 운송인이 구간별로 독립하여 송하인과 개별적으로 운송계약을 체결하는 방식	최초의 운송인(原受운송인)이 전 구간의 운송을 한꺼번에 인수하고 그 전부 또는 일부를 다른 운송인(下受운송인)에게 하도급을 주는 방식	수인의 운송인이 송하인으로부터 공동으로 전 구간의 운송을 인수하고, 다만 내부적으로 각 운송인의 담당 구간을 정하는 방식	수인의 운송인이 운송상 상호연결관계를 가지고 있는 경우, 송하인은 제1 운송인과 운송계약을 체결하나, 이에 다른 운송인 이용에 관한 합의가 포함된 방식
운송계약 수	운송인별로 송하인과 여러 개의 독립된 운송계약	원수운송계약 1개	공동의 운송계약 1개	제1 운송인과의 1개
운송인 상호관계	운송인 상호간에는 관계가 없음	하수운송인은 원수운송인의 이행보조자이고 송하인과 법률관계 없음	수인의 운송인의 송하인에 대한 관계(외부관계)와 운송인 상호간 관계(내부관계)로 구분	제1 운송인이 제2 이하 운송인과 자기 명의로 송하인 계산으로 운송계약 체결, 송하인과 제2 이하 운송인과는 직접 법률관계 없음
운송인의 배상책임	수인의 운송인은 각자 자기 구간의 운송에 대해서만 책임을 짐(분할책임)	원수운송인이 송하인에 책임을 지고, 하수운송인과 송하인은 직접적으로 아무런 법률관계가 없음	§138 유추적용? 수인의 채무자로서 운송인 모두 연대책임(§57(1))	연대책임(§138) (순차운송주선에는 없음)
대 위 (대위의무, 변제자대위)	×	×	§117의 적용에 관하여 학설 대립	대위의무, 변제자대위권(§117) (순차운송주선 규정 준용)

Ⅱ. 연대책임

> **제138조(순차운송인의 연대책임과 구상권)** ① 수인이 순차적으로 운송할 경우 각 운송인은 운송물의 멸실·훼손 또는 연착으로 인한 손해에 대해 연대하여 배상할 책임을 진다.
> ② 운송인 중 1인이 제1항에 따라 손해를 배상하면 그 손해의 원인행위를 한 운송인에게 구상권을 갖는다.

③ 제2항의 경우에 그 손해의 원인행위를 한 운송인을 알 수 없으면 각 운송인은 그 운임액의 비율에 따라 손해를 분담한다. 그러나 그 손해가 자기의 운송구간 안에서 발생하지 않았음을 증명하면 손해분담 책임이 없다.

(1) 연대책임 – 외부관계

순차운송의 경우 수인의 순차운송인은 운송물의 멸실·훼손 또는 연착으로 인한 손해에 대해 연대책임을 진다(§138(1)). 손해발생 구간에 대한 송하인의 증명부담을 덜어주기 위함이다. 그러나 순차운송에서도 운송인은 자신의 운송구간으로 책임을 제한하는 특약을 할 수 있다.

(2) 구상권 – 내부관계

① 순차운송인 중 손해를 배상한 자는 자신에게 책임 없는 부분, 즉 그 손해의 원인이 된 운송인에 대해 구상권을 갖는다(§138(2)).

② 손해의 원인행위를 한 운송인을 알 수 없는 경우 – 각 운송인은 각 운임의 비율로 손해를 내부적으로 분담한다. 그러나 자기의 운송구간 내에서 그 손해가 발생하지 않았음을 증명한 자는 손해분담책임이 없다(§138(3)).

(3) 적용대상

공동운송(협의의 순차운송)이 §138의 적용대상이 되고 부분운송과 하수운송은 동조의 적용대상이 되지 못한다는 점에는 이견이 없다. 동일운송이 동조의 적용대상이 되는가?

(ⅰ) 동일운송의 경우 수인의 운송인이 하나의 공동행위로 운송을 인수하여 §57(1)에 따른 연대책임을 지므로 §138를 적용할 필요가 없다는 견해(부정설; 다수설),[57] (ⅱ) §138(2)(3)에서 규정하고 있는 순차운송인의 손해분담과 §147(→ §117)의 대위제도를 적용하기 위해서는 동일운송을 §138의 적용대상에 포함해야 한다는 견해(긍정설; 소수설)가[58] 있다.

(ⅲ) 사견 – 긍정설이 타당하다. 그러나 연대책임을 지는 결과에 있어 양설은 차이가 없다.

57) 김정호 399~400, 서돈각/정완용 231, 손주찬 353, 임중호 485~486, 정동윤 280, 정찬형 383, 최기원/김동민 371, 최준선 395.

58) 이철송 562, 정준우 336.

Ⅲ. 대 위

> **제117조(중간운송주선인의 대위)** ① 수인이 순차로 운송주선을 할 때는 후자는 전자에 갈음하여 그 권리를 행사할 의무를 부담한다.
> ② 제1항의 경우에 후자가 전자에게 변제한 때에는 전자의 권리를 취득한다.
>
> **제118조(운송인 권리의 취득)** 제117조(중간운송주선인의 대위)의 경우에 운송인에게 변제한 운송주선인은 운송인의 권리를 취득한다. (§147의 준용규정에서 빠져 있음)

(1) 대위의무

① 수인이 순차로 운송을 할 때는 후자인 운송인은 전자인 순차운송인에 갈음하여 그 권리를 대위하여 행사할 의무를 부담한다(§147→§117(1)).

② 후자의 대위의무는 전자인 순차운송인을 보호하기 위한 규정이다. 따라서 후자는 대위할 법률상 의무를 진다.

(2) 변제자대위

송하인 또는 수하인이 지급해야 할 운임, 비용, 체당금 등을 후자가 전자에게 변제한 경우, 후자는 전자의 권리를 취득한다(§147→§117(2)). 변제자대위권에 해당한다. 법에 따른 효과이므로 변제할 정당한 이익의 존부 또는 전자(채권자)의 승낙을 요하지 않는다(민§480 참조). §118는 준용하지 않는데, §117(2)과 동일한 내용이기 때문이다.

(3) 전 자

순차운송에서 후자가 대위할 수 있는(또는 대위해야 할) '전자'의 범위는 어디까지인가?

(ⅰ) 후자의 직접 전자에 한정한다는 견해(직접설),[59] (ⅱ) 후자의 전자 전부를 포함한다는 견해(전부설),[60] (ⅲ) 대위의무의 경우는 직접 전자에 국한하고 대위권의 경우는 모든 전자에 이익이 되므로 전자 모두를 포함한다는 견해(구분설)가[61] 있다.

(ⅳ) 사견 – 전부설이 타당하다. 대위의무는 계약의 존부와 상관없는 법정의무이고, 대위권은 변제자대위의 일종이기 때문이다.

---

59) 강위두 336.
60) 서헌제 343, 이종훈 313, 이철송 564, 정준우 337.
61) 김두진 350, 손주찬 330~331 · 355, 정찬형 343.

(4) 적용대상

대위의무와 대위권에 관한 §117가 적용되는 대상은 무엇인가?

(ⅰ) 순차운송 모두에 적용된다는 견해(최광의설; 다수설),[62] (ⅱ) 동일운송과 공동운송에만 적용된다는 견해(광의설; 소수설 1),[63] (ⅲ) 공동운송에만 적용된다는 견해(협의설; 소수설 2)가[64] 있다.

(ⅳ) 사견 – §138와 마찬가지로 동일운송과 공동운송(협의의 순차운송)에 대해서 적용된다고 본다(광의설). 부분운송과 하수운송의 경우 운송인 상호간의 특약으로 대위의무와 대위권의 범위를 정할 수 있다.

---

62) 강위두 301, 고재종 340, 서돈각/정완용 232, 손주찬 355, 이기수/최병규 502, 임중호 488, 정동윤 281, 채이식 316, 최기원/김동민 371, 최준선 396~397.

63) 이철송 564~565, 정준우 337.

64) 김성태 643, 박상조 552, 서헌제 386, 안강현 320, 이종훈 303, 임홍근 860, 정찬형 384.

제3장

운송주선업

제1절 총 설

Ⅰ. 의 의

제114조(운송주선인의 의의) 자기 명의로 물건운송의 주선을 영업으로 하는 자를 운송주선인이라 한다.

① 운송주선인(§114)은 물건운송의 주선을 영업으로 하는 독립된 상인이다. 여객운송의 주선은 준위탁매매(§113)가 된다.

② 운송주선인은 자기 명의로 한다. 법문에 타인(위탁자)의 계산으로 한다는 규정이 없으나, '주선'이라는 표현이 이어지고 있으므로, 자기 명의로 타인 계산으로 물건운송계약을 체결하는 자를 운송주선인으로 보아야 한다(판례 · 통설).[65]

③ 운송주선에 해당하는지는 실질에 따라서 판단한다. 운송주선인이 위탁자의 대리인으로 위탁자의 명의로 운송계약을 체결하는 경우에도 실질적으로 운송주선인의 지위를 가질 수 있다(판례).[66]

Ⅱ. 이중 구조

운송주선은 주선과 물건운송이 결합되어 있다.

65) 대법원 2007. 4. 26. 선고 2005다5058 판결.

66) 대법원 2007. 4. 26. 선고 2005다5058 판결: 실제로 주선행위를 하였다면 하주나 운송인의 대리인, 위탁자의 이름으로 운송계약을 체결하는 때도 운송주선인의 지위를 상실하지 않는다. (참조 판례: 대법원 1987. 10. 13. 선고 85다카1080 판결).

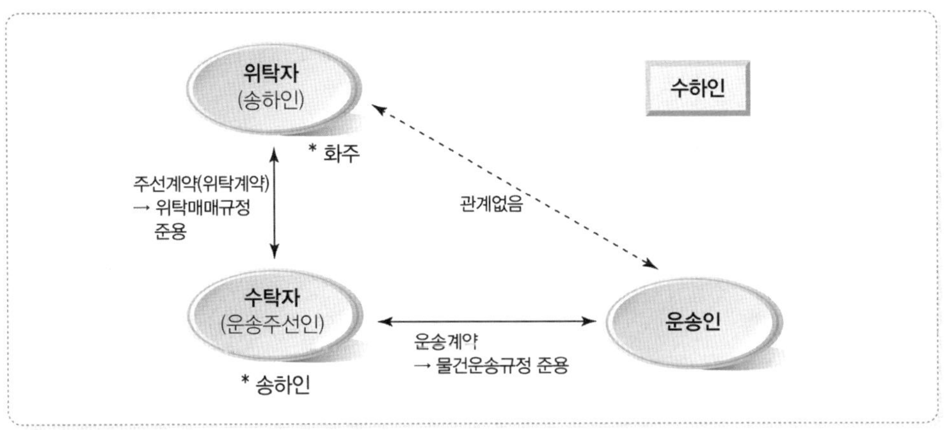

:: [그림 15-3-1] 물건운송주선의 구조

(1) 주선관계

① 주선은 자기 명의로 타인 계산으로 법률행위를 하는 것이므로(§114), 운송주선인은 위탁계약의 이행을 위해 자기 명의로 운송인과 운송계약을 체결한다. 이런 경우 원송하인(하주)은 운송인과 직접 법률관계가 없고, 운송주선인이 운송인과의 관계에서 운송계약의 당사자로서 송하인이 된다.

② 운송주선인의 주선관계에 대해서는 위탁매매에 관한 규정이 준용되고(§123), 위임에 관한 민법 규정이 보충적으로 적용된다(판례).[67]

(2) 물건운송관계

① 운송주선인 자신이 송하인으로서 운송인과 물건운송계약을 체결한다. 운송대상은 물건에 한하고, 운송수단에는 제한이 없으므로 육상·해상·항공을 불문한다.

② 이에는 물건운송 규정이 일부 준용된다. 화주나 수하인으로서는 운송주선인에게 책임을 묻기가 쉬우므로 운송주선인의 화주에 대한 배상책임은 운송인과 대체로 동일한 내용으로 규정하고 있다.

③ 수하인의 법적 지위는 운송주선에 의하지 않는 경우와 동일하다(§124→§140, §141).

---

67) 대법원 1987. 10. 13. 선고 85다카1080 판결. (따름 판례: 대법원 2007. 4. 26. 선고 2005다5058 판결).

Ⅲ. 운송 포함 여부

운송주선인과 운송인은 개념상 구분된다. 그러나 실무상 운송주선인이 운송주선만을 의뢰받은 것인지 운송까지를 포함하여 의뢰받은 것인지 모호한 때가 있다. 이런 경우 의사 해석으로 확정하여야 할 것인데, 의사가 명확하지 않을 때는 증권 발행자의 명의, 운임 지급형태 등 제반 사정을 종합적으로 고려하여 운송주선인이 송하인으로부터 운송을 인수했다고 볼 수 있는지의 여부로 판단한다(판례).[68]

제2절 위탁매매와 비교

Ⅰ. 위탁매매 준용

제123조(준용규정) 운송주선인에 대해서는 이 장의 규정 외에 위탁매매인에 관한 규정을 준용한다.

(가) 준용규정(§123)에 의해 운송주선인은 위탁매매인과 마찬가지로 (a) 지정운임 준수의무(§106), (b) 통지・계산서 제출의무(§104), (c) 위탁물에 관한 통지・긴급처분의무(§108) 등을 진다.

(나) 이행담보책임 – 위탁매매인의 이행담보책임에 관한 규정(§105)이 운송주선인에 적용되는가?

(ⅰ) 통설 – 운송인 선택에 주의를 다했으면(§115참조) 운송인이 계약상 의무를 불이행했을 때에도 운송주선인은 이행담보책임으로 운송의무를 지지 않는다는 것이 통설이다.

(ⅱ) 사견 – 이를 배제하는 약정이 없는 한, 운송주선인에게도 이행담보책임 규정이 준용된다고 본다(긍정설). 이행담보책임은 무과실책임이므로 운송인 선택에서의 주의 해태 여부를 불문하며, 위탁매매인의 이행담보책임(§105)을 배제하는 규정이 없기 때문이다.

---

68) 대법원 2007. 4. 27. 선고 2007다4943 판결. (따름 판례: 대법원 2007. 8. 23. 선고 2005다65449 판결; 대법원 2012. 12. 27. 선고 2011다103564 판결; 대법원 2015. 5. 28. 선고 2014다88215 판결).

Ⅱ. 개 입 권

> **제116조(개입권)** ① 운송주선인은 다른 약정이 없으면 직접 운송할 수 있다. 이 경우 운송주선인은 운송인과 동일한 권리와 의무가 있다.
> ② 운송주선인이 위탁자의 청구에 따라 화물상환증을 작성할 때에는 직접 운송하는 것으로 본다.

운송주선인은 개입권 행사에 의해 자신이 운송인이 될 수 있다.

1. 같은 점

위탁매매인의 개입권(§107)과 대체로 같다.

① 형성권이다. 개입의 의사표시가 위탁자에게 도달해야 효력이 생긴다.

② 그 행사로 운송주선인은 운송인을 겸하는 이중적 지위를 갖는다. 이에 의해 운송주선인은 운송주선계약을 이행한 것이 되어 위탁자에게 보수를 청구할 수 있고, 또 운송인으로서 운임을 청구할 수 있다. 개입권을 행사한 운송주선인이 다른 운송인을 이용해서 운송하게 한 경우 그 다른 운송인은 우송주선인의 이행보조자가 된다.

③ 개입금지의 특약이 없어야 한다.

2. 다른 점

(가) 거래소 시세 불요 – 거래소 시세를 불요한다. 운임은 운송시장의 가격에 의해 정해지는 경우가 많기 때문이다.

(나) 개입 의제 – 운송주선인이 위탁자의 청구에 따라 화물상환증을 작성하면 직접 운송하는 것으로 의제한다(§116(2)). 화물상환증 작성은 운송인이 하는 것인데 운송주선인이 이를 작성한 때에는 운송주선인이 운송인이 됨을 의제한 것이다. 다만 화물상환증 작성은 운송주선인이 자기 명의로 한 것이어야 하고(판례 · 통설),[69] 타인의 대리인으로 화물상환증을 작성한 경우는 이러한 효과가 없다.

69) 대법원 1987. 10. 13. 선고 85다카1080 판결. (따름 판례: 대법원 2007. 4. 26. 선고 2005다5058 판결).

제3절 물건운송과 비교

Ⅰ. 물건운송 규정 준용

> **제124조(준용규정)** 제136조(고가물책임), 제140조(수하인 지위)와 제141조(수하인 의무)의 규정은 운송주선업에 준용한다.

물건운송에 관한 규정을 물건운송주선에 준용하고(§136, §140, §141), 역으로 물건운송주선에 관한 규정을 물건운송에 준용함으로써 물건운송과 물건운송주선은 꽤 많은 규정을 공유한다. 준용하지 않고 따로 규정하고 있는 내용 중에도 동일한 것들이 있다. 물건운송인과 운송주선인에 관한 상법 규정을 종합적으로 비교하면 아래와 같다.

(1) 같은 점

(가) 손해배상책임 – 운송물의 멸실·훼손 또는 연착 손해에 대한 과실책임(§115, §135)(운송주선인의 경우: 운송인이나 다른 운송주선인 선택상의 과실도 포함), 고가물 특칙(§124→§136), 1년의 단기시효(§147→§121)(배제: 악의, 기산점: 수하인에게 운송물 인도(할)시)

(나) 운송인 또는 운송주선인의 채권 – 특별상사유치권(§147→§120), 1년 단기시효(§147→§122)

(다) 수하인 – 지위(§124→§140)와 의무(§124→§141)

(라) 순차운송 – 후자의 대위의무(§147→§117)와 변제자대위권(§118, §147→§117)

(2) 다른 점

(가) 물건운송에만 있고 운송주선에는 없는 것 – 정액배상 특칙(§137), 무유보 수령에 의한 배상책임 소멸(§146), 순차운송인의 연대책임(§138)

(나) 운송주선에만 있고 물건운송에는 없는 것 – 보수 청구시기(§119(1) 및 확정운임 운송계약의 경우 보수청구 불가(§119(2)), 개입권(§116) 등 주선에 관한 규정

Ⅱ. 보수청구권

> **제119조(보수청구권)** ① 운송주선인은 운송물을 운송인에게 인도하였을 때에 즉시 보수를 청구할 수 있다.
> ② 운송주선계약으로 운임액을 정한 경우에는 다른 약정이 없으면 따로 보수를 청구할 수 없다.

1. 청구시기

운송주선인이 보수를 청구할 수 있는 시기는 운송주선업무를 완료한 때이다(후급). 운송주선인이 운송인과 운송계약을 체결하고 운송물을 운송인에게 인도하면 즉시 보수를 청구할 수 있다(§119(1)).

2. 확정운임 운송주선계약

(1) 의 의

운임은 운송계약의 단계에서 운송인과의 협의 등에 의해 정해지는 것인데, 확정운임 운송주선계약은 운송주선계약의 단계에서 운임까지 포함하여 미리 정하는 것이다. 확정운임(예: 100원)과 운송인에게 지급하는 운임(예: 80원)의 차액(예: 20원)이 운송주선인의 보수가 된다.

(2) 요 건

① 확정운임 운송주선계약이 되려면 운송주선계약으로 운임액을 정해야 한다(§119(2)). 판례는 이에 더해 운송주선인에게 운송인의 운송기능을 수행할 수 있는 운송용구 등의 재산적 바탕이 있을 것을 요한다.[70]

② 다른 약정이 없어야 한다(§119(2)). 운임을 정한 경우에도 그것이 운송의 대가

---

70) 대법원 1987. 10. 13. 선고 85다카1080 판결: 운송주선계약으로 운임의 액이 정해진 경우라도 그것을 확정운임 운송주선계약으로 볼 수 있으려면 주선인에게 해상운송인의 기능을 수행하는 것이 가능한 재산적 바탕이 있어야 하고 또 그 정해진 운임의 액이 순수한 운송 수단의 대가 즉 운송 부분의 대가만이 아니고 운송품이 위탁자로부터 수하인에게 도달되기까지의 액수가 정해진 경우여야만 한다. 해상운송주선인 가운데에서 해상운송인으로서의 기능수행이 가능한 주선인이 됨에는 그에 상응하는 재산적 바탕(선박 등의 영업설비나 아니면 상업신용)이 있어야 한다는 것은 우리의 경험칙에 비추어 당연한 사리에 속한다.

(즉, 운임)에 국한됨이 명백하면 동조가 적용되지 않는다(판례 · 다수설).[71]

(3) 효 과

① 운송주선인은 위탁자에게 그와는 별도로 보수를 청구하지 못한다(§119(2)).

② 이럴 때 운송인에 대한 운임 지급책임은 운송주선인에게 있다.

(4) 법 리

확정운임 운송주선계약의 법리를 어떻게 구성할 것인가?

(ⅰ) 운송계약설(판례 · 다수설) – 위탁자와 우송주선인 사이에 운송계약이 체결된 것으로 보는 견해이다.[72][73] 위탁자와 운송주선인의 법률관계는 운송계약의 관계로 전환되고, 그에 따라 운송주선인은 운송인의 지위만을 갖게 된다고 한다.

(ⅱ) 개입설 – 운송주선인이 §116의 개입권을 행사한 것으로 보는 견해이다.[74] 이에 의하면 운송주선인은 주선인과 운송인의 지위를 겸하게 된다.

(ⅲ) 운임부 운송주선계약설 – 운송주선인의 보수에 운송인의 운임이 포함된 운송주선계약으로 보는 견해이다.[75]

(ⅳ) 위임설 – 원칙적으로 운송계약설을 취하면서, 당사자가 명시적으로 운송주선계약을 체결한 경우라면 위탁자가 운송주선인에 대한 보수와 운송인에 대한 운임의 배분을 운송주선인에게 위임한 것이라는 견해이다.[76] 이에 의하면 운송주선인의 지위만 갖게 된다.

(ⅳ) 사견 – 이상의 논의는 운송주선계약에서 확정운임으로 정하는 경우 운송주선인이 주선인의 지위에 있는가, 운송인의 지위에 있는가, 양자 모두를 겸하는 지위에 있는가의 문제와 관련하여 실익이 있다. 이는 결국 위탁자와 운송주선인의 법률행위(의사표시) 해석의 문제가 된다. 운송주선을 맡기면서 위탁자가 운송인에 대한 운임까지 정하고 운송주선인의 보수는 따로 청구할 수 없도록 하는 것은 운송계약을 체결할 의사로 보아야 할 것이다(운송계약설). 운송계약설을 취하면 운송주선인이 운송을 위해 다른 운송인을 이용하는 경우 운송인은 운송주선인의 운송상의 이행보조자가 된다(§135). 다만, 당사자가 명시적으로 운송주선계약을 체결했다면 운송주선인의 보수와 운송인의 운임에 대한 배분을 운송주선인에게 위임한 것으로 볼 수 있다.

---

71) 대법원 1987. 10. 13. 선고 85다카1080 판결.
72) 대법원 1987. 10. 13. 선고 85다카1080 판결.
73) 고재종 304, 김정호 419~420, 서헌제 332, 손주찬 326, 손진화 299, 이기수/최병규 445, 장덕조 165, 전우현 319, 정경영 224, 정찬형 337, 최기원/김동민 327, 최정식 374, 최준선 361~362.
74) 김성태 571, 서돈각/정완용 211.
75) 강위두, 임중호 503(용어 표현상 확정비용 운송주선이 적절하다는 견해).
76) 이종훈 310, 이철송 579, 정준우 306.

Ⅲ. 순차운송주선

순차운송주선은 동일 운송물에 관하여 위탁자의 위탁을 받아 수인의 운송주선인(최초 운송주선인→중간 운송주선인)이 순차적으로 운송을 주선하는 것이다. 순차운송과 기본적으로 같으나 다른 점도 있다.

1. 같은 점 – 대위

중간운송주선인(후자)이 전자의 권리를 대위행사할 의무를 부담하고 후자가 전자에게 변제한 때에 전자의 권리를 취득하는 대위권을 갖는다(§117). 이는 순차운송과 같다(§147).

2. 다른 점

(가) 연대책임 규정 없음 – 순차운송주선에는 순차운송과는 달리 연대책임에 관한 규정(§138)이 없다. 그 결과 순차운송주선인은 각자의 구간에서 발생한 손해에 한하여 분할책임을 지는 것으로 될 것이나, §57(1)(다수 채무자 간 연대책임)에 해당하면 그에 따라 연대책임을 진다.

(나) 운송인의 권리 취득 – 중간운송주선인이 운송인에게 운임 등을 변제한 때에는 운송인의 권리를 취득한다(§118). 순차운송에는 이런 규정이 없으나, 의미있는 차이는 아니다.

제4장

여객운송업

제1절 총 설

Ⅰ. 의 의

① 육상에 의한 여객운송인은 육상(호천, 항만 포함)에서 여객운송의 인수를 영업으로 하는 자이다. 운송의 대상이 물건이 아니라 여객이라는 점에서 물건운송과 차이가 있다.

② 육상 여객운송에 관한 상법 규정은 간단하다. 실제는 대부분 약관에 의한다.

Ⅱ. 여객 운송계약

사 례

아래의 경우 여객 운송인에게 운송계약 위반을 이유로 손해배상을 청구할 수 있는가?

(1) 어머니가 아들의 여행을 위해 운송계약을 체결하고 운임을 지급한 경우

(2) 타인의 승차권을 이용한 경우

(3) 승차권이 아닌 열차 입장권을 가지고 승차한 경우[77)]

(4) 서울에서 천안까지 가는 승차권을 가지고 탑승한 자가 천안에서 하차하지 못하여 승월 구간인 천안과 대전 사이에서 사고가 발생한 경우[78)]

---

77) 대법원 1991. 11. 8. 선고 91다20623 판결: 입장권을 소지한 사람이 객차 안까지 들어가 전송을 한 다음 진행 중인 열차에서 뛰어내리다가 사망한 사고에 있어, 입장권 발매로써 여객 운송계약이 체결되었다고 볼 수 없다.

여객 운송계약은 여객운송을 목적으로 위탁자와 운송인이 체결하는 도급계약이다(통설). 물건운송에 있어서 수하인이 운송계약의 당사자일 필요가 없듯이, 여객이 운송계약의 당사자일 것을 요하지 않으며, 유상 여부를 불문한다.

[보충] 승차권
승차권이 유가증권인가? 이용형태가 다양하여 일률적으로 말하기 곤란하다. 무기명식이면 원칙적으로 유가증권성을 갖지만, 개찰 후에는 양도성이 상실된다. 기명식이면 양도가 허용되지 않으므로 증거증권에 그친다(다수설).

제2절 운송인의 의무 · 권리

1. 고도의 주의의무

여객운송인은 운송대상이 여객이라는 특수성 때문에 생명과 신체의 안전을 위해 물건운송보다 고도의 주의의무를 진다(통설).

2. 운임청구권

① 여객운송인은 상인이므로 보수(운임)청구권을 갖는다(§61). 운송계약은 도급이므로 후급이 원칙이다(민§665). 실제는 승차권 발행시에 선급하는 경우가 많다.

② 운임채권의 소멸시효에 관해서는 특별한 규정이 없다. 일반상사시효(5년, §64)에 의할 것인지, 물건운송의 단기시효 규정(1년, §147, §122)을 유추적용할 것인지 문제된다. 사견으로는 단기시효설(유추적용설)이 운송의 특성을 반영한 것으로 타당하다고 본다.

3. 유치권

여객운송에는 물건운송과는 달리 유치권 규정이 없다. 물건운송인의 특별상사유치

78) 서울고등법원 1985. 7. 11. 선고 85나1053 판결: 철도운송계약은 승차권에 표시된 시발역과 도착역 사이에 한하여 존속하는 것이 원칙이다. 다만 승객이 전적으로 자기의 책임으로 돌릴 수 없는 사유로 승월을 한 경우에는 계약 갱신연장 등 절차를 밟지 않았다 하더라도 예외적으로 그 승월 구간에 있어서도 운송계약이 그대로 존속되어 승월 후 일어난 사고도 여객운송계약이 계속된 동안에 일어난 것이라고 보아야 한다.

권에 관한 상법 규정(§147, §120)을 유추적용할 것인가?

(ⅰ) 긍정설(제1설),[79] (ⅱ) 민법상의 유치권만을 행사할 수 있다는 유추적용 부정설(제2설)이[80] 있다.

(ⅲ) 사견 – 위 특별상사유치권 규정은 물건운송의 특성을 감안한 것으로 같은 운송이지만 운송대상을 달리하는 여객운송에 유추적용하기에는 적절하지 않으므로 민법 적용설이 타당하다. 그러나 별도의 운임을 받은 탁송수하물의 경우는 물건운송과 동질적이므로 물건운송의 특별상사유치권 규정(§147 → §120)을 적용해야 한다.

제3절 운송인의 배상책임

사 례

A는 해외여행에서 귀국하는 길에 공항에서 B가 운전하는 X회사의 영업용택시 트렁크에 여행 가방을 실었다. 택시 운행 중 B가 전화를 하는 바람에 운전대를 놓쳐 차가 중앙선을 넘어 반대편에서 달려오는 화물트럭과 정면으로 충돌했다. 이 사고로 A는 중상을 입어 입원했고, 트렁크에 실려 있던 여행용 명품캐리어(시가 100만원)가 파손되었고, 자신이 직접 들고 있었던 명품 가방(시가 300만원)이 찢어졌다. A도 중상을 입어 상당 기간 직장생활을 하지 못했다. A는 누구를 상대로 어떤 책임을 물을 수 있는가?

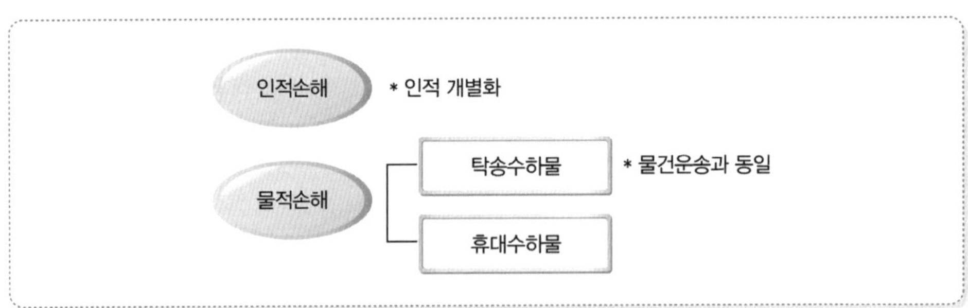

:: [그림 15-4-1] 여객운송인의 손해배상책임

79) 손주찬 373~374, 이기수/최병규 541, 전우현 370, 정동윤 278, 정찬형 392, 채이식 334, 최기원/김동민 391, 최준선 411.

80) 김병연/박세화/권재열 315, 이종훈 305, 이철송 570~571, 임중호 492, 임홍근 474, 정준우 340~341, 최정식 417.

Ⅰ. 인적 손해

사 례

[1] 다음의 경우 피해자는 여객운송인에게 손해배상을 청구할 수 있는가?

① 열차 운행 중 선반 위에 올려놓은 승객의 짐이 떨어져 다른 승객이 다친 경우

② 시내버스 승객이 화약을 담은 시멘트 포대를 안고 담배를 피우다가 화약이 폭발하여 다른 승객이 다친 경우

③ 열차 운행으로 인해 생긴 강한 바람에 철도 주변에 떨어져 있던 유리 조각 분진이 열차 안으로 날아 들어와 승객이 다친 경우[81]

[2] 다음의 경우 여객운송인에게 손해배상을 청구할 수 있는가? 위의 경우와 어떤 점이 다른가?

① 잠결에서 깨어나 진행 중인 열차에서 급하게 뛰어내리다가 다친 경우[82]

② 달리는 열차를 향한 제3자의 투석으로 승객이 다친 경우[83]

제148조(여객이 입은 손해의 배상책임) ① 운송인은 자기 또는 사용인이 운송에 관한 주의를 게을리하지 않았음을 증명하지 않으면 여객이 운송으로 인하여 입은 손해를 배상할 책임을 진다.
② 손해배상액을 정할 때 법원은 피해자와 그 가족의 사정을 참작하여야 한다.

1. 요 건

(1) 과실책임

① 여객의 인적 손해(사망 또는 상해 등)에 대한 배상책임에 관해서는 민법의 채무불이행책임 및 물건운송과 마찬가지로 과실책임주의를 취한다. 과실에 대한 증명책임은 운송인에게 있다.

② 주의의무에 관해서는 인명의 중요성을 고려하여 법 운용에 있어서 이를 무겁게

81) 대법원 1979. 11. 27. 선고 79다628 판결: 운행하던 열차의 열린 창문의 틈으로 유리 조각이 날아 들어와서 승객이 상해를 입은 경우 그 유리 조각이 제3자의 투척 등의 행위에 기인한 것이 아니고, 열차 진행에 수반해서 통상적으로 날아 들어온 것이라면, 이는 운송업자나 그 사용인이 적절히 조처하여 여객의 안전을 도모하여야 할 주의의무의 범위에 속하는 사항이다.

82) 대법원 1993. 2. 26. 선고 92다46684 판결.

83) 대법원 1969. 7. 29. 선고 69다832 판결.

인정하려는 경향이 있다. 운행상의 주의의무에 그치지 않고 사고방지에 필요한 예방조치를 해야 할 주의의무까지를 포함한다.

(2) 인적 손해

§148는 여객이 입은 인적 손해를 적용대상으로 한다. 일반 배상법리에 따라 여객의 사망 또는 상해 등으로 인한 재산적 손해(적극적 손해 및 소극적 손해)와 비재산적 손해(위자료)를 포함한다. 수하물의 물적 손해에 관해서는 §149와 §150에서 따로 규정하고 있다.

[보충] 위자료

① 청구권자 - 여객이 상해를 입었을 때 위자료청구권은 여객에게 있다. 그 후 여객이 다른 원인으로 사망한 경우 위자료청구권은 상속인에게 승계된다.

② 여객이 즉사한 경우 - 즉사한 여객의 상속인은 운송계약의 당사자가 아니므로 채무불이행을 청구원인으로 하는 위자료청구권이 인정되지 않으나[84] 불법행위책임을 묻는 것은 가능하다는 것이 판례이다.

2. 배상액

물건운송(정액배상)과는 달리 여객운송의 인적 손해에 대해서는 배상액을 개별화하고 있다.

(1) 인적 개별화

인적 손해액을 산정할 때에는 피해자뿐만 아니라 그 가족의 정상을 참작해야 한다(§148(2)).

(2) 특별손해

§148는 특칙으로, 통상손해를 원칙으로 하는 민법과는 달리 여객이 입은 특별손해에 대해 운송인이 알지 못했거나 알 수 없었던 때에도 참작해야 한다는 뜻이다(통설).

(3) 물건운송 특유규정 배제

① 물건운송인의 책임을 경감하는 특칙(배상액 정형화, 고가물 특칙, 무유보 수령 책임소멸, 단기시효)은 여객운송의 인적 손해에는 적용되지 않는다. 이는 물적 손해를 대상

84) 대법원 1982. 7. 13. 선고 82다카278 판결.

으로 한 특칙으로 여객운송에는 어울리지 않기 때문이다.

② 인적손해 배상책임의 소멸시효에 관해서는 특별히 규정이 없으므로 일반상사시효(5년)에 의한다(§64).

(4) 불법행위책임과 관계

불법행위책임(민§750)과는 청구권 경합관계에 있다.

Ⅱ. 물적 손해

수하물의 멸실·훼손에[85] 대한 여객운송인의 손해배상책임은 여객이 수하물을 운송인에게 탁송(인도)했는지에 따라 달라진다. 그에 따라 수하물의 직접적인 관리주체가 다르기 때문이다.

1. 탁송수하물

> **제149조(수하물을 인도받은 경우의 책임)** ① 운송인은 여객으로부터 인도받은 수하물에 관해서는 운임을 받지 않은 때에도 화물운송인과 같은 책임을 진다.
> ② 수하물이 도착지에 도착한 날부터 10일 이내에 여객이 인도를 청구하지 않은 경우에 대해서는 제67조(매도인의 공탁·경매권)를 준용한다. 그러나 여객의 주소 또는 거소를 알지 못할 때는 최고(독촉)와 통지를 할 필요가 없다.

(1) 물건운송 취급

① 탁송수하물의 경우 여객운송인은 물건운송과 동일한 배상책임을 진다. 탁송수하물에 대해 운임을 따로 받지 않아도 마찬가지이다(§149(1)). 수하물이 운송인의 관리 아래에 있어 물건운송과 실질이 유사하고, 여객운송은 수하물 운송을 수반하는 경우가 많고, 여객운송의 운임에는 수하물 운임도 통상 포함되는 것으로 인식되기 때문이다.

② 그 결과 탁송수하물에는 물건운송에 특유한 규정이 '모두' 적용된다고 해석한다. ((a) 과실 없음에 대한 운송인의 증명책임(§135), (b) 고가물 특칙(§136), (c) 정액배상(§137), (d) 무유보 수령에 의한 책임소멸(§146), (e) 1년의 단기시효(§147 → §121) 등).

---

85) 이는 수하물의 멸실·훼손에 한한다(§150). 그 밖의 손해(예: 연착으로 인한 손해)는 위 조항이 적용되지 않고 민법의 일반원칙에 의한다(김두진 354, 임중호 491, 최정식 416).

(2) 공탁 · 경매권

탁송수하물이 도착지에 도착한 날로부터 10일 이내에 여객이 탁송수하물의 인도를 청구하지 않는 경우 §67(매도인의 공탁 · 경매권)를 준용한다. 탁송수하물이 목적지에 도착한 이후에는 여객운송인이 수하물 인도 및 보관책임으로부터 조속히 벗어날 수 있도록 하기 위함이다. 여객의 주소 또는 거소를 알지 못할 때는 최고(독촉)와 통지를 불요한다(§149(2)).

2. 휴대수하물(탁송수하물과 비교)

> **제150조(수화물을 인도받지 않은 경우의 책임)** 운송인은 여객으로부터 인도를 받지 않은 수하물의 멸실 또는 훼손에 대해서는 자기 또는 그 사용인에게 과실이 없으면 손해배상책임이 없다.

(1) 같은 점

과실책임이고, 불법행위책임과 청구권 경합관계에 있다.

(2) 다른 점

휴대수하물은 탁송수하물과는 달리 수하물에 대한 지배가 여객에 있다. 이 때문에 (a) 과실의 증명책임이 여객에 있고, (b) 물건운송의 특칙 중 고가물 특칙, 무유보 수령에 의한 책임소멸, 공탁 · 경매권에 관한 규정은 적용될 여지가 없다.

(3) 유추적용 여부

(가) 손해배상액 – 휴대수하물의 배상책임액에 관하여 물건운송에 관한 §137(정액배상)를 유추적용할 것인가?

(i) 유추적용 긍정설이 통설이다.

(ii) 사견 – 유추적용 긍정설이 타당하다. 이런 경우 유추적용을 부정하여 민법 규정(실손배상)을 적용하면 여객운송인이 수하물을 인도받지 않은 경우가 인도받았을 때보다 오히려 배상책임이 더 무겁게 되는 불균형이 생기기 때문이다.

(나) 단기시효 – 위 배상책임의 소멸시효에 관해서는 위와 같은 이유에서 육상운송에서의 1년의 단기시효 규정이 유추적용되는 것으로 해석해야 한다(§147 → §121).

〈표 15-4-1〉 물건운송 · 여객운송 · 운송주선 · 창고업 · 공중접객업

	물건 운송	여객 운송			운송주선	창고업	공중접객업		
		인적 손해	물적 손해				인적 손해	물적 손해	
			탁송 수하물	휴대 수하물				임치물	휴대물
행위	육상·호천·항만에서 운송의 인수				물건운송 주선: 위탁매매 + 물건운송	창고에 의해 타인 소유 물건 보관	공중접객시설에 의한 거래		
계약	도급계약 계약당사자: 운송인, 송하인 (수하인 ×)	(좌동) 계약당사자: 운송인, 위탁자 (여객 ×)			주선계약 (운송 포함 여부)	임치계약	이용계약 불요 (임치물의 물적 손해: 임치관계 요함)		
증권	화물상환증	(승차권)				창고증권			
의무 권리	기본적 의무 – 선관주의의무								
	운송물 처분의무	×				임치물 처분의무			
	공탁·경매권		○			○			
손해 배상 책임	과실책임주의								
	증명책임: 운송인	운송인	운송인	*여객	운송주선인	창고업자	민법에 의함	공중접객업자	*고객
	배상액 – 정형화 (고의·중과실: 실손배상) 불요 비용 공제	배상액 산정 – 개별화	○ (물건운송과 동일)	○ (정액배상 유추적용)	× (실손배상)	×		× (실손배상)	
	고가물 불명시 면책(§136)	×		×	○	×		○	
	무유보 수령에 의한 책임소멸 (악의 배제)	×		×	×	○		×	
	1년 단기시효 (악의 배제)	*5년 (상사시효)		○ (유추적용)	○	○		*6개월	
	불법행위책임과 관계 – 청구권경합설 (판례·통설)								
	면책특약: 유효, 면책게시: 효력 없음								
	원칙 – 후급 (선급 가능)	○			후급 (운송인에게 인도시) *확정운임운송주선계약	후급 (출고시, 보관기간 경과시)			

보수 청구권	특별상사유치권 (내용은 민사유치권 유사)	일반유치권	○	일반유치권	
	1년 단기시효	× (1년 또는 5년?)	○	○ (기산점: 출고시)	
순차	연대책임 대위	×	연대책임 (×) 대위 (○)	×	
종료				계약해지	

㈜ ○: 물건운송과 동일 또는 있음, ×: 없음.

| 제16편 |

창고업

창고업은 물건운송업과 함께 물류의 한 부분이다. 이에 대해서는 물건운송업에 관한 규정과 법리가 적용되는 경우가 많다. 그러나 창고업은 물건에 대한 장소적 이동이 없이 시간적 저장을 위한 것이므로 위험의 정도와 계속계약이라는 점에서 운송업과 차이가 있다.

Keyword:

창고, 보관, 임치, 일부 출고, 배상책임, 창고증권, 종료(해지)

제1절 총 설

사 례

농산물 유통상인 A는 중국에서 고추 10톤을 사들여 냉동보관업을 하는 B에게 보관을 맡겼다. B는 C로부터 창고를 빌려 쓰고 있다.

(1) A는 이 중에서 1톤을 D에게 매각하려 한다. 어떤 방법이 있는가?

(2) 냉동장치 고장으로 B가 보관 중이던 고추가 부패하여 상품가치가 현저하게 감소했다. A는 어떤 구제조치를 취할 수 있는가?

기초 임 치

① 임치는 당사자의 일방(임치인)이 상대방(수치인)에게 금전이나 유가증권 기타 물건의 보관을 위탁하고 상대방이 승낙함으로써 효력이 생긴다(민§693).

② 민사임치의 경우 유상이면 수치인은 임치인에 대해 선량한 관리자의 주의로 보관하여야 하나(민§374), 무상이면 자기 재산과 동일한 주의로 보관하면 된다(민§695).

③ 상인이 수치인으로서 그 영업 범위 내에서 임치를 받았으면 보수 여부를 불문하고 임치인에 대해 선량한 관리자의 주의의무를 진다(§62).

기초 점 유

① 점유는 물건에 대한 사실상의 지배이다. 점유하는 방법에는 자신이 점유하는 방법과 타인을 통해서 점유하는 방법이 있다. 후자는 점유보조에 의하는 경우와 점유매개에 의하는 경우가 있다.

② 점유보조의 관계가 있는 경우에는(예: 물건 판매점포의 사용인), 점유주만이 점유자이다.

③ 점유매개의 관계에 있는 경우에는(예: 오피스텔의 소유주와 임차인) 간접점유자와 직접점유자 모두 점유자이다(민§194). 간접점유자는 점유할 수 있는 본권을 가지고, 직접점유자는 본권자와의 점유매개 관계로 물건을 점유할 수 있는 권리를 가진다. 간접점유자가 직접점유자에 대해 물건반환청구권을 갖는다.

Ⅰ. 의 의

제155조(창고업자의 의의) 타인을 위해 창고에 물건을 보관함을 영업으로 하는 자를 창고업자라 한다.

(가) 창고 – 창고는 물건을 보관·관리를 할 수 있는 모든 시설이다(예컨대, 지붕 없는 야적창고, 컨테이너 야드, 수중창고 등). 창고의 소유 여부는 불문한다.

(나) 타인의 물건 – 창고업자는 '타인의' 물건을 보관하는 자이다. 따라서 물건의 소유권을 취득하고 동종·동량의 다른 물건을 반환하는 소비임치(민§702)는 창고업에 해당하지 않는다. 그러나 혼합 보관하고 수인의 임치인이 공유관계에 있는 혼장임치는 창고업이 될 수 있다.[1] 물건은 보관이 가능한 동산에 한한다(통설). 유가증권은 물건이 아니나 유추적용할 수 있다.

(다) 보관의 인수 – 창고에 의한 물건의 보관은 임치에 해당한다. 창고업자는 임치물을 사실상 지배하는 직접점유를, 임치인은 목적물반환청구권을 갖는 간접점유를 한다. 양자는 점유매개의 관계에 있다.

(라) 영업으로 – 창고업자는 보관의 인수를 영업으로 하는 독립된 상인이다. 보관을 보조적 상행위로 하거나 임치계약 없이 운송물을 보관하는 것은 창고업이 아니다.

(마) 상인성 – 창고업자는 상인이다. 임치인(타인)은 상인 여부를 불문한다.

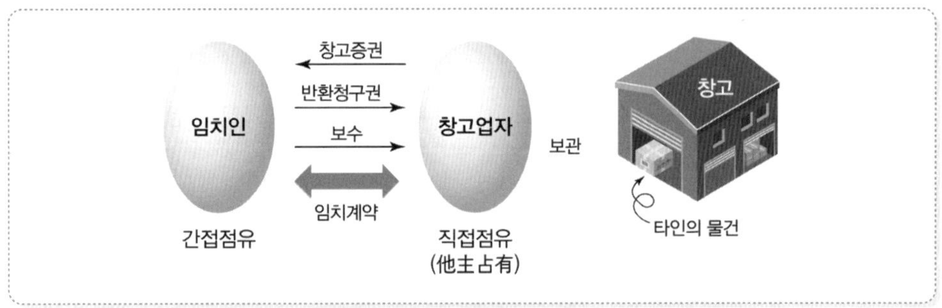

:: [그림 16-1] 창고업의 구조

1) [소비임치·혼장임치] 소비임치는 당사자의 계약으로 수치인이 임치물을 소비하고 그와 같은 종류의 것으로 반환하는 것이다(예컨대, 은행과의 예금계약). 혼장임치는 수인이 보관한 임치물을 구분 없이 보관하고 반환할 때에는 동종·동량의 것으로 반환하는 것으로 임치인은 공유지분을 갖는다(예컨대, 제조회사가 다른 휘발유를 섞어 보관하는 저유소).

Ⅱ. 적　　용

(가) 임치규정 — 창고업에 관해서는 상법 외에 임치에 관한 민법 규정(민§693이하)이 보충 적용된다.

(나) 창고임치계약 — 창고임치계약은 물건의 보관을 목적으로 하는 불요식·낙성·유상·쌍무계약이다. 낙성계약이므로 임치물 인도가 창고임치계약의 성립요건이 아니다. 실제는 대부분 약관에 의한다.

제2절 임치인의 권리

1. 검사 · 견품적취 · 보존처분권

> **제161조(임치물 검사 · 견품 적취 · 보존처분권)** 임치인(창고증권이 발행된 경우에는 창고증권 소지인)은 영업시간에 언제든지 창고업자에게 임치물의 검사 또는 견본품의 적취(摘取)를 요구하거나 그 보존에 필요한 처분을 할 수 있다.

임치인(또는 창고증권 소지인)이 임치 중인 임치물의 검사·견본품 적취를 요구하거나 보존에 필요한 조치를 스스로 할 수 있도록 한 것이다.

2. 입질 임치물 일부 출고청구권

> **제159조(창고증권에 의한 질권 설정과 일부 출고)** 창고증권으로 임치물을 담보로 질권을 설정할 때도 질권자의 승낙이 있으면 임치인은 채권의 변제기 전이라도 임치물 중 일부의 반환을 청구할 수 있다. 이 경우 창고업자는 반환한 임치물의 종류, 품질과 수량을 창고증권에 기재해야 한다.

① 임치물을 담보로 해서 질권을 설정할 수 있다. 창고증권이 발행된 경우의 질권 설정은 '임치물에 관한 처분'에 해당하므로 창고증권으로써 해야 하고(§157→§132), 채권자는 질권설정자로부터 창고증권을 교부받아야 질권을 취득할 수 있다(§157→§133). 질권은 담보물권의 일반적 성질인 불가분성(민§321→§343)을 가지므로 채권자인 질권자는 '피담보채권 전부'에 대한 변제를 받을 때까지 '목적물 전부'에 대하여 질권을 행사할 수 있다.

② 이상을 고집하면 질권이 설정된 임치물의 경우 임치인이 임치물의 일부 반환을 청구하기 곤란해진다. §159는 질권자의 승낙과 창고증권에 이러한 사실을 기재하는 방법으로 이런 곤란을 해소할 수 있게 한다. 이에 의해 창고증권 분할을 위한 구 증권 회수와 신 증권 발행이라는 번잡을 피하고, 질권자의 담보이익 및 임치인의 일부 출고에 의한 처분이익 양자 모두를 보호하고 있다.

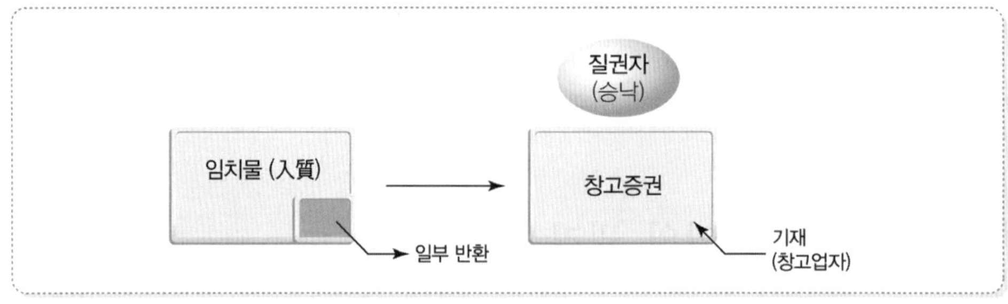

:: [그림 16-2] 입질 임치물의 일부 출고

3. 기 타

(가) 창고증권 교부청구권 – 임치인은 필요하면 창고업자에 창고증권의 교부를 청구할 수 있다(§156(1)).

(나) 임치물 반환청구권 – 임치인은 보관기간에 관한 약정이 있는 때에도 언제든지 창고업자에게 임치물 반환청구권을 행사할 수 있다. 임치인이 적기 처분을 할 수 있도록 하기 위함이다.

제3절 창고업자의 의무

1. 보관의무

① 창고업자는 보관에 대한 보수 여부에 상관없이 선량한 관리자의 주의로 보관해야 한다(§62, 민§374(특정물 인도 채무자의 선관주의의무))(판례).[2)]

2) 서울고등법원 1977. 3. 18. 선고 76나3354 제5민사부 판결(가성소다 야적 보관 사례); 대법원 1994. 4. 26. 선고 93다62539, 62546 판결(건고추 냉동창고 보관 사례).

② 보관기간은 당사자의 약정에 의한다. 약정이 없으면 원칙적으로 최소 6개월은 보관해야 한다(§163(1)).

2. 검사 협조의무

창고업자는 임치인(또는 창고증권 소지인, 이하 동일)의 임치물검사, 견품적취, 보전에 필요한 처분 등에 협조할 의무를 진다(§161 참조). 이는 소극적 수인(受忍) 정도에 그치는 것이 아니라 적극적 협력의무이다(통설).

3. 하자 통지 · 처분의무

> **제168조(준용규정)** 제108조(하자 등 통지 및 처분의무)와 제146조(무유보 수령 책임소멸)의 규정은 창고업자에 준용한다.

① 위탁매매인의 하자 등의 통지의무에 관한 규정(§108)을 창고업에 준용한다. 이에 따라 창고업자가 목적물을 인도받은 후에 그 물건의 훼손 또는 하자를 발견하거나 그 물건이 부패할 염려가 있는 때 또는 가격하락의 상황을 안 때에는 지체없이(바로) 위탁자에게 그 통지를 발송해야 한다(§168 → §108(1)).

② '가격하락의 상황을 안 때'까지를 준용하는 것은 단순히 보관만을 하는 창고업의 특성에 비추어 과도하다(통설).

③ 임치인의 지시를 받을 수 없거나 지시가 지연되면 창고업자는 임치인의 이익을 위하여 적당한 처분을 할 수 있다(§168 → §108(2)). 긴급처분권인데 의무이기도 하다.

4. 반환의무

① 창고업자는 임치인에게 임치물을 반환해야 한다.

② 임치물 자체를 반환해야 한다. 임치물이 대체물일 때에도 마찬가지이다. 따라서 대체물이 창고업자의 귀책으로 멸실된 경우 이행불능에 의한 손해배상책임을 진다(판례).[3]

③ 창고증권이 발행된 경우에는 창고증권과 상환하여 임치물을 반환하여야 한다(상환증권성)(§157 → §129). 그러나 화물상환증과 마찬가지로 가도 · 보증도도 가능하다.

---

3) 대법원 1976. 11. 9. 선고 76다1932 판결.

제4절 창고업자의 권리

1. 공탁 · 경매권

> **제165조(준용규정)** 제67조 제1항(공탁 · 경매권)과 제2항(최고불요 경매)의 규정은 임치인 또는 창고증권소지인이 임치물의 수령을 거부하거나 이를 수령할 수 없는 경우에 준용한다.

임치인이 임치물의 수령을 거부하거나 이를 수령할 수 없는 경우, 매도인의 공탁권 · 경매권(§67(1)(2))을 준용한다(§165). §67(3)(경매대금 공탁 또는 매매대금 충당권)은 준용에서 빠져 있다.

2. 보관료 등 청구권

> **제162조(보관료 청구권)** ① 창고업자는 임치물을 출고할 때가 아니면 보관료나 그 밖의 비용과 체당금의 지급을 청구할 수 없다. 그러나 보관기간이 경과된 후에는 출고 전이라도 이를 청구할 수 있다. ② 임치물을 일부 출고하는 경우 창고업자는 그 비율에 따른 보관료나 그 밖의 비용과 체당금의 지급을 청구할 수 있다.

(1) 시 기

(가) 출고시 – 창고업자가 보관료 기타의 비용과 체당금의 지급을 청구할 수 있는 시기는 임치물 출고시가 원칙이다(후급, §162(1)). 일부 출고의 경우에는 출고 비율에 따른 청구가 가능하다(§162(2)). 임치물이 사실상 보관료 등의 채권에 대한 담보가 되기 때문이다.

(나) 보관기간 경과시 – 보관기간이 경과하면 출고 전이라도 청구할 수 있다. 보관기간이 경과하면 출고하지 않고 창고에 그대로 두더라도 보관기간에 해당하는 보관료 등을 후급으로 청구할 수 있도록 한 것이다.

(2) 지급의무자

창고업자는 임치인에게 보관료 등을 청구할 수 있다(§167).

(3) 멸실 · 훼손의 경우

임치물이 멸실 · 훼손된 경우의 보관료에 관해서는 규정이 없다. 물건운송에서 규정하고 있는 §134(쌍방 책임 없는 사유로 인한 멸실의 경우 운임청구 불가 및 송하인의 책임에 의한 멸실 등의 경우 전액 청구 가능)와 §137(4)(멸실로 지급하지 않게 된 금액 공제)을 창고업에 유추적용하는 것이 타당하다.[4] 이는 위험부담과 형평의 당연한 법리를 규정한 것이기 때문이다.

(4) 단기시효(채권)

> **제167조(채권의 소멸시효)** 창고업자의 임치인 또는 창고증권소지인에 대한 채권은 그 물건을 출고한 날부터 1년 동안 행사하지 않으면 소멸시효가 완성된다.

위 단기시효(1년)의 기산점은 임치물 출고시가 원칙이다. 그러나 보관기간 경과의 경우에 의한 채권의 경우에는 출고 전이라도 보관기간 경과시가 기산점이 된다(§162(1)단).

(5) 유치권

창고업에는 유치권에 관한 규정이 없다. 물건운송인의 유치권 규정(§120, §147)이 유추적용되지 않으므로, 임치인이 상인이면 일반상사유치권(§58)에 의하고, 임치인이 상인이 아니면 민사유치권(민§320)에 의한다.

제5절 창고업자의 배상책임(물건운송인과 비교)

창고업자의 배상책임은 물건운송인과 대체로 같다. 약간의 차이가 있는데, 물건운송은 운송물이 장소적으로 이동하는 동적 특성상 손해 발생의 위험이 크지만, 창고업은 이러한 이동이 없는 정적 특성상 손해 발생의 위험이 상대적으로 적기 때문이다.

Ⅰ. 같은 점

1. 과실책임

> **제160조(손해배상책임)** 임치물이 멸실 또는 훼손된 경우 창고업자는 자기 또는 그 사용인이 임치물

4) 송옥렬 207.

> 의 보관에 관하여 주의를 게을리하지 않았음을 증명하지 않으면 그 손해를 배상할 책임을 진다.

① 과실책임주의를 취한다. 이는 물건운송과 같다.

② 임치물의 멸실은 임치물의 물리적 멸실에 한하지 않는다. 예컨대, 도난 또는 창고증권과 상환하지 않고 임치물을 권한 없는 자에게 반환하는 등 임치인에게 임치물을 반환할 수 없게 된 모든 경우를 포함한다(판례·통설).[5]

2. 특별소멸사유

> **제168조(준용규정)** 제108조(위탁물의 훼손, 하자 통지 및 처분)와 제146조(무유보 수령 책임소멸)의 규정은 창고업자에 준용한다.
>
> **제166조(책임의 소멸시효)** ① 임치물의 멸실 또는 훼손으로 생긴 창고업자의 책임은 그 물건을 출고한 날부터 1년이 경과되면 소멸시효가 완성된다.
> ② 제1항의 기간은 임치물이 전부 멸실된 경우에는 창고업자가 임치인과 알고 있는 창고증권 소지인에게 그 멸실의 통지를 발송한 날부터 기산한다.
> ③ 제1항과 제2항은 창고업자 또는 그 사용인이 알았을 때(악의)는 적용되지 않는다.

(가) 무유보 수령 책임소멸

무유보 수령에 의한 책임소멸 규정이 준용된다(§168→§146).

(나) 단기시효(책임)

① 창고업자의 배상책임은 출고일(임치물의 전부 멸실의 경우는 창고업자가 임치인과 알고 있는 창고증권소지인에게 멸실의 통지를 발송한 날)을 기산점으로 하여 1년의 단기시효(§166)가 적용된다.

② 창고업자 또는 그 사용인이 악의이면 위 특례가 적용되지 않는다(§168, §146(2)). 여기서 악의라고 함은 인도받은 자가 그 임치물을 반환받을 정당한 권리자가 아님을 알면서 출고한 경우를 말한다. 창고업자는 악의가 아니었다는 점에 대하여 증명책임을 진다(판례).[6]

③ 1년의 단기시효는 창고업자의 계약상대방인 임치인의 청구에 대해서만 적용된다. 타인 소유의 임치물인 경우 그 타인의 소유권에 기한 청구에는 이를 적용하지 않는다(판례).[7]

---

5) 대법원 1978. 9. 26. 선고 78다1376 판결.
6) 대법원 1978. 9. 26. 선고 78다1376 판결.

Ⅱ. 다른 점

창고업에는 물건운송과는 달리 (a) 고가물 특칙(§136)과 (b) 정액배상 특칙(§137)에 관한 규정이 없다. 이를 유추적용할 것인가?

(ⅰ) 부정설(다수설),[8] (ⅱ) 긍정설(소수설)이[9] 있다.

(ⅲ) 사견 – 해석론으로는 유추적용 부정설이 타당하다. 위 특칙들은 장소적 이동이라는 운송의 특성상 위험노출의 가능성이 크고 운송의 대량성을 고려하여 운송업을 정책적으로 보호하기 위한 것이기 때문이다. 그러나 입법론으로 창고업에 고가물 특칙(§136)을 준용할 것인지에 대해서는 검토가 필요하다.

제6절 창고증권

1. 의의와 기능

① 창고증권은 창고업자에 대한 임치물반환청구권을 표창하는 유가증권이다.

② 창고증권은 임치물을 보관상태에서 양도하거나 담보로 제공함으로써 자금회수 기능을 한다. 화물상환증과 같은 기능이다.

2. 법적 성질

제157조(준용규정) 창고증권에 대해서는 제129조부터 제133조까지(화물상환증)의 규정을 준용한다.

창고증권은 유가증권이다. 그 법적 성질, 적용법리, 양도방법, 물권적 효력, 채권적 효력 등은 화물상환증과 동일하다(§157 → §129(상환증권성), §130(당연한 지시증권성), §131(기재의 효력), §132(처분증권성), §133(물권적 효력)).

---

7) 대법원 2004. 2. 13. 선고 2001다75318 판결.

8) 고재종 356, 손주찬 392, 송옥렬 209, 이기수/최병규 555, 이철송 599, 임중호 515~516, 정동윤 298, 정찬형 403~404, 채이식 343, 최정식 431, 최준선 423.

9) 김성태 667, 서헌제 402, 최기원/김동민 404.

3. 발 행

> **제156조(창고증권 발행)** ① 창고업자는 임치인의 청구가 있으면 창고증권을 교부해야 한다.
> ② 창고증권에는 다음 사항을 기재하고 창고업자가 기명날인 또는 서명을 해야 한다.
> 1. 임치물의 종류, 품질, 수량, 포장의 종별(種別), 개수와 기호
> 2. 임치인의 상호 또는 성명, 영업소 또는 주소
> 3. 보관장소
> 4. 보관료
> 5. 보관기간을 정한 경우에는 그 기간
> 6. 임치물을 보험에 붙인 때에는 보험금액, 보험기간과 보험자의 상호 또는 성명, 영업소 또는 주소
> 7. 창고증권의 작성지와 작성 연월일

(가) 청구주의 – 창고증권은 임치인의 청구가 있을 때 창고업자가 발행해야 한다(§156(1)).

(나) 요식증권 – 창고증권에는 법정 사항을 기재하고 창고업자가 기명날인 또는 서명해야 한다(§156(2)). 엄격한 요식증권이 아니므로 불가결한 사항이 아니면 일부를 기재하지 않아도 증권의 효력에는 영향이 없다.

(다) 단권주의 – 양도용과 입질용을 구분하지 않고 모두 하나의 같은 창고증권에 의하는 단권주의 입법을 취하고 있다.[10]

4. 분할발행

> **제158조(임치물 분할과 분할 부분에 대한 창고증권 교부)** ① 창고증권의 소지인은 창고업자에게 그 증권을 반환하고 임치물을 분할하여 각 부분에 대한 창고증권의 교부를 청구할 수 있다.
> ② 제1항에 따른 임치물의 분할과 증권 교부의 비용은 증권소지인이 부담한다.

임치물 전부를 묶어 1장의 창고증권을 발행하는 것이 원칙이다(통발행). 그러나 창고증권소지인은 필요에 따라 가분물인 임치물을 분할하여 각 부분에 대한 창고증권의 교부를 청구할 수 있다(§158(1)). 이를 위해 기발행된 구 창고증권은 창고업자에 반환해야 한다(§158(1)). 임치물 분할과 신 창고증권 발행의 비용은 청구자가 부담한다(§158(2)).

---

10) 이와는 달리 임치물 양도용과 입질용 각각에 대해 창고증권 두 장을 한 조로 발행할 수 있도록 하는 복권주의 입법이 있다.

제7절 종료(해지)

1. 임치인의 해지

임치인은 민법의 해지자유 원칙(민§543)에 따라 언제든지 창고계약을 해지하고 임치물의 반환을 청구할 수 있다(민§698후). 기간의 약정이 있는 때에도 마찬가지이다. 다만 임치기간이 정해져 있음에도 그 기간이 경과하기 전에 출고하면, 임치인은 창고업자에게 채무불이행에 의한 손해배상책임을 진다(민§551). 임치인에게 자유로운 해지를 허용하되 조기출고로 인한 창고업자의 기회비용을 전보하기 위함이다.

2. 창고업자의 해지

> **제163조(임치기간)** ① 당사자가 임치기간을 정하지 않은 경우 창고업자는 임치물을 받은 날부터 6개월이 경과된 후에는 언제든지 이를 반환할 수 있다.
> ② 제1항의 경우 임치물을 반환하려면 2주일 전에 예고해야 한다.
>
> **제164조(부득이한 경우의 임치물 반환)** 부득이한 사유가 있는 경우에는 제163조에도 불구하고 창고업자는 언제든지 임치물을 반환할 수 있다.

(가) 임치기간을 정하지 않은 경우

임치기간을 정하지 않은 경우 창고업자가 계약을 해지하려면 임치 후 6개월 경과 및 2주일 전 예고를 요한다. 창고업의 특성상 임치인에게 임치기간을 안정적으로 확보해주고 해지에 대비하여 새로운 보관장소 물색 등 후속 조처를 할 수 있도록 하기 위함이다.

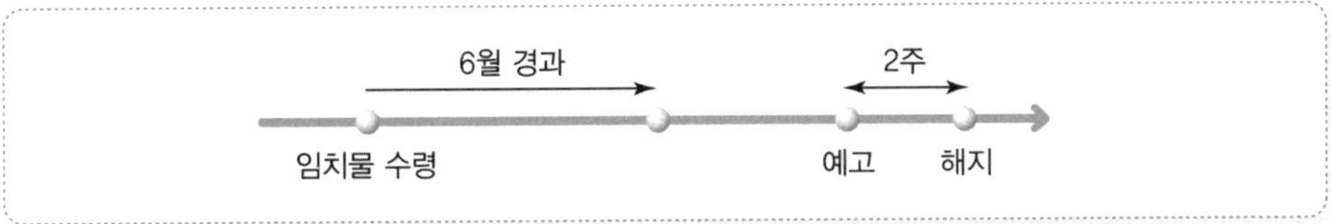

:: [그림 16-3] 창고업자의 해지

(나) 부득이한 사유가 있는 경우

임치기간의 약정이 있더라도 부득이한 사유가 있으면(예컨대, 임치물 부패로 다른 임치물에 손해를 끼칠 우려가 있는 경우) 6개월 경과 및 2주 전 예고 없이도 언제든지 임치계약을 해지할 수 있다. 민법에서와 같다(민§698).

| 제17편 |

공중접객업

공중접객업은 공중이 고객으로 이용하는 시설에 의한 거래를 영업으로 한다. 이에 해당하는 것은 매우 다양하다. 상법은 공중접객업자의 배상책임에 관하여 물적 손해를 임치물과 휴대물로 구분하여 규정하고 있다. 인적 손해의 배상은 민법에 의한다.

Keyword:

공중접객업, 고객, 물적 손해배상(임치물, 휴대물, 면책, 고가물 특칙, 초단기시효), 인적 손해배상(민법 적용)

▌제1절▐ 총　　설

사 례

A는 B가 운영하는 미용실에서 핸드백을 맡기고 머리를 손질했다. 핸드백에는 핸드폰, 50만원 상당의 상품권, 100만원 상당의 시계가 들어 있었지만, A는 핸드백에 이러한 것들이 들어 있다는 것을 미용실에 말하지 않았다. 핸드백을 분실한 경우 A가 피해구제를 위해 주장할 수 있는 것은?

Ⅰ. 의의와 특징

> **제151조(공중접객업자의 의의)** 극장, 여관, 음식점, 그 밖에 공중이 이용하는 시설에 의한 거래를 영업으로 하는 자를 공중접객업자(公衆接客業者)라 한다.

① §151의 공중접객업은 거래 유형을 특정하지 않고(거래내용 비특정), 공중이 이용하는 시설에 의한 거래이면(시설성) 그 무엇이건 이에 해당한다(포괄성). 이에 속하는 실제의 예는 매우 많다.[1] 극장, 여관, 음식점은 예시에 지나지 않는다.

② 공중접객업의 양태와 거래유형이 매우 다양하므로 상법은 상행위에 따른 권리의무를 규율하는 것을 포기하고, §151~§154에서 이들의 공통사항으로 고객의 임치물과 휴대물에 대한 손해배상 책임에 관해서만 규정하고 있다.

1) 법문의 극장, 여관, 음식점은 예시에 지나지 않는다. 그 외에도 예컨대, 카페, 독서실, 목욕탕, 영화관, 골프장 등 주로 공중이용시설에 의한 영업이 이에 해당한다.

Ⅱ. 고객 범위

여기에서의 고객은 공중접객업자와 공중접객시설 이용계약을 한 자인지를 불문한다(예: 결혼식장의 하객)(통설). 공중접객시설에는 불특정 다수의 고객이 부단히 출입하는 특성이 있기 때문이다.

제2절 물적 손해

> **제152조(공중접객업자의 책임)** ① 공중접객업자는 자기 또는 그 사용인이 고객으로부터 임치(任置)받은 물건의 보관에 관하여 주의를 게을리하지 않았음을 증명하지 않으면 그 물건의 멸실 또는 훼손으로 인한 손해를 배상할 책임이 있다.
> ② 공중접객업자는 고객으로부터 임치받지 않은 경우에도 그 시설 내에 휴대한 물건이 자기 또는 그 사용인의 과실로 멸실 또는 훼손되었을 때에는 그 손해를 배상할 책임이 있다.
> ③ 공중접객업자는 고객의 휴대물에 대한 책임이 없음을 알린 경우에도 제1항과 제2항의 책임을 면할 수 없다.

공중접객업자의 물적 손해배상책임에 관해서는 물건의 임치 여부 및 그에 따른 관리가 누구의 영역에 있는가를 기준으로 임치물과 휴대물로 구분한다. 과실책임인 점은 같으나 증명책임의 소재에 차이가 있다. 이는 여객운송인의 물적 손해에 대한 배상책임과 같다(§149, §150).

Ⅰ. 임 치 물

(1) 임치관계

공중접객업자와 고객 사이에 임치의 관계가 성립해야 한다. 즉, 공중접객업자의 지배영역 내에 목적물의 점유를 이전하여 보관하는 것에 관한 명시적 또는 묵시적 합의가 있어야 한다. 이러한 합의 없이 단순히 고객의 편의를 위해 보관 시설이나 장소를 제공하는 것에 그치면 보관책임이 없다(판례).[2] 보관의 대가 유무는 불문한다.

---

2) 대법원 1998. 12. 8. 선고 98다37507 판결: 공중접객업자와 객 사이에 임치관계가 성립하려면 그들 사이

(2) 과실책임 및 증명책임

(가) 과실책임 – 공중접객업자 또는 그 사용인이 임치받은 물건의 보관에 있어 과실이 있어야 한다(§152(1)). 보관에 관한 주의의무는 도난 · 멸실 · 훼손 등을 방지하는 데 필요한 제반 조처를 해야 할 의무를 포함한다.

제정 상법에서는 불가항력으로 인한 경우에만 면책되는 것으로 했던 것을 상법 개정에 의해 과실책임의 일반원칙에 편입시켰다. 이에 의해 운송인, 운송주선인, 창고업자의 과실책임과 균형을 맞추게 되었다.

(나) 증명책임 – 과실 없음에 대한 증명책임은 물건을 점유하여 관리한 공중접객업자에 있다.

Ⅱ. 휴 대 물

(1) 임치받지 않은 휴대물

고객이 공중접객업자에 임치하지 않고 공중접객시설 내에 휴대한 물건이어야 한다.[3]

(2) 과실책임 및 증명책임

(가) 과실책임 – 휴대물에 대한 1차적 관리책임은 이를 직접 지배하고 있는 고객 자신에게 있다. 그러나 공중접객시설 내에 휴대한 물건이 공중접객업자 또는 그 사용인의 과실로 멸실 또는 훼손되었다면 과실로 인한 손해배상책임을 진다(§152(2)).

에 공중접객업자가 자기의 지배영역 내에 목적물 보관의 채무를 부담하기로 하는 명시적 또는 묵시적 합의가 있음을 필요로 한다. 여관 부설주차장에 잠금장치가 된 출입문이 설치되어 있거나 출입을 통제하는 관리인 배치 등 여관 측에서 그 주차장에의 출입과 주차시설을 통제하거나 확인할 수 있는 조치가 되어 있다면, 그러한 주차장에 여관 투숙객이 주차한 차량에 관하여는 명시적인 위탁의 의사표시가 없어도 여관업자와 투숙객 사이에 임치의 합의가 있는 것으로 볼 수 있다. 그러나 이 사건에서 여관 측이 주차장의 출입 차량을 통제하거나 감시할 수 있는 시설이 설치되어 있지도 않고 그러한 일을 하는 관리인도 따로 두지 않아 주차장은 단지 투숙객의 편의를 위하여 주차 장소로 제공된 것에 불과한 것으로 보인다. 그러므로 그러한 주차장에 주차한 것만으로 여관업자와 투숙객 사이에 이 사건 차량에 관하여 묵시적인 임치의 합의가 있었다고 볼 수 없다. (참조 판례: 대법원 1992. 2. 11. 선고 91다21800 판결(숙박업소 부설주차장 차량 도난 사례)).

3) 광주고등법원 1989. 2. 15. 선고 88나3986 제1민사부 판결: §152(2) 소정의 객이 공중접객업자의 시설 내에 휴대한 물건이란 객이 공중접객업자에게 보관하지 아니하고 그 시설 내에서 직접 점유하는 물건을 의미하는 것이다. 반드시 객이 물건을 직접 소지하기를 바라는 것은 아니므로, 객이 여관에 투숙하면서 그의 승용차를 그 전용 주차장에 주차하였다면 이는 공중접객업자의 시설 내에 이를 휴대한 것으로 볼 것이다.

(나) 증명책임 – 고객에게 있다. 이 점이 임치한 경우와 다르다.

〈표 17-1〉 공중접객업자의 물적 손해배상책임

		임치물	휴대물
임치계약		보관에 관한 명시적 또는 묵시적 합의	(없음)
물건 지배 (1차적 관리책임)		공중접객업자	고객
공중접객업자의 주의의무 위반	요 부	요함 (과실책임)	
	증명책임 소재	공중접객업자	고객

Ⅲ. 고가물 특칙

> **제153조(고가물인 경우의 책임)** 화폐, 유가증권, 그 밖의 고가물(高價物)인 경우에는 고객이 그 종류와 가액을 명시하여 임치하지 않으면 공중접객업자는 그 물건의 멸실 또는 훼손으로 인한 손해를 배상할 책임이 없다.

"명시하라, 그렇지 않으면 책임도 묻지 마라"라는 고가물 특칙조항은 공중접객업자, 물건운송인, 운송주선인 모두에 적용된다(§124, §136, §153).

Ⅳ. 초단기시효

> **제154조(소멸시효)** ① 제152조(물적 손해)와 제153조(고가물 손해)의 책임은 공중접객업자가 임치물을 반환하거나 고객이 휴대물을 가져간 후 6개월이 지나면 소멸시효가 완성된다.
> ② 물건이 전부 멸실된 경우 제1항의 기간은 고객이 그 시설에서 퇴거한 날부터 기산한다.
> ③ 제1항과 제2항은 공중접객업자나 그 사용인이 알았을 때(악의)는 적용되지 않는다.

(1) 6개월 시효

① 공중접객업자의 배상책임 소멸시효기간은 6개월이다. 가장 짧다. 다수의 이용자가 빈번하게 이용하는 공중접객업의 특성을 감안하여 책임을 신속하게 종결짓기 위함이다.

② 기산점은 권리행사가 가능한 시점이다. 즉, 공중접객업자가 임치물을 반환하거나 고객이 휴대물을 가져간 시점(전부 멸실의 경우는 고객의 시설 퇴거일)이다(§154(2)).

(2) 배제: 악의

공중접객업자나 그 사용인이 악의일 때에는 위의 초단기시효가 적용되지 않고(§154(3)), 일반상사시효(§64)에 의한다. 여기서 '악의'는 어떤 의미인가?

(ⅰ) 고의로 고객의 물건을 멸실 또는 훼손하거나 이를 은폐한 경우를 뜻한다는 견해(침해적 고의설; 다수설),[4] (ⅱ) 그렇게 해석할 근거가 없으므로 단순히 멸실·훼손을 안 것으로 충분하다는 견해(인식설; 소수설)가[5] 있다.

(ⅲ) 사견 — 인식설이 타당하다. 악의의 일반적 의미와 달리해서 좁혀 볼 것은 아니다.

Ⅴ. 면　　책

(1) 면책 특약

면책의 특약은 원칙적으로 유효하다. 쌍방적 합의를 기반으로 한 것이기 때문이다. 그러나 그 내용에 무효사유가 있으면 그에 의해 무효가 될 수 있음은 별개이다.

(2) 면책 게시

① 공중접객업자가 책임을 지지 않는다고 일방적으로 알리는 면책의 게시는 효력이 없다(§152(3)).

② 그러나 면책의 게시가 무의미한 것만은 아니다. 그에 의해 고객의 주의를 촉구하고, 그럼에도 불구하고 고객이 주의를 기울이지 않았으면 공중접객업자의 배상책임을 산정할 때에 과실상계(민§396)의 사유가 될 수 있다(판례·통설).[6]

---

4) 김두진 381, 손주찬 388, 임중호 527, 정찬형 397, 최기원 361, 최기원/김동민 396, 최정식 427.

5) 송옥렬 205, 안강현 336, 정동윤 309.

6) 서울민사지방법원 1991. 3. 20. 선고 90나24290 제5부 판결: 골프장이 많은 이용객으로 항시 붐비는 상태인데도 이용객의 소지품 도난을 방지하기 위하여 경비원 수를 늘리거나 현관에 있는 골프가방 거치대에 잠금장치를 하지 아니한 잘못으로 이용객이 거치대에 놓아둔 골프가방을 도난당한 사안이다. 위 골프장은 대중골프장으로서 일반골프장과 달리 이용객이 보조자(캐디) 없이 스스로 운반용 카트에 골프가방을 싣고 다니게 되어 있고 그 사용요금도 현저히 저렴하며 현관 등에 골프가방의 보관, 관리는 본인이 하여야 하고 분실 시 책임지지 않는다는 안내문을 게시하였다 하더라도, 골프장의 이용객(원고)이 공중접객업자(피고)의 시설 내에 휴대한 골프채를 피고 측의 과실로 인하여 도난당하였음이 인정된다. 그러므로 아무런 과실이 없다는 피고 측 주장은 이유가 없다. 다만 도난사고 당시에 원고는 위 골프장을 40 내지 59회 정도 이용한 사람으로서 분실사고에 대한 피고 측의 안내문을 숙지하고 있었으므로 골

Ⅵ. 불법행위책임

위의 배상책임과 불법행위책임은 청구권 경합관계에 있다(판례 · 통설).[7]

제3절 인적 손해

공중접객시설을 이용하는 고객이 입은 생명 · 신체 등의 인적 손해배상책임에 대해서는 상법에 규정이 없다. 이는 민법의 일반적 구제수단인 불법행위책임과 채무불이행책임에 의한다.

(1) 불법행위책임

생명침해의 불법행위(민§750)를 청구원인으로 하여 손해배상을 청구하는 경우, 유가족은 위자료를 청구할 수 있다(민§752). 이때 청구자는 책임요건에 대해 증명책임을 진다.

(2) 채무불이행책임

공중접객업자는 위험이 없는 안전한 시설을 제공함으로써 고객의 안전을 보호할 의무를 진다. 이는 기본계약에 부수적으로 포함된 신의칙상의 의무이다. 공중접객업자가 이를 위반하여 고객의 생명 · 신체 등에 손해가 발생하면, 공중접객업자는 불완전이행으로 인한 채무불이행책임을 진다(판례).[8] 채무불이행을 청구원인으로 하여 배상책임을 물을 때에는 고객이 사망하더라도 유가족은 위자료 청구적격이 없다(판례).[9]

프가방을 두고 자리를 비울 때는 피고 측 근무자들에게 보관을 요청하는 등으로 도난방지 조처를 해야 했을 것임에도 불구하고 만연히 거치대에 위 골프가방을 놓고 샤워를 하러 감으로 인하여 도난사고를 당한 사실이 인정된다. 그러므로 손해액의 결정에 원고의 이러한 과실을 참작한다. (이설: 이철송 590, 정준우 351).

7) 대구고등법원 1977. 4. 22. 선고 76나665 제2민사부 판결 (목욕탕 옷장 귀중품 분실 사례): 피고에게 인정하는 책임이 상법상의 공중접객업자로서의 책임이 아니고 민법상 사용자책임에 근거하는 것이고 보면 원고가 그 소지품에 대한 종류와 가액의 명시에 의한 별도의 임치가 없었다는 사유만으로는 피고의 책임이 면책된다고 할 수 없다.

8) 대법원 2000. 11. 24. 선고 2000다38718, 38725 판결. (참조 판례: 대법원 1994. 1. 28. 선고 93다43590 판결; 대법원 1997. 10. 10. 선고 96다47302 판결(장기투숙의 경우도 마찬가지라고 한 사례)).

9) 대법원 2000. 11. 24. 선고 2000다38718, 38725 판결.

| 제18편 |

금융업

금융업에 관한 상법 규정은 매우 간단하다. 기본적 상행위(§46)로 수신 · 여신 · 환 기타의 금융거래(8호), 신탁의 인수(15호), 상호부금 기타 이와 유사한 행위(16호), 보험(17호), 기계 · 시설 · 그 밖의 재산의 금융리스에 관한 행위(19호), 영업상 채권의 매입 · 회수 등에 관한 행위(21호), 신용카드 · 전자화폐 등을 이용한 지급 업무의 인수(22호) 등을 규정하고 있다. 이 중에서 금융리스업과 채권매입업에 관하여 별도로 규정하고, 보험에 관해서는 제4편에서 규정하고 있다.

Keyword:
금융리스(물융), 운용리스, 임대차, 이용자, 공급자, 금융리스업자, 이용자의 공급자에 대한 직접청구권, 담보책임 배제의 특약, 해지, 채권매입업, 채권양도, 상환청구, 진정 팩터링, 부진정 팩터링

제1장

금융리스업

제1절 총 설

사 례

A항공사는 비행기(기종: 보잉747-400)를 1대당 3,000억원에 제조사인 B로부터 리스형식으로 구입하고, 구매비용 전액을 C금융사로부터 조달했다. 이럴 때 A가 사용할 수 있는 방식과 A, B, C의 법률관계는? (이 중에서 주도적 지위에 있는 자는?)

기초 임대차

임대차는 임대인이 임차인에게 물건을 사용 · 수익하게 하고 대가로 임차료를 받는 계약이다. 이를 위해 임대인은 목적물을 임차인에게 인도하고 사용 · 수익에 필요한 상태를 유지할 의무를 진다(민§623). 민법은 '임차인 보호'를 위한 규정을 두고 있다.

기초 리 스

리스(lease)는 대가를 받기로 하고 타인에게 사용 · 수익권을 주는 계약이다. 리스에는 운용리스(operating lease)와 금융리스(물융, finance lease)가 있다. 전자는 주로 범용성이 있는 물건(예: 자동차, 복사기, 컴퓨터 등)을, 후자는 주로 범용성이 없는 물건(예: 비행기 등)을 대상으로 한다. 운용리스는 임대차와 유사하다. 상법은 금융의 성격이 뚜렷한 금융리스에 관해서만 규정하고 있다.

Ⅰ. 의 의

> **제168조의2(금융리스업자의 의의)** 금융리스 이용자가 선정한 기계, 시설, 그 밖의 재산(이하 이 장(章)에서 "금융리스물건"이라 한다)을 제3자(이하 이 장에서 "공급자"라 한다)로부터 취득하거나 대여받아 금융리스 이용자에게 이용하게 하는 것을 영업으로 하는 자를 금융리스업자라 한다.

① 금융리스업자는 '기계, 시설, 그 밖의 재산의 금융리스에 관한 행위'를 영업으로 하는 상인이다(§46(19호)).

② 금융리스의 사법적 법률관계에 대해 상법에 약간의 규정을 두고 있으나, 실제는 주로 약관에 의한다.

Ⅱ. 구조 및 성격

(1) 구 조

금융리스 이용자(lessee)가 주도적으로 리스물건과 공급자(supplier)를 선정하고 그에 필요한 자금을 조달하기 위해 금융리스업자(lessor)와 금융리스계약을 체결하고, 금융리스업자는 이를 위해 공급자와 리스물건 매매계약 등을 체결한다. 이용자와 공급자 사이에는 계약관계가 없다. 그러나 이용자는 법에 따라 리스물건의 직접 수령권 및 사용·수익권을 갖고, 리스물건의 직접적인 관리책임을 진다. 이용자는 그 대가로 리스업자에게 리스료를 지급한다.

(2) 금융성

금융리스는 임대차의 형식과 금융의 일종인 물융(物融)의 실질을 갖는 이중적 성격을 갖는다. 금융리스는 운용리스에 비해 금융의 성격이 강하다(판례).[1)]

1) 대법원 1996. 8. 23. 선고 95다51915 판결; 대법원 1997. 11. 28. 선고 97다26098 판결; 대법원 2013. 7. 12. 선고 2013다20571 판결 등.

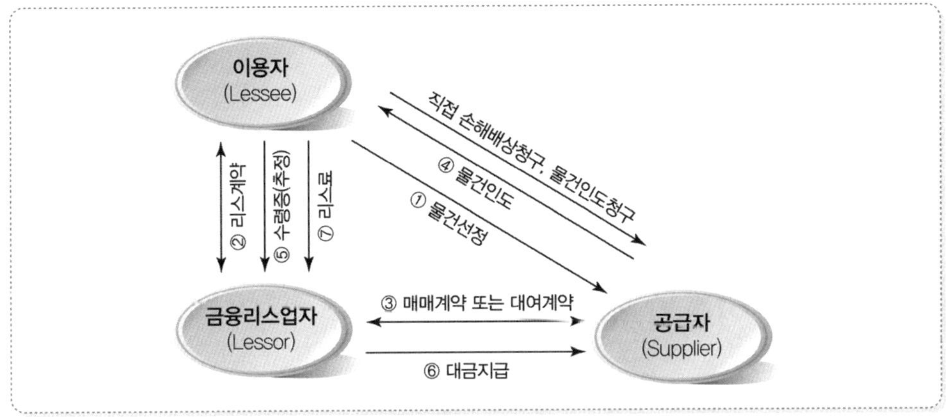

:: [그림 18-1-1] 금융리스 구조

Ⅲ. 금융리스계약

금융리스계약의 법적 성질은 무엇인가? 임대차에 관한 민법 규정보다 임차인에게 불리한 내용의 특약은 무효라는 민법의 편면적 강행규정(민§652)이 금융리스계약에도 적용되는가와 관련해서 주로 문제된다.

(ⅰ) 특수임대차계약설 – 기본적으로는 금융리스계약을 임대차계약으로 보면서 그에 대한 특수성을 부가적으로 인정하는 견해이다.[2] 금융리스계약도 임차인 보호를 위한 민법 중 강행규정(민§627, §652)의 적용을 받으므로 이에 저촉되는 면책조항은 무효라고 한다.

(ⅱ) 특수소비대차계약설 – 임대차로 볼 수 없다고 하여, 이용자가 공급자로부터 물건을 공급받고 리스업자가 그 물건의 소유권을 유보하고 이를 담보로 자금을 대여하는 특수한 소비대차라는 견해이다.[3]

(ⅲ) 비전형 특수계약설 – 순수한 임대차계약이 아니라 임대차 · 소비대차 · 매매 등의 요소가 혼합된 비전형 특수계약(무명계약)이라는 견해이다. 임차인 보호를 위한 민법의 임대차 규정(예: 임대인의 하자담보책임 · 위험부담 · 유지관리책임)은 금융리스에는 적용되지 않고, 담보책임 면책의 특약도 유효하다고 한다(판례 · 통설).[4][5]

---

2) 최기원/김동민 414.
3) 최준선 436.
4) 대법원 1986. 8. 19. 선고 84다카503, 504 판결: 시설대여(리스)는 형식에서는 임대차계약과 유사하나 그 실질은 물적 금융이고 임대차계약과는 여러 가지 다른 특질이 있으므로 시설대여(리스)계약은 비전형계약(무명계약)이다. 따라서 이에 대하여는 민법의 임대차에 관한 규정이 바로 적용되지 아니한다. (따름 판례: 대법원 1987. 11. 24. 선고 86다카2799, 2800 판결; 대법원 1996. 8. 23. 선고 95다51915 판결; 대법원 1997. 10. 24. 선고 97다27107 판결).

(ⅳ) 사견 – 비전형 특수계약설을 취한다. 금융리스계약에 대해서는 임대차라는 굴레에서 벗어나 금융이라는 속성에 충실한 실질적 접근이 필요하고, 민법의 임대차 규정이 보호 대상으로 삼고 있는 임차인과 금융리스 이용자는 그 지위가 다르기 때문이다. 이렇게 본다면, 임차인 보호를 위해 편면적 강행규정으로 되어 있는 민법의 임대차 규정은 금융리스계약에 적용되지 않는다.

제2절 이용자의 권리 · 의무

금융리스 이용자(이하 '이용자')는 리스물건에 관하여 주도적인 역할을 한다. 이용자는 자신이 필요로 하는 리스물건을 선정하고, 이를 공급자로부터 직접 수령하여, 이용하면서 유지 · 관리의무를 지고, 금융리스업자에게 대가로 리스료를 지급하고, 리스물건을 반환해야 할 지위에 있다.

1. 리스물 수령

(1) '직접' 수령권

> **제168조의4(공급자의 의무)** ① 금융리스물건의 공급자는 공급계약으로 정한 시기에 그 물건을 금융리스 이용자에게 인도해야 한다.
> ② 금융리스물건이 공급계약으로 정한 시기와 내용에 따라 공급되지 않은 경우 금융리스 이용자는 공급자에게 직접 손해배상을 청구하거나 공급계약의 내용에 적합한 금융리스물건의 인도를 청구할 수 있다.
> ③ 금융리스업자는 금융리스 이용자가 제2항의 권리를 행사하는 데 필요한 협력을 해야 한다.

이용자는 리스물건 공급에 관하여 계약당사자가 아니다. 그런데도 이용자는 법에 의해 금융리스업자를 통하지 않고 직접 공급자를 상대로 인도 수령권 및 손해배상청구권을 갖고, 리스업자는 그에 협력하는 지위에 있음을 규정하고 있다(§168의4).

(2) 수령증 발급의무

> **제168조의3** ③ 금융리스물건 수령증을 발급하면 금융리스 계약당사자 사이에 적합한 금융리스물건이 수령된 것으로 추정한다.

5) 김성태 694~695, 김정호 450, 김홍기 265, 서헌제 427, 손주찬 415, 손진화 320, 송옥렬 212, 전우현 386, 정경영 287, 정동윤 315, 정찬형 417.

(가) 적합물 수령 추정 – 이용자가 금융리스업자에게 수령증을 발급하면 리스계약 당사자 사이에 적합한 리스물건이 수령된 것으로 추정한다(§168의3(3)). 그 결과 수령증을 발급한 이용자가 수령한 물건에 관하여 담보책임을 물으려면 하자를 증명할 책임을 진다.

(나) 수령증 미발급 – 수령증은 리스물건 인도에 관한 증명수단에 불과하다. 수령증 발급이 지연되더라도 실제 리스물건이 공급되었다면 리스업자는 공급자에게 대금을 지급해야 한다(판례).[6] 이용자가 정당한 사유 없이 목적물 인수를 거절하고 수령증을 발급하지 않을 때는 신의성실의 원칙상 수령증이 발급된 것과 같이 공급사로서는 리스물건에 대한 의무를 모두 이행한 것이므로 금융리스업자는 공급자에 대해 리스물건 발주계약을 해제할 수 없다(판례).[7]

2. 리스료

> **제168조의3** ② 금융리스 이용자는 제1항에 따라 금융리스물건을 수령과 동시에 금융 리스료를 지급해야 한다.

① 이용자가 공급자에게 리스료를 지급해야 할 시점은 공급자로부터 리스물건을 수령한 때이다(§168의3(2)).

② 리스료는 임차료와 성격이 다르다. 리스료는 리스물건 사용의 대가라기보다는 리스업자가 이용자에게 대여한 물건 대금의 원금과 이자를 분할상환하는 물융의 실질을 갖는다.

3. 사용 및 관리

> **제168조의3** ④ 금융리스 이용자는 금융리스물건을 수령한 이후에는 선량한 관리자의 주의로 금융리스물건을 유지 및 관리해야 한다.

이용자는 선관주의의무로 리스물건을 유지·관리해야 한다(§168의3(4)). 임대인이 수선의무를 지는 임대차(민§623)와 다르다. 이용자는 리스물건의 선정과 이용에 있어 주도적 위치에 있기 때문이다.

---

6) 대법원 1998. 4. 14. 선고 98다6565 판결. (따름 판례: 대법원 1999. 9. 21. 선고 99다24706 판결).
7) 대법원 2001. 11. 27. 선고 99다61736 판결.

4. 리스물 반환

리스관계가 종료되면 이용자는 리스물건을 반환할 의무를 진다(§168의5(1)). 이용자가 리스물건을 계속 사용하려면 계약을 갱신하거나 리스업자로부터 염가로 그 리스물건을 구매할 수 있다(계약갱신권 · 염가구매 선택권).

제3절 금융리스업자의 권리 · 의무

1. 협력의무

> **제168조의3(금융리스업자와 금융리스 이용자의 의무)** ① 금융리스업자는 금융리스 이용자가 금융리스계약으로 정한 시기에 금융리스계약에 적합한 금융리스물건을 수령할 수 있도록 해야 한다.

① 금융리스업자는 이용자가 공급자로부터 적합한 금융리스물건을 수령할 수 있도록 협력할 의무를 부담할 뿐이다(§168조의3(1)). 금융리스업자는 금융리스물건의 인도의무 또는 검사 · 확인 의무를 부담하지 않는다(판례).[8]

② 리스물건이 공급되지 아니한 경우, 이용자는 공급자를 상대로 직접 손해배상을 청구하거나 적합한 리스물건의 인도를 청구할 수 있는데(§168의4(2)), 이때 리스업자는 그 권리행사에 필요한 협력을 해야 할 의무가 있다(§168의4(3)).

2. 담보책임 배제 특약

금융리스계약으로 금융리스업자가 리스물건의 하자에 대해 담보책임을 지지 않는다는 면책의 특약을 한 경우, 이는 유효한가?

(ⅰ) 리스계약의 법적 성질을 임대차계약으로 보면 이러한 특약은 편면적 강행규정인 민법 §652를 위반하여 무효가 된다. (ⅱ) 그러나 이를 임대차계약이 아닌 비전형특수계약으로 보는 견해에 의하면 유효하다고 본다(판례 · 통설).[9]

(ⅲ) 사견 – 유효설이 타당하다.

---

8) 대법원 2019. 2. 14. 선고 2016다245418, 245425, 245432 판결.

9) 대법원 1996. 8. 23. 선고 95다51915 판결.

3. 공급자에 대한 의무

금융리스업자는 공급자에게 매매계약 등에 따른 대가를 지급해야 한다.

제 4 절 종료 (해지)

> **제168조의5(금융리스 계약의 해지)** ① 금융리스 이용자에게 책임이 있는 사유로 금융리스 계약을 해지하는 경우 금융리스업자는 잔존 금융리스료 상당액을 한꺼번에 지급할 것을 청구하거나 금융리스 물건의 반환을 청구할 수 있다.
> ② 제1항에 따른 금융리스업자의 청구는 금융리스업자의 금융리스 이용자에 대한 손해배상청구에 영향을 주지 않는다.
> ③ 금융리스 이용자는 중대한 사정변경으로 금융리스물건을 계속 사용할 수 없는 경우에는 3개월 전에 예고하고 금융리스 계약을 해지할 수 있다. 이 경우 금융리스 이용자는 계약해지로 인해 금융리스업자에게 발생한 손해를 배상해야 한다.

리스기간 중에는 이용자뿐만 아니라 금융리스업자도 리스계약을 해지할 수 없음이 원칙이다. 리스기간 중에 이용자의 안정적인 이용을 가능하게 하고 범용성 없는 물건을 대상으로 하므로 금융리스업자를 보호하기 위함이다.

1. 금융리스업자의 계약해지

(1) 사유 및 절차

이용자에 귀책사유가 있는 경우(예: 리스료 연체, 리스물건 관리 부실) 금융리스업자는 리스계약을 해지할 수 있다. 예고를 요하지 않는다.

(2) 구제수단

(가) 잔존 리스료 또는 리스물 반환 청구

금융리스업자가 리스계약을 해지하면 (a) 잔존 리스료의 일시 지급 또는 (b) 리스물의 반환을 청구할 수 있다(§168의5(1)). 위 (a)와 (b)의 관계를 어떻게 볼 것인가?

(i) 위 두 가지 중에서 택일해야 한다는 견해(택일설; 제1설),[10] (ii) 양자 모두를 청구할 수

10) 김두진 413, 송옥렬 217, 이종훈 332, 정찬형 422.

있지만, 리스물건 반환의 경우에는 리스물 반환시와 리스기간 만료시의 리스물 잔존가치의 차액을 정산해야 한다는 견해(병존 및 정산설; 제2설)가[11] 있다.

(iii) 사견 – 택일설을 취한다. 법문상 그러하고, 손해가 있으면 별도로 손해배상청구가 가능하여 택일설에 의하더라도 금융리스업자에 특별히 불리하지 않기 때문이다. 정산의무는 없다.

(나) 손해배상청구

위와는 별도로 손해가 있으면 금융리스업자는 이용자에게 배상청구를 할 수 있다(§168의5(2)). 이것에 의해 사실상 정산기능을 할 수 있다.

2. 이용자의 계약해지

(1) 사유 및 절차

이용자는 중대한 사정변경으로 리스물건을 계속 사용할 수 없는 경우(예: 불가항력으로 인한 리스물 멸실, 영업 폐지) 3개월 전에 예고하고 금융리스계약을 해지할 수 있다(§168의5(3)). 3개월 예고기간 중에는 해지할 수 없다. 그 결과 이 기간의 리스료를 지급해야 하고, 그 이후에는 잔존 리스료 지급의무가 소멸한다.

(2) 손해배상

이용자는 계약해지로 금융리스업자에 생긴 손해를 배상해야 한다(§168의5(3)).

(3) 해지 금지약관

이용자의 해지를 금지하는 약관은 무효이다(통설). §168의5(3)은 이용자 보호를 위한 강행규정이기 때문이다.

---

11) 강정혜, "금융리스에 대한 개정상법안의 쟁점", 상사법연구 제28권 제2호, 2009, 54, 임중호 539, 최정식 448, 최준선 444.

제2장

채권매입업

제1절 총 설

사 례

자동차제조회사로부터 자동차를 구입하고 대금을 할부로 하여 캐피탈금융회사가 발급한 신용카드로 지급해오던 중 고객이 할부금 납부를 연체하고 있다. 이 경우, 할부금 및 이자 연체에 따른 위험을 자동차제조회사와 캐피탈금융회사 중 누가 부담하는가?

Ⅰ. 의의 및 기능

> **제168조의11(채권매입업자의 의의)** 물건이나 유가증권의 판매, 용역의 제공 등에 의해 취득하였거나 취득할 타인의 영업상의 채권(이하 이 장에서 "영업채권"이라 한다)을 매입하여 회수하는 것을 영업으로 하는 자를 채권매입업자라 한다.

① 채권매입업자는 영업상 채권을 매입하여 회수하는 것을 영업으로 하는 상인이다(§168의11, §46(21호)). 실무에서는 흔히 팩터링(factoring)이라 한다.

② 판매상이 외상 매출채권을 변제기 전에 팩터링업자에 포괄적으로 양도함으로써 조기에 현금판매와 같은 효과를 얻을 수 있고 채권 관리와 추심업무를 아웃소싱함으로써 그에 필요한 인력과 비용을 덜 수 있는 이점이 있다.[12]

12) 여신전문금융업법에 따라 여신전문금융회사 등이 이를 영위한다(동법 §46(1)(2호)).

Ⅱ. 구 조

채권매입업의 당사자는 채권매입업자(factor, 팩터링회사), 판매상, 소비자이다.

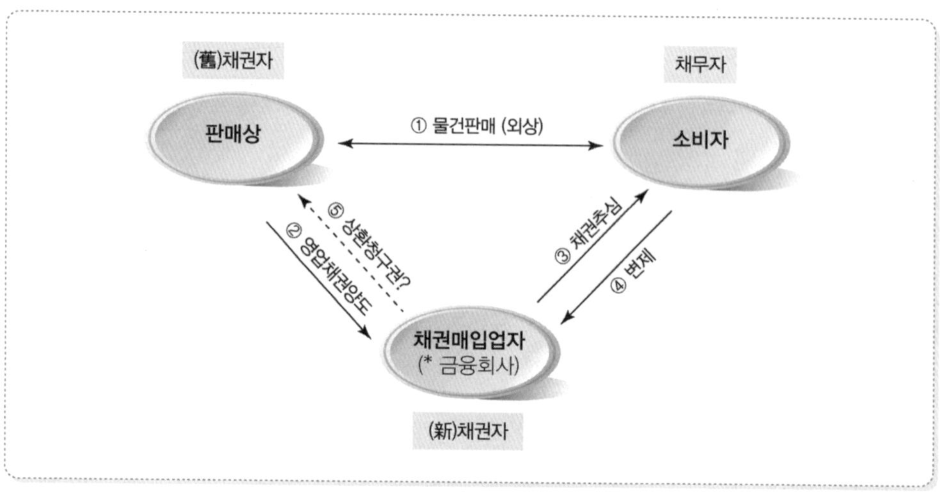

:: [그림 18-2-1] 채권매입업 구조

Ⅲ. 유 형

소비자가 채무이행을 하지 않는 경우 채권매입업자와 판매상 중 누가 회수불능의 위험을 부담하는가(채권매입업자가 판매상에 대하여 상환청구권을 갖는지)에 따라 (a) 상환청구권을 부정함으로써 채권매입업자가 위험을 부담하는 진정 팩터링, (b) 상환청구권을 긍정함으로써 판매상이 위험을 부담하는 부진정 팩터링이 있다.

제2절 판매상 · 소비자 관계

판매상이 소비자에게 외상으로 매매한 경우 판매상은 채권자, 소비자는 채무자가 된다. 그에 의해 판매상은 영업채권을 갖는다.

제3절 판매상 · 채권매입업자 관계

(1) 기본계약

판매상과 채권매입업자는 일정기간 발생하는 외상채권(영업채권)에 관해 포괄적으로 팩터링 하기로 하는 계약(채권매입 및 회수계약)을 체결한다. 소비자(채무자)는 팩터링계약의 당사자가 아니나.

(2) 채권양도

① 위의 기본계약을 토대로 해서 판매상이 소비자와의 외상거래로 인해 갖는 개별 영업채권을 채권매입업자에게 양도한다.

② 대상은 양도 가능한 모든 채권이다. 금전채권인 지명채권에 한하지 않고[13] 어음채권 등의 지시채권을 포함한다. 장래의 채권도 확정 가능성이 있으면 대상이 될 수 있다(§168의11).

(3) 상환청구 (위험부담)

> **제168조의12(채권매입업자의 상환청구)** 영업채권의 채무자가 그 채무를 이행하지 않으면 채권매입업자는 채권매입계약상의 채권매도자에게 그 상환(償還)을 청구할 수 있다. 다만, 채권매입계약으로 다르게 정한 경우에는 그러하지 않는다.

채무자(소비자)가 채무를 이행하지 않는 경우 상법은 채권매입업자가 판매상에게 상환청구권을 갖는다고 하여 부진정 팩터링을 원칙으로 한다. 다만, 약정에 의해 진정 팩터링으로 할 수 있다.

제4절 채권매입업자 · 소비자 관계

(1) 대항요건

매입대상이 지명채권이면 채무자(소비자)에게 대항요건을 갖추어야 한다. 이를 위해 판매상(채권양도인)의 채무자에 대한 통지 또는 채무자의 승낙을 요한다(민§450).

---

13) 비금전채권은 평가가 사실상 곤란하므로 제외된다는 견해가 있다(김홍기 276, 임홍근 558).

(2) 채권추심과 항변

① 채권을 양도받은 채권매입업자는 채권자의 지위에서 자기의 명의와 계산으로 채권을 추심한다. 단순히 판매상으로부터 채권추심권만을 위임받은 것이 아니다.

② 채무자(소비자)는 채권양도의 통지를 받거나 승낙을 할 때까지 판매상(구 채권자)에 대해 발생한 모든 사유를 가지고 그 채권을 양수한 채권매입업자(신 채권자)에 대항할 수 있다(민§451(2)).

제3장

보　　험

(1) 보험은 위험 관리수단의 하나이다. 상법은 보험을 기본적 상행위로 규정하고(§46(17호)), 이를 영업으로 하는 자는 상인이 된다. 상법 제4편 보험 편(§638~§739의3)은 보험계약에 관하여 규정하고 보험업법은 보험규제에 관하여 규정한다.

(2) 보험계약은 당사자 일방이 일정한 보험료를 납부하고 재산 또는 생명이나 신체에 불확정한 사고가 발생한 경우에 상대방이 일정한 보험금이나 그 밖의 급여를 지급할 것으로 약정함으로써 효력이 생긴다(§638). 보험자는 보험계약을 체결할 때에 보험계약자에게 보험약관을 교부하고 중요한 내용을 밝히고 설명하여야 한다. 보험계약자 또는 피보험자는 보험계약을 체결할 때에 보험자에게 중요한 사실을 알려주어야 할 고지의무를 진다.

(3) 보험계약의 당사자는 보험자와 보험계약자이다. 피보험자는 손해보험의 경우에는 피보험이익의 주체로서 보험사고 발생시 손해보상을 받을 권리자이고, 인보험의 경우에는 보험에 붙여진 자이다. 보험수익자는 인보험계약에서 보험금을 받을 자로 지정된 자이다. 손해보험에서 피보험자가 타인인 경우와 인보험에서 보험수익자가 타인인 경우를 타인을 위한 보험계약이라 한다.

(4) 보험계약자는 보험료 납부의무를 진다. 보험자는 보험기간 안에 보험사고가 발생하면 피보험자 또는 보험수익자에게 보험금을 지급할 의무를 진다. 다만 면책사유에 해당하면 보험금 지급이 거절된다.

(5) 상법 보험 편은 사보험을 손해보험과 인보험으로 분류한다. 손해보험은 보험목적이 재산이고 비정액 보상방식이다. 인보험은 보험목적이 사람으로, 생명보험은 정액 보상을, 상해보험과 질병보험은 당사자의 약정으로 정액 보상과 비정액 보상 중에서 선택할 수 있다.

| 제 19 편 |

공동기업

공동기업(공동영업)은 대외적으로는 법인격 유무에 따라, 대내적으로는 자본(출자)과 경영(노동)의 결합 형태에 따라 여러 유형이 있다. 비법인형 공동기업의 원형은 민법에서 규정하고 있는 조합이다. 상법은 조합의 변형인 익명조합과 합자조합을 규정한다. 법인형 공동기업의 전형은 회사이고 제3편에서 따로 규정한다.

Keyword:
단독기업, 공동기업, 조합형(조합, 익명조합, 합자조합), 법인형(회사), 법인격 유무, 대내관계, 대외관계, 출자, 경영, 유한책임, 무한책임, 업무집행권, 대표권, 감시권, 배당

제1장
총 설

제1절 법인격 유무에 따른 유형

공동기업(공동영업)에는 법인격 유무에 따라 법인격 없는 조합형과 법인격이 있는 법인형이 있다. 조합형 공동기업의 원형은 민법상의 조합이다. 상법은 이를 토대로 익명조합과 합자조합에 관하여 규정한다. 법인형 공동기업의 전형은 회사이다. 회사 중에서 합명회사, 합자회사는 그 실질이 조합이나 법형식을 법인으로 함으로써 회사 자체가 독립하여 법인격을 갖는다.

:: [그림 19-1-1] 개인기업과 공동기업

제2절 법률관계에 따른 유형

공동기업의 법률관계는 내부관계와 외부관계로 구분된다.

(1) 내부관계

내부관계는 자본을 제공하는 출자자(투자자)와 경영을 제공하는 자(업무집행자)의 관계, 투자자 사이의 관계, 투자자의 경영 관여·감시·손익분배 등을 말한다. 이에 대한 규율은 ⓐ 사적자치(자율)를 중시하여 법에 의하는 때에도 임의법적 규율을 원칙으로 하는 것과 ⓑ 자율에 맡기지 않고 법에 따라 강행법적으로 규율하는 것을 양극단으로 하여 그 사이에 다양한 스펙트럼을 보인다.

(2) 외부관계

외부관계는 공동기업과 제3자(채권자 등)와의 대외적 거래 및 책임의 귀속관계를 말한다. 대외적 거래에 따른 권리의무와 책임의 귀속점을 ⓐ 공동기업 그 자체로 하는 것(법인형)과 ⓑ 공동기업의 구성원으로 하는 것(조합형)으로 양분된다. 외부관계에서는 거래 안전과 선의의 제3자 보호를 위한 법적 장치를 두고 있다.

제3절 조합형

기초 조 합

(1) 의의 및 특징

① 조합은 2인 이상이 상호 출자하여 공동사업을 경영할 것을 약정하는 계약이다(민§703). 비법인 형태의 각종 동업은 조합을 원형으로 한다.

② 조합은 그 자체가 독립성을 갖지 못하고 조합원 모두가 주체가 된다. 조직으로서의 기관이 없다.

③ 민법은 조합에 관한 규정을 두고 있는데, 그 대부분은 조합계약으로 달리 정할 수 있는 임의규정이다.

(2) 내부관계

(가) 출자의무 – 조합원은 출자해야 한다. 출자는 금전 기타 재산 또는 노무로 할 수 있다(민§703(2)).

(나) 업무집행 – 조합의 내부적 업무집행은 ⓐ 조합원 전원이 하는 방법, ⓑ 업무집행자를 선임해서 하는 방법이 있다(민§706). 조합의 업무집행은 조합원 또는 업무집행자의 과반수로써 결정하는 것이 원칙이다(민§706(2)). 그러나 통상사무는 각 조합원 또는 각 업무집행

자가 단독으로 할 수 있고, 다른 조합원 또는 다른 업무집행자는 이에 대해 이의를 제기할 수 있다(민§706(3)).

(다) 검사권 – 각 조합원은 언제든지 조합의 업무와 재산상태를 검사할 수 있다(민§710).

(라) 조합재산 – 조합재산은 조합원의 합유(合有)로 한다(민§704).

(마) 조합지분 처분 – 조합원이 합유지분을 처분하려면 합유자 전원의 동의가 있어야 한다(민§273(1)).

(바) 손익분배 – ⓐ 손익분배의 비율은 조합계약으로 정한다. 이익과 손실의 분배비율을 달리 정할 수 있다. ⓑ 손익분베의 비율을 조합계약으로 정하지 않은 때에는, 이익이나 손실 중 어느 한쪽에 대해서만 분배비율을 정했으면 그 비율은 양자 모두에 공동으로 적용되는 것으로 추정하고(민§711(2)), 당사자가 손익분배 비율을 정하지 않았으면 출자가액에 비례하여 비율을 정한다(민§711(1)).

(3) 외부관계

(가) 방식 – 조합은 법인격이 없으므로 대외적으로는 조합원 전원의 이름으로 해야 한다. 조합대리에 의해 이러한 불편을 줄일 수 있다.

(나) 조합채무에 대한 책임 – 모든 조합원에게 합유적으로 귀속한다. 조합채무에 대해서는 조합재산으로 공동책임을 지는 동시에 각 조합원은 개인재산으로 책임을 진다.

(다) 분할책임 – 각 조합원은 조합채무에 관하여 분할책임을 진다. 다만, 조합채무가 조합원 전원을 위하여 상행위가 되는 행위로 인하여 부담하게 된 것이면 §57(1)을 적용하여 조합원들이 연대책임을 진다.

(4) 해산과 청산

조합이 종료한 경우 조합재산을 정리할 필요에서 법인처럼 해산과 청산 제도를 두고 있다.

제2장

익명조합

제1절 총 설

사 례

A는 경매수익을 목적으로 하는 투자회사이다. A는 인터넷을 통해 익명의 투자자들을 모집했다. A가 경매 물건을 낙찰받은 다음 B 등의 투자자들로부터 자금을 제공받아 잔금을 치르고 나중에 물건을 매각해 투자수익을 배분하고 있다.

(1) 투자수익을 시중금리에 5%를 더하는 방식으로 정할 수 있는가?

(2) A가 B 등의 투자자로부터 받은 돈을 돌려주지 않는 경우 B는 어떤 조치를 할 수 있는가?

Ⅰ. 의의 및 구조

> **제78조(익명조합의 의의)** 익명조합은 당사자의 일방이 상대방의 영업을 위하여 출자하고 상대방은 그 영업으로 생긴 이익을 분배할 것을 약정함으로써 그 효력이 생긴다.

① 익명조합은 경제적으로는 숨겨진 출자자와 노출된 영업자의 동업(조합)이나, 법적으로는 영업자만의 단독기업이다(§78).[1] 익명조합원은 출자액을 한도로 유한책임을 지고, 영업자만이 무한책임을 진다. 익명조합원은 상인이 아니어도 상관없으나, 영업자는 상인이다.

② 민법상 조합의 경우 원칙적으로 조합원 전원이 업무집행을 하고, 무한책임을 지며, 조합재산의 합유로 인해 법률관계가 복잡하다. 익명조합에 의하면 이를 피할 수 있다.

---

1) 익명조합, 합자조합, 합자회사는 연혁적으로 같은 뿌리에서 나왔다.

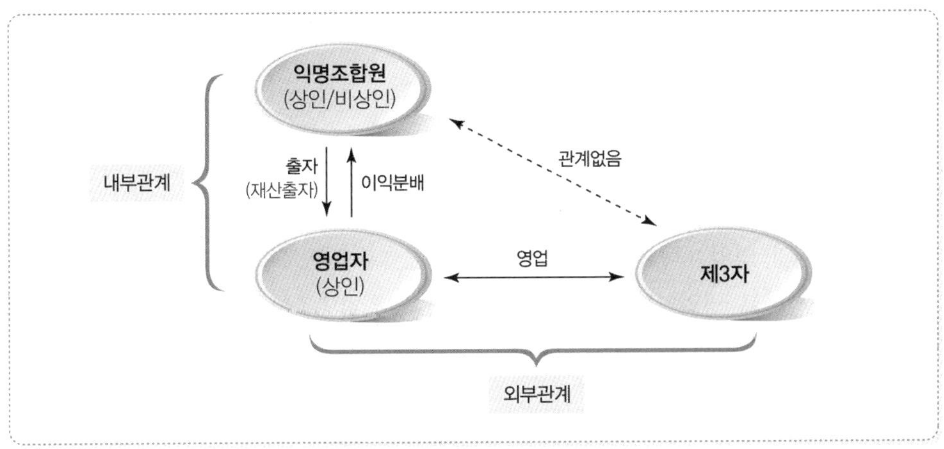

:: [그림 19-2-1] 익명조합 구조

Ⅱ. 적 용

제86조(준용규정) 제272조(유한책임사원의 노무 · 신용출자 금지), 제277조(유한책임사원의 감시권)와 제278조(유한책임사원의 업무집행 · 대표 금지)의 규정은 익명조합원에 준용한다.

익명조합은 조합과 합자회사의 성격이 혼재해 있으므로 그 규정을 일부 준용해서 쓰고 있다.

(가) 조합 규정 – 익명조합원과 영업자의 내부관계에는 조합에 관한 민법 규정이 보충 적용된다. 그러나 조합의 외부관계와 조합재산에 관한 규정은 익명조합에 적용될 수 없다.

(나) 합자회사 규정 – 익명조합원에 대해서는 합자회사의 유한책임사원에 관한 규정이 준용된다(§86→§272[노무 · 신용 출자 금지], §277[감시권], §278[업무집행 · 대표 금지]).

〈표 19-2-1〉 익명조합의 법률관계

내부관계	외부관계
익명조합원(출자)과 영업자(영업)의 경제적 동업관계 이익분배	영업자의 단독기업으로 영업자가 무한책임을 진다. (익명조합원은 대외적으로 책임을 지지 않음이 원칙)
익명조합에 관한 상법 규정 외에 합자회사의 유한책임사원에 관한 규정이 준용되고, 민법의 조합 규정이 보충 적용된다.	

제2절 내부관계

Ⅰ. 조합계약

익명조합원과 영업자의 관계는 조합계약에 의한다. 익명조합이 되기 위해서는 익명조합원은 출자하고 영업자는 영업을 해서 출자자인 익명조합원에게 이익을 배분하기로 약정하는 내용을 반드시 포함해야 한다.

Ⅱ. 출 자

제79조(익명조합원의 출자) 익명조합원이 출자한 금전이나 그 밖의 재산은 영업자의 재산으로 본다.

(1) 익명조합원의 출자

(가) 재산 출자의무 – 익명조합원이 되려면 반드시 출자를 해야 한다(§78). 익명조합원은 금전·현물 등의 재산출자만이 가능하고 신용·노무를 출자할 수 없다(§86 → §272). 익명조합원의 출자는 영업자에게 귀속하는데, 노무·신용은 이에 적합하지 않고, 익명조합원은 합자회사의 유한책임사원과 마찬가지로 대외적으로 책임이 없고, 자본참가자의 성격을 갖기 때문이다.

(나) 출자의 귀속 – 익명조합원의 출자는 영업자에 귀속되어 영업자의 재산이 된다(§79). 따라서 영업자가 이를 소비하더라도 타인의 것이 아니므로 배임죄나 횡령죄를 구성하지 못한다(판례).[2] 조합원이 조합재산의 처분으로 얻은 대금을 임의로 소비하는 경우 횡령죄가 성립하는 것과 다르다(판례).[3]

(2) 영업자의 출자

영업자는 출자의무를 지지 않으나, 출자하는 것도 가능하다. 영업자는 익명조합원과는 달리 재산출자는 물론이고 신용·노무도 출자할 수 있다. 영업자가 출자한 것은 합유재산이 되는 것이 아니라 자신의 영업재산이 된다.

---

2) 대법원 2011. 11. 24. 선고 2010도5014 판결.
3) 대법원 1993. 2. 23. 선고 92도387 판결.

Ⅲ. 이익분배

> **제82조(이익배당과 손실분담)** ① 익명조합원은 그 출자가 손실로 감소할 때에는 그 손실을 전보(塡補)한 후에만 이익배당을 청구할 수 있다.
> ② 손실이 출자액을 초과할 때도 익명조합원은 이미 받은 이익을 반환하거나 추가로 출자할 의무가 없다.
> ③ 제1항과 제2항은 당사자 사이에 다른 약정이 있으면 적용되지 않는다.

(1) 불가결성

이익분배는 출자의 대가로 익명조합의 필수요소이다. 손실분담은 그렇지 않다.

(2) 영업성과 연동

(가) 이익배당성 – 이익배당은 영업실적에 연동하여 가변적이다. 익명조합은 실질적으로는 사업위험을 부담하는 동업관계에 있기 때문이다. 이익배당을 하지 않기로 하거나 영업실적과 관계없이 일정액을 지급하기로 약정하는 것은 익명조합이 아니다(판례 · 통설).[4] 다만 영업성과와의 연동성을 완전히 부정하는 것이 아니면 배당액의 변동폭을 줄여 일정 수준으로 유지하는 것은 이익배당이 될 수 있다.

(나) 금전소비대차와 차이 – 영업자금을 제공하면서 영업의 손익과 관계없이 일정금액을 받기로 한 경우에는 설령 '투자'라는 말을 사용했더라도 익명조합이 아니라 금전소비대차가 될 공산이 크다.[5] 양자의 구별은 구체적 사정에 따라 자금제공자가 투자자로서 영업위험을 부담하는지를 실질적으로 살펴서 판단해야 한다.

(3) 요 건

(가) 감소출자 전보 후 배당 – 익명조합원의 출자가 영업손실로 감소하면 그 손실을 메꾼(전보) 후에야 이익배당을 할 수 있다(§82(1)). 예컨대, 익명조합원이 100원을 출자했는데 30원의 영업손실이 발생했다면, 출자의 실질 평가금액은 70원이 된다. 이럴 때 출자금손실액 30원에 해당하는 부분을 다시 채워서 원래의 출자금(100원)을 실질적으로 회복한 연후에만 이익배당을 할 수 있다.

---

4) 대법원 1962. 12. 27. 선고 62다660 판결. (따름 판례: 대법원 1983. 5. 10. 선고 81다650 판결).
5) 대구고등법원 1975. 4. 3. 선고 74나764 제2민사부 판결.

(나) 손실초과와 유한책임 ― 영업손실이 출자액을 초과할 때에는 단지 이익배당을 하지 못할 뿐이다. 이 경우에도 익명조합원은 이미 받은 이익을 반환하거나 추가 출자할 의무가 없다(§82(3)).

(4) 기 준

① 이익배당의 기준에 관하여 상법에 규정이 없으므로 민법의 조합 규정에 의한다(민§711(1)(2)). 즉, ⓐ 특약이 있으면 그에 의하고(약정 분배비율), ⓑ 이것이 없으면 출자가액에 비례한다(법정 분배비율; 민§711).

② 영업자에 대해서는 투하 재산과 영업 노력을 평가하여 이익분배의 비율을 정할 수 있다(통설).

(5) 시 기

이익분배의 시기에 관하여 특약이 없으면 매 영업연도 말을 표준으로 한다(§83(1), §277(1) 참조). 영업연도는 특약이 없으면 1년으로 한다(§30(2)).

(6) 임의규정

이상은 당사자가 약정으로 달리 정할 수 있다(§82(3)). 주식회사에서 강행법적 원칙으로 되어 있는 자본충실 원칙이나 출자자 유한책임 원칙이 익명조합에 대해서는 강행되지 않기 때문이다. 따라서 약정에 의해 손실 전보 없는 이익배당도 가능하며, 손실이 출자액을 초과하는 경우 추가 출자를 약정하는 것도 가능하다.

Ⅳ. 손실분담

(1) 임의성

① 익명조합원은 영업손실을 부담하는 것이 원칙이다. 그러나 특약으로 이를 배제할 수 있다(통설).

② 이러한 배제의 특약이 없으면 익명조합의 공동기업의 실질을 고려하여 손실분담의 특약이 묵시적으로 있는 것으로 추정하여 익명조합원은 손실분담의무를 진다(통설).

(2) 방 법

① 익명조합원의 손실분담은 실제로 추가 출자하여 손실액을 메우는 것이 아니라, 손실분담액만큼 익명조합원의 출자액을 계산상 감소시킨다(예컨대, 익명조합원의 출자액이 100원이고 손실액이 30원이면 출자액을 70원으로 조정하는 방법).

② 손실분담의 비율은 약정이 있으면 그에 의한다. 약정이 없으면 이익분배의 비율과 동일한 것으로 추정한다(민§711(2)).

Ⅴ. 감 시 권

익명조합원은 영업연도 말에 영업시간 내에 한하여 회계장부 · 대차대조표 기타의 서류를 열람할 수 있고, 업무와 재산상태를 검사할 수 있으며, 중요한 사유가 있으면 언제든지 법원의 허가를 받아 열람과 검사를 할 수 있다(§86 → §277(1)(2)). 익명조합원은 영업의 이해당사자이므로 합자회사의 유한책임사원과 마찬가지로 폭넓은 감시권을 부여하고 있다.

Ⅵ. 영업자의 의무

(1) 선관주의의무

영업자는 익명조합계약에 따라 선량한 관리자의 주의로 영업을 수행할 의무를 진다(민§707 → §681).

(2) 경업 · 겸직 금지

(가) 영업자 – 영업자는 경업 · 겸직금지 의무를 진다는 것이 통설이다. 명문의 규정이 없지만, 영업자의 선관주의의무에 경업 · 겸직금지가 포함된다고 볼 수 있기 때문이다. 다만 개입권에 관해서는 명문의 규정이 없어 허용되지 않고, 계약해지 및 손해배상청구만 가능하다(통설).

(나) 익명조합원 – 익명조합원은 경업이나 겸직의 제한이 없다. 익명조합원은 영업자와는 달리 영업을 담당하지 않는 소극적인 투자자에 그치고, 합자회사의 유한책임사원에 대해서는 경업 · 겸직의 자유가 허용되는데(§275), 준용규정은 없지만 그에 준하

는 것으로 볼 수 있기 때문이다(통설).

(3) 지위양도 금지

(가) 영업자 – 영업자는 타인에게 지위를 양도할 수 없다. 영업자에 대한 익명조합원의 신뢰는 일신전속적이기 때문이다. 다만 다른 익명조합원 전원의 동의가 있으면 가능하다(조합에 관한 민법의 통설 참조).

(나) 익명조합원 – 익명조합원은 특약이나 영업자의 동의가 있으면 지위를 양도할 수 있다. 그렇지 않으면 익명조합계약을 해지하는 것이 유일한 방법이다(다수설).

제 3 절 외부관계

Ⅰ. 영업자와 제3자

익명조합은 대외적으로 영업자의 단독기업이다. 따라서 영업자의 거래로 인한 모든 권리와 의무는 영업자에게만 귀속하며, 영업자만이 무한책임을 진다.

Ⅱ. 익명조합원과 제3자

(1) 법률관계 없음

> **제80조(익명조합원의 대외관계)** 익명조합원은 영업자의 행위에 관해서는 제3자에게 권리나 의무가 없다.

① 익명조합원은 대외적으로 존재하지 않는 것과 마찬가지이다. 익명조합원의 업무집행이나 대표는 금지되고(§86→§278), 제3자에 대해 아무런 법률관계가 없다(§80).

② 익명조합원은 출자의무를 이행하지 않더라도 익명조합계약에 따라 대내적으로 계약상의 이행책임을 질 뿐이고 대외적으로는 아무런 책임이 없다. 이는 합자조합·합자회사와 다르다.[6)]

---

6) [합자회사 또는 합자조합의 경우] 유한책임사원 또는 유한책임조합원은 출자하기로 한 금액 중에서 불이행 부분이 있으면 그 불이행(즉, 출자하기로 한 금액－이행 부분) 범위에서 회사채무 또는 조합채무를 변제할 책임을 진다(§86의6(1), §279(1)).

(2) 외관책임

> **제81조(성명 · 상호의 사용 허락으로 인한 책임)** 익명조합원이 자기의 성명이나 상호를 영업자의 상호로 사용할 것을 허락하였을 때에는 그 사용 이후의 채무에 대하여 영업자와 연대하여 변제할 책임을 진다.

§81는 명의대여자 책임(§24)의 일종이다(통설). 그러므로 법문에 없지만 외관법리에 따라 제3자가 선의·무중과실이어야 한다. 이러한 요건을 충족하면 익명조합원을 영업주로 오인한 제3자에 대해 익명조합원은 영업자와 연대하여 변제책임을 진다.

제4절 종 료

I. 계약해지

> **제83조(계약의 해지)** ① 조합계약으로 조합의 존속기간을 정하지 않거나 어느 당사자의 종신까지 존속할 것으로 약정하였을 경우 각 당사자는 영업연도 말에 계약을 해지할 수 있다. 이때 6개월 전에 상대방에게 해지를 예고해야 한다.
> ② 조합의 존속기간에 대한 약정의 여부에 상관없이 부득이한 사정이 있으면 각 당사자는 언제든지 계약을 해지할 수 있다.

(1) 존속기간 부재 또는 종신 약정의 경우 – 예고 및 영업연도 말 해지

이러한 경우 익명조합의 각 당사자는 6개월 전에 상대방에게 예고한 연후에 영업연도 말에 계약을 해지할 수 있다(§83(1)). 예고를 요하는 것은 출자자와 영업자 쌍방의 법적 안정을 위함이고, 영업연도 말에 해지할 수 있도록 한 것은 결산의 편의를 위함이다. 언제든지 예고없이 탈퇴할 수 있는 민법상 조합의 임의탈퇴와는 다르다(민§716(1)).

(2) 부득이한 사정이 있는 경우

부득이한 사정이 있는 경우에는 조합의 존속기간에 대한 약정을 불문하고 각 당사자는 언제든지 계약을 해지할 수 있다(§83(2)). 이는 민법상 조합의 임의탈퇴와 마찬가지로(민§716(2)) 6개월 전 예고를 요하지 않고 영업연도 말이 아닌 때에도 바로 해지할 수 있다.

Ⅱ. 법정 종료사유

> **제84조(계약의 종료)** 조합계약은 다음의 사유로 종료된다.
> 1. 영업의 폐업 또는 양도
> 2. 영업자의 사망 또는 성년후견 개시
> 3. 영업자 또는 익명조합원의 파산

§84는 익명조합계약의 종료사유를 법으로 정한 것이다.[7] 익명조합원의 사망이나 성년후견 개시는 종료사유가 아니다.

Ⅲ. 종료의 효과

> **제85조(계약종료의 효과)** 조합계약이 종료되면 영업자는 익명조합원에게 그 출자의 가액을 반환해야 한다. 그러나 출자가 손실로 감소했을 때에는 그 잔액을 반환하면 된다.

(1) 출자가액 반환

① 조합계약이 종료되면 익명조합원에게 출자 그 자체가 아니라 '출자의 가액' 전액을 금전으로 반환하는 것이 원칙이다. 익명조합원의 현물 등의 재산출자는 영업자에 귀속되므로 원칙적으로 평가가액을 반환해야 한다.

② 종료할 때에 이익이 있으면 이에 추가하여 이익을 분배해야 한다.

③ 출자가 손실로 감소했을 때에는 잔액(= 출자액 − 손실분담액)을 반환하는 것이 원칙이다(§85단). 손실분담액이 출자액을 초과하여 출자액이 마이너스(−)인 경우에도 익명조합원은 이를 메꾸어야 할 의무가 없다. 그러나 손실 불분담 특약이 있다면 출자가액 전액을 반환해야 한다.

(2) 채권자 지위

익명조합원의 출자반환청구권은 채권의 성질을 갖는다. 유한책임사원의 잔여재산분배청구권(§260, §269)과는 성질이 다르다.[8]

---

7) [조합원의 비임의 탈퇴사유] 민법은 조합원의 사망, 파산, 성년후견 개시, 제명을 법정하고 있다(민§717).

(3) 영업의 존속 여부

익명조합원이 탈퇴해도 잔존 익명조합원이 있으면 익명조합이 존속한다. 익명조합원이 없는 때에도 영업자의 영업으로 존속할 수 있다.

8) 임중호 384.

제3장

합자조합

제1절 총 설

Ⅰ. 의의 및 구조

제86조의2(합자조합의 의의) 합자조합은 조합의 업무집행자로서 조합의 채무에 대해 무한책임을 지는 조합원과 출자가액을 한도로 유한책임을 지는 조합원이 상호 출자하여 공동사업을 경영할 것을 약정함으로써 그 효력이 생긴다.

① 합자조합은 업무를 집행하는 무한책임조합원과 출자자인 유한책임조합원의 조합적 결합이다.

② 합자조합은 내부관계에서 조합의 법리에 의하여 사적자치가 가능하고, 외부관계에서 투자자에 유한책임의 이점을 제공하여 투자자 모집이 쉽다는 장점이 있다.[9)]

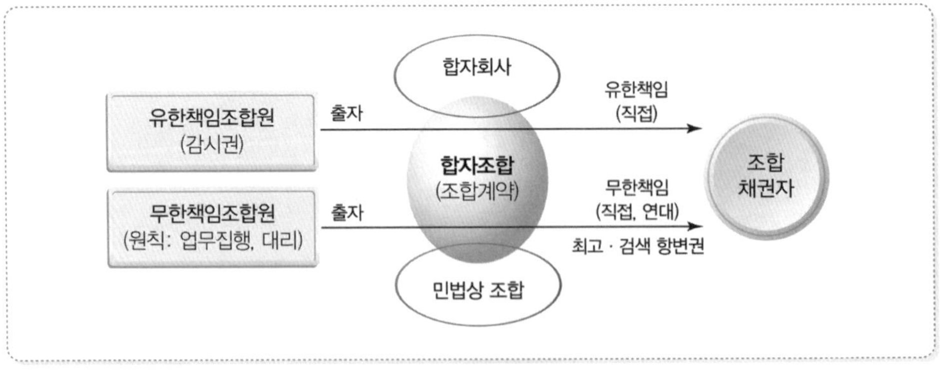

:: [그림 19-3-1] 합자조합 구조

9) 투자펀드 등에서 합자조합이 이용되는 사례가 있다.

Ⅱ. 적 용

(1) 조합계약

합자조합에 대해서는 조합계약에 의한 사적자치를 폭넓게 허용한다. 합자조합계약은 합자조합의 조합원 사이에서 기본적인 이익조정 수단이 된다.

(2) 조합 및 합자회사 규정

> **제86조의8(준용규정)** ① 합자조합에 대하여는 제182조 제1항(본점 이전의 등기), 제228조(해산등기), 제253조(청산인 등기), 제264조(청산 종결의 등기) 및 제285조(해산, 계속)를 준용한다. (* 합자회사 · 합명회사 규정 준용)
> ② 업무집행조합원에 대하여는 제183조의2(업무집행정지 가처분 등의 등기), 제198조(경업 · 겸직금지), 제199조(자기거래 제한), 제200조의2(직무대행자의 권한), 제208조 제2항(공동대표에서 수동대표), 제209조(대표자의 포괄적 · 정형적 권한), 제212조(연대무한책임) 및 제287조(청산인 선임)를 준용한다. 다만, 제198조(경업 · 겸직금지)와 제199조(자기거래 제한)는 조합계약에 다른 규정이 있으면 그러하지 아니하다. (* 합자회사 · 합명회사 규정 준용)
> ③ 조합계약에 다른 규정이 없으면 유한책임조합원에 대하여는 제199조(자기거래 제한), 제272조(유한책임자의 신용 · 노무 출자금지), 제275조(유한책임자의 경업 자유), 제277조(유한책임자의 감시권), 제278조(유한책임자의 업무집행 · 대표 금지), 제283조(유한책임자 사망과 지분승계) 및 제284조(유한책임자의 성년후견 개시는 퇴사사유 아님)를 준용한다. (* 합자회사 · 합명회사 규정 준용)
> ④ 합자조합에 관하여는 이 법 또는 조합계약에 다른 규정이 없으면 「민법」 중 조합에 관한 규정을 준용한다. 다만, 유한책임조합원에 대하여는 「민법」 제712조(조합채권자가 조합원의 손실분담 비율을 알지 못하면 균분하여 권리행사) 및 제713조(무자력 조합원의 책임 부분에 대해 다른 조합원이 균분하여 변제책임)는 준용하지 아니한다. (* 조합 규정 준용)

(가) 조합 규정 – 합자조합은 조합의 특수형태이다. 그래서 합자조합에 대해서는 조합계약 또는 상법에 정함이 없으면 민법의 조합 규정을 준용한다(§86의8(4)전).

(나) 합자회사 규정 – 합자조합과 합자회사는 법인격을 제외하면 유사하다. 양자 모두 내부관계에서 자치가 널리 인정되고, 외부관계에서는 유한책임과 무한책임이 이원적으로 공존한다. 그래서 합자조합에 대해서는 합자회사 규정을 일부 준용한다(§86의8(1)).

〈표 19-3-1〉 준용 및 배제

	합자회사 규정			조합 규정
	조합	업무집행조합원	유한책임조합원	
준 용	본점 이전등기(§182(1)), 해산등기(§228), 청산인등기(§253), 청산종결 등기(§264), 전원 퇴사시 해산 및 계속(§285)	업무집행정지 가처분등기(§183의2), 경업·겸직 금지(§198), 자기거래 제한(§199), 직무대행자의 권한(§200의2), 공동대표에서 수동대표(§208(2)), 대표권의 포괄성과 정형성(§209), 회사채무에 대한 연대책임(§212), 청산인 선임(§287)	자기거래 제한(§199), 노무·신용출자 금지(§272), 경업자유(§275), 감시권(§277), 업무집행·대표 금지(§278), 사망시 상속인 승계(§283), 성년후견선고가 퇴사사유 아님(§284)	민법 중 조합 규정
배 제 (조합계약)		경업·겸직 금지(§198)와 자기거래 제한(§199)은 조합계약으로 달리 정할 수 있다.	조합계약으로 달리 정할 수 있다.	① 유한책임조합원에 대하여는 민법 §712(조합채권자가 조합원의 손실분담 비율을 알지 못하면 균분하여 권리행사), §713(무자력 조합원의 책임부분에 대해 다른 조합원이 균분하여 변제책임)는 준용하지 않는다. ② 조합계약으로 달리 정할 수 있다.

Ⅲ. 등 기

제86조의4(등기) ① 업무집행조합원은 합자조합 설립 후 2주일 이내에 조합의 주된 영업소의 소재지에서 다음 사항을 등기해야 한다.

1. 제86조의3 제1호부터 제5호까지(제4호는 유한책임조합원이 업무를 집행하는 경우로 한정한다), 제9호, 제10호, 제12호 및 제13호의 사항
2. 조합원의 출자목적, 재산출자의 경우 그 가액과 이행한 부분

② 제1항 각호의 사항이 변경된 경우에는 2주일 이내에 변경등기를 해야 한다.

제86조의9(과태료) 합자조합의 업무집행조합원, 제86조의8에 따라 준용되는 제183조의2 또는 제253조에 따른 직무대행자 또는 청산인이 이 장(章)에 규정된 등기를 게을리한 경우에는 500만원 이하의 과태료를 부과한다.

① 합자조합은 그 자체가 독립된 상인이 아니지만 기업조직의 일종이다. 그래서 합자회사와 마찬가지로 등기로 공시한다. 그러나 합자회사와는 달리 설립등기가 설립의 효력발생요건이 아니고 단지 공시를 위한 것일 뿐이다.

② 유한책임조합원은 업무집행을 하는 경우에만 등기사항이다(§86의4(1)).

③ 등기를 게을리하면 과태료 부과 대상이 된다(§86의9).

제2절 설 립

Ⅰ. 설립방법

> **제86조의3(조합계약)** 합자조합의 설립을 위한 조합계약에는 다음 사항을 적고 조합원 전원이 기명날인하거나 서명을 해야 한다.
>
> 1. 목적
> 2. 명칭
> 3. 업무집행조합원의 성명 또는 상호, 주소 또는 영업소와 주민등록번호
> 4. 유한책임조합원의 성명 또는 상호, 주소와 주민등록번호
> 5. 주된 영업소의 소재지
> 6. 조합원의 출자에 관한 사항
> 7. 조합원에 대한 손익분배에 관한 사항
> 8. 유한책임조합원의 지분 양도에 관한 사항
> 9. 둘 이상의 업무집행조합원이 공동으로 합자조합의 업무를 집행하거나 대리할 것을 정한 경우에는 그 사항
> 10. 업무집행조합원 중 일부 업무집행조합원만 합자조합의 업무를 집행하거나 대리할 것을 정한 경우에는 그 사항
> 11. 조합의 해산시 잔여재산 분배에 관한 사항
> 12. 조합의 존속기간이나 그 밖의 해산사유에 관한 사항
> 13. 조합계약의 효력발생일

(1) 조합계약

합자조합을 설립하려면 업무집행조합원인 무한책임조합원[10] 1인 이상과 유한책임조합원 1인 이상 사이에 조합계약을 체결해야 한다. 합자회사를 설립할 때에 정관 작성

---

10) 무한책임조합원이 반드시 업무집행조합원이 되는 것은 아니다. 무한책임조합원 중 누가 업무집행권을 갖는가는 조합계약으로 정할 수 있다.

과 설립등기를 해야 하는 것(§270, §271)과는 다르다.

(2) 회사의 무한책임조합원 가부

§173는 '회사는 다른 회사의 무한책임사원이 되지 못한다'고 규정하고 있는데, 회사가 합자조합의 무한책임조합원(업무집행조합원)이 될 수 있는가?

(ⅰ) 긍정설(제1설),[11] (ⅱ) 부정설(제2설)이[12] 있다.

(ⅲ) 사견 — 부정설이 타당하다. §173의 입법취지는 '다른 회사'의 무한책임사원이 되는 것을 금지하는 것에 그치지 않고 회사가 '무한책임을 지는 그 자체'를 금지하는 것에 중점이 있기 때문이다.

(3) 서면주의

합자조합을 설립하려면 합자조합계약서를 작성해야 한다(§86의3). 기재사항이 법정되어 있고(§86의3),[13] 총조합원의 기명날인 또는 서명을 요한다.

(4) 효력발생

합자조합계약은 성립시에 효력이 발생하는 것이 원칙이다. 다만 조합계약으로 효력발생일을 따로 정할 수 있다(§86의3(13호)). 합자조합 설립 후 2주 내에 조합의 주된 영업소 소재지에서 소정의 사항을 등기하여야 하나(§86의4), 그 등기는 조합계약의 효력발생과 무관하다.

Ⅱ. 설립상 하자

당사자의 제한능력 또는 의사표시의 하자 등으로 조합계약 체결에 하자가 있는 경우 이것이 합자조합의 설립에 영향을 주는가? 회사의 경우는 이럴 때 하자의 주장을 엄격히 제한하고 있다(§184, §190, §269). 합자조합에 이를 유추적용할 것인가?

(ⅰ) 긍정설이 있다(판례).[14][15]

---

11) 이철송 441, 임중호 387.

12) 김홍기 186.

13) 기재사항은 합자회사의 정관 기재사항과 유사하다(§179, §269 참조).

14) 대법원 1972. 4. 25. 선고 71다1833 판결: 본래의 광업권자와 공동 광업권자로 등록하여 광업을 공동으로 관리 경영하기로 한 계약은 유효하고 공동 광업권자는 조합계약을 한 것으로 간주한다. 그 조합이 사업을 개시하여 제3자와의 사이에 거래관계가 이루어지고 난 다음에는 조합계약 체결 당시 의사표시의 하자를 이유로 취소하여 조합성립 전으로 환원시킬 수 없다.

(ⅱ) 사견 – 유추적용을 긍정하는 것이 타당하다. 합자조합은 법인격은 없으나 기업조직의 일종으로 설립상의 안전을 기할 필요가 있기 때문이다. 합자조합도 회사와 마찬가지로 제한능력 또는 의사표시의 하자 등으로 조합계약에 하자가 있는 때에도 조합으로서 영업한 기간에는 조합이 유효하게 성립한 것처럼 취급함으로써 제3자를 보호할 수 있다(사실상 조합).

제3절 내부관계

Ⅰ. 출 자

(가) 업무집행조합원 – 모든 조합원은 출자의무를 진다. 업무집행조합원도 조합원이므로 출자의무를 부담한다. 출자의 목적물에 제한이 없다. 조합계약으로 정하면 신용이나 노무도 출자할 수 있다(§86의8(4) → 민§703(2)).

(나) 유한책임조합원 – 유한책임조합원은 합자회사의 유한책임사원과 마찬가지로 금전·현물 등 재산출자만을 할 수 있고, 신용이나 노무는 출자할 수 없다(§86의8(3) →§272). 그러나 유한책임조합원도 조합계약으로 신용 또는 노무를 출자할 수 있다.

(다) 출자의 귀속 – 출자는 조합재산으로 되어 조합원의 합유가 된다(민§704).

Ⅱ. 손익분배

(가) 조합계약 자치 – 조합원에 대한 손익분배는 조합계약으로 정할 수 있다(§86의3(7호)). 이에 의해 출자가액에 비례하지 않는 손익분배도 가능하고 이익 없이도 배당할 수 있다. 다만 이익이 없는데도 유한책임조합원이 이익배당을 받으면 변제책임의 한도액이 그만큼 추가되어 늘어난다(§86의6(2)).

(나) 조합계약으로 정하지 않는 경우 – 조합계약으로 이익분배비율을 정하지 않았으면 민법상 조합의 손익분배 비율에 의한다. 즉, 이익분배 비율은 각 조합원의 출자가액에 비례하고, 손실 분담비율과 이익 분배비율은 공통된 것으로 추정한다(민§711).

15) 송옥렬 146, 정동윤 197.

Ⅲ. 지분양도

> **제86조의7(조합원 지분의 양도)** ① 업무집행조합원은 다른 조합원 모두의 동의를 받지 않으면 그 지분의 전부 또는 일부를 타인에게 양도할 수 없다.
> ② 유한책임조합원은 조합계약으로 정하는 바에 따라 지분을 양도할 수 있다.
> ③ 유한책임조합원의 지분을 양수한 자는 양도인의 조합에 대한 권리와 의무를 승계한다.

(가) 업무집행조합원 – 업무집행조합원이 지분의 전부 또는 일부를 양도하려면 다른 조합원 전원의 동의를 요한다(§86의7(1)).[16] 업무집행조합원의 변동에 대해서는 조합원 모두가 이해관계를 갖기 때문이다. 이는 민법상 조합원 지위양도에 관한 통설적 해석과 같다.

(나) 유한책임조합원 – 유한책임조합원의 지분은 조합계약에 정하는 바에 따라 양도할 수 있다(§86의7(2)).[17] 조합원 전원의 동의를 요하는 업무집행조합원의 지분양도에 비해 완화하고 있다. 유한책임조합원의 지분을 양수한 자는 양도인의 조합에 대한 권리 · 의무를 승계한다(§86의7(3)).

제4절 외부관계

Ⅰ. 업무집행

(1) 소 재

(가) 무한책임조합원 – 합자조합의 업무집행권은 무한책임조합원에 있는 것이 원칙이다(§86의2).

(나) 유한책임조합원 – 유한책임조합원은 업무집행이나 대리가 금지되고 감시권만을 갖는 것이 원칙이다(§86의8(3) → §278). 다만 조합계약으로 유한책임조합원에 업무집행권과 대리권을 부여할 수 있다(§86의8(3)). 합자회사에서도 §278를 임의규정으로

16) 이는 합명회사 · 합자회사의 무한책임사원과 같다(§197, §269).

17) 합자회사 유한책임사원의 지위양도에 대해 무한책임사원 전원의 동의를 얻도록 하는 것(§276)에 비해 완화되어 있다.

해석한다(판례 · 통설).[18]

(다) 제3자 – 조합원이 아니면 제3자는 합자조합의 업무집행을 할 수 없다. 민법상 조합의 경우 제3자에게 업무집행권을 위임할 수 있다고 해석하는 것과 다르다.

(라) 등기 – 업무집행자는 등기해야 한다(§86의4(1)).

(2) 방 법

> **제86조의5(업무집행조합원)** ① 업무집행조합원은 조합계약으로 다르게 정한 바가 없으면 각자가 합자조합의 업무를 집행하고 대리할 권리와 의무가 있다.
> ② 업무집행조합원은 선량한 관리자의 주의를 다해 제1항에 따른 업무를 집행해야 한다.
> ③ 둘 이상의 업무집행조합원이 있는 경우에 조합계약으로 다르게 정한 바가 없으면 각 업무집행조합원의 업무집행에 대해 다른 업무집행조합원의 이의가 있으면 그 행위를 중지하고 업무집행조합원 과반수의 결의에 따라야 한다.

(가) 각자집행(원칙) – 2인 이상의 업무집행조합원은 모두가 각자 업무집행권 또는 대리권을 갖는 것이 원칙이다. 그러나 조합계약으로 업무집행조합원 중 일부만이 업무를 집행하거나 대리할 것을 정할 수 있다(§86의3(10호)). 각자집행은 통상 업무에 한정된다. 통상에서 벗어난 업무는 업무집행조합원의 과반수로 해야 한다(민§706(2)).

(나) 공동집행 – 조합계약으로 2인 이상의 업무집행조합원이 공동으로 업무집행을 하거나 대리할 것을 정할 수 있다(§86의3(9호)).

(다) 선관주의의무 – 업무집행자는 선량한 관리자의 주의로 업무를 집행해야 한다(§86의5(2), §86의8(4), 민§707, 민§681). 합자조합은 법인격이 없으므로 선관주의의무의 상대방은 다른 조합원이다.

(3) 통 제

(가) 이 의 – 2인 이상의 업무집행조합원이 있는 경우 각 업무집행조합원의 업무집행에 대하여 '다른 업무집행조합원'은 이의를 제기할 수 있다. 이의가 있으면 그 행위를 중지하고 업무집행조합원 과반수의 결의에 따라야 한다(§86의5(3)). 업무집행권이 없는 조합원에게는 이의 제기권이 인정되지 않는다.

(나) 감시권 – 업무집행권이 없는 '유한책임조합원'은 감시권을 갖는다. 유한책임조

---

18) 대법원 1977. 4. 26. 선고 75다1341 판결: 합자조합 유한책임사원의 업무집행이나 대표행위를 인정하지 않는 §278에 불구하고 정관 또는 내부규정으로 유한책임사원에게 업무집행권을 부여할 수 있는 것이라고 하더라도 유한책임사원에게 대표권까지 부여할 수는 없다.

합원은 원칙적으로 영업연도 말에 영업시간 내에 한하여 합자조합의 회계장부・대차대조표 기타의 서류를 열람할 수 있고 합자조합의 업무와 재산상태를 검사할 수 있다. 중요한 사유가 있는 때에는 언제든지 법원의 허가를 받아 감시권을 행사할 수 있다(§86의8(3) →§277). 합자회사의 유한책임사원이 갖는 감시권을 준용한 것이다. 업무집행권을 갖는 유한책임조합원에는 감시권을 부여할 실익이 없다.

(다) 직무집행정지 및 직무대행자 – 업무집행조합원의 업무집행을 정지하거나 직무대행자를 선임하는 가처분을 하거나 그 가처분을 변경・취소할 수 있다. 이럴 때 본점 및 지점에서 등기해야 한다(§86의8(2), §183의2). 직무대행자는 합자조합의 통상 업무에 속하는 행위만을 할 수 있다. 그러나 가처분명령으로 달리 정하거나 법원의 허가를 받았을 때는 그렇지 않다(§86의8(2), §200의2(1)).

Ⅱ. 대 리

(1) 소 재

조합의 업무를 집행하는 조합원은 업무집행의 대리권이 있는 것으로 추정한다(민§709). 유한책임조합원은 대리권을 갖지 못하는 것이 원칙이나(§86의8(3) →§278) 조합계약으로 대리권을 부여할 수 있다(§86의8(3)).

(2) 범 위

합자조합을 대리하는 조합원의 대리권 범위는 재판상・재판 외의 모든 행위를 포함한다(포괄성). 이에 대한 제한은 선의의 제3자에게 대항하지 못한다(정형성; §86의8(2) →§209(1)(2)). 합자회사의 대표권 규정을 준용한 것이다.

(3) 방 식

합자조합의 대리 방식은 조합대리에 의한다. 합자조합에는 법인격이 없으므로 조합원 전원을 현명하는 것이 원칙이지만, 이렇게 하는 것은 불편하므로 대리권을 행사하는 자가 본인의 표시로 조합의 명칭만을 거명하고 대리의사를 표시하면 적법한 대리행위로 취급한다.

Ⅲ. 자기거래 · 경업 · 겸직 금지

(1) 업무집행조합원

(가) 자기거래 · 경업 · 겸직 금지 – 업무집행조합원은 다른 조합원 과반수의 동의가 없으면 자기거래가 금지된다(§86의8(2)전→§199). 또한 업무집행조합원은 다른 조합원의 승인이 없으면 자기 또는 제3자의 계산으로 합자조합의 영업부류에 속하는 거래를 하지 못하며, 동종 영업을 목적으로 하는 다른 회사의 무한책임사원 또는 이사가 되지 못한다(§86의8(2)전→§198). 그러나 조합계약으로 달리 정할 수 있다(§86의8(2)후). 합자회사의 무한책임사원과 대체로 같으나, 조합계약으로 달리 정할 수 있다.

(나) 경업금지 위반시 – 경업금지 위반의 경우 합자조합의 다른 조합원은 개입권을 행사할 수 있고, 다른 조합원 1인이 경업거래를 안 날로부터 2주가 경과되거나 경업거래가 있은 날로부터 1년이 경과하면 개입권은 소멸한다. 또한 위반에 대해 손해배상을 청구할 수 있다(§86의8(2)→§198(2)(3)). 이는 상업사용인과 같다.

(2) 유한책임조합원

(가) 자기거래 제한 – 유한책임조합원도 업무집행 여부를 불문하고 자기거래가 제한된다(§86의8(3)→§199). 자기거래를 허용하는 합자회사의 유한책임사원과 다르다. 이는 업무집행조합원에 한정하는 것이 바람직할 것이나, 해석으로는 곤란하다. 다만 조합계약으로 자기거래를 허용할 수 있다(§86의8(3)).

(나) 경업 · 겸직 허용 – §198(경업 · 겸직금지)가 준용규정에서 빠져 있으므로 유한책임조합원은 경업과 겸직에 제한이 없다(§86의8(3)). 이는 유한책임조합원이 업무집행을 하지 않는다는 것을 전제한다.[19]

Ⅳ. 책 임

(1) 업무집행조합원

(가) 직접 · 연대 · 무한책임 – 무한책임조합원인 업무집행조합원은 조합채무에 대해 직접 · 연대 · 무한책임을 진다. 조합의 채권자는 조합재산에 대해 채권을 행사했으

19) 조합계약으로 유한책임조합원이 업무집행을 할 때는 경업과 겸직 역시 금지되는 것으로 해석해야 한다(임중호 391).

나 변제받지 못한 부분이 있거나 회사재산에 강제집행을 했으나 만족을 얻지 못하면 업무집행조합원에 변제를 청구하거나 강제집행을 할 수 있다(§86의8(2) →§212(1)(2)).

(나) 최고 · 검색의 항변권 – 위의 경우 업무집행조합원은 최고 · 검색의 항변권을 갖는다(보충성). 즉, 조합재산에 변제자력이 있다는 것과 집행이 용이하다는 것을 증명함으로써 항변할 수 있다(§86의8(2) →§212(3)).

(2) 유한책임조합원

> **제86조의6(유한책임조합원의 책임)** ① 유한책임조합원은 조합계약으로 정한 출자가액에서 이행한 부분을 뺀 가액을 한도로 조합채무를 변제할 책임을 진다.
> ② 제1항의 경우 합자조합에 이익이 없음에도 배당을 받은 것이 있으면 그 금액을 변제책임의 한도액에 더한다.

(가) 직접 · 유한책임 – 유한책임조합원은 업무집행권 또는 대리권을 갖는지에 상관없이 조합채무에 대하여 직접 · 유한책임을 진다(§86의6(1)).

(나) 연대책임 여부 – 조합원 중 무자력 조합원이 있으면 그가 변제할 수 없는 부분은 다른 조합원이 똑같이 나누어 변제할 책임이 있다(민§713).[20]

(다) 변제책임 한도 – 유한책임조합원이 조합채무에 대해 변제책임을 지는 부분은 조합계약으로 정한 출자가액에서 이행 부분을 뺀 '미이행 출자가액'을 한도로 한다(§86의8(1)). 이익이 없는데도 배당받은 금액이 있으면 이를 변제책임의 한도액에 추가한다(§86의8(2)). 따라서 출자를 모두 이행하였고 이익 없이 배당받은 것이 없다면, 유한책임조합원은 조합채무에 대해 직접 책임을 지는 부분은 전혀 없게 된다. 이는 합자회사의 유한책임사원과 같고(§279(1)), 익명조합과는 다르다.

> 예컨대, 유한책임조합원이 100원을 출자하기로 정한 후,
> ① 100원 전부를 출자했다면, 그 조합원이 회사채무에 대해 지는 책임의 한도액은 0원(=100원-100원)
> ② 70원만 출자를 이행했다면, 그 조합원이 회사채무에 대해 지는 책임의 한도액은 30원(=100원-70원)
> ③ 70원만 출자를 이행했는데 이익 없이 배당받은 것이 20원이면, 50원(=100원-70원+20원)

20) 유한책임조합원은 조합채무에 대해 연대책임을 지지 않는다는 견해가 있다(송옥렬 150, 이철송 459).

(라) 업무집행권을 갖는 경우 – 조합계약으로 업무집행권과 대리권을 갖는 유한책임조합원은 조합채무에 대해 무한책임을 지는가?

(ⅰ) 긍정설(무한책임설),[21] (ⅱ) 부정설(유한책임설)이[22] 있다.

(ⅲ) 사견 – 이러한 경우에도 유한책임조합원은 여전히 유한책임을 지는 데 그친다고 보아야 한다. 업무집행권을 갖는 것과 무한책임이 반드시 결합해야 하는 것은 아니고 무한책임조합원이 존재하므로 그렇게 하더라도 채권자 보호에 특별히 문제가 있는 것은 아니기 때문이다.

제5절 종 료

합자조합은 이해관계인이 다수이므로 단체적 이해관계를 공평하게 매듭짓기 위해 종료시에는 해산과 청산을 하도록 한다. 조합과 합자회사의 규정을 준용한다.

Ⅰ. 해 산

(1) 해산사유

① 해산사유는 조합계약으로 정할 수 있다(§86의3(12호)). 그 밖에도 조합을 유지할 수 없는 부득이한 사유가 있으면 각 조합원(귀책 있는 조합원 포함)은 조합의 해산을 청구할 수 있다(민§720).

② 무한책임조합원 또는 유한책임조합원 전원이 탈퇴하면 해산사유가 된다(§86의8(1) → §285(1)). 이럴 때 잔존 무한책임조합원 또는 잔존 유한책임조합원은 전원의 동의로 새로 유한책임조합원 또는 무한책임조합원을 가입시켜 합자조합을 계속할 수 있다(§86의8(1) → §285(2): 조합의 계속). 이는 합자회사와 같다.

(2) 해산등기

합자조합을 해산하면 해산등기를 해야 한다(§86의8(1) → §228).

---

21) 조합계약의 수권으로 유한책임조합원이 한 대리행위는 유효하지만, 대리행위를 한 유한책임조합원은 대내적인 책임 구분에도 불구하고 업무집행조합원과 같이 무한책임을 진다는 견해가 있다(이철송 456).

22) 임중호 394, 최준선 290.

Ⅱ. 청 산

(1) 청산인

해산사유가 발생하면 파산의 경우를 제외하고 청산절차가 개시된다. 청산절차는 청산인이 집행한다. 청산인은 업무집행조합원의 과반수 동의로 선임한다. 이를 선임하지 않으면 업무집행조합원이 청산인이 된다(§86의8(2) → §287). 이는 합자회사와 같다. 청산인을 선임하면 등기해야 한다(§86의8(1) → §253).

(2) 청산절차

① 합자조합의 청산절차는 민법상 조합의 청산절차와 같다(민§722~§724).

② 조합채무를 변제하고 잔여재산은 출자가액에 비례하여 조합원에게 분배함을 원칙으로 한다(§86의8(4) → 민§724(2)). 다만, 합자조합계약으로 달리 정할 수 있다.

(3) 종결등기

청산이 종결되면 청산종결의 등기를 해야 한다(§86의8(1) → §264).

〈표 19-3-2〉 합자조합의 무한책임조합원과 유한책임조합원

		무한책임조합원	유한책임조합원
내부 관계	출자의무 발생과 소멸	조합원자격 ⇒ 출자의무 (조합계약으로 발생, 이행 또는 조합원자격의 상실로 소멸)	
	출자 종류	제한 없음(신용·노무 출자 가능)	재산출자만 가능(노무·신용출자 원칙 금지)
	업무 집행 담당자, 대리	* 조합계약으로 달리 정할 수 있음	
		○ (각자 → 이의권)	× 원칙적으로 없으나 조합계약으로 업무집행권·대리권 부여 가능 (감시권)
	자기거래금지	○ (다른 조합원 과반수 동의로 허용 가능)	○
	경업·겸직금지	○ (다른 조합원 승인으로 허용 가능)	×
	지분양도	다른 조합원 전원 동의	조합계약으로 정함
외부 관계	조합 대리	○ ('업무집행조합원' 전원이 대리 포괄성, 정형성)	× (조합계약으로 유한책임조합원에 대리권부여 가능)

	조합원 책임	직접 · 연대 · 무한책임(업무집행 · 조합대리를 하지 않는 경우도) *보충성	직접 · 연대 · 유한책임
	이익 없이 배당한 경우의 책임	(규정 없음)	변제책임 한도액 = 미이행 출자가액 + 이익 없음에도 배당받은 액

㈜ ○: 있음, ×: 없음.

〈표 19-3-3〉 조합과 변형

		조 합	익명조합	합자조합	합자회사
특 징		모두 무한책임	영업자 무한책임	유한책임조합원 + 무한책임조합원(업무집행자)	유한책임사원 + 무한책임사원
공동기업성		○(조합원 전원의 공동기업)	×(영업자의 단독기업)	○	○
단체성		○(조합)	×	○(조합)	○(회사)
독립된 법인격		×	×	×	○
설 립	방 법	조합계약		조합계약(서면, 기재사항 법정)	정관작성, 설립등기
	등 기	×	×	○(대항요건)	○(창설적 효력)
재산의 귀속		공동재산(합유)	없음(영업자의 재산)	공동재산(합유)	회사에 귀속(단독소유)
대내	출 자	금전 · 재산 · 노무 출자	익명조합원만이 출자의무를 지고, 금전 · 재산출자만 가능 (노무 · 신용출자 불가)	모든 사원이 출자의무를 짐(무한책임사원은 노무 · 신용출자할 수 있으나 유한책임사원은 노무 · 신용출자 원칙 금지)	
	이익분배	○	본질적 요소	○	○
	손실 부담	○	비본질적 요소(특약이 있는 경우 손실부담 가능)	○	○
	감시권		○	○	○
	지분양도			유한책임조합원 지분양도: 조합계약	유한책임사원의 지분양도: 무한책임사원 전원 동의
대외	업무집행권/대리권	조합원 전원(원칙)	영업자 단독	무한책임조합원(원칙) 조합계약으로 유한책임조합원 가능(신축적)	무한책임사원(유한책임사원은 불가)

	무한책임원	조합원 전부가 조합채무에 대해 연대·무한책임	영업자만이 무한책임	무한책임조합원	무한책임사원
	유한책임원	×	익명조합원: 대외적 책임 없음(외관책임 가능)	책임이 출자가액으로 제한(유한책임), 채권자에 직접 책임	(좌동) 등기로 공시
해산과 청산		○	×(해지, 법정 종료 사유)	○	
규율 법리		개인법적 규율	(좌동)	(좌동) 조합계약에 의한 자치	단체법적·조직법적 규율

㈜ ○: 있음, ×: 없음.

제4장

회 사(법인형)

> **第169조(회사의 의의)** 이 법에서 "회사"란 상행위나 그 밖의 영리를 목적으로 설립한 법인을 말한다.
>
> **第170조(회사의 종류)** 회사는 합명회사, 합자회사, 유한책임회사, 주식회사와 유한회사의 5종으로 한다.

(1) 회사는 영리를 목적으로 하는 법인이다(§169). 회사는 상인(§4, §5)의 일종인데, 어쩌다 상인이 된 것이 아니라 설립할 때부터 영리를 목적으로 만들어진 태생적 상인이다. 회사가 기본적 상행위(§46)를 하는 경우를 상사회사라 부르고, 상행위 이외의 것을 영리의 목적으로 하는 경우를 민사회사라 부르기도 하지만, 구분의 실익이 없다. 이들 모두 똑같은 회사로 법 적용상 차이가 없기 때문이다.

(2) 회사가 영리를 목적으로 한다는 것은 사업목적 수행을 통하여 이익을 추구하고 이것을 출자자인 사원에게 분배하는 두 요소를 모두 포함해야 한다는 뜻이다. 그 방법은 이익배당을 원칙으로 하나 잔여재산분배로 해도 무방하다.

(3) 회사는 모두 법인이다. 이는 회사의 법률관계를 간명하게 처리하기 위한 입법기술이다. 회사는 법인이므로 구성원과 회사는 별개의 법인격체이다(분리원칙). 회사는 정관, 기관, 독자적 이름(상호)을 갖는 등 독립된 실체로 존재한다. 그 결과 사원의 출자는 회사에 귀속하며 회사와 구성원(사원) 간의 관계가 존재하고, 회사의 구성원은 스스로 행위를 하지 못하고 다수결에 의한 의사결정을 통해서 대외적으로는 회사 자신의 이름으로 행위를 할 수 있다. 스스로 법률관계의 당사자가 되지 못하고 조합원이 합수적으로 행위를 하는 조합과 대비된다. 회사는 설립등기에 의해 비로소 성립되어 법인격을 취득하고, 해산과 청산에 의해 법인격이 소멸한다. 다만 회사의 독립된 법인격을 고수하는 것이 정의와 형평에 반하는 때에는 법인격을 부인함으로써 그 폐단을 시정할 수 있는 길을 제한적으로 열어주고 있다(법인격부인론).

(4) 회사의 종류는 5종으로 법정되어 있다(§170). 이러한 구분은 대외적으로 사원이

회사채무에 대해 지는 책임내용과 대내적으로 사적자치가 허용되는 정도의 차이에 따른 것이다. 회사는 실질에 따라 인적회사와 물적회사로 구분할 수 있다. 인적회사는 법인이라는 형식을 취하고 있지만, 실질은 조합의 색채가 강한 회사이다. 인적회사는 회사채무에 대해 직접·연대하여 무한책임을 지는 사원이 존재하고, 사원교체가 어렵고, 사원의 의사결정은 원칙적으로 전원 동의에 의하며, 사원이 업무집행권과 회사대표권을 갖는다. 물적회사는 이와 반대이다. 상법상의 합명회사와 합자회사는 인적회사이고, 주식회사와 유한회사는 물적회사이다. 유한책임회사는 사원의 유한책임 면에서는 물적회사에 속하나, 내부관계에서는 사적자치가 허용되고 인적회사의 속성을 갖는다.

(5) 상법 제3편(회사 편)은 회사의 대내적 조직인 지배구조와 재무구조에 관한 규정이 대부분을 차지한다. 회사도 상인의 일종이므로 상법 총칙 편(제1편)과 대외적 거래에 관한 상행위 편(제2편) 규정은 회사에 대해서도 적용된다. 따라서 이들을 전체적으로 연계하여 파악해야 한다. 상법 총칙 편과 상행위 편에 규정되어 있는 것 중에서 회사법에 특히 중요한 몇 가지만 추려보면 다음과 같다.

(가) 조직에 관한 사항 – 상인, 상호, 영업소(본점, 지점), 상업장부, 영업양도

(나) 거래에 관한 사항 – 상행위, 상사대리, 상업사용인, 상사채권(연대책임, 소멸시효), 외관법리

(다) 공시에 관한 사항 – 상업등기

출 처

[법 령]

「상법」: 법명은 생략하고 조문만 표시. (상법 시행령은 '상령'으로 표시)
「민법」: '민'으로 약기.
조문: §, 그 항은 (　　) 인에 표시.

[판 례]

판례는 내용 전달의 용이성을 위해 문구를 조정함.

[학 설]

강위두	상법총칙 · 상행위법 (제2전정판)	형설출판사(1998)	강위두
고재종	상법총칙 상행위법 (개정판)	동방문화사(2017)	고재종
김동훈	상법개설	한국외국어대학교출판부(2009)	김동훈
김두진	상법총칙 상행위법	동방문화사(2015)	김두진
김병연 · 박세화 · 권재열	상법총칙 · 상행위: 사례와 이론	박영사(2012)	김병연/박세화/권재열
김성태	상법(총칙상행위)강론	법문사(1999)	김성태
김정호	상법총칙상행위법 (제3판)	법문사(2020)	김정호
김홍기	상법강의 (제5판)	박영사(2020)	김홍기
김화진	상법강의 (제3판)	박영사(2016)	김화진
김홍수 · 한철 · 김원규	상법강의 (제5판)	세창출판사(2018)	김홍수
류시창	상법총칙 상행위법 (제2판)	법문사(2015)	류시창
박상조	신상법총론 (상법총칙 · 상행위법)	형설출판사(996)	박상조
박세화	상법총칙상행위법강의	충남대학교출판문화원(2017)	박세화
박원선	상법총칙 · 상행위법	수학사(1974)	박원선
법무부(신현윤 감수)	상법총칙 · 상행위편 해설	법무부(2012)	법무부
법학전문대학원 상법교수 15인	상법판례 백선 (제7판)	법문사(2019)	판례백선(집필자)
서돈각 · 정완용	상법강의(상권) (제4전정)	법문사(1999)	서돈각/정완용
서헌제	상법강의: 사례중심체계(상)	법문사(2007)	서헌제
손주찬	상법(상) (제15보정판)	박영사(2004)	손주찬
손진화	상법강의 (제7판)	신조사(2017)	손진화
송옥렬	상법강의 (제10판)	홍문사(2020)	송옥렬
안강현	상법총칙 상행위법 (제7판)	박영사(2019)	안강현
유주선	상법총칙 · 상행위법	청목출판사(2013)	유주선
이기수 · 최병규	상법총칙 상행위법 (제8판)	박영사(2016)	이기수/최병규
이종훈	상법총칙 상행위법	박영사(2017)	이종훈
이철송	상법총칙 상행위 (제15판)	박영사(2018)	이철송
임중호	상법총칙상행위법 (개정판)	법문사(2015)	임중호

임홍근	상법—총칙 · 상행위	법문사(2012)	임홍근
장덕조	상법강의 (제3판)	법문사(2019)	장덕조
전우현	상법총칙 · 상행위법	동방문화사(2019)	전우현
정경영	상법학강의 개정판	박영사(2009)	정경영
정동윤	상법(상) (제6판)	법문사(2012)	정동윤
정준우	상법총론: 총칙 · 상행위	피앤씨미디어(2017)	정준우
정찬형	상법강의(상) 제22판	박영사(2019)	정찬형
정쾌영	상법총칙 상행위법	21세기사(2015)	정쾌영
채이식	상법강의(상)	박영사(1996)	채이식
최기원(김동민 보정)	상법학신론(상) (제20판)	박영사(2014)	최기원/김동민
최정식	상법총칙 상행위법	삼영사(2019)	최정식
최준선	상법총칙 상행위법 (제11판)	삼영사(2018)	최준선
한창희	최신상법총론 (제3판)	청목출판사(2014)	한창희

* 학설은 현재 국내 발간된 저서를 기준으로, 대체로 의견일치를 보고 있는 것은 '통설', 의견대립이 있으나 다수와 소수의 구분이 뚜렷한 것은 '다수설'과 '소수설', 비슷한 수이거나 그 구분이 애매한 경우는 '제1설', '제2설' 등으로 표기.

사항 색인

[용례] = 동일, ∞ 연관, ≪ 상위, ↔ 반대 또는 대비, ≠ 다름, ≒ 무관

ㅅ

ㅇ

ㅈ

ㅊ

ㅌ

ㅍ

ㅎ

저자약력

■ **김성탁** (金性倬 / Kim, Seong Tak)

>>> 현 직

인하대학교 법학전문대학원 교수

>>> 학력 및 경력

연세대학교 법대 졸업(법학박사)
영남대학교 법대 조교수 · 부교수 · 교수
아주대학교 법대 교수
Columbia University, Law School, Korean Legal Studies Program 이수
Old Dominion University, Business School, Visiting Professor
University of Virginia, School of Law, Visiting Professor
대통령비서실 경제행정규제완화점검단, 증권거래소 연구위원,
소비자보호원 분쟁조정위원회 전문위원, 증권업협회 자문교수, 인하대학교 법학연구소 소장,
사법시험 · 군법무관시험 · 행정고시 · 세무사시험 · 변호사시험 시험위원,
증권분석사 · 금융투자분석사 · 증권투자상담사 · 일임투자자산운용사 · FP 시험위원,
한국공인회계사회 회계법연구위원회 위원장

>>> 저 서

(뉴스&팩트) 회사법입문(법문사, 2021)
상법상 법률용어 정비방안 (법무부 용역, 2019)
판례분석 회사법(제1권)(인하대학교출판부, 2012)
판례분석 회사법(제2권)(인하대학교출판부, 2012)
사례 주식회사법(영남대학교출판부, 2006)
회사법 사례와 이론(박영사, 2019)(공저)
상법판례백선(법문사, 2018)(공저)
주석 상법(상법총론)(한국사법행정학회, 2002)(공저)

>>> 수 상

문화관광부 우수학술도서 선정
한국상사법학회 우수논문상
법무부장관 표창

상법총론 − 총칙 · 상행위 −

2021년 3월 15일 초판 인쇄
2021년 3월 20일 초판 1쇄 발행

저 자 김 성 탁

발행인 배 효 선

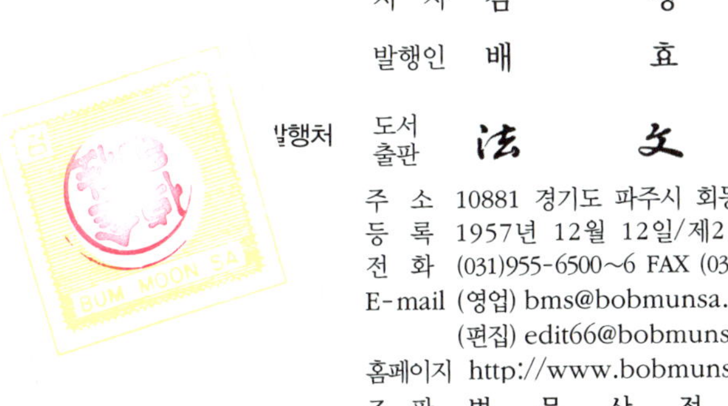

발행처 도서출판 法 文 社

주 소 10881 경기도 파주시 회동길 37-29
등 록 1957년 12월 12일/제2-76호(윤)
전 화 (031)955-6500~6 FAX (031)955-6525
E-mail (영업) bms@bobmunsa.co.kr
(편집) edit66@bobmunsa.co.kr
홈페이지 http://www.bobmunsa.co.kr
조 판 법 문 사 전 산 실

정가 32,000원 ISBN 978-89-18-91187-8